U0856169

云南省
退役军人事务年鉴

YUNNAN PROVINCE VETERANS AFFAIRS YEARBOOK

云南省退役军人事务厅◎编

科学技术文献出版社
SCIENTIFIC AND TECHNICAL DOCUMENTATION PRESS
·北京·

图书在版编目（CIP）数据

云南省退役军人事务年鉴. 2024 / 云南省退役军人事务厅编. -- 北京 : 科学技术文献出版社, 2024. 12.

ISBN 978-7-5235-1745-1

Ⅰ. E263-54

中国国家版本馆CIP数据核字第202452J9A0号

云南省退役军人事务年鉴2024

策划编辑：崔　静　梅　玲　责任编辑：李　晴　责任校对：王瑞瑞　责任出版：张志平

出　版　者　科学技术文献出版社

地　　　址　北京市复兴路15号　邮编　100038

出　版　部　（010）58882943，58882087（传真）

发　行　部　（010）58882868，58882870（传真）

邮　购　部　（010）58882873

官方网址　www.stdp.com.cn

发　行　者　科学技术文献出版社发行　全国各地新华书店经销

印　刷　者　北京时尚印佳彩色印刷有限公司

版　　　次　2024 年 12 月第 1 版　2024 年 12 月第 1 次印刷

开　　　本　889 × 1194　1/16

字　　　数　555千

印　　　张　26.5　彩插28面

书　　　号　ISBN 978-7-5235-1745-1

定　　　价　196.00元

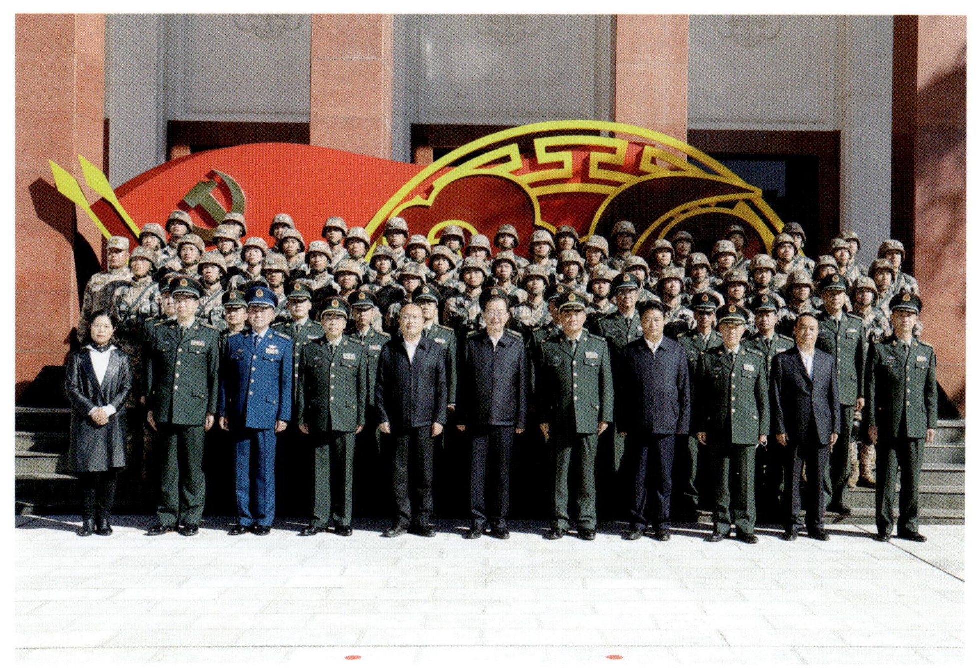

2023 年 1 月 13 日，云南省委书记王宁走访省军区机关，看望慰问官兵，与大家亲切交流，向广大驻滇部队官兵送上新春祝福。

2023 年 4 月 11 日，云南省委退役军人事务工作领导小组第七次全体会议强调：以主题教育的实际成效推动全省退役军人工作再上新台阶，王宁主持并讲话，王予波出席。

2023 年 5 月 26 日至 30 日，全国双拥工作领导小组来滇调研，持续巩固新时代军政军民团结良好局面，王宁与王成男一行进行交流。

2023 年 7 月 31 日，云南省举行庆祝中国人民解放军建军 96 周年暨纪念延安双拥运动 80 周年座谈会，继承和弘扬延安双拥光荣传统，不断谱写军政军民团结的时代新篇，王宁主持并讲话，王予波、刘晓凯出席。

2023 年 9 月 30 日，云南省隆重举行烈士纪念日活动，王宁、王予波、石玉钢、刘晓凯出席。

2023 年 9 月 30 日，云南省政府举行烈士光荣证颁授仪式，副省长纳云德为烈士遗属颁授烈士光荣证。

2023 年 7 月 20 日，云南省退役军人就业创业工作现场推进会在大理举行，副省长纳云德出席会议并讲话。

2023 年 7 月 13 日，云南省退役军人事务厅党组书记、厅长吉宏龙佳主持召开省退役军人事务厅主题教育调研成果交流会并讲话。

2023 年 7 月 26 日，云南省退役军人事务厅党组书记、厅长吉宏龙佳到省荣军优抚医院看望慰问在院集中供养的残疾退役军人。

2023 年 11 月 7 日，云南省退役军人事务厅党组书记、厅长吉宏龙佳出席第四届云南省退役军人创业创新大赛颁奖典礼暨 2023 年全省军创云品展销会并致辞。

2023 年 11 月 24 日，云南省退役军人事务厅党组书记、厅长吉宏龙佳出席 2023 年度云南省“最美退役军人”发布仪式。

2023 年 1 月 12 日，云南省退役军人事务厅党组成员、副厅长肖海到军休干部家中进行春节慰问。

2023 年 2 月 3 日，云南省退役军人事务厅党组成员、副厅长肖海到省军队离退休人员服务中心调研。

2023 年 4 月 23 日，云南省退役军人事务厅党组成员、副厅长张永明到麻栗坡县猛硐瑶族乡调研并看望慰问驻村工作队员。

2023 年 12 月 13 日，云南省退役军人事务厅党组成员、副厅长张永明出席全国退役军人事务统计工作培训班开班式并致辞。

2023 年 6 月 29 日，云南省退役军人事务厅党组成员、副厅长唐贵聪率队参加《金色热线·媒体问政》直播节目。

2023 年 12 月 5 日，云南省退役军人事务厅举行宪法宣誓仪式，厅党组成员、副厅长唐贵聪监誓。

2023 年 5 月，云南省退役军人事务厅党组成员、副厅长陈颉主持召开云南革命军事馆建设任务推进会并讲话。

2023 年 6 月 14 日，云南省退役军人事务厅党组成员、副厅长陈颉在云南省 2023 年中央垂管和省级单位接收转业军官报名大会现场检查指导工作。

2023 年 5 月 14 日，云南省退役军人事务厅一级巡视员郭华到云南省 2023 年转业军官安置考试考场巡考监督。

2023 年 9 月 25 日，云南省退役军人事务厅一级巡视员郭华出席第三届云南省退役军人暨“云岭军休”美术书法摄影作品展开幕仪式并讲话。

2023 年 1 月 17 日，云南省退役军人事务厅召开省荣誉军人康复医院改革发展现场办公会。

2023 年 3 月 6 日，云南省首家退役军人学院揭牌成立。

2023 年 4 月 14 日至 20 日，2023 年第一期全国军休功臣疗养活动在云南大理开展。

2023 年 4 月 20 日，云南省退役军人事务系统优抚业务能力提升培训班在普洱市举行。

2023 年 4 月 26 日，空军退役官兵及随军家属专场招聘会在昆明市举行。

2023 年 6 月 6 日，老挝乌多姆赛省孟赛、纳莫中国烈士陵园修缮保护工程竣工及开园移交仪式在孟赛中国烈士陵园隆重举行。

2023 年 8 月 3 日，云南省退役军人事务厅召开学习贯彻习近平新时代中国特色社会主义思想主题教育工作推进会。

2023 年 10 月 23 日，云南省退役军人事务系统局长暨就业创业工作专题培训班在上海市复旦大学开班。

2023 年 11 月 5 日，第四届云南省退役军人创业创新大赛决赛在昆明市举办。

2023 年全国“最美退役军人”安晓华。

2023 年全国“最美拥军人物”赵春良。

2023 年 5 月 25 日，中共昆明市委退役军人事务工作领导小组召开第五次全体会议暨昆明市 2023 年双拥工作领导小组会议。

2023 年 9 月 30 日，昭通市开展“9・30”烈士纪念日活动。

2023 年 10 月 11 日，曲靖市举办退役军人就业创业园地授牌揭牌仪式暨 2023 年第二场退役军人专场招聘会。

2023 年 11 月 4 日，玉溪退役军人学院揭牌成立。

2023 年 7 月 27 日，保山市举行 2023 年拥军企业授牌仪式。

2023 年 6 月 7 日，楚雄州举行第二批“爱国拥军志愿服务单位”授牌仪式。

2023 年 7 月 25 日，红河州召开军地互办实事“双清单”制度落实推进会。

2023 年 12 月 29 日，文山州举办纪念延安双拥运动 80 周年暨双拥文艺晚会。

2023 年 11 月 29 日，普洱市出台交通出行优待政策，现役军人、退役军人和其他优抚对象持优待证或现役军人相关证件，在普洱市全域可免费乘坐公交车。

2023 年 10 月 11 日，西双版纳州开展《中华人民共和国英雄烈士保护法》等普法宣传活动。

2023 年 7 月 7 日，大理退役军人学院在大理技师学院挂牌成立。

2023 年 11 月 9 日，德宏州退役军人学院揭牌仪式在德宏职业学院举行。

2023 年 7 月 24 日，丽江市举行 2023 年退役军人返乡欢迎会。

2023 年 7 月 20 日，怒江州开展自主择业军转干部庆祝中国人民解放军建军 96 周年暨纪念延安双拥运动 80 周年工作座谈会。

2023 年 7 月 25 日，迪庆州开展“老兵永远跟党走——老兵宣讲”主题实践活动。

2023 年 11 月 5 日，临沧市参加第四届云南省退役军人创业创新大赛决赛。

《云南省退役军人事务年鉴 2024》
编委会

《云南省退役军人事务年鉴 2024》
编写组成员

王　帅	王　都	王成立	王光红	王绍波
王荣孝	邓后义	农布江初	杜少春	李　兰
李云良	李玉梅	李建伦	李荣先	杨　湛
何必发	张　苏	张世文	张渝彬	易　湘
和　娟	周　舟	周　松	姜振宇	高江凯
唐小军	陶明海	陶智宇	黄　达	曾祥坤
槐舒畅	薛媛玲			

（按姓氏笔画排序）

编辑说明

《云南省退役军人事务年鉴 2024》是关于退役军人事务工作的专业性史料工具书，旨在为全面、系统、准确、科学地记录云南省退役军人事务工作发展概况，存史资政，为云南省退役军人事务系统工作者和关心、关注退役军人事务工作的广大读者提供借鉴和参考。

《云南省退役军人事务年鉴 2024》收录 2023 年云南省退役军人事务工作相关资料，全书共分 8 个部分，包括党和国家领导人关于退役军人工作的活动和讲话，云南省委、省政府领导关于退役军人工作的活动和讲话，退役军人事务部领导讲话和署名文章，云南省退役军人事务厅领导活动，云南省退役军人事务工作，各州（市）退役军人事务工作，政策法规，云南省退役军人工作大事记。同时设有附录“云南省退役军人事务厅机构和人员情况”。

《云南省退役军人事务年鉴 2024》的编辑出版，是在全省退役军人事务系统的共同努力下完成的。在此，谨向所有参加编辑出版工作的领导和同志表示衷心的感谢！编辑出版年鉴是一项系统工程，涉及方方面面，由于编者能力和水平有限，书中难免有疏漏和不足之处，敬请谅解并给予指正。

编　者

2024 年 5 月

序

2023 年是全面贯彻党的二十大精神的开局之年。全省退役军人事务系统认真贯彻落实习近平总书记关于退役军人工作重要论述和考察云南重要讲话精神，主动服务和融入云南“3815”战略发展目标，推动“三个体系”不断健全完善，服务保障能力显著增强，退役军人和其他优抚对象幸福感、满意度显著增强。

这是党的领导全面加强的一年。牢牢把握“学思想、强党性、重实践、建新功”的总要求，扎实开展学习贯彻习近平新时代中国特色社会主义思想主题教育，组织全系统干部职工逐字逐句研读《习近平关于退役军人工作论述摘编》，深刻理解习近平总书记亲自谋划设计、亲自部署推动组建退役军人管理保障机构的重大意义和深远考量，全面增强退役军人工作高质量发展的前进动能。省委、省政府主要领导带头实施“一把手”工程，围绕贯彻落实习近平总书记重要指示和党中央重要决策，对退役军人工作和双拥工作作出系统部署。省、市、县、乡“四级书记”合力抓退役军人工作的局面得到巩固和加强。

这是各项重点工作跨越赶超的一年。将退役军人就业创业工作纳入省政府 2023 年 10 件惠民实事内容，新增退役军人就业 15 400 余人，获得省政府主要领导、分管领导批示肯定。持续优化完善“阳光安置”“直通车”安置方式，第 29 年在全国率先高质量完成转业军官移交安置任务，退役军人事务部第 5 年转发云南省的做法和经验。坚持和运用好“强服务就是保稳定”的工作经验，做好 34 万人次烈士祭扫服务保障工作，圆满实现安全稳定、文明和谐的工作目标。

这是服务保障更有温度的一年。印发随军家属就业安置政策文件，安置 310 余名随军家属，为 4600 多名军人子女提供教育优待，切实解决官兵“三后”问题。联合发展改革委、交通运输局、文化和旅游局制定下发《关于退役军人和其他优抚对象持优待证享受有关优待的通知》，196 家景区、景点为全国优待证持证人免除首道门票，提供

2585项文旅、住宿、餐饮、医疗等方面的优待服务。组织开展“情暖老兵”“子女助学”等系列活动，投入资金435万元走访慰问4000多名服务对象。开发推广医疗补助“一站式”费用结算平台，为2万多名优抚对象结算补助资金2800多万元。高质量承办全国军休功臣荣誉疗养，退役军人事务部办公厅给予“办成了标杆典范”的高度评价。

这是思想政治引领持续深化的一年。坚持把习近平新时代中国特色社会主义思想作为退役培训“第一课”深入宣讲。扎实开展全省“最美退役军人”“最美拥军人物”“最美退役军人志愿服务”等系列学习宣传和“老兵永远跟党走”主题宣讲活动，保山边境管理支队执法调查队队长安晓华获评全国“最美退役军人”，曲靖陆良县阎芳桥社区党委书记赵春良获评全国“最美拥军人物”。印发《关于加强烈士纪念设施展陈讲解工作的实施意见》等系列文件，有序组织“清明祭英烈”、烈士纪念日公祭活动，圆满完成在老中国烈士陵园开园移交工作，充分利用红色资源开展宣传教育，崇尚英雄、缅怀先烈的氛围更加浓厚。

这是基层基础不断夯实的一年。深入开展基层服务保障机构“九大功能”典型案例评选，推动基层退役军人服务保障机构融合发展，创新在部分高校、企业设立退役军人服务站（点），不断延伸服务保障触角，全国退役军人服务中心（站）“百名优秀主任（站长）”中云南省有7名入选。建好用好云南退役军人一体化服务平台，探索军人退役“一件事一次办”政务服务，上线云南退役军人APP，退役军人工作信息化水平明显提升。制定《关于加强退役军人事务法治建设的实施意见》《云南省退役军人事务系统行政裁量权基准》，继续清单化落实各个政策点，工作法治化、规范化水平有效提升。

新使命催人奋进，新征程砥砺前行。云南省退役军人事务系统将更加紧密地团结在以习近平同志为核心的党中央周围，在省委、省政府领导下，深入贯彻习近平总书记关于退役军人工作重要论述和考察云南重要讲话精神，开拓进取、敢作善为，接续奋斗、砥砺前行，奋力谱写云南省退役军人工作高质量发展新篇章！

目录

党和国家领导人关于退役军人工作的活动和讲话

习近平在出席解放军和武警部队代表团全体会议时强调

统一思想认识　强化使命担当　狠抓工作落实
努力开创一体化国家战略体系和能力建设新局面

中共中央总书记、国家主席、中央军委主席习近平8日下午在出席十四届全国人大一次会议解放军和武警部队代表团全体会议时强调，巩固提高一体化国家战略体系和能力，是党中央把握强国强军面临的新形势新任务新要求，着眼于更好统筹发展和安全、更好统筹经济建设和国防建设作出的战略部署。贯彻落实好这一部署，对全面建设社会主义现代化国家、全面推进中华民族伟大复兴，对实现建军一百年奋斗目标、加快把我军建成世界一流军队，都具有十分重要的意义。要统一思想认识，强化使命担当，狠抓工作落实，努力开创一体化国家战略体系和能力建设新局面。

会上，来自军委科学技术委员会的刘泽金代表、来自军委装备发展部的饶文敏代表、来自国防动员系统的王宏宇代表、来自联勤保障部队的唐林辉代表、来自陆军的宛金杨代表、来自海军的王亚茹代表依次发言，就国家实验室建设、国防科技工业能力建设、重大基础设施统筹建设、国家储备建设、边海防工作、全民国防教育等方面问题提出意见和建议。

习近平认真听取每位代表的发言，不时同他们互动交流。在6位代表发言后，习近平发表重要讲话，重点围绕巩固提高一体化国家战略体系和能力提出要求。他强调，巩固提高一体化国家战略体系和能力，关键是要在一体化上下功夫，实现国家战略能力最大化。要坚持党中央集中统一领导，加强各领域战略布局一体融合、战略资源一体整合、战略力量一体运用，系统提升我国应对战略风险、维护战略利益、实现战略目的的整体实力。

习近平指出，巩固提高一体化国家战略体系和能力是复杂系统工程，要统筹全局，突出重点，以重点突破带动整体推进。要深化科技协同创新，建设好、管理好、运用好国家实验室，聚力加强自主创新、原始创新，加快推进高水平科技自立自强。要加快提升新兴领域战略能力，谋取国家发展和国际竞争新优势。要强化国防科技工业服务强军胜战导向，优化体系布局，创新发展模式，增强产业链供应链韧性。要加强重大基础设施统筹建设，善于算大账、综合账、长远账，提高共建共用共享水平。要加快构建大国储备体系，提升国家储备维护国家安全的能力。

习近平强调，巩固提高一体化国家战略体

系和能力，必须向改革创新要动力。这些年，各有关方面贯彻党中央决策部署，协力推进有关重大改革，取得不少重要成果。要坚持问题导向，持续优化体制机制，完善政策制度，形成各司其职、紧密协作、规范有序的工作格局，更好推进一体化国家战略体系和能力建设。

习近平指出，今年是延安双拥运动80周年。要弘扬拥政爱民、拥军优属光荣传统，巩固发展新时代军政军民团结，在全社会营造关心国防、热爱国防、建设国防、保卫国防的浓厚氛围，为巩固提高一体化国家战略体系和能力、为推进强国强军汇聚强大力量。

会前，习近平亲切接见出席十四届全国人大一次会议解放军和武警部队代表团全体代表，并同大家合影留念。

中共中央政治局委员、中央军委副主席张又侠主持会议。（新华社北京3月8日电）

习近平在内蒙古考察时强调

把握战略定位坚持绿色发展
奋力书写中国式现代化内蒙古新篇章

蔡奇陪同考察

中共中央总书记、国家主席、中央军委主席习近平近日在内蒙古考察时强调，要牢牢把握党中央对内蒙古的战略定位，完整、准确、全面贯彻新发展理念，紧紧围绕推进高质量发展这个首要任务，以铸牢中华民族共同体意识为主线，坚持发展和安全并重，坚持以生态优先、绿色发展为导向，积极融入和服务构建新发展格局，在建设“两个屏障”“两个基地”“一个桥头堡”上展现新作为，奋力书写中国式现代化内蒙古新篇章。

6月7日至8日，习近平在巴彦淖尔市考察并主持召开加强荒漠化综合防治和推进“三北”等重点生态工程建设座谈会后，在内蒙古自治区党委书记孙绍骋、自治区人民政府主席王莉霞陪同下，来到呼和浩特市调研。

7日下午，习近平来到中环产业园考察。在园区展厅，习近平听取当地发展新能源新材料产业、促进产业结构优化调整、推动绿色低碳发展等情况介绍。随后，习近平来到生产车间实地察看产品生产流程，详细了解园区企业半导体和光伏材料等产品的研发生产情况。他强调，坚持绿色发展是必由之路。推动传统能源产业转型升级，大力发展绿色能源，做大做强国家重要能源基地，是内蒙古发展的重中之重。在这方面内蒙古方向明确、路子对头、前景很好，大有作为、大有前途。离开园区时，习近平亲切地对前来欢送的企业员工说，你们企业和园区办得不错，看了感到很提气。现在，我们要靠高水平科技自立自强、构建新发展格局来攻克科技难关。构建国内大循环是为了保证极端情况下国民经济能够正常运行，这同参与国际经济循环是不矛盾的。我们坚定不移实行高水平对外开放，敞开大门搞建设，一起合作实现共赢。习近平祝愿企业和员工继续努力，芝麻开花节节高，更上一层楼。

8日上午，习近平听取内蒙古自治区党委和政府工作汇报，对内蒙古各项工作取得的成绩给予肯定。

习近平强调，要加快优化产业结构，积极发展优势特色产业。内蒙古是国家重要能源和战略资源基地、农畜产品生产基地和我国向北开放重要桥头堡，优化产业结构必须立足这些禀赋特点和战略定位，大力发展优势特色产业，积极探索资源型地区转型发展新路径，加快构建体现内蒙古特色优势的现代化产业体系。要发挥好能源产业优势，把现代能源经济这篇文章做好。要发挥好战略资源优势，加强战略资源的保护性开发、高质化利用、规范化管理，加强能源资源的就地深加工，把战略资源产业发展好。要发挥好农牧业优势，从土地、科技、种源、水、草等方面入手，稳步优化农牧业区域布局和生产结构，推动农牧业转型发展，大力发展生态农牧业，抓好农畜产品精深加工和绿色有机品牌打造，促进一二三产业融合发展，推动农牧业高质量发展。要积极参与共建“一带一路”和中蒙俄经济走廊建设，提升对外开放水平，构筑我国向北开放的重要桥头堡，在联通国内国际双循环中发挥更大作用。要加强与京津冀、长三角、粤港澳大湾区和东三省的联通，更好融入国内国际双循环。

习近平指出，筑牢我国北方重要生态安全屏障，是内蒙古必须牢记的“国之大者”。要统筹山水林田湖草沙综合治理，精心组织实施京津风沙源治理、“三北”防护林体系建设等重点工程，加强生态保护红线管理，落实退耕还林、退牧还草、草畜平衡、禁牧休牧，强化天然林保护和水土保持，持之以恒推行草原森林河流湖泊湿地休养生息，加快呼伦湖、乌梁素海、岱海等水生态综合治理，加强荒漠化治理和湿地保护，加强大气、水、土壤污染防治，在祖国北疆构筑起万里绿色长城。要进一步巩固和发展“绿进沙退”的好势头，分类施策、集中力量开展重点地区规模化防沙治沙，不断创新完善治沙模式，提高治沙综合效益。

习近平强调，从全国来看，推动全体人民共同富裕，最艰巨的任务在一些边疆民族地区。这些边疆民族地区在走向共同富裕的道路上不能掉队。要坚持以人民为中心，在发展中更加注重保障和改善民生，补齐民生短板，增进民生福祉，让各族人民实实在在感受到推进共同富裕在行动、在身边。要全面落实就业优先政策，把推动实现更加充分更高质量的就业摆在突出位置，完善政策体系，强化培训服务，精准有效实施减负稳岗扩就业各项政策措施，支持多渠道灵活就业，重点抓好高校毕业生、退役军人、农民工等群体就业。要开拓就业渠道，加强对脱贫家庭、低保家庭、零就业家庭、残疾人等困难人员就业兜底帮扶。要健全多层次社会保障体系，推动参保扩面，加大社会救助、医疗救助、低保和困难家庭保障扶持措施，发展养老事业和养老产业。要巩固拓展脱贫攻坚成果，把促进脱贫县加快发展作为主攻方向，增强脱贫地区和脱贫群众内生发展动力，坚决守住不发生规模性返贫底线。要以“时时放心不下”的责任感抓好安全生产，把制度完善起来，把责任落实下去，尽最大努力防范各类重大安全事故的发生，维护好人民群众生命财产安全。

习近平指出，铸牢中华民族共同体意识是新时代党的民族工作的主线，也是民族地区各项工作的主线。民族地区的经济建设、政治建设、文化建设、社会建设、生态文明建设和党的建设等，都要紧紧围绕、毫不偏离这条主线。无论是出台法律法规还是政策措施，都要着眼于强化中华民族的共同性、增强中华民族共同体意识。要坚定不移全面推行使用国家统编教材，确保各民族青少年掌握和使用好国家通用语言文字。要统筹城乡建设布局规划和公共服务资源配置，创造更加完善的各族群众共居共学、共建共享、共事共乐的社会条件。

习近平强调，通过集中教育推动全党以自我革命精神解决党风方面的突出问题，是一条重要历史经验。人民群众看主题教育是否有成效，最直观的感受是看党风方面存在的问题是否得到解决、党员干部作风是否有明显进步。要抓实以学正风，坚持目标导向和问题导向相结合、学查改相贯通，对标党风要求找差距、对表党性要求查根源、对照党纪要求明举措，增强检视整改实效。要大兴务实之风，抓好调查研究，在察实情、出实招、求实效上下功夫，把工作抓实、基础打实、步子迈实，在力戒形式主义、官僚主义上取得明显实质性进展，以这次主题教育为契机，将调查研究发扬光大。要弘扬清廉之风，教育各级领导干部牢固树立正确权力观，全面查找廉洁风险点，筑牢思想防线，坚守法纪红线。要按照“三不腐”要求健全相关制度、严格执纪，建好护栏。要养成俭朴之风，把生活作风问题作为检视整改的重要内容，督促广大党员干部保持清醒头脑，筑牢贯彻落实中央八项规定及实施细则精神的堤坝。

中共中央政治局常委、中央办公厅主任蔡奇陪同考察。

李干杰及中央和国家机关有关部门负责同志陪同考察，主题教育中央第一指导组负责同志参加汇报会。（新华社呼和浩特 6 月 8 日电）

习近平给香港培侨中学高一年级全体学生的回信

香港培侨中学高一年级的同学们：

你们好！来信收到了，得知你们通过参与在韩志愿军烈士遗骸归国安葬仪式、与“天宫”航天员互动等活动，更加深刻体会到身为中国人的自豪、身为香港年轻一代的使命与担当，我很欣慰。

爱国主义是中华民族精神的核心，广大香港同胞素有爱国爱港光荣传统，这是“一国两制”行稳致远的重要基础。希望你们把读万卷书与行万里路结合起来，深刻认识世界发展大势，深入了解祖国的历史文化和现实国情，厚植家国情怀，锤炼过硬本领，早日成长为可堪大任的栋梁之才，为建设美好香港、实现民族复兴积极贡献力量。

习近平

2023 年 7 月 24 日

（新华社北京 7 月 25 日电）

烈士纪念日向人民英雄敬献花篮仪式在京隆重举行

习近平李强赵乐际王沪宁蔡奇丁薛祥李希韩正出席

鲜花献英烈，浩气壮山河。烈士纪念日向人民英雄敬献花篮仪式30日上午在北京天安门广场隆重举行。党和国家领导人习近平、李强、赵乐际、王沪宁、蔡奇、丁薛祥、李希、韩正等，同各界代表一起出席仪式。

今天是我国第10个“烈士纪念日”。庄严的天安门广场上，鲜艳的五星红旗高高飘扬。广场中央，“祝福祖国”巨型花篮表达着对国家繁荣富强的美好祝福。人民英雄纪念碑巍然耸立，北侧两组花坛上白菊等鲜花组成的18个花环，寄托着全体中华儿女对英烈的深情追思。

临近10时，习近平、李强、赵乐际、王沪宁、蔡奇、丁薛祥、李希、韩正等党和国家领导人来到天安门广场，出席向人民英雄敬献花篮仪式。

中国人民解放军军乐团小号手吹响深沉悠远的《烈士纪念日号角》。

“礼兵就位!”随着号令，三军仪仗兵迈着铿锵有力的步伐，正步行进到纪念碑前持枪伫立。

10时整，向人民英雄敬献花篮仪式正式开始。军乐团奏响《义勇军进行曲》，全场齐声高唱中华人民共和国国歌。

国歌唱毕，全场肃立，向为中国人民解放事业和共和国建设事业英勇献身的烈士默哀。

默哀毕，手持鲜花的少年儿童面向人民英雄纪念碑高唱《我们是共产主义接班人》，并致少年先锋队队礼。

方阵前，以中共中央，全国人大常委会，国务院，全国政协，中央军委，各民主党派、全国工商联和无党派爱国人士，各人民团体和各界群众，老战士、老同志和烈士亲属，中国少年先锋队名义敬献的9个大型花篮一字排开，花篮红色缎带上书写的“人民英雄永垂不朽”格外醒目。

军乐团奏响深情的《献花曲》，18名礼兵稳稳抬起花篮，缓步走向人民英雄纪念碑，将花篮摆放在纪念碑基座上。

习近平等党和国家领导人缓步登上纪念碑基座，在花篮前驻足凝视。盛放的百合、鲜艳的红掌、芬芳的文心兰，寄托着对人民英雄的深切缅怀和崇高敬意。

习近平迈步上前，仔细整理花篮缎带。随后，习近平等党和国家领导人缓步绕行，瞻仰人民英雄纪念碑。

党的二十大站在新的历史起点上，擘画了全面建成社会主义现代化强国、实现第二个百年奋斗目标，以中国式现代化全面推进中华民族伟大复兴的宏伟蓝图，吹响了奋进新征程的时代号角。在以习近平同志为核心的党中央坚强领导下，传承英烈精神、汲取奋进力量，全党全军全国各族人民正意气风发奋进新征程，为强国建设、民族复兴伟业而不懈奋斗。

少年儿童和各界代表也依次走到纪念碑前，献上手中鲜花并瞻仰纪念碑。

敬献花篮仪式由中共中央政治局委员、北京市委书记尹力主持。

在京中共中央政治局委员、中央书记处书记，部分全国人大常委会副委员长，国务委员，最高人民法院院长，最高人民检察院检察长，部分全国政协副主席和中央军委委员出席仪式。

中央党政军群有关部门和北京市主要负责同志，各民主党派中央、全国工商联负责人和无党派人士代表，在京老战士、老同志和烈士亲属代表，在京功勋荣誉获得者代表，全国少数民族参观团成员，首都各界群众代表等参加了仪式。(新华社北京9月30日电)

习近平在上海考察时强调

聚焦建设“五个中心”重要使命
加快建成社会主义现代化国际大都市

返京途中在江苏盐城考察
蔡奇陪同考察

中共中央总书记、国家主席、中央军委主席习近平近日在上海考察时强调，上海要完整、准确、全面贯彻新发展理念，围绕推动高质量发展、构建新发展格局，聚焦建设国际经济中心、金融中心、贸易中心、航运中心、科技创新中心的重要使命，以科技创新为引领，以改革开放为动力，以国家重大战略为牵引，以城市治理现代化为保障，勇于开拓、积极作为，加快建成具有世界影响力的社会主义现代化国际大都市，在推进中国式现代化中充分发挥龙头带动和示范引领作用。

11 月 28 日至 12 月 2 日，习近平在中共中央政治局委员、上海市委书记陈吉宁和市长龚正陪同下，先后来到金融机构、科技创新园区、保障性租赁住房项目等进行调研。

28 日下午，习近平一下列车就前往上海期货交易所考察。他结合电子屏幕和重要上市品种交割品展示，听取交易所增强全球资源配置能力、服务实体经济和国家战略等情况介绍，了解交易所日常资金管理和交割结算等事项。习近平强调，上海建设国际金融中心目标正确、步伐稳健、前景光明，上海期货交易所要加快建成世界一流交易所，为探索中国特色期货监管制度和业务模式、建设国际金融中心作出更大贡献。

习近平随后乘车来到浦东新区张江科学城，参观上海科技创新成果展。他结合视频短片了解上海市科技创新整体情况，走进展厅详细察看基础研究、人工智能、生物医药等领域的科技创新成果展示，并同科研人员代表亲切交流。习近平指出，推进中国式现代化离不开科技、教育、人才的战略支撑，上海在这方面要当好龙头，加快向具有全球影响力的科技创新中心迈进。要着力造就大批胸怀使命感的尖端人才，为他们发挥聪明才智创造良好条件。

近年来，上海市加快保障性租赁住房建设，为许多来沪新市民、青年人和一线务工人员提供了住房保障。29 日下午，习近平到闵行区新时代城市建设者管理者之家考察。听了当地加大保障性租赁住房筹措建设力度、构建“一张床、一间房、一套房”多层次租赁住房供应体系的情况介绍，习近平给予充分肯定。他先后走进社区住宅型、宿舍型出租房源租户的住房和公共厨房、公共洗衣房等共享空间，仔细了解在此居住的城市一线工作者的生活状况。总书记无微不至的殷切关怀，让在场所有人感动。离开时，社区居民纷纷围拢过来欢送总书记。习近平说，看到来自五湖四海的建设者在这里安居乐业，感到很高兴。城市不仅要有高度，更要有温度。我们的社会主义就是要走共同富裕的路子。外来务工人员来上海作贡献，同样是城市的主人。要践行人民城市理念，不断满足人民群众对住房的多样化、多元化需求，确保外来人口进得来、留得下、住得安、能成业。

12 月 1 日上午，习近平听取了上海市委和市政府工作汇报，对上海各项工作取得的成绩给予肯定。

习近平指出，加快建设“五个中心”，是党中央赋予上海的重要使命。上海要以此为主攻方向，统筹牵引经济社会发展各方面工作，坚持整体谋划、协同推进，重点突破、以点带面，持续提升城市能级和核心竞争力。要以科技创新为引领，加强关键核心技术攻关，促进传统产业转型升级，加快培育世界级高端产业集群，加快构建现代化产业体系，不断提升国际经济中心地位和全球经济治理影响力。要加强现代金融机构和金融基础设施建设，实施高水平金融对外开放，更好服务实体经济、科技创新和共建“一带一路”。要深入实施自由贸易试验区提升战略，推动国际贸易中心提质升级。要加快补齐高端航运服务等方面的短板，提升航运资源全球配置能力。要推进高水平人才高地建设，营造良好创新生态。要加强同长三角区域联动，更好发挥辐射带动作用。

习近平强调，上海作为我国改革开放的前沿阵地和深度链接全球的国际大都市，要在更高起点上全面深化改革开放，增强发展动力和竞争力。要全方位大力度推进首创性改革、引领性开放，加强改革系统集成，扎实推进浦东新区综合改革试点，在临港新片区率先开展压力测试，稳步扩大规则、规制、管理、标准等制度型开放，深入推进跨境服务贸易和投资高水平开放，提升制造业开放水平，进一步提升虹桥国际开放枢纽能级，继续办好进博会等双向开放大平台，加快形成具有国际竞争力的政策和制度体系。要坚持“两个毫不动摇”，深化国资国企改革，落实保障民营企业公平参与市场竞争的政策措施，打造国际一流营商环境，激发各类经营主体活力，增强对国内外高端资源的吸引力。

习近平指出，要全面践行人民城市理念，充分发挥党的领导和社会主义制度的显著优势，充分调动人民群众积极性主动性创造性，在城市规划和执行上坚持一张蓝图绘到底，加快城市数字化转型，积极推动经济社会发展全面绿色转型，全面推进韧性安全城市建设，努力走出一条中国特色超大城市治理现代化的新路。要把增进民生福祉作为城市建设和治理的出发点和落脚点，把全过程人民民主融入城市治理现代化，构建人人参与、人人负责、人人奉献、人人共享的城市治理共同体，打通服务群众的“最后一公里”，认真解决涉及群众切身利益的问题，坚持和发展新时代“枫桥经验”，完善基层治理体系，筑牢社会和谐稳定的基础。

习近平强调，要贯彻新时代中国特色社会主义文化思想，深化文化体制改革，激发文化创新创造活力，大力提升文化软实力。坚持不懈用新时代中国特色社会主义思想凝心铸魂，广泛践行社会主义核心价值观，巩固马克思主义在意识形态领域的指导地位，在各种文化交汇融合中进一步壮大主流价值、主流舆论、主流文化。要注重传承城市文脉，加强文物和文化遗产保护，传承弘扬红色文化，深入实施文化惠民工程，扎实推进群众性精神文明创建，深化拓展新时代文明实践中心建设，推进书香社会建设，全面提升市民文明素质和城市文明程度。

习近平指出，坚持党的领导是中国式现代化的本质要求，也是根本保证。上海是我们党的诞生地，要用好一大会址等红色资源，弘扬伟大建党精神，教育引导广大党员、干部牢记“三个务必”，在新征程上开拓创新、奋发进取、真抓实干。要贯彻新时代党的组织路线，落实新时代好干部标准，建设一支与社会主义现代化国际大都市相匹配的高素质专业化干部队伍。要把握超大城市特点，创新基层党建工作思路和模式，完善党的基层组织体系。要坚决反对和惩治腐败，一体推进不敢腐、不能腐、不想腐，保持风清气正的政治生态。第二批主题教育临近收官，要坚持标准不降、劲头不松，把主题教育同各方面工作结合起来，做到两手抓、两不误、两促进。

12 月 3 日上午，在返京途中，习近平在江苏省委书记信长星和省长许昆林陪同下，来到盐城市参观新四军纪念馆。展厅里，一张张照片、一份份史料、一件件文物、一个个模拟实景，完整展现了新四军浴火重生、浴血奋战的光辉历史。习近平不时驻足察看、同大家交流。他强调，新四军的历史充分说明，民心向背决定着历史的选择，江山就是人民、人民就是江山。这是开展革命传统教育、爱国主义教育的生动教材，要用好这一教材，教育引导党员、干部传承发扬不怕困难、不畏艰险，勇于斗争、敢于胜利的精神，紧紧依靠人民，把强国建设、民族复兴伟业不断推向前进。

中共中央政治局常委、中央办公厅主任蔡奇陪同考察。

李干杰、何立峰及中央和国家机关有关部门负责同志陪同分别参加上述有关活动，主题教育中央第五巡回指导组负责同志参加汇报会。（新华社上海／江苏盐城 12 月 3 日电）

李克强在第十四届全国人民代表大会第一次会议上的政府工作报告

（节选）

强化就业优先政策导向。把稳就业作为经济运行在合理区间的关键指标。着力促进市场化社会化就业，加大对企业稳岗扩岗支持力度。将养老保险单位缴费比例从20%降至16%，同时充实全国社保基金，储备规模从1.8万亿元增加到2.5万亿元以上。实施失业保险基金稳岗返还、留工培训补助等政策。持续推进大众创业万众创新，连续举办8届全国双创活动周、超过5.2亿人次参与，鼓励以创业带动就业，加强劳动者权益保护，新就业形态和灵活就业成为就业增收的重要渠道。做好高校毕业生、退役军人、农民工等群体就业工作。使用失业保险基金等资金支持技能培训。实施高职扩招和职业技能提升3年行动，累计扩招413万人、培训8300多万人次。就业是民生之基、财富之源。14亿多人口大国保持就业稳定，难能可贵，蕴含着巨大创造力。

加强社会保障和服务。建立基本养老保险基金中央调剂制度，连续上调退休人员基本养老金，提高城乡居民基础养老金最低标准，稳步提升城乡低保、优待抚恤、失业和工伤保障等标准。积极应对人口老龄化，推动老龄事业和养老产业发展。发展社区和居家养老服务，加强配套设施和无障碍设施建设，在税费、用房、水电气价格等方面给予政策支持。推进医养结合，稳步推进长期护理保险制度试点。实施三孩生育政策及配套支持措施。完善退役军人管理保障制度，提高保障水平。加强妇女、儿童权益保障。完善未成年人保护制度。健全残疾人保障和关爱服务体系。健全社会救助体系，加强低收入人口动态监测，对遇困人员及时给予帮扶，年均临时救助1100万人次，坚决兜住了困难群众基本生活保障网。

保障基本民生和发展社会事业。加强住房保障体系建设，支持刚性和改善性住房需求，解决好新市民、青年人等住房问题，加快推进老旧小区和危旧房改造。加快建设高质量教育体系，推进义务教育优质均衡发展和城乡一体化，推进学前教育、特殊教育普惠发展，大力发展职业教育，推进高等教育创新，支持中西部地区高校发展，深化体教融合。深化医药卫生体制改革，促进医保、医疗、医药协同发展和治理。推动优质医疗资源扩容下沉和区域均衡布局。实施中医药振兴发展重大工程。重视心理健康和精神卫生。实施积极应对人口老龄化国家战略，加强养老服务保障，完善生育支持政策体系。保障妇女、儿童、老年人、残疾人合法权益。做好军人军属、退役军人和其他优抚对象优待抚恤工作。繁荣发展文化事业和产业。提升社会治理效能。强化安全生产监管和防灾减灾救灾。全面贯彻总体国家安全观，建设更高水平的平安中国。

我们要深入贯彻习近平强军思想，贯彻新时代军事战略方针，围绕实现建军一百年奋斗目标，边斗争、边备战、边建设，完成好党和人民赋予的各项任务。全面加强练兵备战，创新军事战略指导，大抓实战化军事训练，统筹抓好各方向各领域军事斗争。全面加强军事治理，巩固拓展国防和军队改革成果，加强重大任务战建备统筹，加快实施国防发展重大工程。巩固提高一体化国家战略体系和能力，加强国防科技工业能力建设。深化全民国防教育。各级政府要大力支持国防和军队建设，深入开展“双拥”活动，合力谱写军政军民团结新篇章。（新华社北京2023年3月14日电）

纪念延安双拥运动80周年座谈会在京举行
王沪宁出席

纪念延安双拥运动80周年座谈会12日在人民大会堂举行。中共中央政治局常委王沪宁出席座谈会。

中共中央政治局委员、中央军委副主席何卫东出席会议并讲话。何卫东说，拥军优属、拥政爱民，是广大军民在中国共产党领导下的伟大创造，在革命、建设、改革不同历史时期发挥了不可替代的重要作用。党的十八大以来，在以习近平同志为核心的党中央坚强领导下，军地各级着眼服务党和国家工作大局、国防和军队建设全局，大力弘扬双拥光荣传统，双拥工作组织领导更加坚强有力，宣传教育深入人心，服务备战打仗积极有为，支援经济社会建设成效显著，谱写了军政军民团结奋斗的绚丽华章。

何卫东强调，党的二十大描绘了强国复兴的宏伟蓝图。我们要按照党的二十大部署，坚持以习近平新时代中国特色社会主义思想为指导，扎实做好新时代双拥工作，把广大军民的意志力量凝聚在党旗帜下，不断增强军政军民向心凝聚力、奋进团结力。要聚焦服务练兵备战，大力支持部队建设、改革和备战，全力保障部队遂行任务，落实拥军优属政策法规，助力实现建军一百年奋斗目标。要践行人民军队宗旨，积极参加和支援经济社会建设，勇于承担急难险重任务，支持全面推进乡村振兴，为党和人民再立新功。要始终坚持守正创新，加强宣传引导，拓展形式内容，丰富载体抓手，不断谱写军政军民团结时代新篇。

国务院副总理、全国双拥工作领导小组组长孙春兰主持座谈会。全国人大常委会副委员长沈跃跃、全国政协副主席马飚出席会议。

全国双拥工作领导小组副组长及全体成员，中央军委机关有关部委、驻京部队有关单位和北京市有关负责同志，陕西延安等革命老区代表，浙江宁波等全国双拥模范城（县）代表，部分全国双拥模范单位和个人代表参加了会议。（新华社北京1月12日电）

谌贻琴在山西调研时强调

加强退役军人服务保障工作
更好服务经济社会发展、服务国防和军队建设

国务委员谌贻琴9日至11日在山西调研退役军人工作，强调要结合开展学习贯彻习近平新时代中国特色社会主义思想主题教育，深入贯彻落实习近平总书记关于退役军人工作重要论述和党中央、国务院决策部署，加强退役军人服务保障工作，不断增强退役军人的获得感、幸福感、荣誉感。

谌贻琴先后来到太原市、大同市，实地调研退役军人服务中心（站）、优抚医院、光荣院、军休所、烈士纪念设施等，了解退役军人服务保障、就业创业、优待抚恤、军休服务管理、烈士纪念设施作用发挥情况，看望慰问退役军人、优抚对象和烈士遗属代表。

谌贻琴强调，各地区各有关部门要把退役军人工作摆在突出重要位置，健全完善退役军人事务组织管理体系、工作运行体系、政策制度体系，加强各方面协同配合，切实增强组织保障能力。要拓宽退役军人就业安置渠道，加大就业创业支持力度，统筹做好服务保障、优待抚恤、困难帮扶、权益维护、英烈褒扬等工作。“八一”建军节快到了，她要求有关方面做好双拥工作，广泛宣传退役军人先进事迹，在全社会营造尊崇军人职业、尊重退役军人的浓厚氛围。要充分发挥退役军人人才优势，让他们在不同岗位上施展才华、发挥作用，更好服务经济社会发展、服务国防和军队建设。（新华社太原7月12日电）

在韩中国人民志愿军烈士遗骸回国迎接仪式举行

谌贻琴出席并讲话

23 日上午，第十批在韩中国人民志愿军烈士遗骸回国迎接仪式在沈阳举行，国务委员谌贻琴出席并讲话。上午 9 时，中韩双方在韩国仁川国际机场举行 25 名在韩志愿军烈士遗骸交接仪式。运送烈士遗骸的专机进入中国领空后，空军两架战斗机迎接护航。12 时 19 分迎接仪式在沈阳桃仙国际机场正式开始。

谌贻琴指出，70 多年来，祖国和人民始终没有忘记在抗美援朝战争中英勇牺牲的烈士们。在习近平总书记亲自关心下，我们连续 10 年以隆重礼仪迎接 938 名志愿军烈士遗骸归国安葬，让他们回到祖国怀抱。烈士们的功绩彪炳千秋，烈士们的英名万古流芳。

谌贻琴强调，新时代新征程上，我们要坚持和加强党的全面领导，传承发扬伟大抗美援朝精神，铭记伟大胜利，推进伟大事业，坚持以人民为中心，坚定不移推动高质量发展，为强国建设、民族复兴伟业而努力奋斗。要倍加珍惜来之不易的和平环境，坚定不移走和平发展道路，推动构建人类命运共同体。

中央和国家机关有关部门、辽宁省、沈阳市和军队有关单位负责同志，以及社会各界 1000 多名代表参加迎接仪式。仪式结束后，烈士遗骸棺椁被护送至沈阳抗美援朝烈士陵园，沿途 1 万多名群众列队迎接英雄回家。24 日 10 时，安葬仪式将在该陵园志愿军烈士纪念广场举行。（新华社沈阳 11 月 23 日电）

云南省委、省政府领导
关于退役军人工作的活动和讲话

王宁在省军区党委十二届十三次全体（扩大）会议上强调

深入贯彻习近平强军思想
推动国防动员建设高质量发展

1月13日，省军区党委十二届十三次全体（扩大）会议在昆明开幕。省委书记、省军区党委第一书记王宁出席会议并讲话，强调要全面学习贯彻党的二十大精神，深入贯彻习近平强军思想，加快推动国防动员建设高质量发展。

省军区党委常委鲁传刚、田永江、秦万明等出席。

王宁指出，2022年，省军区党委坚决贯彻党中央、中央军委和习近平主席决策部署，以迎接学习宣传贯彻党的二十大精神为主线，加强思想政治建设，聚焦备战打仗，推动国防动员和部队建设取得新成绩、迈上新台阶。他代表省委、省政府和全省人民，向省军区广大官兵、文职人员、民兵预备役人员和官兵家属表示衷心感谢和亲切问候。

王宁强调，2023年是全面贯彻落实党的二十大精神的开局之年，做好各项工作意义重大。省军区要深入贯彻习近平强军思想，深入贯彻新时代军事战略方针，扎实推动国防动员建设不断取得新成效。要深入贯彻落实党的二十大部署，深刻领悟“两个确立”的决定性意义，贯彻军委主席负责制，担起实现建军一百年奋斗目标的时代重任。要加强国防动员和后备力量建设，持续深化军事斗争国防动员准备，抓好练兵备战，抓好基础工作，凝聚军地合力，推进强边固防。要加强军地统筹联动，促进军地资源优化配置和高效利用，为巩固提高一体化国家战略体系和能力作贡献。

王宁强调，军地要发扬优良传统，加强双拥共建。地方要当好强军兴军的“服务队”，帮助官兵解决“后路”“后院”“后代”等问题。驻滇部队官兵要积极投身“第二故乡”建设巩固发展坚如磐石的军政军民关系。

会前，王宁走访省军区机关，看望慰问官兵，与大家亲切交流，向广大驻滇部队官兵送上新春祝福。省领导邱江、和良辉参加慰问。

（云南发布2023年1月13日讯）

省委、省政府慰问驻滇部队官兵和基层政法干警

连日来，省委、省政府通过多种形式看望慰问驻滇解放军、武警部队官兵和基层政法干警。

1月18日，省委常委、政法委书记杨亚林率队到省公安厅指挥中心，以视频方式慰问基层政法单位和边境联防所抵边警务室干警及武警官兵，并向全省政法干警、武警官兵和奋战在基层一线的乡镇政法委员、综治工作者和网格员、联防员，以及他们的家属致以诚挚慰问和新春祝福。岳修虎、张应杰、王光辉、王宁参加慰问。

1月18日，副省长纳云德走访慰问驻滇解放军和武警云南省总队，感谢他们为云南经济社会发展、边疆和谐稳定作出的重要贡献，致以节日问候和新春祝福。（云南发布2023年1月18日讯）

省委退役军人事务工作领导小组第七次全体会议强调

以主题教育的实际成效推动全省退役军人工作再上新台阶

4月11日，省委退役军人事务工作领导小组召开第七次全体会议，深入学习贯彻党的二十大精神和习近平总书记关于退役军人工作重要论述，传达学习中央有关会议精神，推动学习贯彻习近平新时代中国特色社会主义思想主题教育在全省退役军人事务系统走深走实。

省委书记、领导小组组长王宁主持会议并讲话，省长、领导小组第一副组长王予波出席。

会议听取全省退役军人工作情况汇报，对2022年以来的工作成效予以充分肯定；审议2023年工作要点，安排部署下一步工作。会议要求，全省退役军人事务系统要扎实开展主题教育，准确把握新时代新征程退役军人工作的职责和使命，把学习贯彻习近平新时代中国特色社会主义思想和党的二十大精神作为退役培训“第一课”，更好地用党的创新理论指导工作，引导退役军人和退役军人工作者忠诚拥护“两个确立”、坚决做到“两个维护”，以主题教育的实际成效推动全省退役军人工作再上新台阶。

会议强调，要发挥好退役军人人力资源优势，搭建平台、创造条件，支持退役军人在乡村振兴、强边固防、应急处突等方面更好发挥作用。要提升服务部队备战打仗能力，做好双拥工作，加大“三后”困难解决力度，巩固军政军民团结。要努力为退役军人办实事好事，持续做好转业安置工作，建好“互联网＋退役军人服务”平台，支持退役军人就业创业、提升教育培训力度和精准度，开展“情暖老兵”专项行动，做好困难帮扶。要加强退役军人法治宣传教育，组织好烈士祭扫工作，维护安全稳定。

会议强调，要坚持和加强党对退役军人工作的全面领导，加强政治建设，深化作风革命、效能革命，大兴调查研究，深入基层一线、深入退役军人当中办实事、解难题。要加强党风廉政建设和反腐败斗争，建设一支政治坚定、业务精湛、作风过硬的高素质专业化退役军人工作队伍。

省军区少将政委郑仲全、副省长纳云德出席会议。领导小组成员单位及相关部门负责同志参加。（云南发布2023年4月11日讯）

全国双拥工作领导小组来滇调研

持续巩固新时代军政军民团结良好局面

王宁与王成男一行进行交流

5月26日至30日，全国双拥工作领导小组调研组来滇调研指导云南全国双拥模范城(县)创建工作。

省委书记王宁与率队调研的全国双拥工作领导小组副组长、中央军委政治工作部中将副主任王成男一行进行工作交流。

王宁感谢全国双拥工作领导小组、中央军委政治工作部和驻滇部队长期以来对云南工作的大力支持，希望继续给予云南更多关心和帮助，推进全省双拥工作取得新进步。他表示，云南有悠久的革命历史和光荣的双拥传统。近年来，全省军地各级同心协力，深化双拥模范创建和军民共建等活动，推进新时代双拥工作取得明显成效。云南将深入学习贯彻习近平强军思想和习近平总书记关于双拥工作重要论述，扎实开展双拥工作，抓实双拥模范城（县）创建等重点工作，更好服务国防和军队建设改革，持续巩固和发展坚如磐石的军政军民团结，军地合力、军民同心推进云南现代化建设不断取得新成效。

王成男充分肯定云南双拥工作取得的成绩，对云南全力支持部队建设、改革和备战，关心解决官兵“后路”“后院”“后代”等问题表示感谢。他表示，云南坚决贯彻习近平总书记重要指示精神和党中央决策部署，深入扎实做好新时代双拥工作，涌现出一批爱国拥军、拥政爱民先进典型，军地合力抓双拥、促双拥的氛围浓厚，推动双拥工作走向制度化、规范化轨道。调研组将提炼好、宣传好云南双拥工作的好经验、好做法，汇聚强军兴军强大力量。

在滇期间，调研组深入昆明、德宏、保山、曲靖等地，围绕创新开展新时代双拥工作、巩固提高一体化国家战略体系和能力开展一系列调研，并召开军地座谈会和全国双拥模范城（县）创建汇报会。

全国双拥工作领导小组成员兼办公室副主任、中央军委政治工作部群众工作局局长高翔少将，云南省领导曾艳、纳云德，驻滇部队领导郑仲全、魏文波、唐波、刘惟云、黄天杰分别出席相关活动。（云南发布2023年5月30日讯）

我省举行庆祝中国人民解放军建军 96 周年暨纪念延安双拥运动 80 周年座谈会

7 月 31 日，云南省庆祝中国人民解放军建军 96 周年暨纪念延安双拥运动 80 周年座谈会在昆明举行，深入学习贯彻习近平强军思想和习近平总书记关于双拥工作重要论述，继承和弘扬延安双拥光荣传统，不断巩固和发展新时代军政军民团结，为推进云南现代化建设凝聚强大力量。

省委书记、省双拥工作领导小组组长王宁主持会议并讲话。省长、领导小组副组长王予波，省政协主席刘晓凯出席。

王宁代表省委、省人大常委会、省政府、省政协，向驻滇人民解放军和武警部队全体官兵，全省民兵预备役人员、退役军人、烈军属和优抚对象表示亲切慰问，向双拥工作战线的同志们致以诚挚问候。

王宁指出，驻滇部队历史辉煌、功勋卓著、英雄辈出。党的十八大以来，驻滇部队深入贯彻习近平强军思想，围绕实现建军一百年奋斗目标，推进部队建设发展各项工作取得显著成效。积极支援地方建设，在抢险救灾、应急救援、强边固防等任务中闻令而动、冲锋在前，为云南经济社会发展作出重要贡献。

王宁强调，云南有着悠久的革命历史和光荣的双拥传统。近年来，全省军地各级紧紧围绕实现中国梦强军梦和云南高质量跨越式发展大局，扎实开展双拥工作，党对双拥工作的领导不断加强，服务备战打仗能力不断提升，“三后”问题解决力度不断加大，军地共创共建成效明显，创造了许多好的做法和经验，涌现出一大批先进和典型，军政军民团结良好局面持续巩固。

王宁强调，双拥工作是一项事关全局的战略任务。要深入学习贯彻习近平强军思想和习近平总书记关于双拥工作重要论述，筑牢军民团结奋斗的思想根基，提高政治站位，增强使命感责任感，不断开创全省双拥工作新局面。要增强国防观念和大局意识，全力服务支持练兵备战，持续为官兵解决好“三后”问题。要充分发挥部队在支援地方建设方面的优势，积极参与地方经济社会发展，在强边固防、应急维稳、乡村振兴、防汛救灾等方面当先锋、建新功。要开展好延安双拥运动 80 周年纪念活动，用好革命遗址遗迹、爱国主义教育基地等资源，持续开展双拥宣传教育，扎实推进新一届全国双拥模范城（县）创建，大力营造军政军民团结的浓厚氛围。

（云南日报 2023 年 7 月 31 日讯）

驻滇部队领导郑仲全、张永华、陈军、刘惟云、黄天杰发言。驻滇部队英模代表李旭峰，双拥模范代表王元林、赵春良作交流。

邱江、宗国英、纳云德、韩梅、张荣明出席。驻滇部队，省级有关部门和单位，昆明、曲靖有关负责同志，英模代表参加。（云南发布 2023 年 7 月 31 日讯）

退役军人事务部
领导讲话和署名文章

为社会主义现代化强国建设贡献退役军人工作力量
——在《人民日报》2023 年 2 月 2 日理论版上的署名文章

（2023 年 2 月 2 日）

裴金佳

习近平总书记在党的二十大报告中指出："从现在起，中国共产党的中心任务就是团结带领全国各族人民全面建成社会主义现代化强国、实现第二个百年奋斗目标，以中国式现代化全面推进中华民族伟大复兴。"强调"加强军人军属荣誉激励和权益保障，做好退役军人服务保障工作。巩固发展军政军民团结"。这为做好新时代退役军人工作指明了前进方向、提供了根本遵循。退役军人事务系统要把学习宣传贯彻党的二十大精神作为首要政治任务，坚持全面学习、全面把握、全面落实党的二十大精神，深刻领悟"两个确立"的决定性意义，深入学习贯彻习近平总书记关于退役军人工作重要论述，努力在全面建成社会主义现代化强国中贡献更多退役军人工作力量。

着力推进退役军人事务治理体系和治理能力现代化

党的二十大报告将基本实现国家治理体系和治理能力现代化作为到 2035 年我国发展的总体目标之一，提出全面推进国家各方面工作法治化。退役军人工作是党和国家工作的重要组成部分，必须适应国家发展步伐和我国社会主义现代化建设要求，着力建立健全组织管理体系、工作运行体系、政策制度体系，持续推进治理体系和治理能力现代化，更好服务社会主义现代化建设。

推动组织管理体系更加坚强有力。深入学习贯彻习近平新时代中国特色社会主义思想，认真学习宣传贯彻党的二十大精神，始终把坚持和加强党的领导贯穿退役军人工作全过程各方面，不断提高政治判断力、政治领悟力、政治执行力，持续加强政治机关建设，坚决贯彻落实党中央决策部署。深入落实"五有""全覆盖"要求，着力建强服务保障体系，持续推进服务中心（站）标准化规范化建设，不断拓展服务范围、完善服务流程、提升服务效能。进一步强化干部队伍建设，加强教育培训、实践锻炼、关心爱护，激励广大干部担当作为、拼搏奋斗。

推动工作运行体系更加顺畅有序。始终把机制建设摆在突出位置，着力完善系统、部门、军地合力协作机制，健全移交安置、就业创业、双拥共建、英烈保护、矛盾化解等重点工作机制，推动工作运行更加规范有序、顺畅高效。着力完善责任逐级压实、压力层层传导的工作落实机制，将退役军人工作纳入地方党政班子和领导干部考核，充分发挥督查推动工作落实的重要作用。建好用好信息化工作平台，借助信息技术和大数据提供便捷、精准的服务，以信息化建设推动退役军人工作提质增效。

推动政策制度体系更加健全有效。始终把依法行政作为推动工作的基本准则，切实提高退役军人工作法治化水平。坚决贯彻落实关于加强新时代退役军人工作的意见、退役军人工作政策制度改革方案，深入贯彻《中华人民共和国退役军人保障法》，细化实施《“十四五”退役军人服务和保障规划》，加快制订修订《退役军人安置条例》《军人抚恤优待条例》《烈士褒扬条例》等，不断健全完善退役军人工作政策制度体系。对政策落实情况进行大盘点，贯通政策制定“最先一公里”和政策执行“最后一公里”，推动退役军人工作持续改进提高。

努力为经济社会发展贡献力量

习近平总书记在党的二十大报告中强调:“加快构建新发展格局，着力推动高质量发展。”做好退役军人工作，必须始终围绕党和国家中心工作，更好助力经济社会发展。退役军人事务系统要坚持完整、准确、全面贯彻新发展理念，在努力推动自身工作高质量发展的同时，着力服务经济社会发展。

提供有力人才支撑。全面建设社会主义现代化国家，迫切需要大批高素质人才。退役军人是党和国家的宝贵财富，是经济社会建设的生力军。要坚持把推动退役军人更好安置就业作为工作的着力点，着力提升职业技能、拓宽就业渠道，构建适应性培训、职业技能培训、学历教育、终身职业教育有机统一的教育培训体系，举办系列招聘活动和创业创新大赛，建立就业服务信息平台，帮助广大退役军人充分就业、稳定就业、体面就业、高质量就业，让他们在社会主义现代化建设中贡献聪明才智、实现人生价值。

积极助力基层治理。退役军人普遍政治坚定、视野开阔、敢于担当，许多同志在基层治理、乡村振兴等重要领域发挥着突出作用。在实践中，要大力推广贵州安顺发展“兵支书”做法，推动优秀退役军人依法依规进入基层“两委”，鼓励支持退役军人到革命老区、民族地区、边疆地区基层一线工作，积极投身经济发展、民族团结、稳边固疆事业。

推进精细化服务保障。习近平总书记指出：“各级党委和政府要高度重视，切实把广大退役军人合法权益维护好，把他们的工作和生活保障好。”必须牢记习近平总书记的殷切嘱托，着力为广大退役军人和其他优抚对象提供更加优质精准的服务，切实让他们共享改革发展成果。努力提升服务保障质量，提高部分服务对象抚恤补助标准，为部分退役军人办理养老保险集中补缴，全面制发优待证。努力推动服务更加精准，为服务对象建档立卡，准确掌握各类服务对象需求，提供个性化服务保障。

积极服务国防和军队现代化建设

习近平总书记在党的二十大报告中强调:“实现建军一百年奋斗目标，开创国防和军队现代化新局面”“巩固提高一体化国家战略体系和能力。加强军地战略规划统筹、政策制度衔接、资源要素共享”。退役军人工作是国防和军队现代化建设的延伸和重要支撑，必须放在强军事业中来思考和推动。退役军人事务系统要深入学习贯彻习近平强军思想和习近平总书记关于退役军人工作重要论述，始终胸怀“国之大者”，聚焦建军一百年奋斗目标，全面对接国防和军队改革，积极服务部队练兵备战，为国防和军队现代化建设贡献力量。

对接国防和军队改革。服务改革强军是退役军人事务系统责无旁贷的政治责任，必须始终紧跟国防和军队现代化步伐，对标国防和军队现代化目标，主动适应军队作战指挥、力量体系、政策制度等方面深刻变革，对退役军人工作各环节进行体系化设计，切实担起服务国防和军队现代化的使命。围绕军事政策制度改革要求，制定相应改革方案，确保政策制度有效衔接。围绕军事人员现代化要求，高质量完成退役安置任务。

配合军队练兵备战。落实关于加强新时代拥军支前工作意见，建立全国双拥系统应急应战快速响应机制，适时开展演习演练，确保遇事随时能够拉得出、上得去、保得好。紧贴部队练兵备战需要，坚持平战结合、平战一体，精准掌握退役军人服役时的专业方向、退役后的工作去向，着力将光荣院、优抚医院、军供站等打造成服务保障的重要阵地，充分发挥退役军人事务系统资源军事效能。强力推进师级及以下离退休军人和伤病残士兵移交工作，帮助部队轻装上阵、专谋打赢。

鼓舞昂扬军心士气。聚焦广大官兵急难愁盼问题，积极助力随军家属就业，推进军人子女教育优待，切实推动解决军人后顾之忧，提升广大官兵的荣誉感、获得感、自豪感。着力加强荣誉激励，广泛宣传军人敢于牺牲、无私奉献的精神风貌，让军人成为全社会尊崇的职业，激励有志青年从军报国、献身国防，促进广大官兵建功军营、忠诚报国。

助力国家安全体系和能力现代化建设

习近平总书记在党的二十大报告中指出：“推进国家安全体系和能力现代化，坚决维护国家安全和社会稳定。”退役军人工作政治性强、涉及面广，与国家安全工作密切相关，在维护国家安全中承担着重要责任。退役军人事务系统必须坚定不移贯彻总体国家安全观，按照国家安全体系和能力现代化建设要求，全力抓好各项安全稳定工作。

有力促进社会和谐稳定。始终把维护退役军人合法权益放在第一位，坚持把退役军人当家人、把退役军人来信当家书、把退役军人的事当家事，带着爱心、耐心、细心解决问题，做到诉求合理的及时解决到位、一时难以解决的思想引导到位、生活困难的帮扶救助到位。进一步畅通信、访、网、电等各种诉求反映渠道，持续开展矛盾问题攻坚化解，努力做到接信即办、接电即复、案结事了。大力推广新时代“枫桥经验”，充分发挥退役军人服务中心（站）作用，引导广大退役军人积极参与政策宣介、老兵调解、法律援助等工作，切实化解矛盾、疏导情绪、团结同志。

广泛参与应急处突抢险。退役军人大多具

有专业特长、组织纪律性强，危急时刻豁得出、关键时刻冲得上。许多同志在现役时曾遂行多种应急处突任务，不少同志退役后仍坚守在公安、应急、消防、边防等岗位，还有大批退役军人积极参与抢险救援、疫情防控等志愿服务，始终站在维护国家安全和社会稳定的第一线。要着眼国家安全应急体系建设，组织培养退役军人应急力量，引导退役军人投身抢险救灾、应急处突、医疗救援等，努力为党和国家事业发展、人民幸福安康、社会和谐稳定、国家长治久安贡献力量。

为全面建成社会主义现代化强国凝聚奋进力量

习近平总书记在党的二十大报告中强调：“团结就是力量，团结才能胜利”“团结奋斗是中国人民创造历史伟业的必由之路”。退役军人事务系统要牢记职责使命，坚持把广大退役军人紧密团结在党的周围，不断巩固和推进军政军民团结，弘扬伟大民族精神，为全面建成社会主义现代化强国凝聚奋进力量。

引领汇聚奋进力量。持续深化“老兵永远跟党走”“最美退役军人”等学习宣传活动，引导广大退役军人保持革命军人本色，始终在思想上政治上行动上同以习近平同志为核心的党中央保持高度一致。充分发挥退役军人典型示范、引导带动作用，形成携手并肩、团结一心全面建设社会主义现代化国家的生动局面。

巩固军政军民团结。习近平总书记强调：“拥军优属、拥政爱民是我党我军特有的政治优势，坚如磐石的军政军民关系是我们战胜一切艰难险阻、不断从胜利走向胜利的重要法宝。”退役军人工作连接军地，承担着推动军政军民关系更加团结的重要使命。要深入开展双拥模范城（县）命名表彰，推动双拥工作不断走深走实。广泛开展“情系边海防官兵”“关爱功臣”“最美军嫂”等活动，扎实做好拥军优属工作，健全完善军地互办实事“双清单”机制，不断深化军爱民、民拥军的深厚鱼水情谊。

大力弘扬民族精神。要坚持建好用好红色资源，开展县以下烈士纪念设施提质改造，充分利用红色资源开展宣传教育，推动红色基因融入血液和灵魂。大力弘扬英烈精神，在烈士纪念日组织开展烈士公祭，推动施行英雄烈士保护法，组织“为烈士寻亲”“百年英烈”等系列活动，为实现第二个百年奋斗目标、实现中华民族伟大复兴提供强大的价值引领力、文化凝聚力和精神推动力。

在退役军人事务部学习贯彻习近平新时代中国特色社会主义思想主题教育动员大会上的讲话

（2023 年 4 月 10 日）

裴金佳

在全党深入开展学习贯彻习近平新时代中国特色社会主义思想主题教育，是以习近平同志为核心的党中央为全面贯彻党的二十大精神、动员全党同志为完成党的中心任务而团结奋斗所作的重大部署，是深入推进新时代党的建设新的伟大工程的重大部署。3 月 30 日，习近平总书记主持召开中共中央政治局会议，专题研究部署主题教育工作，专门举行集体学习，为全党作出了示范、树立了标杆。4 月 3 日，主题教育工作会议在北京召开，习近平总书记出席会议并发表重要讲话，从新时代新征程党和国家事业发展全局的高度，深刻阐述开展主题教育的重大意义和目标要求，对主题教育各项工作作出全面部署，为全党开展主题教育提供了根本遵循，为解决大党独有难题、推进新时代党的建设新的伟大工程提供了科学指引。退役军人事务部坚决贯彻党中央决策部署，把开展好这次主题教育作为坚决拥护“两个确立”、坚决做到“两个维护”的重要举措，抓紧抓实、有力推进。4 月 4 日上午，部党组召开专题会议，传达学习习近平总书记重要讲话精神，研究制定主题教育实施方案。今天，我们召开动员大会，全面部署主题教育各项工作。下面我讲 3 点意见。

一、深刻认识主题教育的重大意义，迅速把思想和行动统一到习近平总书记重要讲话精神上来

习近平总书记的重要讲话，从“三个必然要求”深刻阐述了开展主题教育的重大意义，深化了我们党对共产党执政规律的认识，具有很强的政治性、指导性、针对性。退役军人事务部各级党组织和党员、干部要把思想和行动统一到习近平总书记重要讲话精神上来，充分认识在全党深入开展学习贯彻习近平新时代中国特色社会主义思想主题教育的重大意义，扎实抓好主题教育，切实加强党的创新理论武装，更加自觉为奋进新征程凝心聚力。

第一，深刻理解开展主题教育是统一思想意志行动、始终保持党的强大凝聚力、战斗力的必然要求。习近平总书记指出，思想上的统一是党的团结统一最深厚最持久最可靠的保证。怎样实现全党思想、意志、行动的统一？最根本的就是用党的基本理论武装全党。党的十八大以来，党

和国家事业取得历史性成就、发生历史性变革，最根本在于有习近平总书记掌舵领航，有习近平新时代中国特色社会主义思想科学指引。今天，我们迈上了全面建设社会主义现代化国家、全面推进中华民族伟大复兴的新征程，迫切需要用习近平新时代中国特色社会主义思想武装头脑、指导实践、推动工作。开展主题教育，就是要用习近平新时代中国特色社会主义思想进一步凝心铸魂，推动学习贯彻习近平新时代中国特色社会主义思想进一步走深走实；就是要教育引导全体党员、干部从思想上正本清源、固本培元，不断提高政治判断力、政治领悟力、政治执行力，更加深刻领悟“两个确立”的决定性意义，更加自觉增强“四个意识”、坚定“四个自信”、做到“两个维护”，始终在思想上政治上行动上同以习近平同志为核心的党中央保持高度一致。

第二，深刻认识开展主题教育是推动全党积极担当作为、不断开创事业发展新局面的必然要求。习近平总书记强调，要把党的二十大描绘的宏伟蓝图变为现实，仍然要靠拼、要靠干。前进道路上，我们唯有始终保持锐意进取、敢为人先、迎难而上的奋斗姿态，积极担当作为、敢于善于斗争，才能为强国建设、民族复兴贡献力量。开展主题教育，就是要用习近平新时代中国特色社会主义思想教育引导全体党员、干部学思想、见行动，树立正确的权力观、政绩观、事业观，增强责任感和使命感，不断提高推动高质量发展本领、服务群众本领、防范化解风险本领，加强斗争精神和斗争本领养成，提振锐意进取、担当有为的精气神，以强化理论学习指导发展实践，以深化调查研究推动解决发展难题，推动高质量发展，奋进新征程。

第三，深刻领会开展主题教育是深入推进全面从严治党、以党的自我革命引领社会革命的必然要求。习近平总书记指出，治国必先治党，党兴才能国强。全面从严治党永远在路上，党的自我革命永远在路上，解决大党独有难题是一个长期而艰巨的过程，既要常抓不懈，又要集中发力，及时消除一切影响党的先进性纯洁性的因素，清除一切侵蚀党的肌体健康的病毒，确保党永远不变质、不变色、不变味。开展这次主题教育，就是要推进党的自我革命，力戒形式主义、官僚主义，始终与人民同心，保持先进性和纯洁性，使全党更加紧密地团结在以习近平同志为核心的党中央周围，为奋进新征程、建功新时代提供坚强有力的政治引领和政治保障；就是要教育引导各级党组织和广大党员、干部突出问题导向，查不足、找差距、明方向，接受政治体检，打扫政治灰尘，纠正行为偏差，解决思想不纯、组织不纯方面存在的突出问题，不断增强党的自我净化、自我完善、自我革新、自我提高能力，始终充满蓬勃生机和旺盛活力。

二、全面准确把握主题教育的目标任务，坚持不懈用习近平新时代中国特色社会主义思想统领退役军人工作

习近平总书记重要讲话全面阐述了这次主题教育的总要求、目标任务。主题教育的总要求是“学思想、强党性、重实践、建新功”。这 4 句话体现了我们党认识与实践相结合、理论与实际相联系、改造主观世界与改造客观世界相统一的一贯要求，是一个紧密联系、相互贯通、内在统一的整体，要把这一总要求贯穿主题教育全过程。

主题教育的根本任务是坚持学思用贯通、知信行统一，把习近平新时代中国特色社会主义思想转化为坚定理想、锤炼党性和指导实践、推动工作的强大力量，使全党始终保持统一的思想、坚定的意志、协调的行动、强大的战斗力，努力在以学铸魂、以学增智、以学正风、以学促干方面取得实实在在的成效，达到凝心铸魂筑牢根本、锤炼品格强化忠诚、实干担当促进发展、践行宗旨为民造福、廉洁奉公树立新风的具体目标。

主题教育不划阶段、不分环节，把理论学习、调查研究、推动发展、检视整改贯通起来，有机融合、一体推进。各单位党组织要认真对标对表，深入领会贯彻，紧密结合实际抓好落实，有力有序有效推进。

（一）强化理论学习，深刻把握党的创新理论的世界观方法论及贯穿其中的立场观点方法。全面深入学习贯彻习近平新时代中国特色社会主义思想，坚持读原著学原文悟原理。要坚持全面系统、及时跟进，认真研读党的二十大报告和党章，学习《习近平著作选读》《习近平新时代中国特色社会主义思想专题摘编》等 8 种学习材料，坚持把学习习近平新时代中国特色社会主义思想作为党组会、部务会“第一议题”，及时跟进学习习近平总书记最新重要讲话、重要指示批示精神，深入学习《习近平关于退役军人工作论述摘编》，自觉做习近平新时代中国特色社会主义思想的坚定信仰者、积极传播者、忠实实践者。领导干部要领学带学促学，部党组将组织专题读书班，党组理论学习中心组将结合退役军人工作实际列出若干专题，进行深入研讨，交流运用党的创新理论解决实际问题的学习体会，示范带动基层党组织和党员、干部深入学习。各单位党组织要采取交流研讨、宣讲阐释、案例教学等方式，通过集体学习、党小组学习、“三会一课”、青年理论学习小组学习等形式，深刻领悟习近平新时代中国特色社会主义思想的真理力量和实践伟力。要坚持多思多想、学深悟透，深刻把握“十个明确”“十四个坚持”“十三个方面成就”，深刻领会“六个必须坚持”，全面学习领会习近平新时代中国特色社会主义思想的科学体系、精髓要义、实践要求，把握好这一重要思想的世界观和方法论，坚持好、运用好贯穿其中的立场观点方法，做到整体把握、融会贯通；深刻理解习近平总书记亲自谋划设计、亲自部署推动组建退役军人管理保障机构的重大意义，从党和国家事业全局对退役军人工作进行系统性思考、战略性谋划。要坚持学以致用、知行合一，在深学细照笃行上下功夫，做起而行之的行动者、不做坐而论道的清谈客，当攻坚克难的奋斗者、不当怕见风雨的泥菩萨，切实把习近平新时代中国特色社会主义思想贯彻落实到退役军人工作的各方面全过程。要坚持联系实际、立足岗位，深入学习贯彻习近平强军思想、习近平总书记关于退役军人工作重要论述和重要指示批示精神，把全面学习和重点学习结合起来，坚持干什么就重点学什么，缺什么就重点补什么，着力提升理论联系实际的能力。

（二）深入调查研究，运用党的创新理论研究新情况、解决新问题。调查研究是做好工作的基本功，是我们党的传家宝，也是这次主题教育的一项重要内容。要按照党中央关于在全党大兴调查研究的工作方案和部里的实施方案要求，坚持问题导向，组织党员干部扑下身子、沉到一线，大力开展调查研究工作，掌握真实情况和民情民意，在调查研究中加深对党的创新理论的理解，使调查研究的过程成为理论学习向实践运用转化的过程，成为转变作风、增进同退役军人感情的过程，成为提高履职本领、增强责任担当的过程。各单位领导班子要领题调研，紧扣贯彻落实党中央决策部署和习近平总书记重要指示批示精神，围绕工作中最突出的难点问题确定具体课题，抱着解决问题的目的开展专项调研，推动解决一批重点难点问题。要扎实开展以跟进军事政策制度改革、跟进地方干部队伍建设、跟进退役军人美好需要，服务经济社会发展、服务国防和军队建设为主题的“三跟进两服务”“走边防、进军营”系列调研活动，深入推进习近平总书记关于退役军人工作重要论述落实落地。要大力改进作风，多采取“四不两直”方式，多到困难多、群众意见集中、工作打不开局面的地方和单位，体察实情、解剖麻雀，把问题研究透彻、把措施提准提实。建立调研成果转化清单，加强效果评估，防止为调研而调研，不能用调研报告代替调研成果，不能只调查研究，不解决问题，坚决克服调研中的形式主义、官僚主义。

（三）勇于担当作为，以党的创新理论指引退役军人工作高质量发展。高质量发展是全面建设社会主义现代化国家的首要任务，也是主题教育的重要着力点。要完整、准确、全面贯彻新发展理念，积极适应新形势、新任务、新要求，加快退役军人工作理念思路、政策制度和方式方法创新，把学习和调研落实到完成党的二十大部署的各项工作任务中去，不断提升服务经济社会发展、服务国防和军队建设的水平，以推动退役军人工作高质量发展的新成效检验主题教育成果。要牢固树立以人民为中心的发展思想，锚定“让退役军人和其他优抚对象满意、让他们成为全社会尊重的人、让军人成为全社会尊崇的职业”工作目标，带着爱心、耐心、细心开展工作，坚持常态化联系、经常性走访慰问制度，真正把退役军人当家人、把退役军人来信当家信、把退役军人的事当家事，把党和政府的关心关怀送到退役军人的心坎上。要突出实践导向，求真务实、真抓实干、攻坚克难，紧密结合中心任务和日常工作，引导党员、干部立足岗位作贡献，积极履职尽责，勇于担当作为。要结合理论学习和调查研究，深入查找分析在贯彻新发展理念、构建新发展格局、推动高质量发展中的问题短板及其根源，找准切入点、发力点，把退役军人工作积极融入新发展格局。要紧密结合工作实际，认真贯彻落实党中央关于全面建设社会主义现代化国家的战略部署，增强系统观念和大局意识，保持战略清醒、战略自信、战略主动，正确处理推进中国式现代化的一系列重大关系，以新时代新征程退役军人工作高质量发展助力全面建设社会主义现代化国家，做到既为一域增光，更为全局添彩。

（四）抓好检视整改，把问题导向贯穿主题教育始终。要对标对表习近平新时代中国特色社会主义思想，认真查找履职尽责等方面存在的问题，系统梳理调研发现的问题、推动发展遇到的问题、退役军人反映强烈的问题，逐个列出问题清单，开展整改整治，一项一项制定整改措施，能改的马上改，一时解决不了的也要明确具体措施、整改时限，确保整改到位。要把退役军人重复信访攻坚化解工作，作为践行宗旨、为民造福的一项具体措施，坚持底线思维，强化责任担当，创新思路办法，切实维护退役军人合法权益和社会和谐稳定。要抓好干部队伍教育整顿，结合“强能力、转作风、抓落实”行动，以严肃教育纯洁思想，以严格整顿纯洁组织，努力建设让党中央放心、让人民群众满意的模范机关，走好践行“两个维护”的第一方阵。要组织党员干部从政治、思想、能力、作风、纪律等方面进行党性分析，找准问题症结，着力从思想根源上解决问题，召开专题民主生活会和组织生活会，把自己摆进去、把职责摆进去、把工作摆进去，深入查摆不足，严肃认真开展批评和自我批评。

（五）注重建章立制，建立巩固深化主题教育成果的长效机制。统筹推动主题教育问题检视整改和中央巡视持续性整改任务落实，坚持“当下改”与“长久立”相结合、“重点改”与“全面改”相结合，对主题教育中学习贯彻习近平新时代中国特色社会主义思想的好做法好经验，及时以制度形式固定下来。同时，健全学习贯彻党的创新理论的制度机制，确保常态长效。

三、坚决有力扛起政治责任，切实加强对主题教育的组织领导

习近平总书记指出，这次主题教育是一件事关全局的大事，时间紧、任务重、要求高。我们要坚决扛起政治责任，把工作抓实抓深，确保取得实实在在的成效。

（一）压实压紧领导责任。部党组已经成立主题教育领导小组，我任组长，各位党组成员任副组长，办公室设在机关党委，负责主题教育的组织实施，要认真履职尽责，紧前落实各项任务，积极配合中央第二十九指导组的工作。各单位领导班子要以强烈的政治责任感、使命感开展主题教育，主要负责同志要担起第一责任人职责，发挥好领学带学促学作用，切实把主题教育谋划好、组织好、落实好。要强化督促指导，上下形成合力，使主题教育善始善终、高质高效。

（二）注重统筹兼顾。要坚持系统观念，把理论学习、调查研究、推动发展、检视整改有机融合、一体推进，从开始就要把学和做结合起来，把查和改贯通起来，把破和立统一起来，提升主题教育效果。要把开展主题教育同推动退役军人工作结合起来，做到两手抓、两促进。要坚持问题导向，奔着问题去、带着问题学、对着问题改，把运用党的创新理论发现和解决问题贯穿始终。要坚持守正创新，在学习理论和实践运用相结合、改造主观世界和改造客观世界相结合中，深化拓展对退役军人工作规律的认识和把握。

（三）加强宣传引导。领导小组办公室要加强和中央指导组的沟通联系，认真抓好信息报送工作，全面准确反映退役军人事务部主题教育重要进展和实际成效。要充分利用官网官微、专栏专刊、专题展板等方式，深入宣传党中央部署要求，宣传主题教育的重大意义和目标任务，报道推介各单位的好经验好做法，积极选树主题教育中的先进典型，营造良好舆论氛围。要深化“老兵永远跟党走”宣讲、结合基层调研实践等活动，引导和带动系统上下和广大退役军人自觉学习，让党的创新理论“飞入寻常百姓家”。

（四）务求工作实效。主题教育坚决不搞形式主义，不搞形式化、套路化、表面化那一套。要求真务实、真抓实干，在提高学习质量、确保教育实效上下功夫，绝不能走过场、喊口号、摆花架子。不对写读书笔记、心得体会等提出硬性

要求，不得随意要求基层填报材料，严格控制简报数量，严格控制网络平台载体管理。坚决防止“低级红”“高级黑”。结合干部队伍教育整顿工作，对开展主题教育消极对待、敷衍应付、搞形式主义的要严肃批评，对走形变样、问题严重的按照规定追究责任。

同志们，习近平新时代中国特色社会主义思想博大精深，是常学常新、取之不尽的思想宝库。我们要更加紧密地团结在以习近平同志为核心的党中央周围，坚持不懈用习近平新时代中国特色社会主义思想凝心铸魂，以这次主题教育为契机，以党的创新理论统一思想、统一意志、统一行动，用党的创新理论指引我们走向未来、走向胜利、走向复兴，在退役军人工作新征程上续写新的时代篇章。

推动新时代新征程退役军人工作高质量发展
——在《求是》杂志2023年第23期上的署名文章

（2023年12月）

裴金佳

党的十八大以来，习近平总书记对退役军人工作作出一系列重要论述，亲自谋划、亲自部署、亲自推动组建退役军人管理保障机构。在党的二十大报告中，习近平总书记从实现强国梦、强军梦的战略高度，对退役军人工作作出重要部署，就做好退役军人工作提出明确要求。赴地方考察调研时，习近平总书记多次看望老红军、老战士，瞻仰烈士纪念设施，2022年在海南和辽宁考察调研时、2023年在内蒙古考察调研时，专门对退役军人工作作出重要指示。这充分体现了习近平总书记对退役军人工作的高度重视、对广大退役军人的关心关爱，为做好新时代新征程退役军人工作指明了前进方向、提供了根本遵循。我们要深刻领会习近平总书记的深远战略考量，坚决贯彻落实党的二十大决策部署，大力推动新时代新征程退役军人工作高质量发展，为全面建设社会主义现代化国家、全面推进中华民族伟大复兴作出应有贡献。

一、深刻认识做好新时代新征程退役军人工作的重大意义

退役军人工作是党和国家工作的重要组成部分，做好退役军人工作是时代所需、现实所需、事业所需。我国已经踏上强国建设、民族复兴的新征程，退役军人工作面临新的形势和任务，有了新的职责和使命。要深入学习贯彻习近平总书记关于退役军人工作重要论述，切实提高政治站位，从党和国家事业发展全局的战略高度，深刻认识做好新时代新征程退役军人工作的重大意义，切实增强推动工作高质量发展的思想自觉、政治自觉和行动自觉。

这是巩固党的执政之基、凝聚实现中华民族伟大复兴中国梦磅礴力量的必然要求。习近平总书记指出，实现中华民族伟大复兴是十分伟大而又十分艰巨的事业，需要把一切力量都凝聚起来，把一切积极因素都调动起来，强调要“把红色基因传承好，确保红色江山永不变色”。我国现有3800多万名退役军人，他们在部队时经历了严格的训练，是保家卫国的坚强柱石；退役后奋战在各行各业，是巩固党的执政地位、推动

民族复兴的重要力量。要把退役军人工作摆在确保党长期执政的高度，强化退役军人思想政治引领，当好退役军人的知心人、贴心人，把他们紧紧团结在党的周围，心凝在一起、劲聚在一起，成为党的事业的推动者、时代主旋律的弘扬者、社会正能量的传播者。弘扬英烈精神、传承红色基因是退役军人工作的重要内容。退役军人事务系统红色资源富集、典型事迹众多、历史底蕴深厚，宣传好英雄先辈可歌可泣的感人事迹和崇高精神，诠释好共产党人的远大理想和坚贞信仰，以红色故事赓续红色血脉，以英雄旗帜凝聚民族精神，必将为实现中华民族伟大复兴的中国梦提供强大的价值引导力、文化凝聚力、精神推动力。

这是贯彻习近平强军思想、巩固提高一体化国家战略体系和能力的必然要求。习近平总书记指出，强国必须强军，军强才能国安，强调“退役军人安置和管理，关系军队稳定和社会大局稳定”。退役军人工作与国防和军队建设相伴相生，服务强国兴军事业是我们的天然使命。当前，世界进入新的动荡变革期，大国博弈日趋复杂，地缘政治形势严峻，国际军事竞争格局正在发生历史性变化，没有一个巩固的国防，没有一支强大的军队，中国梦就难以真正实现。人民军队是新时代坚持和发展中国特色社会主义、实现中华民族伟大复兴的战略支撑。党中央提出建成世界一流军队的奋斗目标，将退役军人工作同建设巩固国防和强大人民军队一体谋划、一体推进。这就要求我们必须紧跟国防和军队现代化步伐，聚焦服务部队战斗力提升，加强政策衔接和跟进落实，更好调动广大官兵投身强军实践的积极性，稳军心、聚士气，为实现党在新时代的强军目标贡献力量。

这是服务“国之大者”、助推经济社会高质量发展的必然要求。习近平总书记强调，军转干部是党和国家的宝贵财富，是建设中国特色社会主义的重要力量。早在革命战争年代，一批又一批在军队工作的同志服从组织安排到地方工作，为夺取中国革命胜利作出了重要贡献。新中国成立后，大批军队干部转业到地方，投身政权建设、城乡管理和国民经济恢复发展。改革开放后，成千上万的退役军人退役不褪色、转岗不转志，成为改革开放的时代弄潮儿。新时代新征程，广大退役军人响应党的号召，胸怀“国之大者”，在创业创新、脱贫攻坚、乡村振兴、疫情防控、抗洪抢险、抗震救灾等各个领域建功立业，作出骄人成绩。在2023年抗击台风“杜苏芮”期间，有120余支退役军人志愿服务队伍奔赴灾区、跨省驰援，有的同志献出了宝贵生命。实践充分证明，在党和国家事业发展的各个历史时期，广大退役军人始终是我国经济社会发展的重要参与者、建设者、贡献者。这就要求我们必须更加注重发挥退役军人的人力人才资源优势，为他们施展才华提供舞台，激发退役军人建功新时代的奋斗精神，引导他们在高质量发展和现代化建设中承担更重任务、发挥更大作用。

这是坚持以人民为中心的发展思想、满足广大退役军人对美好生活新期待的必然要求。习近平总书记指出，要坚持发展为了人民、发展成果由人民共享，强调“必须做好退役军人管理保障工作。该保障的要保障好，该落实的政策必须落实，不能让英雄流血又流泪”。广大退役军人曾经全力献身国防和军队建设，为捍卫国家安全作出了重大牺牲奉献，让其感受到党和政府的关心温暖、感受到全社会的尊重关爱，是我们秉承党的宗旨、践行初心使命的应有之义。退役军人事务部成立 5 年多来，在各方面的共同努力下，长期制约退役军人事业发展的一些体制性障碍、结构性矛盾、政策性问题逐步得到解决，退役军人工作取得历史性成就、发生历史性变革。但我们也清醒地认识到，目前的工作离党中央要求、退役军人期待还有一定差距，还存在一些短板不足。这就要求我们必须树立和践行正确政绩观，始终把不断满足退役军人对美好生活的新期待作为工作的出发点和落脚点，更加公平更加充分地保障他们的待遇，让他们的获得感、幸福感、荣誉感成色更足、更可持续。

二、准确把握新时代新征程退役军人工作的重点任务

习近平总书记在党的二十大报告中指出:“从现在起，中国共产党的中心任务就是团结带领全国各族人民全面建成社会主义现代化强国、实现第二个百年奋斗目标，以中国式现代化全面推进中华民族伟大复兴。”新时代新征程，我们必须紧贴党的中心任务，凝心聚力、真抓实干，切实担负起服务强国强军伟业的重大职责使命。

坚持政治引领，持续加强思想教育工作。团结引领广大退役军人听党话、跟党走，是退役军人事务系统的重要政治责任。要坚持把加强政治引领放在首位，健全退役军人思想政治工作制度，制定新时代退役军人思想政治教育规范，推进退役军人学习贯彻习近平新时代中国特色社会主义思想常态化、体系化、长效化，巩固广大退役军人同心同德、团结奋斗的共同思想基础。重视发挥老英雄张富清、“老阿姨”龚全珍等先进典型的正向激励、示范引领作用，完善荣誉表彰激励机制，持续做好模范退役军人的评选表彰和事迹宣传，引导退役军人自觉以“最美退役军人”“最美拥军人物”等先进典型为榜样，见贤思齐、奋勇争先。深入开展“老兵永远跟党走”系列教育实践活动，以老兵身份、从老兵视角、用老兵语言，积极宣讲党的二十大精神，大力宣讲习近平总书记和党中央对退役军人的特殊关爱、对退役军人工作的擘画引领，不断增进广大退役军人对“两个确立”的政治认同、思想认同、理论认同、情感认同，着力培塑信念坚定、爱国奉献、奋发有为、诚信守法的新时代退役军人。建好管好用好烈士纪念馆、烈士陵园、烈士纪念碑等纪念设施，依托系统红色资源广泛开展爱国主义教育，举办全国英烈讲解员大赛，讲好党的故事、革命的故事、英烈的故事，让红色基因浸入血脉、让红色江山代代相传。

突出用好人才，服务经济社会高质量发展。广大退役军人经过人民军队“大熔炉”的淬炼，讲政治、有组织、守纪律，是宝贵的人力人才资源，是社会主义现代化建设不可或缺的重要力量。要坚持妥善安置、合理使用、人尽其才、各得其所的原则，优化完善选调、“阳光安置”、“直通车”安置等方式，把退役军人安置好、使用好。紧贴市场需要和退役军人知识技能，加强就业培训、畅通就业信息、拓宽就业渠道、用好就业政策，为退役军人提供有特色、精细化、针对性强的就业服务。弘扬“党有号召、我有行动”的优良传统，引导退役军人树立正确择业观，深化拓展“兵教师”“兵支书”经验，鼓励他们在乡村振兴、基层治理、强边固疆等国家重大战略

中发挥特长、实现价值。坚持创新引领创业、创业带动就业，助力退役军人中小企业、个体工商户等市场主体发展壮大。擦亮“中国退役军人志愿服务”品牌，引导广大退役军人积极投身应急救援、抢险救灾、生态保护等任务，在党和人民最需要的地方冲锋陷阵、在最急难险重的时刻发光出彩，让“最可爱的人”成为“最有用的人”“最可敬的人”。

服务备战打仗，助力国防和军队现代化建设。退役军人工作是国防和军队建设的重要延伸，在支持部队备战打仗方面肩负着特殊重要使命。要聚焦建军一百年奋斗目标，坚持平战一体、强化系统观念、深化改革创新，建立健全全国双拥系统应急应战快速响应机制，不断完善助力强军、支持备战的政策制度，为迅速有效应对安全威胁提供强有力制度机制保障。精准掌握退役军人服役时的专业方向、退役后的工作去向，把具有特殊专业技能的退役军人作为国防后备力量储备起来，深入挖掘军事潜力，确保召之即来、来之能战。着眼战备急需、演训急用，协调人员、场地、物资等各类资源，协助部队遂行训练演习、备战执勤、抢险救灾等多样化军事任务。加快推进优抚医院、光荣院改革发展，调整优化军供站功能和保障网络，提升应急应战保障能力。常态化做好伤病残人员接收工作，积极助力随军家属就业，推进军人子女教育优待，努力消除官兵后顾之忧。巩固发展新时代军政军民团结，大力开展全国双拥模范城（县）创建，继续组织城连结对共建，深化“情系边海防官兵”活动，广泛开展社会化拥军，使关心国防、热爱国防、建设国防、保卫国防成为全社会的思想共识和自觉行动。

强化服务保障，营造尊崇尊重社会氛围。“加强军人军属荣誉激励和权益保障，做好退役军人服务保障工作”是党的二十大作出的重要部署。要在提升服务保障质效上下功夫，落实优待政策、给予充分褒扬，根据经济发展水平、社会承受能力、对象所作贡献等因素，建立统筹平衡的抚恤优待量化标准体系，健全退役金、抚恤金、优待金、退休费动态增长机制，持续提高优抚对象待遇水平。推动相关部门和地方落实养老、医疗、住房、教育、文化、交通等方面的优待政策，推广优待证（电子版），提高优待证含金量和便捷性。持续开展光荣牌悬挂、立功受奖报喜、节日走访慰问、组织参加疗养、退役军人先进典型载入地方志等工作，不断强化精神激励。健全困难退役军人救助帮扶机制，充分发动中国退役军人关爱基金会等社会力量，推动“情暖老兵”关爱行动走深走实。隆重迎回安葬在韩志愿军烈士遗骸，发挥国家烈士遗骸搜寻队和国家烈士遗骸DNA鉴定实验室作用，优化烈士寻亲服务平台，开展英烈遗物、家书、史料收集整理，坚决抵制、严厉惩处抹黑英雄、亵渎英烈的恶劣行径，维护英烈形象，弘扬英烈精神。加强对退役军人工作和退役军人典型的宣传推介，推动形成尊重退役军人、尊崇现役军人的良好社会风尚。

三、加强新时代新征程退役军人事务系统自身建设

组建退役军人管理保障机构，将退役军人管理、服务、保障等方面的职能集中到一起，不是简单的职能叠加，而是全新的体制机制保障。习近平总书记明确指出，要在国家层面加强对退

役军人管理保障工作的组织领导，健全服务保障体系和相关政策制度。要深入学习贯彻习近平总书记重要论述、重要指示批示精神，建设集中统一、职责清晰的退役军人管理保障体制，不断推进治理体系和治理能力现代化。

坚持以政治建设为根本。退役军人工作事关国家长治久安、事关改革发展稳定、事关退役军人和军人军属切身利益，政治属性极强，旗帜鲜明讲政治是退役军人事务部门第一位的要求。要持续深化学习贯彻习近平新时代中国特色社会主义思想主题教育成果，教育引导全体干部职工深刻领悟“两个确立”的决定性意义，增强“四个意识”、坚定“四个自信”、做到“两个维护”，不断提高政治判断力、政治领悟力、政治执行力。始终把习近平总书记重要论述和重要指示批示精神作为第一议题来学习、第一遵循来贯彻、第一政治要件来落实，把党的领导贯穿退役军人工作各方面全过程，把讲政治体现在坚决贯彻落实习近平总书记重要论述、重要指示批示和党中央决策部署的行动上，体现在履职尽责、做好本职工作的实效上，体现在干部职工的日常言行上，确保退役军人工作始终沿着正确方向前进。

坚持以组织管理体系建设为基础。组织管理体系是一项关系全局的基础性工作。要围绕建成行政机构运转高效、服务体系保障有力、社会力量广泛参与的组织管理体系，多方着力、持续发力。当前的重点是树立大抓基层的鲜明导向，全力推进退役军人服务中心（站）建设，建强服务体系前沿阵地，夯实组织管理体系基层基础。制定服务中心（站）建设运行标准体系和基本服务清单，补齐短板弱项、拓展服务范围、完善服务流程、提升服务质量，加快实现从国家到村（社区）六级服务中心（站）从“有”向“优”转变。推进退役军人事务员职业体系建设，探索职业等级与岗位晋升、薪酬待遇挂钩的激励措施，畅通职业发展路径，稳定基层人员队伍。加强对基层工作人员的能力培训、实践锻炼和关心关爱，激发他们“愿为”的动力、增强“敢为”的底气、提升“善为”的本领，不断提高做退役军人工作的能力水平，不断增强做好工作的责任感和使命感。

坚持以工作运行体系建设为抓手。退役军人工作涉及军地、关联各方，光靠退役军人事务部门单打独斗难以干好，构建有机衔接、有序联动、有效落实、安全稳定的工作运行体系极为重要。要完善统筹协调机制，充分发挥各级党委退役军人事务工作领导机构作用，健全会议制度和协调任务清单制度，落实军地互办实事“双清单”，深化运行机制问题研究，强化系统、军地、部门协同，实现工作全局性谋划、整体性推进。健全责任逐级压实、压力层层传导的工作落实机制，坚持眼睛向下、重心下移、力量下沉，深入基层一线调查研究，与退役军人同坐一张板凳拉家常、问建议，力求摸准实情、吃透问题、找到对策，切实打通政策落地“最后一公里”。完善风险隐患防控化解机制，强化底线思维，注重方式方法，把握节奏力度，学习推广运用自下而上的新时代“枫桥经验”和自上而下的“浦江经验”，推动矛盾问题源头化解，确保各项工作平稳有序推进。

坚持以政策制度体系建设为重点。加强政策制度建设是长远之策、根本之策。要在退役军人政策制度体系“四梁八柱”已基本搭建的基础上，深入贯彻《关于加强新时代退役军人工作的意见》，全面落实《中华人民共和国退役军人保障法》等法律法规，扎实实施《“十四五”退役军人服务和保障规划》。加紧制定修订《退役军人安置条例》《军人抚恤优待条例》《烈士褒扬条例》，指导各地结合实际研究制定配套落实举措，形成上下衔接、左右协调、系统完备的政策制度体系。健全法规政策出台前风险评估研判机制，制定政策时广泛听取意见、反复比选分析、靶向精准设计，确保政策的严谨性、延续性。加大政策法规宣传解读力度，引导退役军人全面准确理解，增强政策知晓度和执行透明度。落实退役军人事务行政执法事项清单，依法维护退役军人和其他优抚对象合法权益，不断提升退役军人工作法治化水平。

在全国退役军人事务厅（局）长会议上的总结讲话

（2023 年 1 月 6 日）

钱　锋

刚才，金佳部长以“深入学习贯彻党的二十大精神　全面推进新时代新征程退役军人工作高质量发展”为题作了讲话，回顾了自系统组建以来的主要成效，从 8 个方面总结了 2022 年退役军人工作，充分肯定全系统的辛勤付出；围绕全面贯彻落实党的二十大精神，深入阐述了新时代新征程推进退役军人工作高质量发展的思路举措，强调要准确把握面临形势、职责使命、原则要求和重点任务，客观指出“六个差距”，鲜明提出“五个聚焦”“七个坚持”“七个着力”，带领我们进一步认清机遇挑战和形势要求，增强全系统做好退役军人工作的责任感、紧迫感、使命感。金佳部长对 2023 年重点工作作出全面部署，明确了总体要求，强调要全面学习宣传贯彻党的二十大精神，扎实推进“三个体系”建设，竭力为部队减压卸负、为官兵排忧解难，为退役军人更好发挥作用搭建平台、提升能力，健全精准化、多层次、便捷可及的服务保障体系，抓好思想引领和褒扬激励工作，并就加强系统自身建设提出要求，强调要加强政治建设、锤炼过硬能力、切实转变作风、发扬斗争精神、严守纪律规矩。金佳部长的讲话，对全系统做好当前和今后一个时期的退役军人工作具有很强的针对性、指导性，大家要深入学习领会，认真抓好贯彻落实。

下面我就贯彻落实金佳部长讲话精神，抓好今年的重点工作，提出几点要求。

一、千方百计稳住就业

稳就业是 2022 年中央经济工作会议提出“三稳”的重要内容，是兜牢民生底线的必然要求，必须摆在更加突出的位置，大力实施就业优先战略。一是狠抓政策落实。建部以来，部里围绕就业创业工作出台 20 多个政策文件，2023 年还将制定退役军人就业创业促进条例，各地也因地制宜拿出了很多具体配套举措。出台政策不是目的，落到实处才是根本。要汇总用好政策“工具箱”，加大宣传力度，创新解读形式，深入基层一线、深入退役军人中间了解落实情况，加强跟踪问效和督促检查，让退役军人更加便捷地了解优惠政策，实现应知尽知、应享尽享，尽力缩短政策变现时间差。二是善于借力用力。客观讲，退役军人就业创业工作单靠我们自己孤掌难鸣，必须牵线搭桥，用好各方资源。要深入推进“教培先行、岗位跟进”的行业合作就业模式，完善部门合作机制，扩大签约企业范围，促进更多企业定向招聘退役军人。要用好“民营企业招聘月”“金秋招聘月”等活动平台，多渠道拓展岗位供给。要发挥公共就业服务机构作用，调动市场化服务机构的积极性，有针对性地为退役军人提供职业介绍、职业指导、就业援助、创业扶持等服务。三是加强教育培训。教育培训是提升就业能力、缓解就业结构性矛盾的重要抓手。要坚持结果导向，以退役军人充分稳定就业为落脚点，提供有特色、精细化、针对性强的培训服务，打通从教育培训到实现就业创业的渠道。要推广“兵教师”试点经验做法，依托师范院校对符合基础条件且有从教意愿的退役军人，开展教育教学能力专项培训。要及时更新职业技能培训黄页，提升培训科目技术含量。要加快国防教育辅导员人才培养体系建设，规范技能考核及证书管理等工作。

二、持之以恒加强阵地建设

退役军人服务中心（站）、优抚医院、光荣院、军休所等，是服务保障退役军人的基层基础和前沿阵地，是我们系统的家底所在，必须高度重视、紧紧扭住、加大投入，全面提升建设管理水平，夯实服务保障能力。一是建强服务体系。要严格落实“五有”“全覆盖”要求，制定服务中心（站）建设国家标准和基本服务清单，明确工作运行评估办法，加强工作调度，常态化开展明察暗访，发现问题及时督促整改。要以退役军人事务员国家职业标准开发为抓手，探索建立培训考核、技能等级与薪酬待遇挂钩等激励机制，增强基层服务站工作人员从业信心和职业归属感，逐步打造一支热爱退役军人工作的专业化队伍。二是建强优抚事业单位。要落实《关于推进优抚医院改革发展的意见》，用好国家政策规定，主动加强与发展改革委、卫生健康委、人力资源社会保障、医保等部门沟通协作，推进优抚医院更好融入事业单位管理体系、融入医疗卫生服务体系，实现优势互补、融合发展。要理顺优抚医院建管体制，健全制度措施，确保在设置审批、登记管理、命名、执业等方面符合国家医疗机构管理政策规定。要按照“两个允许”要求，全力支持优抚医院薪酬制度改革，建立体现医务人员技术劳动价值的有效激励机制。2023 年，部里还将制定关于推进光荣院改革发展的意见，各地要跟进抓好落实。三是建强军休机构。要推进落实军休机构编制，配齐配强专业人员，充实工作力量。要创新服务方式，统筹政府购买服务、社会专项服务、对象自我服务，倡导志愿服务，促进服务提质升级。要构建集约化保障模式，落实区域协作机制。要积极融入国家养老服务体系，为失能失智、独居空巢等军休人员提供多元养老服务。

三、扎实做好双拥工作

一是组织好延安双拥运动 80 周年纪念活动。要依托革命遗址遗迹、爱国主义教育基地、国防教育基地等资源，有针对性地组织教育活动。要综合运用报刊、广播、电视、网络等媒体，开设纪念延安双拥运动 80 周年专栏专刊，总结经验做法，宣扬先进典型。要办好纪念座谈会、研讨会、报告会，组织读书演讲、书画展览、文艺创演等群众性纪念活动，强化广大军民国防观念和双拥意识，激发投身新时代双拥工作的政治热情。二是积极帮助部队解决难题。要支持部队改善战备训练条件，协调做好相关保障。要持续推进全国双拥模范城（县）与边海防连队结对共建，深化“情系边海防官兵”拥军优属活动，建立排忧解难长效机制，着力解决一线部队官兵家庭实际困难。

四、久久为功狠抓落实

这两年，我们把工作重心从定政策逐步转向抓落实，先后在全系统开展“矛盾问题攻坚化解年”“法律政策落实年”活动，特别是2022年的“蹲点抓落实”工作，深入基层进行沉浸式、体验式蹲点，既锻炼了队伍，解决了一批问题，又发现了工作落实中存在的差距和不足。抓落实，贵在持续，必须拿出抓铁有痕、踏石留印的劲头，坚持不懈抓下去。一是常思落实之责。千忙万忙，不抓落实就是瞎忙。机关的工作不仅是发文开会作决策，更主要的责任是抓落实。这一点对于退役军人事务系统而言尤为重要，绝不能让我们辛辛苦苦制定的政策文件飘在空中、落不了地。对于每项任务，都要有职责分工，明确责任单位、责任人，弄清楚事情谁来办、出问题找谁、有成绩归谁，防止推诿扯皮和“等”“靠”“要”。领导干部要发挥“关键少数”带头作用，以身作则、身体力行，不当甩手掌柜，不搞虚功卸责，一级做给一级看，一级带着一级干。只要领导干部认真抓落实，政策执行起来就不会变通打折。二是常谋落实之策。国家层面出台的政策往往规定了大的原则和方向，不可能事无巨细、一竿子插到底，需要各地在吃透精神基础上，紧密结合本地实际制定具体举措和操作办法，不能上下一般粗甚至把上级文件一转了之。抓落实是具体的，经常直面具体的人和事，会碰到各种矛盾问题，这就需要创造性抓落实，在政策框架内寻求解决之道。要充分发挥党委退役军人事务工作领导小组作用，加强成员单位之间的协调配合，合力解决重难点问题。特别是我们的很多文件是多部门联发，必须想方设法把相关部门的力量调动起来、推进落实，不能关起门来、单打独斗。三是常求落实之效。要坚持结果导向，以末端落实情况和退役军人的获得感来检验工作实效，经验做法要及时总结推广，存在问题要抓紧研究解决。要大兴调查研究之风，形成“蹲点抓落实”长效机制，多到困难多、退役军人意见多、矛盾风险多的地方去，掌握第一手资料，找准工作落实中的差距和不足。随着疫情防控措施不断优化，部里将常态化以暗访为主到基层调研。要用好督查手段，抓实综合督查与“回头看”整改，重点针对长期整改推进事项实行专项督办核查并定期通报。

当前经济下行压力加大，疫情给群众的正常生活造成冲击，退役军人基本生活保障面临一些困难。要千方百计筹措资金、整合资源，倾力做好困难帮扶工作，经常性走访慰问，摸清困难底数，实行“一人一策、精准帮扶”。要坚持多主体供给、多渠道保障，引导支持企业、社会组织和个人参与，广泛动员各类慈善组织、基金会、协会等社会力量开展公益活动，让困难退役军人深切感受到党委、政府及社会各界的温暖关爱。此外，要深入贯彻落实《关于加强新时代烈士褒扬工作的意见》《烈士纪念设施规划建设修缮管理维护总体工作方案》，组织好第十批在韩志愿军烈士遗骸迎回安葬、烈士纪念日公祭仪式，积极弘扬英烈精神。要持续健全规章制度，优化政务运转，扎实做好安全保密、新闻宣传、文电档案、信息简报、调查统计、信息化建设等工作，为推进新时代新征程退役军人工作高质量发展奠定坚实基础。

在全国退役军人政策法规工作会议上的讲话

（2023 年 7 月 18 日）

钱　锋

这次全国退役军人政策法规工作会议的主要任务是：全面学习贯彻党的二十大精神，贯彻落实习近平法治思想和习近平总书记关于退役军人工作重要论述，总结工作、分析形势、部署任务，推进新时代新征程退役军人工作法治建设高质量发展。刚才，我们为退役军人事务系统全国“七五”普法先进单位、先进个人进行了颁奖，7 个省（市）的同志作了交流发言，希望大家向先进学习，互学互鉴、互促共进。下面我讲 3 点意见：

一、系统组建以来退役军人工作法治建设取得明显成效

5 年来，我们坚持以习近平新时代中国特色社会主义思想为指导，深入学习贯彻习近平法治思想和习近平总书记关于退役军人工作重要论述，把法治建设摆在突出位置，把依法行政作为基本准则，强化建章立制，狠抓政策落实，法治建设取得明显成效。

（一）政策制度体系逐步完善。坚决贯彻习近平总书记关于建立健全“三个体系”的重要指示精神，坚持问题导向、系统思维，加快顶层设计步伐，政策制度“四梁八柱”基本搭建。推动出台《关于加强新时代退役军人工作的意见》《中华人民共和国退役军人保障法》《退役军人工作政策制度改革方案》，制定修订《退役军人安置条例》《军人抚恤优待条例》《烈士褒扬条例》和一系列部门规章，出台退役军人工作法治建设、法治文化建设及思想政治、移交安置、培训就业、抚恤优待、英烈褒扬、权益维护等政策文件 170 余件。各地结合实际制定配套法规政策，河北率先出台退役军人保障条例，吉林、浙江、山东、河南、广东、西藏等地也将退役军人保障条例列入省级立法项目，上下衔接、协调配套的政策制度体系正在形成。

（二）依法行政效能不断提升。认真贯彻落实党中央决策部署，全面履行退役军人管理保障职能。一是大力推动法律政策落实。围绕贯彻落实党中央决策部署和习近平总书记重要指示批示，接续开展“法律政策落实年”、“蹲点抓落实”、大兴调查研究等工作，以钉钉子精神逐份文件、逐项政策抓落实，把法律政策变成各级各单位的具体行动，变成惠及广大退役军人的实际成果，有关做法得到中央领导同志的充分肯定。各地积极探索抓落实的长效机制，广西将落实政

策制度改革方案列为党委重点督查项目，重庆把法律政策落实情况列入党政机关年度目标考核，陕西建立政策落实情况老兵监督机制。二是推动严格规范公正文明执法。出台规范退役军人工作行政裁量权基准制定和管理工作的意见，指导各地全面梳理执法事项，明确执法责任，规范行使行政裁量权。积极推进“减证便民”，进一步精减证明事项，优化服务流程。湖北率先制定出台省级行政裁量权基准，内蒙古、福建广泛开展执法人员培训，安徽推行“减审批、加服务、除壁垒”，大幅精简证明材料。三是深入开展政策制度清理。经过广泛搜集、仔细甄别，全面清理退役军人事务领域规范性文件，废止和宣布失效200余件。在此基础上，编印政策法规文件汇编，建设退役军人工作政策法规报备系统。各地认真落实“立、改、废”并举的要求，山西、辽宁、上海、山东、四川等地组织清理本地区退役军人工作政策文件，为不断完善政策制度、推进依法行政奠定了基础。

（三）依法解纷机制不断健全。维护退役军人合法权益是党中央赋予退役军人事务部门的重大职责使命，是坚持以人民为中心的发展思想的具体体现。各级退役军人事务部门注重运用法治思维和法治方式处理矛盾纠纷，多措并举解决退役军人实际问题。一是大力推行法律援助。会同司法部门建立退役军人法律援助工作制度，为退役军人提供申请快捷化、审查简便化的法律服务。特别是新冠疫情期间，涉及退役军人劳动合同纠纷案件多发，各地积极引导退役军人通过法律援助渠道寻求救济。目前，已有15个省份结合实际制定了具体的实施方案或办法，10个省份与当地司法厅（局）联合提出贯彻落实要求。二是稳慎做好行政复议和应诉工作。坚持个案监督与倒逼依法行政有机结合，依法稳妥办理退役军人行政复议申请，支持法院依法受理和审理行政案件，建立行政复议决定书、意见书执行监督机制，认真履行法院生效裁判，做好司法建议、检察建议落实和反馈工作。三是积极推动矛盾调处化解。会同法院建立退役军人矛盾纠纷调处和多元化解机制，积极推动案前调解。会同政法部门出台加强退役军人司法救助工作的意见，对受到侵害无法获得有效赔偿的退役军人给予适当救助。与此同时，还积极配合公安、检察院等部门依法处理非法售卖光荣牌、涉军证书证章、侵害英烈名誉荣誉等违法行为。

（四）普法宣传广泛深入开展。以学习宣传贯彻《中华人民共和国退役军人保障法》为契机，把法律政策宣传解读和培训作为重要基础工作。部里组织编写了退役军人保障法释义和辅导读本，举行退役军人保障法网上知识竞赛，掀起学习宣传贯彻退役军人保障法的热潮。各地通过举办培训班、研讨班、专题讲座及线上培训等方式，对系统干部进行大规模政策业务培训，编印各类政策工具书、“明白卡”，累计开展政策培训3200余次，举办专题讲座2200余场次。同时，面向社会广泛开展普法宣传，通过广播、电视、报刊、网络等多种渠道，广泛宣传解读《中华人民共和国退役军人保障法》《中华人民共和国英雄烈士保护法》《军人抚恤优待条例》《烈士褒扬条例》《中华人民共和国军人地位和权益保障法》等法律法规。制作40集政策法规宣传片，在部官网、官微及各级退役军人服务中心、服务站广泛播放，受到基层工作人员和广大退役军人的普遍好评。贵州连续多年开展法律知识竞赛，江西、湖北培养退役军人“法律明白人”，天津、安徽等地拍摄微视频，多角度开展退役军人工作法规政策宣传解读，提升广大退役军人的法治意识和法治素养。

（五）理论研究氛围日趋浓厚。过去，退役军人工作研究力量非常薄弱，军队和地方各类高校、研究机构专门研究这一领域的人才很少。在这种情况下，我们白手起家、平地起楼，坚持内部挖潜与外部借力相结合，围绕退役军人工作重大理论和实践问题，联合军地相关领域专家广泛开展应用性政策研究。经过5年努力，部级层面已经形成了课题研究、专家咨询委员会、研究基地“三位一体”的研究布局，先后立项79个研究课题，不少研究成果得到领导同志充分肯定，有的已经转化为相关政策成果。各地高度重视政策研究工作，北京发挥重点院校密集的优势加强课题合作研究，辽宁、上海、福建、陕西等地与相关高校签订合作协议，有的地方还协调有关高校成立了退役军人学院或研究院，退役军人事务部门主导、各类研究机构积极参与的工作格局逐步形成。

这些成绩的取得，得益于以习近平同志为核心的党中央坚强领导，得益于相关部门的大力支持，得益于各级退役军人事务部门的共同努力，也是系统全体政策法规干部开拓创新、奋力拼搏的结果。在此，我代表退役军人事务部向大家表示衷心感谢。

二、新时代新征程退役军人工作法治建设的新形势新要求

党的二十大报告擘画了全面建设社会主义现代化国家、以中国式现代化全面推进中华民族伟大复兴的宏伟蓝图，首次列专章部署全面依法治国，宣示了我们党矢志不渝推进法治建设的坚定决心，彰显了法治建设事关根本的战略地位，明确了法治建设服务保障党和国家工作大局的战略任务。退役军人工作是党和国家工作的重要组成部分，必须站在政治和全局的高度，深刻把握新时代新征程党和国家事业发展的目标任务、战略部署、重大举措，深刻把握在法治轨道上全面建设社会主义现代化国家的重大意义、前进方向，深刻认识新时代新征程退役军人工作法治建设的职责使命、基本要求。

（一）深刻认识退役军人工作法治建设面临的形势任务。党的二十大报告强调，全面推进科学立法、严格执法、公正司法、全民守法，全面推进国家各方面工作法治化。要求我们必须强化法治思维，加快转变工作理念思路和方式方法，加强科学立法、依法行政、普法宣传，更好发挥法治固根本、稳预期、利长远的保障作用。党的二十大报告强调，巩固提高一体化国家战略体系和能力。加强军地战略规划统筹、政策制度衔接、资源要素共享。要求我们必须紧跟国防和军队现代化新“三步走”战略，紧盯军队建设改革和军事斗争需要，加强退役军人工作政策制度与军事人力资源政策制度的衔接适应。党的二十大报告强调，深入实施人才强国战略。把各方面优秀人才集聚到党和人民事业中来。要求我们必须紧扣国家重大战略需求、紧贴退役军人优势特长，围绕识才、聚才、育才、用才，加强政策制度配套建设和探索创新，为退役军人更好发挥作用提供更加有力的政策支撑。党的二十大报告强调，必须坚持在发展中保障和改善民生，鼓励共

同奋斗创造美好生活，不断实现人民对美好生活的向往。要求我们必须始终聚焦退役军人所思所想所盼，不断优化服务保障政策供给，大力推动法律政策落实，让广大退役军人在每一项法律制度、每一个执法决定、每一宗司法案件中都感受到公平正义。党的二十大报告强调，健全共建共治共享的社会治理制度，提升社会治理效能。要求我们必须善于运用法治思维和法治方式维护退役军人合法权益，注重从政策制度上破解退役军人事务领域深层次矛盾问题，从源头上推动实现更高质量的稳定。

（二）清醒认识退役军人工作法治建设存在的短板弱项。经过5年努力，退役军人工作法治建设虽然取得了明显成效，但与党中央要求相比，与广大退役军人期盼相比，还有一些差距和不足。一是政策制度体系还不够完善。“四梁八柱”基本建立起来了，但配套政策措施跟进还不够及时，一些原则性规定、授权性条款有待进一步细化；有的政策不平衡、不衔接问题还没有得到很好解决，不同时期、不同地区、不同群体之间的政策统筹协调不够；有的业务领域还存在政策制度空白点，有的政策精准性、操作性不强，“含金量”和解决实际问题的有效性不足。二是政策执行落实还不够到位。通过督查、调研发现，有的地方存在重制定政策、轻工作落实的倾向，把政策出台当作任务完成，一些辛辛苦苦协调下来的利好政策，由于抓落实的后续措施没跟紧，政策红利没有充分释放出来；有的地方贯彻落实措施“上下一般粗”，还有的缺乏抓落实的有效机制和工作韧劲，部门协同、军地配合的工作合力没有很好发挥出来。三是法律服务供给还不够充分。各地法律援助工作开展不平衡，法律援助资格条件、事项范围还难以满足退役军人日益增长的法律服务需求，法律援助工作队伍建设比较薄弱，关心退役军人、熟悉退役军人工作的法律服务专业人才比较匮乏。四是法规政策宣传还不够深入。退役军人工作政策制度大多敏感性强、涉密程度高，有的重要政策文件基层工作人员接触不到，给执行政策、解释政策带来很大困难；有的处理不好遵守保密规定与宣传解读政策之间的关系，不敢、不会宣传解读；还有的存在过度宣传之嫌，无形中抬高了退役军人的心理预期。五是政策研究质量还有待提高。研究基础、研究力量、研究平台建设还比较薄弱，选题精准性、针对性不够强，高质量的研究成果还不多，理论研究推动工作实践的作用还不够明显。

（三）准确把握退役军人工作法治建设的原则要求。加强退役军人工作法治建设，必须深刻领会习近平新时代中国特色社会主义思想的世界观和方法论，坚持好、运用好贯穿其中的立场观点方法，准确把握当前和今后一个时期工作的原则要求。一是坚持和加强党的全面领导。把党的领导贯穿到退役军人工作法治建设各方面全过程，充分发挥党的领导政治优势和中国特色社会主义制度优势，善于通过法定程序把党的主张意志固化为法律制度，通过法治手段保障党的路线方针政策和党中央决策部署全面贯彻和有效执行。二是坚持以人民为中心的发展思想。始终把实现好维护好发展好广大退役军人切身利益作为制定政策、执行政策、宣传政策的出发点和落脚点，在法治建设过程中充分听取他们的意见、体现他们的意愿，努力为他们排忧解难，让他们更加充分、更加公平地共享改革发展成果。三是坚持问题导向。聚焦党中央关心的重大问题、制约事业发展的深层次问题、退役军人普遍关注的急难愁盼问题，加快补齐法律法规和政策制度短板弱项，从法治角度不断提出解决问题的新理念新思路新办法。四是坚持系统思维。始终胸怀“国之大者”、军之大事，善于从党和国家工作大局、国防和军队建设全局出发研究谋划退役军人工作法治建设，统筹好军地之间、不同时期、不同地区、不同群体之间的政策制度平衡，加强退役军人服务保障制度与军事人力资源及地方干部人事、劳动就业、社会保障等相关政策制度的衔接。五是坚持法治与德治结合。既要重视发挥法律制度的规范作用，也要重视发挥思想政治引领作用；既要在执行政策中坚持原则，也要在具体工作中体现“人情味”，做到以法为据、以理服人、以情感人，努力实现最佳的法律效果、政治效果、社会效果。六是坚持稳中求进、稳定为要。尽力而为、量力而行，立足国情实际研究制定政策，更加注重政策的系统性、整体性、协调性，增强服务保障的可持续性，防止畸重畸轻、单兵突进、顾此失彼，防止超越阶段、寅吃卯粮。强化底线思维，加强风险研判，把握好政策制度改革的力度和节奏，避免“断崖式”“跳跃式”政策调整，切实从源头规避风险隐患，杜绝因政策制定和调整引发不稳定因素。

三、当前和今后一个时期退役军人工作法治建设的重点任务

当前和今后一个时期，退役军人工作法治建设要坚持以习近平新时代中国特色社会主义思想为指导，全面学习贯彻党的二十大精神，深入贯彻习近平法治思想和习近平总书记关于退役军人工作重要论述，以落实退役军人保障法等法律法规为牵引，以《关于加强退役军人工作法治建设的意见》为抓手，一体推进科学立法、依法行政、法律服务、普法宣传，着力提升政策研究水平，为推进退役军人工作高质量发展提供有力法治保障和科学决策支持。

（一）在学深悟透做实习近平新时代中国特色社会主义思想上下功夫。习近平总书记强调，坚持学思用贯通、知信行统一，把新时代中国特色社会主义思想转化为坚定理想、锤炼党性和指导实践、推动工作的强大力量。当前，全党正在深入开展学习贯彻习近平新时代中国特色社会主义思想主题教育，这是贯彻落实党的二十大精神的重大举措，是一件事关全局的大事。我们要按照党中央决策部署和习近平总书记重要指示精神，坚持把加强党的创新理论武装作为重中之重，坚持读原著学原文悟原理，全面学习领会其科学体系、核心要义、实践要求，在深化、转化、内化上下功夫，深刻领悟“两个确立”的决定性意义，增强“四个意识”、坚定“四个自信”、做到“两个维护”。要深入学习贯彻习近平法治思想，这是政策法规部门的“必修课”，必须先学一步、学深一层，全面理解把握其基本精神、基本内容、基本要求，提高运用法治思维和法治方式深化改革、推动发展、化解矛盾、维护稳定、应对风险的能力，努力把学习成效转化为推进退役军人工作法治建设的具体实践。要深入学习贯彻习近平总书记关于退役军人工作重要论述，这是我们做好退役军人工作的根本遵循。要把学习重要论述与整体性学习领会习近平新时代中国特色社会主义思想和党的二十大精神贯通起来，学以致用、身体力行，把学习成果落实到干

好本职工作、推动事业发展上。

（二）在推动退役军人工作政策制度体系不断健全完善上下功夫。习近平总书记强调，推进科学立法、民主立法、依法立法，统筹立改废释纂，增强立法系统性、整体性、协同性、时效性。当前，广大退役军人对立法的期盼，已经不是有没有，而是好不好、管用不管用、能不能解决实际问题。要进一步完善政策制度体系。全面落实《关于加强新时代退役军人工作的意见》《中华人民共和国退役军人保障法》《退役军人工作政策制度改革方案》，适应新机构新职能、新形势新要求，加快填补立法空白，织密织细法规制度体系。深入分析立法工作现状，加强立法项目储备，形成近、中、远梯次衔接的立法规划。部里正在推动《退役军人安置条例》《军人抚恤优待条例》《烈士褒扬条例》《退役军人就业创业促进条例》等法规制定修订，各地要结合实际早作谋划，及时研究制定落实措施，推动形成上下贯通、左右衔接、系统完备的政策制度体系。要进一步提升政策制度质量。突出实用性，出台政策不在数量，重在管用、有含金量，能解决实际问题，“大部头”要有，但更要多搞一些“小快灵”。突出精准性，针对不同服务对象分类施策，变“大水漫灌”为“精准滴灌”。突出平衡性，统筹考虑区域间、群体间政策平衡，防止针对一个地方或一类群体的利好政策引发其他问题。突出操作性，制定配套政策要结合本地实际，能具体的尽量具体、能明确的尽量明确，便于基层操作实施。特别是对表现在基层、根子在上面的问题，要重点从政策法规上找原因、想办法。要进一步规范政策制定程序。健全立法论证机制和落实评估机制，充分听取退役军人和军地各有关方面意见，全面落实行政规范性文件合法性审核机制，加强政策出台前的风险评估。要持续推进政策清理，及时修改、废止与上位法规定不一致、不协调的内容，确保法律法规准确反映退役军人工作的实践要求。目前，部本级政策法规数据库已经基本建立，下一步将逐步推行全国联网，各地要提前做好本地区政策文件数字化、信息化的准备工作。

（三）在推动政策制度落实落地、更好惠及广大退役军人上下功夫。习近平总书记强调，如果不沉下心来抓落实，再好的目标、再好的蓝图，也只是镜中花、水中月。这几年，各级出台了不少政策，现在关键是抓好落实，让退役军人获得感成色更足。要突出抓落实的重点。聚焦党中央决策部署和习近平总书记重要指示批示，突出退役军人工作重难点问题、信访反映集中的疑难杂症，细化台账、压实责任、加强督查。要强化基层导向，人往一线走、钱往基层投、力往难处聚，打通政策落实“最后一公里”。要完善抓落实的机制。总结“法律政策落实年”、“蹲点抓落实”、大兴调查研究的经验做法，提炼抓落实的方法模式和典型案例。对复杂敏感、影响面大的改革举措，鼓励有条件的地区先行试点、探索经验，可复制、可推广的及时固化为制度机制。要凝聚抓落实的合力。积极争取党委政府支持，发挥党委领导机构统筹协调的优势，落实成员单位职责清单制度，将政策落实情况纳入党委、政府和相关部门绩效考核，作为双拥模范城（县）考评重要内容。另外，要持续推进“减证便民”工作，细化、量化行政裁量权基准，规范行政执法行为，这直接关系政策能否有效落实，关系退役军人获得感、幸福感。

（四）在更好发挥法治维护合法权益、化解矛盾纠纷的作用上下功夫。习近平总书记强调，建设覆盖城乡的现代公共法律服务体系。法治方法是解决涉退役军人矛盾问题的重要手段，加强法律服务是维护退役军人合法权益的务实举措。要全面落实关于加强退役军人法律援助的意见，把退役军人作为重点援助对象，对退役军人的法律援助申请优先受理、优先审查、优先指派。有条件的地区可以适当降低法律援助门槛、拓展援助事项范围，努力使更多退役军人获得法律援助。要统筹用好退役军人服务中心（站）建设法律咨询室、法律援助点，加快推进“互联网＋退役军人服务”，搭建线上与线下相结合的法律服务平台。要推动建立退役军人法律服务队伍，引入优质社会资源为退役军人提供法律咨询、辩护、代理等服务。2023年部里将制定加强法律服务志愿队伍建设的指导意见，各地可以结合实际积极探索、积累经验。要稳妥做好行政复议和应诉工作，积极推动案前调解，做好当事人思想工作。推动退役军人司法救助与社会救助相衔接，合力解决退役军人面临的生活困难。

（五）在提升系统工作人员政策水平和退役军人法治意识上下功夫。习近平总书记强调，要加强全民普法宣传教育，推动全社会形成办事依法、遇事找法、解决问题用法、化解矛盾靠法的良好法治环境。2022年，部里印发的关于加强退役军人事务法治文化建设的实施意见，对法治宣传教育进行了全面部署，各地要结合实际抓好落实。要通过专题培训、政策讲座、知识竞赛等形式，促进系统干部深入研究政策、学习政策，熟练掌握各项法律政策的准确内涵、实践要求、有关背景，准确把握相关领域政策改革发展趋势，真正成为政策上的行家里手。要推动将退役军人保障法等法律法规纳入全民国防教育和普法教育，大力开展送法律政策进军营、进校园、进机关、进企业、进社区、进乡村活动，将法治教育作为退役军人适应性培训、岗前培训、就业创业培训的重要内容，使广大退役军人认识到法律既是保障自身权利的有力武器，也是必须遵守的行为规范。要注重以道德滋养法治精神，常态化宣传退役军人先进典型、拥军模范和英烈事迹，培育塑造信念坚定、爱国奉献、奋发有为、诚信守法的新时代退役军人。

（六）在增强政策研究的针对性实效性、更好服务科学决策上下功夫。习近平总书记强调，对策研究要选好角度，增强政策建议的含金量，往实里做、往深里做、往精里做，努力做到研究“见底”、成果管用有效。当前，退役军人工作改革发展稳定任务艰巨，面临许多新情况新问题，迫切需要加强课题研究，以理论创新推动实践创新。要加强重大主题研究，围绕贯彻落实党中央重大决策部署深入开展研究，特别是要系统研究习近平总书记关于退役军人工作重要论述的理论渊源、时代背景、科学体系和实践要求，切实用以指导实践、推动工作、破解难题。要加强热点难点问题研究，突出实践性、应用性，加强“小切口”课题研究。前期，部里面向社会发布了公开征集优秀研究成果的公告，希望各地发动系统工作人员和属地高校、研究机构积极参与，共同为退役军人工作高质量发展建言献策。要加强深化改革研究，按照党中央的统一部署，部里正在围绕新一轮全面深化改革开展调研，谋划退役军人工作全面深化改革的重点方向、思路举措、方法步骤。各地要结合实际抓住主要矛盾问题进行调研，及时报送相关研究成果。要加强历史规律研究，部里正在编纂《中国共产党领导下的退役军人工作发展史》，系统梳理我们党在革命、建设、改革各个历史时期推进退役军人工作的制度成果和历史经验，力求以史为鉴、观照未来，其中涉及很多地方工作，大家要给予积极支持。

最后，再强调一下作风纪律的问题。大家都是做法治工作的，更要树牢法治意识、规矩意识，做到知法守法、敬法畏法，严格按章办事，严格遵守廉洁自律等各项规定，驰而不息落实中央八项规定及其实施细则精神，坚决反对形式主义、官僚主义，打造一支政治坚定、业务精湛、作风过硬的高素质专业化工作队伍。

同志们，做好退役军人政策法规工作、推进退役军人工作法治建设，责任重大、使命光荣。让我们更加紧密地团结在以习近平同志为核心的党中央周围，以更加饱满的精神状态、更加昂扬的奋斗姿态，勇于担当、积极作为，全面推进退役军人工作法治建设，为退役军人工作高质量发展提供有力支撑保障。

推进全面从严治党
引领保障新时代退役军人工作高质量发展

——在《中国退役军人》2023年第4期上的署名文章

（2023年4月）

林国耀

2023年是贯彻党的二十大精神的开局之年。1月初，二十届中央纪委二次全会深入贯彻落实党的二十大精神，对新时代新征程上一刻不停推进全面从严治党作了全面部署。习近平总书记在会上发表重要讲话，为深入推进党的自我革命，健全全面从严治党体系，坚定不移推进党风廉政建设和反腐败斗争向纵深发展提供了根本遵循。退役军人事务系统各级党组织和广大党员干部要认真学习、深刻领会习近平总书记重要讲话精神，深入学习贯彻二十届中央纪委二次全会部署，自觉把思想和行动统一到党中央对党风廉政建设和反腐败斗争形势的判断和任务部署上来，时刻保持永远在路上的清醒和坚定，不断增强忧患意识、风险意识，始终坚持问题导向，进一步树牢底线思维，把严的基调、严的措施、严的氛围长期坚持下去，发扬彻底的自我革命精神，以新担当新作为把全面从严治党各项工作落到实处。

深刻领悟“两个确立”，以实际行动践行“两个维护”。坚强的领导核心和科学的理论指导是我们党创造历史伟业的根本所在。“两个确立”是党在新时代取得的最重要的政治成果，是推动党和国家事业取得历史性成就、发生历史性变革的决定性因素，是党应对一切不确定性的最大确定性、最大底气、最大保证，是新时代新征程必须牢牢把握的根本信条。要结合学习贯彻党的二十大精神和党中央在全党开展的主题教育活动，引导党员干部深刻领悟“两个确立”的决定性意义，做到学有所思、学有所悟、学有所得，真正将学习成果转化运用到实际工作中，坚决做到“两个维护”。要坚决贯彻落实习近平总书记关于退役军人工作重要论述，做到完整、准确、全面把握精神实质，学到精髓、谋实思路、推动落实，防止笼而统之、大而化之。要坚决防止上有政策、下有对策，有令不行、有禁不止等问题；坚决防止做选择、搞变通、打折扣，阳奉阴违、自行其是等问题；坚决防止“低级红”“高级黑”等问题；坚决防止不顾大局，只顾部门利益等问题；坚决防止不结合实际制定具体措施，照搬照抄、上下一般粗等问题，确保党的二十大精神和党中央关于退役军人工作决策部署不折不扣落到实处。

加强纪律建设，坚持党性党风党纪一起抓。把纪律建设摆在更加突出位置，坚持党性党风党纪一起抓，把思想建设、作风建设、纪律建设贯通协同起来，经常抓、反复抓。在思想上固本培元，采取有效形式强化党章党规党纪学习教育。在作风上靶向整治，坚决落实中央八项规定精神，全面从严、一抓到底，对享乐主义、奢靡之风露头就打，对形式主义、官僚主义精准施治，坚决防反弹回潮、防隐形变异、防疲劳厌战。在纪律上从严要求，对违反党纪的问题，发现一起坚决查处一起，坚决纠正对党规党纪不上心、不掌握、不执行等问题，推动纪律建设抓在经常、严在日常，确保戒尺高悬、警钟长鸣、刻印于心。要把全面从严治党和鼓励担当作为统一起来。习近平总书记深刻指出，全面从严治党的目的不是要把人管死，让人瞻前顾后、畏首畏尾，搞成暮气沉沉、无所作为的一潭死水，而是通过明方向、立规矩、正风气、强免疫，营造积极健康、干事创业的政治生态和良好环境。要注意落实“三个区分开来”，激励干部敢于担当、积极作为，在系统内形成奋进新征程、建功新时代的浓厚氛围和生动局面。

树牢全周期管理理念，一体推进“三不腐”。要标本兼治、系统治理，不断强化“全周期管理”思维，使严厉惩治、规范权力、教育引导紧密结合、协调联动。要以零容忍态度反腐惩恶，严查重点问题，紧盯重点对象，严查党的十八大以来不收敛不收手典型问题，严查领导干部配偶、子女及其配偶等亲属利用影响力谋私贪腐等问题。要进一步深化以案为鉴、以案促改、以案促治，健全内部监管体系。要加强新时代廉洁文化建设，树立良好家教家风，营造和弘扬崇尚廉洁、抵制腐败的良好风尚。

坚持问题导向，深化巡视整改和风险防控。要持续紧盯中央巡视整改长期任务，坚持“当下改”和“长久立”结合，持续推进整改常态化长效化，确保巡视整改取得成效。要持续紧盯重大风险隐患，深入分析研判退役军人事务领域容易诱发风险的敏感因素，强化忧患意识、筑牢安全防线。要持续紧盯退役军人实际困难，深入了解广大退役军人所思、所想、所盼，关注伤病残退役军人生活困难问题，多想些好办法、硬招数，加大解决力度，实实在在提升广大退役军人的获得感、幸福感、安全感。要持续紧盯退役军人事务系统监管薄弱环节和廉政风险，分析研判苗头性倾向性问题、系统性问题、阶段性问题，摸清情况、把握规律、强化管控，进一步完善防治腐败滋生蔓延的体制机制。

强化系统观念，建立健全全面从严治党体系。要不断提升制度化、规范化、科学化水平，把全的要求、严的基调、治的理念落实到全面从严治党体系的构建中。要进一步压实全面从严治党政治责任，落实党委（党组）主体责任、书记第一责任人责任，增强落实全面从严治党责任的自觉和能力，促进党的建设和业务工作同谋划、同部署、同推进、同考核。要进一步健全监督体系，健全党委（党组）全面监督、纪律检查机关专责监督、党的工作部门职能监督、党的基层组织日常监督、党员民主监督的工作格局；用好审计监督成果，加强贯通协同，形成监督合力，不断提升监督质效。

铸牢绝对忠诚，提升监督执纪执法水平。纪检监察机关是党的“纪律部队”，是推进全面从严治党的重要力量，在推进中国式现代化进程中担负重要使命、发挥重要作用。退役军人事务系统广大专兼职纪检监察干部，要深学细悟习近平总书记关于加强纪检监察干部队伍建设的重要论述，深入贯彻落实二十届中央纪委二次全会部署，自觉在全国纪检监察干部队伍教育整顿中接受刻骨铭心的革命性锻造和深入灵魂的精神洗礼，积极参加习近平新时代中国特色社会主义思想主题教育，铸就对党绝对忠诚，不断提高履职本领，落实“深学习、实调研、抓落实”要求，以高质量监督为新时代新征程退役军人工作开好局起好步提供坚强保障。要善于学习钻研，持续深入学习贯彻党的二十大精神，努力学习政策法规和业务知识，用马克思主义中国化时代化最新成果武装头脑、指导实践、推动工作。要善于发现问题，进一步强化问题意识，主动发现问题，深入分析问题，善于求解问题，及时总结退役军人事务领域党风廉政建设和反腐败斗争的特点和规律，努力将监督效果转化为治理效能。要敢于善于斗争，坚定斗争意志，增强斗争本领，不断加强思想淬炼、政治历练、实践锻炼、专业训练，练就善于斗争的硬脊梁、铁肩膀、真本事。以高质量的监督促进退役军人工作高质量发展，推动退役军人工作在建设社会主义现代化强国中展现更大作为、贡献更大力量。

在部网络安全和信息化专题会议上的讲话

（2023 年 2 月 10 日）

常正国

今天，我们召开部网络安全和信息化专题会议，主要任务是总结数据集中统一整合工作，对数据大屏作初步的检查和验收，推动这项工作向纵深发展。这个大屏，汇集了退役军人事务领域方方面面的数据，可以说，是对我们工作最直观、最生动、最形象的展示，也是数据整合工作要实现的最终成果。下面我就深入推进数据整合工作讲 3 点意见。

一、数据集中统一整合工作取得了显著成效

数据集中统一整合是退役军人工作数字化转型的前提和基础，要实现精准治理、智慧服务、科学决策，必须做到标准统一、融合共享、互联互通。自工作开展以来，各业务司（局）主动作为，在业务层面积极谋划、组织推动；信息中心勇挑重担，不断完善平台建设；规财司牵头抓总、协调推进，形成了密切配合、高效协同的工作局面。这项工作取得的成果，可以概括为“三个一”：

一是编制了“一个标准”。2022 年 8 月，部务会审议通过了《退役军人事务信息化标签标准》，作为首部行业标准面向全系统印发使用。这是退役军人工作的一本小百科全书，因为它不仅首次对我部管理服务对象进行了科学分类，还对各类人员的基本信息标签进行了规范定义，无论是信息化建设，还是业务工作，有疑问的时候翻一翻，能给我们提供不少参考借鉴。标准印发后，各地执行情况都还不错，反响也很好。这次规财司又制作了标准单行本，做得比较精致，质量也很好，要尽快发给地方，全面推广使用。

二是形成了“一套数据”。以前，各业务司的数据、数据库数据、统计数据和地方报送的数据存在“打架”的现象。甚至，有些报给中央的数据都不一致，这在其他部委也是一个很难解决的问题，逐级填报数与系统生成数还是有差别的。经过这次整合，在机制上我们明确退役军人工作数据以业务系统为准，业务部门肩负起了数据质量第一责任，推进了系统的真用尽用，修正完善了问题数据；在技术上，打通了系统间的数据通道，把所有数据汇总在一起，实现了“一套数据”，做到了业务口、统计口、地方口等各方面数据口径的统一，在部委中率先解决了数据多源的难题。

三是打造了“一张大屏”。刚才规财司演示

了数据大屏，对我部当前的重点工作进行了全景介绍，效果很好。大屏里的数据很翔实，要素也比较全面，为各司（局）业务工作提供了一个很好的展示平台。里面开展的一些数据分析，虽然只是初步的挖掘和研判，但也很有参考价值。刚才大屏演示提到，现在60岁以上的服务对象比例远高于全国老龄人口比例，这是我们以后制定政策制度、抓好服务保障要重视的一个大问题。例如，退役军人党员人数占了全国党员总数的1/5，60%以上的村、社区都有退役军人任职等，这些数据对我们进一步做好工作都有借鉴意义。后续，我们也可以利用这个大屏汇报工作，全方位、全要素、全景式地展示我们的工作成效。

二、建设数字机关任重而道远

党的二十大就加快建设网络强国、数字中国提出了新的更高要求，为我们深入推进信息化建设指明了方向、提供了根本遵循。这两年，党中央、国务院印发的国家级信息化规划就有6部，指导意见有4部，对数据治理、数据共享、数据安全等方面做了全面部署，数字政府成为政府部门信息化建设的主攻方向。对于我们部来说，就是要全面贯彻中央要求，着力打造数字机关。从前一阶段数据集中统一整合工作来看，尽管我们取得了很多成绩，但也存在一些短板和弱项，将会影响和制约我们的数字化进程。例如，我们的数据治理还不够全面、规范，数据库与业务系统之间连通也不够顺畅、高效，离数字机关的要求还有一定的差距。对此，我们必须要有一个清醒的认识。

第一，打造数字机关，必须深刻认识数据精准在业务管理中的“基石”作用。习近平总书记指出，信息是国家治理的重要依据。现在，用数据说话、用数据决策、用数据创新已经逐步成为社会治理的主流模式。就退役军人工作而言，如果服务对象的数据不精准，我们每年该发多少钱、发多少优待证就说不清楚了。这次数据整合过程中，我们发现了不少问题数据，各司（局）就目前所管理的数据完成了修正，数据质量有了很大的提升。但在数据修正过程中，我们也触及了一些深层次的问题，发现部分服务对象没有归口管理部门，如回乡生产生活退役义务兵、转业志愿兵等。对此，要认真思考和研究如何从职能和事权的角度，进一步明确相关单位的数据管理责任，避免数据失管失控。

第二，打造数字机关，必须深刻认识数据共享在服务保障中的“桥梁”作用。习近平总书记指出，要构建全流程一体化在线服务平台，更好解决办事难、办事慢、办事繁的问题。这需要各部门、各系统间的数据实时共享。为全面推进政务服务一体化在线办理，国务院专门成立了数据共享协调小组。我们目前实现的互联互通，还是在现有系统间搭“管道”，有的“管道”还增设了一些“阀门”，并不十分顺畅。在我部的“十四五”信息化规划中，专门提出了“一库同享”的概念，这就需要深入推进大系统、大平台建设，建成统一的大数据库，实现跨业务、跨系统、跨层级、跨地域的实时共享，以“数据一体化”带动“服务一体化”，为退役军人服务“一件事一次办”搭建“高速公路”。

第三，打造数字机关，必须深刻认识数据赋能对科学决策的“领航”作用。习近平总书记强调，要运用大数据提升国家治理现代化水平，实现政府决策科学化。我们要在现有数据大屏的基础上，进一步深化数据分析应用，根据工作实际，多开展一些研判类、预测类的分析研究。例如，综合分析各个渠道获取的退役军人舆情信息，对潜在的信访问题进行预测预警。又如，可以根据服务对象年龄结构，预测领取定期补助、享受专项保障的人员数量，再结合人员地域分布、各地保障标准，预测保障资金投入趋势等。只有这样，积极推动大数据应用创新，不断提高大数据分析能力，充分发挥数据实际价值，才能真正实现退役军人工作数字化转型发展。

三、抓紧抓实新年度各项工作

数据治理、数据利用等工作只有进行时，没有完成时。下一步，还要在数据的全面统一规范、协同管理、联动更新、创新应用等方面下功夫，在上年工作基础上进一步推进“数据一体化”。

一要进一步提高工作站位。数字化是未来的必然趋势，我们要以高度的政治敏感性，准确把握这一时代发展潮流，坚定不移落实党中央部署要求，将信息化建设作为实现工作现代化的关键步骤，高度重视、加快推进。各司（局）要牢固树立数字化意识，加强对业务数据的管理和审核，持续提升数据质量，要学会在工作中依靠大数据研究问题、剖析矛盾，运用信息化手段优化管理机制、创新服务模式。请规财司、信息中心根据各司（局）需求，全力做好支撑保障。

二要进一步加强组织领导。实践证明，数据整合需要业务、技术等多方面协同联动推进，需要强有力的组织领导。我们的专班机制、月度清单制和半月督导制等，发挥了很好的作用。这是我们在工作中形成的宝贵经验，今后要继续坚持和完善。可以考虑，对应国务院的共享协调小组，成立部内相应的议事协调机制，并建立起提供数据、使用数据等方面的工作规则，为进一步深化数据共享应用提供组织保障。

三要进一步完善制度规定。2022 年制定的数据协同管理机制、权责清单等，为我们整合数据提供了极大的便利，这些好的机制应该固定下来，形成制度规定，推动数据管理工作长期规范开展。数据资源目录也可以面向全系统印发，让各级都清楚我们有哪些“数字资产”，促进数据规范管理、有序使用。同时，还要加强数据安全、网络安全等方面的政策研究，结合国家相关法律法规的立法进度，制定我部数据管理办法，在确保安全的前提下，推进退役军人数据共享应用。

四要进一步抓好项目保障。目前，我部有国家平台、公共安全等信息化建设项目，每年部门预算也列有专门的信息化运维经费，资金还算充裕。我们要紧紧抓住难得的建设窗口期，利用这些项目，建设技术先进、性能高效的新型信息化平台，把现有系统进行再造、重塑，确保不再相互之间“搭管子”，而是直接从统一的大数据库里随抓随取，当出现数据交叉、不一致等问题时，也能够实时监控提醒，第一时间将问题数据交由业务司（局）处理，这才是技术平台应该达到的效果。所以，在项目实施上，要多动脑筋、打开思路，努力建设精品工程，力争在项目实施完成后，让我部信息化建设迈入一流部委行列。

在促进优秀退役军人到中小学任教工作会上的讲话

（2023 年 8 月 31 日）

常正国

这次会议的主要任务是以习近平新时代中国特色社会主义思想为指导，全面贯彻党的二十大精神，深入落实习近平总书记关于退役军人工作重要论述，总结优秀退役军人到中小学任教工作阶段性成果，交流经验，部署任务，推动“兵教师”工作高质量发展。刚才，6 个省份介绍了典型经验做法，各有特点，各地要相互学习借鉴。下面我讲几点意见。

一、正确看待“兵教师”工作阶段性成效

党的十八大以来，习近平总书记对退役军人工作作出一系列重要论述，深刻阐述了新时代退役军人就业创业工作方向性、根本性、战略性的重大问题，为我们促进退役军人就业创业提供了根本遵循和行动指南。2022 年 4 月，习近平总书记在海南调研时明确提出退役军人是人才资源。我们要认真落实习近平总书记重要指示批示要求。我部会同教育部、人力资源社会保障部印发的《关于促进优秀退役军人到中小学任教的意见》（退役军人部发〔2022〕46 号，以下简称 46 号文件）出台 1 年来，各地认真落实，稳步推进，形成一系列务实管用的经验做法，取得切实成效。具体讲，一是机制建设保障有力。教育、人力资源社会保障和退役军人事务部门之间的协调与调度机制高效运转，上下齐抓共管、同向发力，为开展“兵教师”工作提供了坚实的组织保障。江西、重庆等地将“兵教师”工作列入省内高质量发展等相关考核体系，河北等地列入省委重点改革任务，借助考核“指挥棒”推进工作。二是实施工作稳步推进。截至 8 月底，地方退役军人事务部门和教育部门根据政策规定，合作开展师范专业学历教育 2100 多人；举办教师资格证专项培训班 57 期，近 1000 人考取教师资格证，取证率为 53.5%，明显高于 20% 左右的社会平均水平。在教育、人力资源社会保障部门的大力支持下，各地开展“兵教师”专项招聘近百次，上岗 600 多人。虽然上岗人数还不多，但在起步阶段能够有这样的成效已很不容易。此外，我们还协调央视等主流媒体和网络新媒体宣传报道“兵教师”工作，播出新闻、刊载文章或发帖转贴 130 多万次、点击量突破 2.2 亿次，营造了良好的社会氛围。三是政策体系逐步健全。北

京、内蒙古等 26 个省（区、市）和新疆生产建设兵团已出台落实文件，形成 30 多条富有特色的细化措施，将国家的政策导向转化为基层实践的具体要求，有效连接了“兵教师”工作最初和“最后一公里”。从总体情况看，“兵教师”发展态势良好，已经成为自主就业退役士兵比较好的职业选择。

二、切实增强“兵教师”工作责任感、使命感

习近平总书记对退役军人就业和青少年健康成长高度关注，多次作出重要指示批示。各级退役军人事务部门把学习领会习近平总书记重要指示批示精神转化为具体行动，落实“兵教师”工作就是很好的举措。2023 年 6 月，蔡奇同志专门强调要持续推动优秀退役军人到中小学任教。全国政协委员连续两年提案，建议输送退役军人进入中小学教师队伍。我们要深刻理解、准确把握党中央决策部署，增强使命意识，扛起责任担当。

（一）“兵教师”工作是服务经济社会发展的重要举措。优秀退役军人政治可靠、作风过硬，在“听党话、跟党走”和传承红色基因方面有特定作用。促进他们到中小学任教，践行“为党育人、为国育才”的光荣使命，有利于改善中小学教师队伍结构、增强青少年阳刚之气，更好地赓续红色血脉。“少年强则国强”，做好“兵教师”工作是我们主动融入大局、服务大局的具体体现。我们要不折不扣贯彻党中央决策部署，以高度的政治责任感做好“兵教师”工作。

（二）“兵教师”工作是服务国防和军队建设的重要途径。习近平总书记在一系列重要论述中将退役军人定位为党和国家的宝贵财富，提出对军转干部要倍加关心、倍加爱护，强调要人尽其才、各得其所。随着军队改革和兵员征集对象的调整，退役军人的学历素质也同步提高。2021 年，我部对即将退役的 15 000 多名官兵开展问卷调查，82% 愿意到中小学教师岗位就业。2023 年，湖北等地摸查退役大学生士兵就业需求，90% 以上有从教意愿。推行“兵教师”工作，契合“让退役军人成为全社会尊重的人，让军人成为全社会尊崇的职业”这一工作目标，有利于促进广大官兵安心服役、建功军营。我们要用好这个机遇，把“兵教师”工作打造成服务国防和军队建设的样板工程。

（三）“兵教师”工作是壮大中小学退役军人专任教师队伍的有力抓手。这些年来，一批退役军人投身教育事业，潜心育人，默默奉献，赢得了“兵教师”口碑声誉。从基层调研情况看，中小学对退役军人教师广泛欢迎，需求量也大。但从掌握的情况看，在岗“兵教师”队伍规模还比较小。下一步，为争取将“兵教师”比例达到退役军人占全国人口的比例，各地要把落实工作抓得更严更实，请教育、人力资源社会保障部门多加关心支持，部里也要更有针对性地完善措施，全面促进中小学退役军人专任教师队伍发展壮大。

三、努力推动“兵教师”工作取得更好成效

促进优秀退役军人到中小学任教工作的政治性强，要在大局中把握方向、抓住关键，重点做

好以下 4 个方面工作：

（一）精心培养专业人才。退役军人师范人才培养是“兵教师”工作的基础，一定要做精做细。一要用足用好优待政策。教育部和人力资源社会保障部大力支持“兵教师”工作，在 46 号文件中给予了多项政策倾斜，如允许非师范生复学后转师范生、允许为退役军人开展辅导培训等。但从实践情况看，政策红利尚未完全释放。46 号文件提出各省份可依托高校开设退役军人师范、体育专业的学历教育专修班，成为解决退役军人师范人才不足的重要抓手。二要精心设计培养方案。有的地方反映教育教学能力培训的经费不足，难以持续。广东对此用心研究，创新实践，线上开展笔试培训，对笔试成绩靠前的学员开展线下辅导面试，所有线下参训学员百分百取证，把有限的经费用在“刀刃”上，节约成本，成效显著。有些地方与人力资源社会保障部门紧密协作，借助相关政策拓展培训经费。这些灵活变通的思路和做法，很值得大家借鉴。三要切实用好培训资源。不少地方反映，退役军人与师范专业跨度太大，“隔行如隔山”，培训效果和考试成绩还不理想。有的地方培训人数不少，取得证书的寥寥无几。但恰恰在一些教育基础相对薄弱的地方，由于积极借用“外脑”，引入外省优质师资，奠定了高质量培训的基础。例如，青海在落实文件中专门提出，鼓励各市州主动对接援青省市，联合培训，共享教育资源；贵州省贵阳市引入北师大优质师资实施培训。这些都是提高人才培养质量的有益思路。在此，我要特别强调，各地不要借此机会“大呼隆”地在高校挂牌退役军人学院。设立学院，就要名副其实，要有专设机构、师资配备、在籍学生、学科专业、培养方案等，否则“盛名之下其实难副”，既难以持续发展，也有损退役军人事务部门形象和公信力。

（二）着力畅通上岗通道。46 号文件在放宽学校招聘的年龄条件、延长教师资格考试合格证有效期等方面，都作出了相应规定，为退役军人入校任教提供了方便。其中最核心的一条，就是面向退役军人单列招聘计划。这项核心条款如何落地生根，需要大家深入探索实践。当前，有的地方反映退役军人师范人才数量与单列的计划数量难匹配、学校拿出的专项招聘岗位和持证退役军人的专业难匹配，一定程度上导致学校招聘计划落空或是退役军人考取证书后无岗可上，优待政策打了折扣。在工作起步时期，我们要深刻认识到人才供需结构不均衡的阶段性现状，联动设置师范专业人才培养计划和专项岗位招聘计划，“有多少米做多少饭”，积极施策，统筹推进。广西等地下大力气，逐人摸底持证专业和人员数量、协调学校对应提供招聘岗位，有效提升了人岗匹配度。湖北、青海等地对于专项招聘计划外的中小学教师岗位，退役军人招聘考试成绩加 5 分，既扩大了岗位选择面，又在一定程度上解决了人岗匹配问题。我们要拓宽工作思路，把政策的原则性和措施的灵活性结合起来，因地制宜，把握主动。

（三）多元促进职业发展。退役军人个体条件不同，但作风过硬、纪律性强的特点高度一致，可以在不同岗位上发挥优势。46 号文件对退役军人承担学校行政后勤工作、兼职体育教师、军训教官及安保人员作出相关规定。在这方面，四川在成都市天府新区试点建设“教资共享中心”，聘请退役军人全职担任国防教育辅导员，由教育部门统一排课调度，探索开发退役军人校外师资岗位的新途径。各地在落实政策的同时，也应该创造性开发更多类似的岗位。

（四）注重坚持底线思维。“兵教师”工作是利国利民的好事，也是把这支曾经握过枪杆子的队伍用好的创新性举措，我们要把握好改革发展稳定之间的关系，把好事办好，这是我们的政治责任。各地退役军人事务部门要把底线思维贯穿工作始终，下好先手棋、打好主动仗，在人才培养、招考等方面配合相关部门认真全面落实国家政策，深入细致研究具体举措，做好风险评估，谋定后动。尤其要注重做好以下 3 点：一要准确宣讲政策。对于学费减免、优待入学、便利入职等方面的政策，各级工作人员一定要搞明白、讲清楚，不能曲解政策误导对象，也不能为了动员效果而夸大宣传，给后面工作留下稳定隐患。二要精准摸底发动。当前，完全符合“兵教师”培养条件的退役军人还不多，各地要准确识别目标对象，针对性动员宣讲，不要搞大水漫灌，这样既浪费资源，也可能引发攀比和反感。福建等很多地方通过摸底排查、建档立卡，建立了“兵教师”储备人才库，提供兼职实习机会，持续跟踪支持。但也要注意，人才储备库的定位要清晰明确，不是进库就能上岗，避免抬高入库人员就业预期，引发不必要矛盾。三要加强统筹谋划。“兵教师”工作在顶层设计上注重综合施策，各地在具体实践中也要注意不同措施间的协同配合、良性互动，防止畸轻畸重，引发新生矛盾。要处理好整体推进和重点突破的关系、胆子要大和步子要稳的关系，注重部门间的政策制度相衔接、工作举措相协同，着力实现“兵教师”工作全局性谋划、整体性推进。要注重堵漏洞、强弱项，有效防范化解各类涉稳风险，维护好社会稳定大局。

四、确保“兵教师”工作有序推进

“兵教师”工作涉及的部门多、遇到的难点多，是一项复杂的系统工程，需要高位推动、狠抓落实。一要争取领导支持。党的领导是推动事业发展的最大优势。刚才几个发言省份的共同经验之一就是当地党委和政府重视程度高、支持力度大。会后，各地要及时把会议精神向本省区市退役军人事务工作领导小组汇报，争取对“兵教师”工作的更多关心支持。要把“兵教师”工作纳入领导小组重点工作加以谋划，成员单位各负其责、合力推动。二要做好协调配合。推进“兵教师”工作，离不开教育、人力资源社会保障等部门通力合作，有些环节还需要编制、财政等部门支持帮助。各地退役军人事务部门要多做协调工作，凝心聚力，争取支持，携手擦亮“兵教师”品牌。三要重视典型引领。部分地方反映，社会上对退役军人当老师还有争议声音。我们要主动挖掘宣传“兵教师”先进典型，运用融媒体手段，开展矩阵式宣传，让更多人了解“兵教师”，营造更好社会氛围。四要加强作风建设。做好工作，关键要真抓实干。各级退役军人事务部门要当好行动派、实干家，力戒形式主义、官僚主义，有政策要求就要落实，文件出了就要兑现，切忌把“说了”当成“做了”、把“发文了”当成“落实了”、把“开会研究了”当成“问题解决了”、把“任务分解了”当成“目标完成了”。当前，全党正在深入开展学习贯彻习近平新时代中国特色社会主义思想主题教育，我们要把开展主题教育同做好“兵教师”工作紧密结合起来，切实把学习、调研成果转化为实际行动，强化担当意识、提升履职水平、敢于动真碰硬，以实际成效检验工作成绩。

“兵教师”工作意义重大，我们要切实提高政治站位、强化使命担当，坚持不懈用习近平新时代中国特色社会主义思想凝心铸魂，坚定拥护“两个确立”、坚决做到“两个维护”，主动作为、真抓实干，全力促进优秀退役军人到中小学任教。也请教育、人力资源社会保障部门的领导和同志们继续支持退役军人事务工作，一道努力做好“兵教师”工作，共同助力中国式现代化建设！

在中央单位和北京市军转安置考试工作任务部署会上的讲话

（2023 年 6 月 28 日）

杨友斌

今天，我们召开 2023 年度中央单位和北京市接收安置转业军官考试工作任务部署会。我围绕组织好今年的考试讲几点意见。

一、思想认识要摆上高位

军转安置工作是习近平总书记和党中央关心关注的大事，军转安置考试作为军转安置工作的重要环节，关系转业军官前途命运、关系安置政策落地落实、关系年度任务顺利推进，必须作为一项政治任务、作为当前重点工作大事大抓、紧前推进、高标准完成。

二、机构成员要各负其责

考试组织机构已经成立，关键是对照职责抓好落实，关于具体分工我再明确如下：考试总体协调由安置司牵头负责；场地保障由北京城市学院牵头负责；命题阅卷由人力资源社会保障部考试中心牵头负责；健康防护由培训中心牵头负责；周边安全由海淀区政府牵头负责；人员组织由北京卫戍区牵头负责；考风考纪由退役军人工作局和安置司牵头负责。

三、协调配合要积极主动

考试环节多、程序多、点位多、部门多，大家要心往一处想、劲往一处使、形成一盘棋。一是军地职能部门在考试通知、事项明确、政策解读等方面要统一口径、保持一致。二是参考人员所属部队对人车数量、到校时间、特殊考生等情况，要及时通知有关单位掌握，以便预有准备做好工作。三是在疫情防控、秩序维护、考务保障等需多个单位共同完成的任务上，要通力协作，不能推诿扯皮，遇有矛盾问题要及时请示报告。四是大家在考试准备过程中，如发现某个环节、某个部位、某个事项存在粗疏错漏时，要相互提醒、相互补台、相互补漏，共同把任务完成好。

四、服务保障要精细到位

一是采取书面、电话或微信群等多种方式，及时将考试安排和有关要求通知到每名参考人员，不能误时误事。二是为每名参考人员准备好红黑签字笔、稿纸、备用口罩、消毒湿巾、矿泉水等物品，装在文件袋中，提前摆放在桌子左角上。三是合理设置安检区、待考区、停车区等，每个区域都要安排专人值守，每个路口都要设置路牌指引、每个考场都要张贴座次示意图。四是备好防暑降温及常用急救药品，安排好现场救护人和车辆，提前协调好接诊医院和绿色通道。

五、作风纪律要严明过硬

一是在人员着装上，参考人员要统一着体能训练服短袖上衣、长裤和作训鞋，不能穿短裤、拖鞋、背心等进入考场。二是在队列养成上，要安排专人带队，队列动作要整齐规范。三是在言行举止上，要自觉维护校园秩序，不能勾肩搭背、喧哗吵闹、随地吐痰、乱扔杂物。四是在考风考纪上，要组织好专题教育，讲清楚作弊的严重后果，监考人员要认真履职，发现问题及时报告、依规处置。

六、安全稳定要守住底线

重点关注好 4 个方面的安全：一是人员安全。提醒参考人员考前不要出远门，不要剧烈运动，有病早就医早治疗，防止因出现意外情况或因伤因病影响考试。二是交通安全。对于统一乘车的，单位要检查好车况，挑选好驾驶员、带车干部、安全员，车辆行驶过程中要保持好车距，指挥员要进行不间断指挥。对于个人前往的，要打好提前量，严格遵守交通规则。三是试卷安全。对试卷的印制、存储、运输、启封、发放等环节，严格按规定要求实施全过程管理监督，防止发生丢失、被盗、泄露等问题。四是场所安全。备好移动电源车，必要时进行应急供电演练，一旦需要及时更换。全面检查考场电路电线、楼层电梯、门窗栏杆等，消除安全风险隐患。

在退役军人工作专题研讨班分组讨论时的讲话提纲

（2023 年 10 月 23 日）

杨友斌

在学习贯彻党的二十大精神开局之年，中央组织部、中央党校（国家行政学院）和退役军人事务部联合举办退役军人工作专题研讨班，我感到，这是一次学习领会总书记思想的政治强训，是一次凝聚力量共识的政治淬炼，是一次推动退役军人工作高质量发展的政治动员。

这些年来，在以习近平同志为核心的党中央坚强领导下，在各地各成员单位共同努力下，退役军人事务工作取得了历史性成就、发生了历史性变革。我感到，主要有 5 个方面的变化：一是思想认识由业务观念向强国强军转变。通过深入学习领会习近平总书记关于退役军人工作的一系列重要论述和战略擘画，自觉把弘扬英烈精神、维护合法权益、保障安置就业等工作职能当成政治任务，摆在强国复兴、强军兴军全局的高度来谋划、来推动。二是管理体制由多头分散向集中统一转变。退役军人服务保障机构从无到有、由有到优，有效整合人力资源社会保障、民政和部队相关职能，构建起党委统一领导、政府牵头负责、部门广泛参与的工作格局，党对退役军人工作领导得到了全面加强。三是政策法规由零碎滞后向配套完善转变。通过废、立、改、释一体发力，政策创制从碎片化、打补丁到整体设计、重塑再造，国家层面陆续出台以退役军人保障法为代表的政策文件，各地也跟进出台各类政策法规，立起了退役军人工作政策制度的“四梁八柱”。四是服务保障由简单粗放向精细精准转变。各级各地坚持尊重尊崇理念，改变了以往人员底数一抹黑、接收安置一下子、走访慰问一阵风的情况，通过建档立卡、常态联系、社保补缴、直通安置及登门送喜报、发放优待证等创新举措，把工作做到了退役军人心坎上。五是信访形势由集访多发向平稳可控转变。系统内外带着情感、带着责任回应诉求关切，通过军地一体找症结、上下联动解难题、部门协同化积案，既有力服务了社会大局稳定，也为高质量发展奠定了坚实基础。

结合这次学习和平时工作思考，我感到，推动退役军人事务工作高质量发展，可以从“5 个坚持”上来着手。一是坚持把学思想与谋发展贯通起来，强化使命感。做好退役军人事务工作最根本的就是要用习近平总书记的思想引领建设发展，只有深入学习贯彻习近平总书记关于退役军人工作重要论述，才能保证发展方向不偏、工作合力不减、使命责任不降。二是坚持把创业绩与助强军一致起来，提高贡献率。做好退役军人事务工作最关键的就是要把退役军人的作用发挥好，通过加强顶层设计、完善制度机制、拓宽渠道路径，把退役军人服务备战打仗、投身稳边固防与助力乡村振兴、参与社会治理一体谋划、一体推进，使他们成为经济建设的生力军、社会稳定的压舱石、国防动员的蓄水池。三是坚持把重服务与抓管理融合起来，增强尊崇度。做好退役军人事务工作最紧要的就是把要教育管理纳入服务保障的全过程全链条，创新构建新时代退役军人思想政治工作体系，把优待保障、教育管理、尊重尊崇融合起来，做到部队服役与退伍返乡紧密衔接、思想问题与现实困难同步解决、待遇保障与行为规范一体设计。四是坚持把解难题与保稳定统筹起来，筑牢防护墙。做好退役军人事务工作最核心的就是要把底线思维贯彻体现到具体工作实践中，积极化解信访矛盾积案，把风险隐患消除在基层末端、化解在萌芽状态，切实筑牢安全稳定的堤坝。五是坚持把打基础与建队伍结合起来，厚植保障力。做好退役军人事务工作最长远的就是要把加强系统自身建设作为一项固本工程紧抓不放、持续用力，采取政府投与社会筹、自主建与上级帮、集中训与实践练等方式，打造一批功能全、设施好、服务优的保障机构，建设一支政策通、法规通、业务通的骨干队伍，为推动退役军人事务工作高质量发展提供坚强的力量支撑。

提升政治站位　推动政策落实
带着感情和责任做好退役军人信访工作
——在《中国退役军人》2023 年第 2 期上的署名文章

（2023 年 2 月）

马飞雄

党的十八大以来，以习近平同志为核心的党中央高度重视信访工作。习近平总书记多次作出重要指示批示，系统回答了信访工作的本质属性、根本立场、功能定位、重点任务、改革方向等一系列重大理论和实践问题，为做好新时代信访工作提供了根本遵循。做好退役军人信访工作，必须始终坚持以习近平新时代中国特色社会主义思想为指导，认真贯彻习近平总书记关于退役军人工作重要论述，牢记为党分忧、为民解难的政治责任，带着使命、盯着问题、含着感情办理退役军人信访事项，奋力谱写新时代退役军人信访工作的新篇章。

讲政治，切实增强做好退役军人信访工作的紧迫感、自觉性

习近平总书记强调，信访是送上门来的群众工作，是反映社情民意的“晴雨表”，是了解为政得失的重要窗口。这些重要指示，是对做好信访工作的政治要求。退役军人群体基数大、分布面广，身份特殊、地位重要，做好退役军人信访工作，有利于化解退役军人矛盾问题、维护退役军人合法权益，有利于践行党的群众路线、促进社会和谐。当前，退役军人信访形势总体较好，但基础仍不够牢固。从国际情况看，退役军人信访问题一直是西方敌对势力插手炒作的重点；从国内形势看，部分退役军人仍持续信访，有的甚至言词激烈、行为极端；从系统自身看，我们工作确实曾存在落实政策不够有力、职能发挥不够充分等问题。

对此，各级退役军人事务部门一定要善于从政治上看待和把握，站在拥护“两个确立”、增强“四个意识”、坚定“四个自信”、做到“两个维护”的高度，充分认识做好退役军人信访工作的极端重要性和现实紧迫性，自觉践行习近平总书记关于加强和改进人民信访工作的重要思想，以强烈的政治责任感和历史使命感抓好退役军人信访工作，扎实推动矛盾问题解决，全力服务营造和谐的社会环境。

讲政策，注重从源头上化解退役军人信访矛盾

习近平总书记指出，要强化法律在化解矛盾中的权威地位，综合运用法律、政策、经济、行政等手段和教育、调解、疏导等办法，把群众合法合理的诉求解决好。这些重要指示，为源头化解信访矛盾指明了方向。退役军人信访问题由来已久，往往每逢军地改革涉及利益调整就会引发攀比上访。究其原因，其中许多是因政策调整变化或落实不到位而引起，解决这些信访难题仍然需要从落实政策、完善政策上突破。

对于退役军人事务部门，关键是坚持“三个着力”，减存量、控增量、防变量。一是着力清理累积的政策欠账，对应安置未安置、安置未上岗、待安置期间待遇不落实等合法合理诉求，应即知即改、立行立改，减少历史遗留信访矛盾。二是着力推动现有政策落实，密切关注、及时研究解决落实过程中出现的新情况、新问题，避免执行偏差走样，防止新增信访矛盾。三是着力加强政策出台风险评估，严防次生信访矛盾，坚决防止因政策不同步、标准不统一等引发攀比，坚决防止一地的经验变成他地上访的理由，进而形成新的信访问题。

对于退役军人，关键是教育引导他们依法理性反映诉求。通过组织开展《信访工作条例》等法规政策学习宣传，让退役军人认清哪些诉求是合法合理的、哪些诉求是不合法不合理的；认清违反规定信访也有风险，也要承担相应的法律责任；认清采取写信、打电话、网上信访方式，与实地走访具有同等效力、同样效果，而且更省时省力省钱。

讲感情，努力帮助退役军人解决急难愁盼问题

习近平总书记指出，信访工作的首义，在于时刻把自己看成人民中的一员，把心贴近人民。并特别强调要关爱退役军人，他们为国防军队建设作出了贡献。这些重要指示，深刻阐明了做好信访工作的群众立场。退役军人曾在部队服役，有功于国家、有功于人民。现在他们中间有的伤残病，有的下岗失业，有的家庭遭遇重大变故，处于一生中最为困难、最需帮助的时候，不少人员因此走上信访之路。我们国家虽然人口多、底子薄，但对退役军人的感情不能薄，一定要将他们当家人、将其来信当家书、将其诉求当家事，让退役军人切身感受到党和政府工作的温度和质感。

一是坚持情为民所系，推断信访诉求有因。严肃审慎对待每一名信访人、每一件信访事项，切忌主观臆断诉求过高或者诉求无理。具体工作中，对诉求合法合理的，加快推动解决；对诉求不合法不合理的，要针对性做好政策解释和思想政治工作，讲明事理、讲透情理、讲清法理，帮助他们算经济账、算家庭账、算健康账，不搞虚假承诺、过度承诺，不推卸责任；对生活确有困难、有就业需要的，要用足用活各类政策，想方设法予以解决，帮助他们渡过难关。二是坚持权为民所用，推定服务保障有失。要多从政策运用上看缺失，看有没有不符合中央要求的、有没有不接地气的、有没有执行偏差的，如果有就要坚决纠正；多从作风建设上查不足，查是不是脱离群众、是不是做表面文章、是不是弄虚作假，如果是就要坚决改正；多从工作实践上找差距，看

各项工作是否扎实、方式方法是否务实、实际效果是否真实，如果不实就要坚决校正，不断改进和提升服务质效。三是坚持利为民所谋，推动矛盾问题有解。对退役军人信访积案，通过提级办理、精准协调、集中治理、多元化解等措施，反复推动、挂账督办、限时解决。要以“为退役军人排忧解难”等专项行动为牵引，有效发挥行政机构、事业单位、社会力量“三驾马车”效能，整合资源、集中力量，帮助退役军人纾难解困，化解各种风险隐患。

讲责任，切实推动退役军人信访工作落地落实

习近平总书记强调，一分部署，九分落实；解决信访问题应该分级负责，严格落实责任制。这些重要指示，明确了推动信访工作落实落地的责任要求。责任不落实，工作就要落空。做好退役军人信访工作，各级各部门特别是各级退役军人事务部门，要突出强化落实“四项责任”。

一是强化属地责任，坚决做到守土有责、守土尽责。严格落实退役军人事务系统“一把手”主抓信访工作，定期听取汇报、研判形势、调度指挥，带头接访下访包案，主动协调推动解决重大疑难信访问题。坚持工作重心下移，逐级落实责任，尽量将问题解决在基层、矛盾消除在萌芽，坚决防止小事拖大、大事拖炸。二是强化协同责任，始终保持协调联动、合力共为。积极争取同级党委重视支持，充分发挥各级党委退役军人事务工作领导机构办公室的优势，及时请示报告、统筹协调，促进高位推动退役军人信访工作持续深入开展。加强与信访、军队等有关方面的联系沟通、协同配合，有效实现信息联通、问题联商、矛盾联调、应急联处。三是强化首办责任，着力化解初次信访、防止反复。落实信访事项首办责任制，对上级交办、督办和本部门主办的信访事项，逐一明确分管领导、受理部门和经办人员的责任，全力推动问题解决，努力实现“最多访一次”。四是强化应急责任，有效防范突发事件、舆情炒作。进一步压紧压实部门、单位和个人的应急责任，细化应对措施、实化责任分工，确保遇到情况能够及时启动、稳妥处置。特别要注意防范网上涉退役军人信访舆情炒作，及时主动发声、释疑解惑，澄清事实、对冲谣言。

在全国退役军人服务保障体系建设管理推进会上的讲话

（2023 年 11 月 28 日）

马飞雄

这次会议的主要任务是，深入学习贯彻党的二十大精神和习近平总书记关于退役军人工作重要论述，认真落实习近平总书记关于退役军人服务保障体系建设重要指示批示精神，聚焦新形势、新任务、新要求，交流工作经验，表扬先进典型，分析当前形势，安排部署下阶段重点任务，动员系统干部砥砺奋进、担当作为，以更加奋发昂扬的斗志推动服务保障体系建设高质量发展。

党的十八大以来，习近平总书记着眼实现强国梦、强军梦，立足国际战略格局和国家安全形势的深刻变化，对退役军人工作作出一系列重大决策部署，提出一系列重大理论观点，亲自决策组建退役军人管理保障机构，为我们做好工作提供了根本遵循和行动指南。特别是 2019 年 1 月 1 日习近平总书记对建立健全退役军人服务保障体系作出重要批示以来，在党中央坚强领导下，地方各级党委和政府高度重视，全国退役军人事务系统凝心聚力、务实笃行，强力推动退役军人服务保障事业蓬勃发展。一是体系日益健全。出台一系列政策文件，将服务中心（站）建设写入退役军人保障法，将退役军人事务员职业纳入《中华人民共和国职业分类大典》。目前，全国已建成六级服务中心（站）共 61.1 万个，配备编制 11.9 万个，专兼职人员约 91 万人。二是功能日益完善。推动各级服务保障机构加强政治文化环境建设，持续强化思想政治教育功能，不断丰富就业创业扶持、优抚帮扶、走访慰问、权益维护等服务功能，倡导“尊崇工作法”，推行“最多跑一次”“服务代办”“一站式”“互联网 +”等服务模式，让退役军人切身感受到家的温暖。三是作用日益彰显。特别是以基层服务中心（站）为重点，在全系统学习推广新时代“枫桥经验”，践行“浦江经验”，持续深入排查化解矛盾问题和风险隐患。退役军人依法逐级反映问题的格局正在成型，自下而上解决问题、化解矛盾的“金字塔”结构进一步稳固。这些成绩的取得，根本在于习近平总书记作为党中央核心、全党核心领航掌舵，在于习近平新时代中国特色社会主义思想科学指引。同时，也凝聚着各级党委和政府的心血与智慧，离不开全系统干部的艰苦奋斗和辛勤付出。

推进服务保障体系建设再上新台阶，要坚持以习近平新时代中国特色社会主义思想为指导，认真贯彻落实习近平总书记关于退役军人工作重要论述，按照习近平总书记“五有”“全覆盖”要求和《中华人民共和国退役军人保障法》有关规定，将服务保障能力提升作为服务中心（站）建设运行的生命线，创新体制、规范机制、完善制度、科学践行，逐步实现服务平台体系化、服务手段信息化、服务管理规范化、服务模式多元化、服务队伍专业化，全力推动服务保障体系从“有”向“优”发展。近期重点是做好“四个加强”，破解“四个不到位”。

一、加强政治引领，着力破解思想认识不到位问题

退役军人服务保障体系组建初期，各级领导和工作人员热情高涨、强力推进，各项工作贯通融合。但随着各级服务中心（站）建成和稳定运行，个别地方有所松懈，心态情绪也出现波动。一是自满情绪。有的觉得机构、站点建得差不多了，运转也走上正轨，工作就这些内容，“热度”逐步衰减、“热情”有所减退。二是厌战情绪。有的认为工作目标可高可低、要求可严可松；有的觉得基层工作没什么意思，存在躺平心态和消极思想。三是埋怨情绪。特别是遇到矛盾和困难时，有的行政机关埋怨服务站点配合不积极、落实不到位，服务站点则埋怨行政机关安排不合理、保障不到位，还有部分工作人员甚至埋怨退役军人所求过多、要求过高。这些不良表现还是思想认识上出现了偏差，对服务保障体系建设的重大意义认识不深不透，将其当作一般性业务工作看待。

对此，我们要站在政治和全局的高度，充分认清建强用好服务保障体系的重大政治意义、法治意义和现实意义。第一，这是坚定拥护“两个确立”、坚决做到“两个维护”的校验标尺。习近平总书记关于“五有”“全覆盖”的重要批示，思考深邃、谋划高远。要切实提高政治站位，自觉把推动退役军人服务保障体系高质量发展，作为贯彻落实习近平总书记重要指示批示的实际行动，作为坚定拥护“两个确立”、坚决做到“两个维护”的具体举措。第二，这是积极推动落实《中华人民共和国退役军人保障法》的法定责任。《中华人民共和国退役军人保障法》对服务中心（站）建设、工作职能等作出了明确规定。我们要深刻领会其重要意义，坚持法治思维、尊崇法律权威，坚定履行法定职责，坚定执行法律的刚性规定，督促推动相关法律规定执行到位。第三，这是全面贯彻党中央决策部署的必然要求。中共中央办公厅、国务院办公厅印发《关于加快推进退役军人服务保障体系建设的意见》，对组建从国家到村（社区）六级服务机构和站点提出明确要求。我们要深刻领悟党中央加强服务保障体系建设这一战略部署的重大意义，切实增强规矩意识，高标准高质量推动各项工作任务落实到位。第四，这是贯通退役军人服务保障“最后一公里”的现实需要。退役军人服务中心（站）是退役军人事务系统的“窗口”，是确保各项政策落地落实的重要阵地。我们要充分认识服务中心（站）作为打通服务保障“最后一公里”的关键特殊地位，把服务保障体系建设放到退役军人整体工作中去考量，千方百计、攻坚克难，持续加强工作。

二、加强基础建设，着力破解“五有”“全覆盖”落实不到位问题

当前，全国退役军人服务保障体系总体正在从“有”向“优”稳步推进，但个别地方工作仍有滞后，甚至存在倒退风险。一是站点“形式化”“空心化”问题突出。有的“为建站而建站”，服务站有牌子无实体；有的服务站工作人员“被统筹”；有的县级中心人员“在编不在岗”、乡级服务站工作人员“身兼数职”、村级服务站人员“有名无实”，主责履行不充分。二是阵地出现萎缩苗头。有的地方试图通过撤销基层服务站，以解决机构编制紧缩的实际困难；有的阵地意识不强，部分村级服务站摘了牌子、丢了阵地。三是队伍建设仍有短板。有的服务站招不来人，招来人又留不住；有的服务站人员能力素质不高、业务不熟、群众工作经验不足；有的对服务站站长配备和培养不够重视。四是经费保障严重不足。有的地方未专项安排服务保障工作经费，日常活动经费申领难度大、保障不足。

破解上述问题的基本路径是争取党委和政府重视及相关部门支持。要用足用活议事协调机制，利用党委议军会议和党委退役军人事务工作领导小组全体会议、专题会议等契机，及时主动向党政主要领导、领导小组领导及各成员单位有关同志汇报宣传，积极争取在机构、人员、经费、保障等方面的大力支持。破解上述问题的当务之急是坚决守牢基层阵地。一方面，要认真学习贯彻习近平总书记重要指示批示精神，深入贯彻党中央决策部署和国家法律法规，敢于亮剑，据理力争；另一方面，要加大对基层服务站点的指导力度，常态化开展工作调度，督促基层通过积极作为建阵地。破解上述问题的工作重点是着力抓好人员选配。对于人员招录，在符合有关规定和程序的前提下，视情放宽学历等门槛。对聘用人员，重点依托退役军人事务员职业建设，探索建立技能等级与岗位晋升、先进评比、薪酬待遇挂钩等激励机制。对于在编人员，关键是加强教育培养，提高业务能力，饱满工作内容。

三、加强探索创新，着力破解功能发挥不到位问题

《中华人民共和国退役军人保障法》和《关于加快推进退役军人服务保障体系建设的意见》对退役军人服务保障体系明确了协助同级相关职能部门做好思想政治引领、法规政策宣传、志愿服务发展、舆情监测处置等工作，这些都要毫不放松抓紧抓好。同时，重点要聚焦 4 项内容，全力推进落实。

在就业创业扶持服务保障方面。有的服务中心（站）对辖区内退役军人就业创业状况和需求掌握不及时、不精准、不全面，在联系用人单位、用工企业等方面不积极、不主动；有的服务中心（站）对退役军人适应性培训、技能培训等抓得不够实、不够紧。服务中心（站）要摸清辖区退役军人就业底数、业务专长，动态掌握退役军人就业创业情况，及时提供针对性服务。要深挖各类资源，多渠道多途径提供就业岗位和创业机会。要针对性开展适应性培训、职业技能培训，提升其就业创业能力水平。

在优抚帮扶服务保障方面。有的地方帮扶援助形式单一，难以满足困难退役军人多元化、个性化需求；有的地方帮扶援助工作举步维艰，甚

至出现个别困难退役军人自行寻求社会公众帮扶引发舆情的案例。我们要依托基层站点，精准识别困难退役军人，及时将其纳入帮扶救助范围，帮助符合条件的退役军人申请低保、专项救助、临时救助等。对特殊困难退役军人家庭，通过结对服务、志愿服务、社会捐赠等方式，组织开展个性化、亲情化帮扶。要持续开展“情暖老兵”专项行动，及时为困难退役军人大病救助、子女就学等提供帮扶，全力保障因灾遇困及老弱病残退役军人的基本生活。

在走访慰问服务保障方面。有的服务中心（站）走访慰问存在“慰”多“问”少甚至只“慰”不“问”的现象；有的服务中心（站）让服务对象到站点领取慰问金；个别地方服务中心（站）将立功喜报、慰问金压在抽屉里一年半载都没有送到服务对象手上。我们要深化开展“四尊崇、五关爱、六必访”等工作，坚决杜绝“机关化”倾向和“衙门”作风。要切实增强主动服务意识，通过进村入户、走街串巷，融入退役军人之中，把服务送到退役军人家门口、把工作做到退役军人心坎上。

在权益维护服务保障方面。有的地方在主动化解矛盾纠纷时有畏难情绪，不愿面对面做工作，处理问题方式方法简单粗暴；有的服务站末梢神经的预警感知功能发挥还有盲区、盲点。我们要依托基层服务中心（站），积极组建老兵调解室、老班长工作室等调解组织，构建“退役军人调解员 +”模式，引导退役军人依法理性反映诉求、解决问题。推行基层服务站“信访代办”，变被动接访为主动下访；严格落实重点人员双包联制度，压紧压实县处级领导和属地服务站站长责任。用好“13712”信访事项调度机制和办结质量抽查机制，努力实现“最多访一次”。深化重复信访治理和信访积案化解，综合采取联合接访、提级包案、重点约访、登门走访等方式，推动解决问题。依托基层服务体系，健全精细化预警防控机制，加强矛盾纠纷排查化解。

四、加强组织领导，着力破解管理监督不到位问题

退役军人服务保障体系层级较多、体系庞大，统一调度任务重，管理监督难度大。当前存在的主要不足：一是制度体系不够健全。有的地方行政机关和事业单位缺乏科学定位、合理分工，领导机制不够顺畅、职责定位不够清晰、工作边界模糊混淆；有的地方服务中心越界行权，干扰了工作；有的地方将服务保障体系建设整体工作交由中心承担，导致行政指导缺失。二是运行机制不够顺畅。有的县级中心在指导安排乡镇服务站业务时，存在工作不好协调等现象；有的地方对基层服务站指导力度不够甚至缺位，在基层面临困难时不能及时帮助想办法解难题。三是评价激励体系不够完善。大部分地方尚未建立服务中心（站）评估体系，缺乏有效激励约束举措。

推动服务保障体系高效运转、有效发挥作用，必须进一步健全体制机制、明确职责定位、加强上下联动。一要进一步理顺工作关系。充分发挥行政机关的统筹指导和事业单位的落地支撑作用，思想权益部门要切实履行好指导各级服务中心（站）建设管理职能，做好政策制定、规划拟订、标准规范、队伍建设、典型选树、监督评价等工作；服务中心（站）作为退役军人事务系统的重要“窗口”，要在本级行政部门的指导下，

承担“服务性、延伸性、辅助性”等事务工作，配合做好服务保障体系建设管理相关具体工作的推进实施。为更好地规范相关工作，部里研究制定了《退役军人服务保障体系建设管理工作协同机制》，裴金佳部长对此给予充分肯定，将印发各地参考。二要进一步健全评价机制。探索建立科学合理的绩效评价制度，规范细化评价指标，定期对服务中心（站）工作开展情况进行评价。要建立健全公平公正的先进典型评价体系，定期对服务保障先进单位和个人、优秀主任(站长)、优秀退役军人事务员等进行表彰奖励、通报表扬。三要进一步强化监督考核。部里将在平安建设考评和双拥模范城(县)评比中加大“五有”“全覆盖”落实情况的分值权重，还将视情纳入退役军人事务工作综合督查，探索协调有关部门开展退役军人保障法专项执法检查。省级退役军人事务部门要加强调度指导，协调解决重点难点问题。对落实政策打折扣、整改工作不到位的，坚决采取通报、约谈、督办等方式督促整改。

云南省退役军人事务厅
领导活动

吉宏龙佳看望慰问省荣誉军人康复医院集中供养的残疾退役军人

1月17日下午，在新春佳节即将到来之际，受省委、省政府委托，省退役军人事务厅党组书记、厅长吉宏龙佳带队到省荣誉军人康复医院看望慰问集中供养的残疾退役军人，详细了解他们的生活和身体情况，为他们送上慰问金和慰问品，并致以节日的美好祝福。

吉宏龙佳首先来到休养区，看望卧床的普文平、张绍龙2名残疾退役军人，详细了解残疾退役军人治疗康复情况，与他们亲切交谈，询问他们的身体状况，了解他们的困难，送上慰问金和节日祝福。

在集体慰问活动中，吉宏龙佳向残疾退役军人介绍了过去一年全省退役军人事务系统取得的主要成绩，通报了2023年重点工作。他强调，在座的老功臣曾经勇往直前，浴血奋战，为保家卫国作出了重要贡献。省荣誉军人康复医院要深入学习贯彻习近平总书记给四川省革命伤残军人休养院全体同志回信精神，用心用情用力做好各项服务保障工作，努力让大家病有所医、老有所养、安享晚年。希望老功臣们不忘初心、牢记使命、保持本色，通过宣传、宣讲等方式，传播崇高精神和光荣事迹，教育引导下一代传承和弘扬红色基因，继续为实现中华民族伟大复兴贡献智慧和力量。

厅党组成员、副厅长张永明，厅机关有关处（室）、省荣誉军人康复医院主要负责同志参加慰问。（云南省退役军人事务厅门户网站2023年1月17日讯）

吉宏龙佳组织召开省荣誉军人康复医院改革发展现场办公会

1月17日下午，省退役军人事务厅党组书记、厅长吉宏龙佳一行到省荣誉军人康复医院，召开荣院改革发展现场办公会。厅党组成员、副厅长张永明主持会议，厅机关有关处（室）主要负责同志参加了会议。

在听取荣院工作情况汇报后，吉宏龙佳指出，习近平总书记高度重视退役军人工作，十分关心革命先辈和优抚对象，先后作出一系列重要论述和重要指示，为我们做好新时代的荣军优抚医院工作提供了根本遵循、指明了前进方向。全院干部职工要把思想和认识统一到习近平总书记关于退役军人工作重要论述和关于关爱功臣英雄的重要指示精神上来，切实增强责任感和紧迫感，认清形势、凝聚共识、厘清思路、创新举措，奋力开创荣院改革发展新局面。

吉宏龙佳强调，省荣誉军人康复医院作为全省唯一一所优抚医院，建院71年来，累计接收供养了1700多名残疾退役军人。全院干部职工牢记党和人民重托，坚持以救助服务残疾退役军人为中心，不辞辛苦、无私奉献、任劳任怨，为保障广大残疾退役军人医疗康复作出了重要贡献，一大批先进集体和个人受到国家和省委、省政府表彰。实践证明，省荣誉军人康复医院这支队伍，是一支对党忠诚、信念坚定、敢打硬仗、能打胜仗，有着优良传统的坚强队伍。

吉宏龙佳指出，荣院是“平时通用、战时支前、战后善后”的优抚事业单位，改革发展要坚持为国防和军队建设服务、为经济社会发展服务，努力把荣院建设成支持部队备战打仗的重要阵地、保障优抚对象的重要平台、参与公共服务的重要资源。要坚持目标导向、坚持优抚属性、坚持融合发展，力争用6年左右的时间，分两步走，在2028年前成功创建三级康复专科医院。

吉宏龙佳强调，荣院的特殊性质决定了其既是公益性事业单位，又是福利型公立医疗机构，应当不断巩固、深度融入这两个体系，接受双重建设管理，享受双重优惠政策。要加强医院基础设施建设、做强特色专科品牌、加强信息化建设，加大与省卫生健康委等相关职能部门沟通协调，积极争取将荣院纳入政府公立医院资源配置，享受政府公立医院相关政策。

吉宏龙佳要求，要紧紧抓住增强荣院内生发展动力这一关键环节，强化党建引领、加强人才队伍建设、理顺双重管理体制、改革薪酬分配制度、着力提升服务质量，整体推进、重点突破，高质量推动各项建设发展工作。要进一步强化组织领导、学好用足政策、加大项目资金争取和保障力度、主动学习先进理念和做法，拿出抓铁有痕、踏石留印的韧劲，以钉钉子精神狠抓落实，确保各项改革发展任务落到实处。

吉宏龙佳强调，要牢固树立“今天再晚也是早、明天再早也是晚”的效率意识，着力提升“要为干成事想办法、不为干不成事找借口”的责任意识，大力整顿纪律作风，认真践行推行“三法三化”，形成任务一布置、马上抓落实，工作一部署、马上去推动，工作一完成、马上就反馈的良性闭环，让抓落实成为常态，努力在转变作风、提升效能的实践中推动各项改革发展措施落地见效。

会前，与会人员参观了省直机关党性教育现场教学点——云南荣军医院展陈馆。（云南省退役军人事务厅门户网站 2023 年 1 月 17 日讯）

吉宏龙佳同志以普通党员身份参加厅办公室党支部2022年度组织生活会

2月14日下午，厅办公室党支部召开2022年度组织生活会，厅党组书记、厅长吉宏龙佳同志以普通党员身份参加。厅第三督导组到会指导。

会上，厅办公室党支部书记汇报了组织生活会会前准备和支部检视问题情况，每名党员联系思想和工作实际作了对照检查发言，开展了批评与自我批评。吉宏龙佳同志带头发言，并对厅办公室党支部建设提出具体要求。

吉宏龙佳强调，要以忠诚奉献彰显政治品格。对党绝对忠诚是做好办公室工作的“生命线”，守住这条“生命线”才会有“魂”，丢了这个“魂”就会迷失方向。要讲政治，强化政治意识和能力，严守政治纪律和政治规矩，自觉在政治立场、政治方向、政治原则、政治道路等方面同党中央保持高度一致，不断增强坚决做到“两个维护”的政治自觉、思想自觉、行动自觉。要讲责任，不能有一个岗位出错，也不允许有一个环节“掉链子”，始终坚持底线思维，站好每个岗位、严把每个关口、守住每道防线。要讲奉献，正确认识苦和乐、得和失的关系，培养知足常乐的心态，追求以苦为乐的境界，真正从日常的每一件具体工作中领悟价值意义。

吉宏龙佳指出，要以细照笃行增强过硬本领。办公室作为参谋部、协调部、后勤部，要努力练就“提笔能写、张口能说、遇事能办、问策能对”的基本功，锻造过硬本领。要提升学习能力，持续提升战略思维能力、统筹协调能力、语言表达能力、临场应变能力，养成“回头看”的习惯，在事后通过复盘提取知识、提炼精华、提高站位。要提升落实能力，紧紧抓住那些“牵一发而动全身”“一子落而全盘活”的中心工作、重点领域和关键环节，找准切入点，推动厅党组既定的任务目标顺利推进。要提升合作能力，强化整体意识、团结意识，每个人既要有单兵作战的能力，又要有协同配合的素质，不同岗位要相互配合、自觉补台，每个环节都要第一时间作为，每项工作都要第一时间落实，坚决防止出现“断层”和“漏洞”。

吉宏龙佳要求，要以责任担当提升服务质效。办公室特殊的地位、特殊的使命，决定了大家要用具有影响力的“不言之言”凝聚人心士气，团结上下朝着共同的目标去奋斗。要强化中心意识，主动适应退役军人工作高质量发展的新要求，在主动服务中谋发展、在优质服务中求作为、在精进服务中善创新。要强化主动意识，立足岗位、主动作为，始终坚持“身在兵位，胸为帅谋”，用超常规的工作要求，通过与最好的比、跟最强的赛，把担当之志转化为奋进之力、创优之举，推动各项工作实现新的突破和发展。要强化精品意识，以一流的标准、一流的服务，力争把每一篇文稿都写成精品、把每一次会议都办成标杆、把每一件事都干到极致，兢兢业业工作，不断开拓进取，争创一流业绩。同时，要心怀敬畏，坚持廉洁自律，筑起防线、远离红线、守住底线，营造风清气正的良好氛围。（云南省退役军人事务厅门户网站 2023 年 2 月 15 日讯）

吉宏龙佳到猛硐瑶族乡铜塔村委会调研乡村振兴工作并看望慰问驻村工作队员

近日，省退役军人事务厅党组书记、厅长吉宏龙佳一行赴文山州麻栗坡县猛硐瑶族乡铜塔村委会调研乡村振兴工作并看望慰问驻村工作队员。

吉宏龙佳听取了驻村工作队关于乡村振兴、烈士祭扫、红色村寨建设等情况汇报，对厅驻村工作队的工作给予充分肯定。他要求，要千方百计增加群众收入，坚决守住不发生规模性返贫底线；要大力振兴产业，利用好、发挥好当地资源优势，着重发展符合当地实际的特色产业；要做好烈士祭扫服务保障工作，精心谋划、扎实准备，切实为烈士祭扫提供优质高效服务；要树立良好形象，努力做好乡村振兴工作，为当地经济社会发展、群众增收致富作出积极贡献。（云南省退役军人事务厅门户网站 2023 年 4 月 12 日讯）

吉宏龙佳到普洱调研退役军人工作

5月5日至6日，云南省退役军人事务厅党组书记、厅长吉宏龙佳带队到普洱市思茅区、澜沧县、孟连县，采取“四不两直”、现场走访、座谈交流等方式调研退役军人工作。

在思茅区退役军人服务中心，曼连社区、六顺镇退役军人服务站，吉宏龙佳仔细询问辖区退役军人和优抚对象数量、优抚补助发放情况、详细了解办事服务事项和流程，并对优抚对象医疗补助“一站式”费用结算试点取得的阶段成效给予充分肯定。他强调，退役军人服务中心（站）是服务保障退役军人的一线阵地，要持续深化退役军人服务保障体系建设，不断提升政务服务信息化水平，加大干部职工教育培训力度，增强政治素质、政策水平和业务能力，带着爱心、细心、耐心倾听广大退役军人和优抚对象急难愁盼，真真正正为他们办实事、解难事。

走进普洱退役军人就业创业园，思茅产业园区，塞纳咖啡、兴洋茶叶、昌裕糖业有限公司等军创企业，吉宏龙佳认真听取企业负责同志有关情况介绍，了解军创企业发展历程、日常运营、特色党建及企业文化、发展前景和存在的困难等情况，宣传退役军人就业创业税收、金融等方面的扶持优惠政策。吉宏龙佳充分肯定军创企业带领当地群众增收致富、带动退役军人就业等方面作出的突出贡献，希望军创企业继承和发扬军队优良传统，以创新引领创业，以创业带动就业，吸引和激发更多的退役军人投入创业创新队伍中来。他指出，要以更实的措施推动退役军人就业创业工作，通过政策扶持、创业培训、税收优惠，组织军创企业家论坛等措施，更好助力退役军人成功就业创业；要以更精准的服务，为退役军人就业创业提供便利，强化典型引领，引导鼓励企业积极履行社会责任，吸纳带动更多的退役军人高质量就业创业，更好为云南经济社会高质量发展贡献退役军人力量。

在云南湄公河集团、大众安保服务集团有限公司，吉宏龙佳认真听取企业和市、县退役军人事务部门负责同志关于社会化拥军、军人军属抚恤优待等方面的工作介绍，他强调普洱市各级党委、政府高度重视双拥工作，尊崇英烈、关爱烈属，做实经费保障，奖励立功受奖军人，深挖编制潜力，保障军属安置就业，用实实在在的双拥实践，有力解决官兵“后路、后代、后院”问题。同时，拓展社会化拥军发展深度，激发社会化拥军活力，普洱市拥军企业在党委、政府的组织指导下，拿出“真材实料、真金白银”关心关爱军人军属，真心实意做好爱国拥军工作，持续巩固和发展“同呼吸、共命运、心连心”的新型军政军民关系。

来到孟连县烈士陵园，吉宏龙佳向革命烈士

纪念碑敬献鲜花，表达对烈士的深切缅怀和崇高敬意，瞻仰烈士墓区、参观陈列馆后，详细了解褒扬宣传、设施守护、精神传承等方面工作。吉宏龙佳强调，要铭记历史，牢记为新中国诞生、民族独立、人民解放而浴血奋战的烈士英雄，在全社会树立崇尚英雄、缅怀先烈的良好风尚。要加强烈士纪念设施的管护，推动烈士纪念设施规划建设和提质改造工作；要深入挖掘英烈事迹和精神，搜索整理烈士遗物，补充完善体现时代精神的展陈内容；要增强陈列布展的艺术性、互动性和体验性，不断提高烈士纪念设施红色教育实效。要照顾好、关心好烈士家属，让他们感受到党委、政府和社会各界的关爱与温暖。

调研期间，吉宏龙佳现场办公，为行动不便的困难退役军人办理优待证，并与退役军人、退役军人事务系统干部职工代表开展座谈交流，听取大家的意见建议。他强调，广大退役军人要发扬军队优良作风，积极投身经济发展、乡村振兴、强边固防等工作，在云南经济社会发展中贡献聪明才智、实现人生价值。他指出，系统干部职工要按照党的二十大战略部署、云南“3815”战略发展目标，加强军人军属荣誉激励和权益保障，做好退役军人服务保障工作，巩固发展军政军民团结。要推动主题教育走深走实，立足“学思想、强党性、重实践、建新功”，把握好习近平新时代中国特色社会主义思想的世界观和方法论，坚持好、运用好贯穿其中的立场观点方法，在学思用贯通、知信行统一中，锤炼作风素养、提升能力水平、推动事业发展。

普洱市、县党委政府、退役军人事务局等有关负责同志参加调研，省退役军人厅办公室、思想政治和权益维护处、就业创业处、省退役军人服务中心负责同志随同调研。（云南省退役军人事务厅门户网站 2023 年 5 月 7 日讯）

吉宏龙佳带队深入大理基层一线调研退役军人工作

5月9日至11日，云南省退役军人事务厅党组书记、厅长吉宏龙佳带队到大理州大理市、弥渡县、宾川县、鹤庆县，采取“四不两直”、实地考察、座谈交流等方式调研退役军人工作。

来到大理春沐源农业、耘飞农业科技有限公司、百利春晓蔬菜种苗育苗中心、宾川县万亩柑橘园 、宏源农副产品产销专业合作社。吉宏龙佳重点了解军创企业在发挥设施农业、数字农业、高科技农业优势，促进退役军人就业创业方面的特色亮点做法，并对军创企业创新探索利益链接机制，搭建农户发展现代农业桥梁纽带，用新理念、新技术带动农民增收致富的做法给予充分肯定。吉宏龙佳强调，要拓宽退役军人就业创业工作思路，充分整合优秀企业的教培资源，更好发挥成功军创企业家的示范引领作用，为退役军人投身农业农村充电、蓄能，不断提高就业创业教培实效，培养一批投身农业农村的“土专家”“田秀才”，鼓励他们在助推当地产业结构调整、农业转型、产业发展中贡献力量、展现价值。

了解到弥渡县在城市管理工作中积极发挥退役军人作用的情况后，吉宏龙佳以“四不两直”的方式直插县城市管理综合执法局，详细了解退役军人招录招聘、工作待遇、作用发挥等情况。吉宏龙佳强调，退役军人组织性、纪律性较强，具有不怕牺牲、乐于奉献的宝贵品质，是城市管理工作的宝贵人力资源，要鼓励退役军人将优良的军人作风带到城市管理工作中，继续站在为人民服务的第一线，在城市管理等急难险重的工作中发光发热。

走进鹤庆县鹤阳中学，驻校教官随处可见，校舍环境干净整洁，学生宿舍井然有序。吉宏龙佳一边参观一边听取退役军人驻校教官作用发挥情况介绍，并对鹤庆县率先开展优秀退役军人到中小学任教试点工作的创新做法给予充分肯定。吉宏龙佳强调，发挥退役军人优势，拓宽就业渠道，在解决退役军人就业难的同时，减轻教师非教学管理任务重的负担，让教师轻装上阵，潜心教学，静心育人，在青少年全面发展、助力学校提升教育教学质量中贡献了退役军人工作力量，经验做法有特色，值得全省推广借鉴。

调研期间，吉宏龙佳现场办公，为鹤庆县烈士陵园项目建设出思路、想办法。与退役军人、退役军人事务系统干部职工代表开展座谈交流，听取大家的意见建议。他强调，退役军人不仅有勇于挑战的魄力、敢于创新的精神、坚韧不拔的意志，还怀揣回报社会的赤子情怀，是一座人力资源富矿。要加大就业扶持力度，优化创业创新环境，健全服务保障体系，深挖退役军人人力资源潜力，促进退役军人更加充分更高质量就业创业。他指出，广大退役军人要发挥自身优势特长，在经济建设、乡村振兴、城市管理等领域中传承红色基因、展现退役军人风采，用实际行动报效国家，建功立业。他强调，系统干部职工要扎实开展主题教育，准确把握新时代新征程退役军人工作的职责和使命，更好地用党的创新理论指导工作，引导退役军人和退役军人工作者忠诚拥护“两个确立”、坚决做到“两个维护”，以主题教育的实际成效推动全省退役军人工作再上新台阶。

吉宏龙佳还实地调研了鹤庆县退役军人事务局、服务中心，大理烈士陵园、下关军供站等建设情况。

大理州、县党委政府、退役军人事务局有关负责同志和省退役军人事务厅办公室、就业创业处、省退役军人服务中心负责同志参加有关阶段的调研活动。（云南省退役军人事务厅门户网站 2023 年 5 月 11 日讯）

吉宏龙佳带队深入曲靖基层一线调研退役军人工作

5月22日至23日，云南省退役军人事务厅党组书记、厅长吉宏龙佳带队到曲靖市麒麟区、陆良县、马龙区，采取“四不两直”、现场走访、座谈交流等方式调研退役军人工作。

走进曲靖市退役军人事务局、退役军人服务中心，潇湘街道、阎芳桥社区退役军人服务站、鼓楼社区退役军人之家，吉宏龙佳详细询问辖区退役军人和优抚对象数量、优待抚恤政策落实等情况，听取退役军人服务保障机构标准化建设及政治文化氛围打造等工作情况介绍，对基层退役军人工作与党管武装、社会治理相融合、同发展，推动实现退役军人工作与基层治理互促共进的做法给予肯定。他强调，各级退役军人事务部门要把学习贯彻习近平新时代中国特色社会主义思想和党的二十大精神作为重要政治任务，教育引导干部职工和退役军人深刻领悟“两个确立”的决定性意义，增强“四个意识”、坚定“四个自信”、做到“两个维护”；要树牢以退役军人为中心的工作理念，细化完善服务事项清单，坚持服务不断档、保障不缺位，切实解决好退役军人急难愁盼问题，不断提升退役军人的获得感、幸福感、荣誉感，推动退役军人服务保障机构实现从“有”到“优”的转变。

来到云南华翊科技集团、曲靖市德方纳米科技有限公司、漾稻村花卉基地，吉宏龙佳一边了解企业经营发展状况、吸纳退役军人就业情况，一边听取曲靖市退役军人就业创业基地发挥载体协同作用，依托产业发展优势，创新“产业＋基地＋就业”服务型模式，挖掘就业岗位辐射和服务曲靖市退役军人充分就业的经验做法，吉宏龙佳强调，曲靖是退役军人施展拳脚、建功立业的广阔舞台，我们要通过政策扶持、创业培训、税收优惠等更实的措施，助力退役军人创业；要发挥创业带动就业的示范引领作用，鼓励民营企业积极招用退役军人，吸纳带动更多的退役军人高质量就业；要引导广大退役军人继续发扬军队优良传统，把特别能吃苦、特别能战斗、特别能奉献的精神融入企业灵魂，为经济社会高质量发展贡献力量。

在陆良县、马龙区有关部队，吉宏龙佳详细听取拥军优属、拥政爱民工作情况介绍，并对地方做好“三后”保障、开展鸟击防范，支持军用征地等工作给予充分肯定，对部队兴建“八一”学校、驻训消费帮扶、常态走访慰问等做法给予高度赞誉。吉宏龙佳指出，曲靖市、县（区）党委、政府主动作为，想方设法为驻地部队解难题、办实事，当地群众舍小家、为大家，用实际行动服务国防和军队建设，拥军优属成效明显；驻地部队把曲靖当故乡、视人民为亲人，拿出“真金白银”实施工程项目、落实助学兴教、强化医疗保障，拥政爱民工作创新发展，全市双拥工作水平不断提升，坚如磐石的军政军民关系更加巩固，特色亮点做法值得推广。

调研期间，吉宏龙佳现场办公，走访看望困难退役军人，发放慰问金。与退役军人、退役军人事务系统干部职工代表“席地而坐”、围成一圈、谈心交流，听取大家的意见建议。吉宏龙佳听了退役军人代表人生经历以后，充分肯定他们退伍不褪色、退役不退志的精神。他强调，广大退役军人经过组织培养和部队锤炼，具有良好的政治素质、较高的技能水平和过硬的纪律作风。要大力弘扬人民军队光荣传统和优良作风，立足岗位、担当实干、拼搏奉献，为云南高质量跨越式发展添砖加瓦、加油出力。全系统干部职工要深化“两个革命”成效，用心用情用力为退役军人提供高质量服务保障，全面提高新形势下双拥工作水平，全力以赴做好退役军人工作，在全社会营造尊崇军人、尊重退役军人的浓厚氛围。

吉宏龙佳还实地调研了曲靖市军供站、青山烈士陵园等建设情况。

曲靖市、县党委政府、退役军人事务局有关负责同志和省退役军人事务厅办公室、就业创业处、省退役军人服务中心主要负责同志参加有关阶段的调研活动。（云南省退役军人事务厅门户网站 2023 年 5 月 23 日讯）

吉宏龙佳到勐海县调研退役军人工作

6月4日，云南省退役军人事务厅党组书记、厅长吉宏龙佳到西双版纳州勐海县调研退役军人工作。

在西双版纳锦瑞农业发展有限公司阳光玫瑰葡萄种植基地和勐海周氏茶业有限责任公司，吉宏龙佳认真听取企业负责同志有关情况介绍，了解企业文化、生产经营、市场前景、存在困难等情况，宣传退役军人就业创业税收、金融等方面的扶持优惠政策。

吉宏龙佳指出，西双版纳军创企业带领当地群众增收致富、带动退役军人就业等方面作出了突出贡献，希望军创企业继承和发扬军队优良传统，以创新引领创业，以创业带动就业，吸引和激发更多的退役军人投入创业创新队伍中来。

吉宏龙佳强调，要加大对退役军人就业创业工作的扶持力度，通过政策扶持、创业培训等措施，更好助力退役军人成功就业创业；要引导鼓励军创企业积极履行社会责任，吸纳带动更多的退役军人高质量就业创业，为经济社会高质量发展贡献退役军人力量。

西双版纳州和勐海县党委政府、退役军人事务局有关负责同志参加有关阶段的调研活动。

（云南省退役军人事务厅门户网站2023年6月6日讯）

吉宏龙佳以普通党员身份参加办公室党支部主题党日并作交流发言

6月28日上午，厅办公室党支部开展“学思想、破难题、办实事、促发展”主题党日活动，教育引导全体党员用习近平新时代中国特色社会主义思想的世界观和方法论指导工作实践，切实把习近平新时代中国特色社会主义思想转化为坚定理想、锤炼党性和指导实践、推动工作的强大力量。厅党组书记、厅长吉宏龙佳以普通党员身份参加。

吉宏龙佳指出，要坚持以学铸魂，在政治坚定上作表率。退役军人事务部门是政治机关，办公室作为政治机关中的“政治部门”，要深刻领悟“两个确立”的决定性意义，不断增强做到“两个维护”的政治自觉，切实提高政治判断力、政治领悟力、政治执行力。要认真研读《习近平著作选读》等学习材料，坚持用党的创新理论武装头脑、指导实践、推动工作，在履行参谋助手、综合协调、服务保障等工作职能时，把稳政治方向，把握政治要求，把好政治关口。

吉宏龙佳强调，要坚持以学增智，在思维能力上走在前。办公室是一个单位的中枢，办公室同志整体的工作思维和工作能力直接影响到一个单位的工作水平。必须要学深悟透党的创新理论，将其中的思维、理念、方法转化为推动工作的具体思路和实际成效。面对新的形势任务和工作要求，办公室要有加速提能的意识、主动求变的冲劲、开拓创新的魄力，做任何工作都不能只站在办公室的角度来看待，而是要立足办公室“三服务”职能定位，从服务全省退役军人工作大局和贯彻落实厅党组决策部署来思考和把握。要从党的创新理论中汲取智慧、学习经验，不断锤炼过硬本领，始终保持创新思维和创新能力。

吉宏龙佳要求，要坚持以学正风，在作风建设上当标兵。办公室是联系上下的桥梁，作为全厅“作风革命、效能革命”的牵头单位，更要一刻不放松推进作风建设，从提高办文办会质量做起、从强化督查督办做起、从优化后勤保障做起，打造一支政治过硬、本领过硬、作风过硬的工作队伍。

吉宏龙佳强调，要坚持以学促干，在干事创业上敢担当。要把旗帜鲜明讲政治摆在首位，不断提高“政治三力”，始终胸怀“两个大局”，善于从政治上研判形势、分析问题，向中心聚焦、为大局出力，自觉与党中央、国务院重大部署及省委、省政府工作要求对标对表，在文稿起草、信息宣传上坚持正确的政治方向，确保方向对、步子稳、成效实。要站在促发展的角度当好参谋助手，深入一线了解工作实际情况，发现存在的堵点和难点，不断提高调查研究的能力，让思路更开阔、办法更多样，更好发挥以文辅政作用。要进一步健全督查督办机制，对领导指示批示和重要交办事项逐一分解任务、明确责任，逐条逐项抓好落实。（云南省退役军人事务厅门户网站 2023 年 6 月 28 日讯）

吉宏龙佳讲授主题教育专题党课

7月4日，云南省退役军人事务厅举办主题教育专题党课报告会，厅党组书记、厅长吉宏龙佳以“深学细悟习近平新时代中国特色社会主义思想，凝心聚力推进新时代云南退役军人工作高质量发展”为题讲授专题党课。厅党组成员、副厅长唐贵聪主持会议。省委主题教育第十二巡回指导组到会指导。

吉宏龙佳强调，要牢牢把握学习贯彻习近平新时代中国特色社会主义思想这一主题主线，坚持学思用贯通、知信行统一，做到以学铸魂，在固本培元上下功夫，锤炼“硬品格”；做到以学增智，在提升能力上下功夫，淬炼“真本领”；做到以学正风，在廉洁履职上下功夫，锻造“好作风”；做到以学促干，在实干担当上下功夫，展现“新作为”。

吉宏龙佳要求，要坚持不懈用习近平新时代中国特色社会主义思想凝心铸魂，牢牢把握主题教育“学思想、强党性、重实践、建新功”的总要求，以一往无前的姿态建功新时代、奋进新征程。全厅党员干部和各基层党组织要坚定理想信念、绝对忠诚于党；站稳人民立场、涵养公仆情怀；提振精神状态、脚踏实地奋斗，以更加昂扬向上的斗志、务实奋进的作风，真抓实干、担当作为、攻坚克难、开拓创新，为推动云南退役军人工作高质量发展作出新的更大贡献。

会议还举行了先进集体和先进个人代表表彰仪式，吉宏龙佳勉励获得表彰的集体和个人珍惜荣誉、再建新功，号召机关全厅党员干部学习先进、争当先进、赶超先进，牢记嘱托、感恩奋进，在新征程上推动退役军人工作高质量发展。

厅党组成员、副厅长张永明，一级巡视员郭华，各处（室）、各直属事业单位和业务主管基金会全体党员干部参加会议。（云南省退役军人事务厅门户网站2023年7月4日讯）

吉宏龙佳看望慰问省荣军优抚医院集中供养残疾退役军人

7月26日下午，在中国人民解放军建军96周年来临之际，受省委、省政府委托，省退役军人事务厅党组书记、厅长吉宏龙佳，厅党组成员、副厅长张永明到省荣军优抚医院，看望慰问在院集中供养的残疾退役军人。

慰问活动中，吉宏龙佳厅长走进病房，看望了在卧床治疗中的残疾退役军人，亲切了解他们的康复状况、询问生活中遇到的困难，鼓励他们积极乐观、安心康养。在慰问现场，吉宏龙佳厅长向残疾退役军人致以节日的问候，并送上慰问金和慰问品。

期间，吉宏龙佳、张永明同志为正式更名的“云南省荣军优抚医院”揭牌。此举标志着医院迎来了新开端、站在了新起点、孕育了新希望，必将在服务强国强军事业的新征程上更好发挥独特优势和作用。（云南省退役军人事务厅门户网站2023年7月26日讯）

吉宏龙佳同志以普通党员身份参加厅办公室党支部学习贯彻习近平新时代中国特色社会主义思想主题教育专题组织生活会

8月28日下午，厅办公室党支部召开学习贯彻习近平新时代中国特色社会主义思想主题教育专题组织生活会，厅党组书记、厅长吉宏龙佳同志以普通党员身份参加。厅第一督导组到会指导。

会上，厅办公室党支部书记汇报了组织生活会会前准备和支部检视问题情况，每名党员联系思想和工作实际作了对照检查发言，开展了批评与自我批评。吉宏龙佳同志带头发言，并对厅办公室工作提出具体要求。

吉宏龙佳强调，要把忠诚的信念浸入灵魂深处。办公室的同志第一位的就是要牢记自己姓党，这是首要的政治原则、政治本色和政治品质。我们必须始终坚定自觉地同以习近平同志为核心的党中央保持高度一致，做到党中央提倡的坚决响应、党中央决定的坚决照办、党中央禁止的坚决拒绝，任何时候任何情况下都要做到旗帜鲜明，立场坚定。要以高度的责任感、极端负责的态度做好每一件事，把办公室“重、苦、杂、难”的工作当作一项事业来追求。

吉宏龙佳指出，要让坚持一流成为工作习惯。办公室是机关里的枢纽，时时处处要起表率作用。办公室的同志必须把精益求精、坚持一流作为工作习惯。不管对内对外、不管大事小事、不管领导交代与否，都不能停留在一般化水平上，不能满足于仅仅过得去，而要追求最好、最高。要树立品牌意识，一切经过办公室的工作就规范、严谨、放心，办公室的一切工作就是标准、依据、水平。

吉宏龙佳要求，要在不断学习研究中推进工作。办公室的工作具有很强的政治性、理论性、政策性和规范性，办公室的同志不仅要把本职工作干好，还要努力成为各项领域的行家里手，学会并善于在不断学习研究中推进工作、开拓局面。要着重围绕“想不到”和“想到了做不到”这两个能力差距问题，开展集体辅导、专题培训和调研考察活动，促进办公室的同志在理论修养、专业知识、行政素养、服务技能等方面的全面提高。要解决好每一个同志在岗、在行、在状态的问题，使大家始终保持强烈的危机意识、学习意识、研究意识和创新意识，不断实现办公室工作在更高层次上的规范运行。

吉宏龙佳强调，要牢牢守住拒腐防变的防线。要守住政治关，绝不当两面派、做两面人，绝不搞“七个有之”那一套。要守住权力关，始终保持对权力的敬畏感，坚持公正用权、依法用权、为民用权、廉洁用权，不能公器私用、以权谋私。要守住交往关，多交一身正气的益友、不交心术不正的损友，不断净化社交圈、生活圈、朋友圈。要守住生活关，培养健康情趣，崇尚简朴生活，保持共产党人的本色。要守住亲情关，严格家风家教，坚决防止他们被“围猎”、被利用。（云南省退役军人事务厅门户网站2023年8月28日讯）

吉宏龙佳率工作组赴昭通市开展退役军人事务综合督查

10月10日至12日，省委退役军人事务工作领导小组办公室主任、省退役军人事务厅党组书记、厅长吉宏龙佳率工作组到昭通市开展退役军人事务综合督查工作。

工作组一行先后到昭阳区、绥江县实地走访了退役军人服务站、就业创业实训基地、烈士陵园、拥军联盟成员单位，到市退役军人事务局查阅工作台账并开展座谈交流。

吉宏龙佳指出，在市委、市政府的坚强领导下，昭通市退役军人事务部门认真贯彻落实习近平总书记关于退役军人工作重要论述和考察云南重要讲话精神，紧扣省委退役军人事务工作领导小组部署要求，突出重点、狠抓落实，优待抚恤提质增效、双拥工作特色鲜明、基础建设更加巩固、重点工作有序推进，各项退役军人工作实现新发展、呈现新气象。

吉宏龙佳强调，昭通市各级退役军人事务部门要深入开展学习贯彻习近平新时代中国特色社会主义思想主题教育，真正把主题教育成效惠及广大退役军人，用心用情用力办好事关退役军人切身利益的好事实事。要持续加强党对退役军人工作的全面领导，充分发挥党委退役军人事务工作领导小组办公室统筹协调、督查落实等作用，推进各项任务落实落地、见到成效。要大力做好就业创业工作，为退役军人发挥作用提供平台、创造条件，不断提升退役军人工作在昭通市经济社会高质量发展中的辨识度和贡献率。要持续夯实基层基础，通过整合、统筹各类资源，闯出一条服务保障体系建设的新路子。要发掘自身优势，深挖、用活珍贵的红色资源，坚持把传承红色基因和推进退役军人工作高质量发展有机结合，谋划打造独具昭通退役军人工作特色亮点的工作品牌，让红色文化成为推动各项退役军人工作高质量发展的强大力量。

期间，督查组看望慰问了困难退役军人并送上慰问金，深入基层退役军人服务站现场办公，为来访退役军人解决困难问题。

昭通市委常委、市委政法委书记陈海翔，副市长马洪旗，有关县（区）、市退役军人事务局主要负责同志参加了有关阶段的调研督查工作。厅办公室、政策法规处、思想政治和权益维护处、就业创业处、省退役军人服务中心、省军队离退休人员服务中心负责同志参加了调研督查工作。（云南省退役军人事务厅门户网站2023年10月12日讯）

吉宏龙佳率工作组赴怒江州开展退役军人事务综合督查工作

10月16日至17日，省退役军人事务厅党组书记、厅长吉宏龙佳率工作组到怒江州开展退役军人事务综合督查工作。

工作组一行先后到泸水市、福贡县实地调研退役军人服务站、军创企业，看望慰问困难退役军人并送上慰问金，到州退役军人事务局查阅工作台账并开展座谈交流。

吉宏龙佳指出，在州委、州政府的坚强领导下，怒江州退役军人事务部门认真贯彻落实习近平总书记关于退役军人工作重要论述和考察云南重要讲话精神，紧扣省委退役军人事务工作领导小组部署要求，狠抓工作落实，安置就业工作有力有效，退役军人作用发挥明显，服务保障能力显著提升，各项退役军人工作提质增效，实现创新发展。

吉宏龙佳强调，怒江州各级退役军人事务部门要将学习贯彻习近平新时代中国特色社会主义思想主题教育作为首要政治任务，感恩领袖关怀、牢记领袖嘱托、紧跟领袖奋进，真正把习近平总书记的殷殷嘱托转化为惠及广大退役军人的工作成果。要全面加强党的领导，完善部门协同机制，推动信息互通共享，重大问题及时会商，重点工作合力推进，凝聚推动退役军人工作高质量发展的磅礴力量。要以思想政治引领、移交安置、就业创业等工作为抓手，有针对性地开展教育培训，落实各项帮扶政策，为广大退役军人干事创业创造条件、营造氛围、提供舞台。要依托“互联网+”技术，探索构建退役军人信息部门互联、数据共享、多级联网、上下贯通的新格局，在“精细服务、精准施策”方面打造工作特色亮点，持续提升广大退役军人的获得感、幸福感和荣誉感。

怒江州人民政府副州长封玉花，有关县（市）、州退役军人事务局主要负责同志参加了有关阶段的调研督导工作，厅办公室、思想政治和权益维护处、就业创业处、省退役军人服务中心负责同志参加了调研督查工作。（云南省退役军人事务厅门户网站2023年10月17日讯）

吉宏龙佳到省军休中心检查指导工作

11月2日下午，省退役军人事务厅党组书记、厅长吉宏龙佳到省军休中心调研党建和群团工作。厅党组成员、副厅长唐贵聪及厅机关党委（人事处）相关负责同志参加调研。

调研组听取了省军休中心主任何其新工作情况汇报，实地查看了省军队离退休干部活动中心提质改造项目和智慧党建室，查阅了相关台账。吉宏龙佳指出，近一年来，省军休中心党总支党的政治建设有力推进、理论武装不断深化，党建引领各项工作科学创新发展的成效明显提升。

吉宏龙佳要求，对做好下一步党建和群团工作：一是聚焦政治功能强，增强政治引领力。要把学习贯彻习近平新时代中国特色社会主义思想作为首要政治任务，深入学习贯彻习近平总书记关于退役军人工作重要论述和考察云南重要讲话精神，不断巩固深化主题教育成效，坚定拥护“两个确立”、坚决做到“两个维护”。二是突出总支班子强，增强组织领导力。要牵住党建责任制“牛鼻子”，扛牢扛实主体责任，压紧压实“一岗双责”，分类明确全面从严治党责任，加强党务和群团干部队伍的指导帮带和教育培训。三是围绕党员队伍强，增强整体战斗力。要深入开展机关价值理念主题实践活动，在政治坚定、竭诚服务、追求卓越、清正廉洁16个字上聚力用劲，打造一支忠诚干净担当的人才队伍。四是立足作用发挥强，增强发展推动力。要坚持“一张蓝图绘到底”，扎实推进三年行动计划，巩固推广军休机构评定成果，积极创新服务方式、改善服务条件、丰富服务内容，落实好军休干部政治待遇和生活待遇，深入开展“云岭军休”系列活动，擦亮“云岭军休”品牌，为全省退役军人工作高质量发展作出新的更大贡献。（云南省退役军人事务厅门户网站2023年11月2日讯）

吉宏龙佳到省荣军优抚医院调研指导工作

11月6日下午，省退役军人事务厅党组书记、厅长吉宏龙佳到省荣军优抚医院调研党建和群团工作。厅党组成员、副厅长唐贵聪及厅机关相关业务处（室）负责同志参加调研。

调研组实地查看了康复治疗区施工现场，听取了医院改革发展工作情况汇报，充分肯定了省荣军优抚医院今年以来工作成效，并就下步工作提出了具体要求。

吉宏龙佳强调，省荣军优抚医院要紧紧围绕“四强”党支部创建要求，坚持以高质量党建引领优抚医院改革发展。要始终坚持把政治建院摆在首位，深入学习贯彻习近平总书记关于退役军人工作重要论述和给四川省革命伤残军人休养院全体同志回信精神，坚定拥护“两个确立”、坚决做到“两个维护”。要牵住党建责任制“牛鼻子”，不断提升统筹力、组织力、服务力，压紧压实“一岗双责”，建强党务和群团干部队伍，加强指导帮带和教育培训。要从严治下、从严律己，立足现有条件，打开引贤纳才之门，厚植人才发展土壤，深化党建带群建“六带六建”机制，深入开展机关价值理念主题实践活动。要围绕“两个融入”，聚焦打造特色专科品牌、理顺双重管理体制、改革薪酬分配制度、提升服务保障质量等重点难点堵点问题找思路、想对策，打破发展瓶颈，努力为全省退役军人工作高质量发展作出新的更大贡献。（云南省退役军人事务厅门户网站2023年11月6日讯）

吉宏龙佳到猛硐瑶族乡调研乡村振兴工作并看望慰问驻村工作队员

11月16日，省退役军人事务厅党组书记、厅长吉宏龙佳一行赴文山州麻栗坡县猛硐瑶族乡调研乡村振兴工作并看望慰问驻村工作队员。

吉宏龙佳一行实地查看了农副特产品展销区规划、猛硐瑶族乡新建茶厂运转等情况。与乡镇、村“两委”班子相关成员、驻村工作队员进行交流，听取情况介绍，全面了解乡村振兴工作开展情况，对乡村振兴工作取得的新成效和厅驻村工作队的帮扶工作给予充分肯定。

吉宏龙佳指出，今年来，在猛硐瑶族乡党委、政府的坚强领导下，定点帮扶工作坚持“守底线、抓增收、促振兴”目标，认真履行定点帮扶地建强村党组织、做好政策宣传、抓好监测帮扶、促进农民增收、推进乡村建设与治理等职责，各项工作取得显著成效。

吉宏龙佳强调，要紧紧围绕巩固拓展脱贫攻坚成果、全面接续推进乡村振兴目标要求，坚决守住不发生规模性返贫底线，解决民生方面存在的问题短板弱项，不断缩小收入差距、发展差距，提升群众的获得感和幸福感，为加快推进建成现代化边境幸福村作出积极贡献。

文山州人民政府副州长刀锦祥，有关县（市）、州退役军人事务局主要负责同志参加了有关阶段的调研工作。厅党组成员、副厅长唐贵聪，机关党委（人事处）、省荣军优抚医院有关负责同志陪同调研。（云南省退役军人事务厅门户网站2023年11月16日讯）

肖海走访慰问军休干部

慰问寄深情，岁寒暖人心。在2023年新春佳节到来之际，为认真贯彻落实习近平总书记关于退役军人工作重要论述和考察云南重要讲话精神，以及退役军人事务部关于元旦、春节期间走访慰问的工作安排，省退役军人事务厅党组成员、副厅长肖海同志代表厅党组走访慰问军休干部代表，让广大军休干部深切感受到党和政府的关怀温暖。

1月12日，肖海同志率队到军休干部代表李维明、但恭敬家中，与他们促膝谈心、共话家常，深入了解他们的身体状况和生活情况，倾听他们的心声诉求和意见建议，向他们介绍一年来我省退役军人事务工作发展情况，诚挚感谢他们一直以来对军休事业的关心支持，祝福他们春节阖家快乐，希望他们保持和发扬军队光荣传统和优良作风，深入学习领会党的二十大精神，继续为“云岭军休”品牌添砖加瓦。同时，肖海同志再三叮嘱他们要保持健康乐观的心态和规律的生活作息，积极主动了解学习疫情防控知识，开展适当的运动锻炼，力所能及地参加文娱活动，并与他们相约共同见证建军一百年的光荣时刻。

肖海同志在走访慰问中强调，全省各级军休服务管理机构要认真落实好各项政策规定，用心用情用力做好服务，想方设法多为老同志办实事、做好事、解难事，让军休干部的获得感成色更足、幸福指数更高，推动云岭军休工作高质量发展。

军休干部代表表示，感谢党和政府的关心关爱，他们会不忘初心使命、永葆革命本色，一如既往地关心、支持党和政府的工作，为全省军休事业高质量发展贡献银发力量！

省军休中心主要负责同志参加走访慰问。（云南省退役军人事务厅门户网站2023年1月13日讯）

肖海到省军休中心调研指导工作

2月3日下午，省退役军人事务厅党组成员、副厅长肖海到省军队离退休人员服务中心调研指导工作，听取工作汇报，查看建设项目，安排部署工作。

肖海指出，省军休中心要根据当前和今后军休服务保障工作特点、服务质量提升的现实需求，进一步优化活动中心场馆功能完善规划方案，立足现状的基础上，兼顾长远，科学规划，布局合理，提高配套设施整体利用水平，为军休人员创造良好的休养环境。

肖海强调，要高标准推进年度重点工作落实，一是要深入贯彻省委、省政府2023年一季度重大产业项目调度暨开工推进会精神，牢固树立“一天也不耽误、一天也不懈怠，紧起来、动起来、干起来”的工作理念，紧密围绕省委、省政府三年行动系列部署、云南省“十四五”退役军人服务和保障规划及厅党组关于军休工作安排部署，尽快掀起抓工作、抓项目、抓进度的实干热潮，认真落实军休服务保障各项政策规定。二是要打造军休工作品牌，切实做好“云岭军休”系列活动，抓好军休功臣疗养、书画摄影和门球赛等系列文体活动、“云岭大讲堂·军休讲堂”宣讲主题活动、巩固优化军休服务管理机构星级评定成果、军休大学申报、军休服务管理调研等各项工作，不断提升全省军休服务管理水平。三是要深层次落实全面从严治党要求，理顺职能职责，不断强化日常监督、教育、管理工作，调动干部职工积极性、责任心，始终按照“一切为了军休干部、为了军休干部的一切”的服务宗旨，把心思放在岗位上、把精力放在工作上，持续转变工作作风。（云南省退役军人事务厅门户网站2023年2月7日讯）

肖海带队到昭通市检查内控管理和军休工作

3月1日至3日，省退役军人事务厅党组成员、副厅长肖海带队赴昭通市检查内控管理和军休工作。检查组一行先后深入市退役军人事务局及巧家县、鲁甸县、昭阳区，采取实地查看、查阅台账、听取汇报、现场反馈等方式对市、县两级退役军人事务局内控管理制度建设、军休管理服务等工作进行检查督导。

肖海对昭通有关工作给予高度肯定，也指出了存在问题，并就做好下步工作提出具体要求：一是要正确看待问题，扎实抓好烈士纪念设施提质改造资金、优抚资金审计及“一卡通”使用问题、省督查反馈问题整改工作。二是要提高思想认识，高度重视财政资金绩效管理工作，加快资金使用进度，提高资金使用效率；加大基层财务人员培训力度，不断提升业务能力，推进财务等工作规范化开展。三是要强化军休服务。严格落实政治、生活两个待遇，确保政策落实到位；要积极组织参加省厅举办的各类军休服务活动，丰富军休干部精神文化生活；常态化开展走访慰问、帮扶解困等工作，增强军休干部获得感、幸福感和荣誉感；加强政策文件学习，提高服务能力水平，按时足额发放有关资金，及时传递党和政府关心关怀。（云南省退役军人事务厅门户网站2023年3月7日讯）

张永明出席2023年全省退役军人服务中心（站）业务能力提升培训班

为深入学习贯彻习近平总书记关于退役军人工作重要论述，推动退役军人服务保障体系建设实现从“有”到“优”转变，4月18日，2023年全省退役军人服务中心（站）业务能力提升培训班在昆明开班。省退役军人事务厅党组成员、副厅长张永明出席开班仪式，并作动员讲话。

张永明指出，过去的一年，省委、省政府高度重视退役军人工作，在玉溪召开了全省退役军人服务保障体系建设现场推进会，深入16州（市）开展退役军人服务保障体系建设专项督查，各项工作持续有力推进。系统组建近5年来，全省各级退役军人服务中心（站）规范化建设水平逐步提升，矛盾风险隐患妥善化解，尊崇关爱氛围日益浓厚，功能作用不断发挥，取得了阶段性成效。

张永明要求，要全面贯彻落实党的二十大精神，认真贯彻落实全省退役军人服务保障体系建设现场推进会精神，将培训学习与工作实践紧密融合，立足定位深化拓展功能作用，着力推动服务保障工作创新发展。一是摸清服务对象需求。围绕健全精准化、多层次、便捷可及的服务保障体系，精准掌握退役军人个人情况和所思所想，有针对性地做好服务保障，将退役军人满意度作为衡量工作成效的重要指标。二是丰富服务保障载体形式。进一步健全军地协调、部门联动机制，在入伍季、退伍季精心组织开展欢送、迎接等系列活动，营造尊崇关爱的浓厚氛围；积极开展退役军人志愿服务活动，实现队伍建设规范化、活动开展常态化、志愿服务品牌化；深入开展走访关爱和困难帮扶工作，竭力解决退役军人急难愁盼问题，让他们切实感受到党和政府、社会各界的关心关爱。三是转变作风提升效能。深入践行作风革命效能革命，始终保持认真的态度、饱满的热情、扎实的作风，以实际行动做到用心用情用力服务。

此次培训为期4天，培训内容丰富、针对性强，设置学习贯彻党的二十大精神、服务中心（站）规范化建设业务指导、信息宣传工作培训等课程，邀请省委党校教授、厅机关处室相关负责人和业务骨干授课，采取专题讲授、现场交流、小组讨论等形式进行。

全省各州（市）及部分县（市、区）服务中心负责人和部分工作人员100人参加培训。（云南省退役军人事务厅门户网站2023年4月19日讯）

张永明到猛硐瑶族乡调研并看望慰问驻村工作队员

4月23日，省退役军人事务厅党组成员、副厅长张永明一行到麻栗坡县猛硐瑶族乡调研并看望慰问驻村工作队员。

在铜塔村委会，张永明查看了村委会的办公环境，询问驻村工作队员的工作生活情况，并与驻村工作队及村“两委”就铜塔村产业发展、集体经济、防返贫动态监测、烈士祭扫服务保障安排等工作进行座谈交流，对各项工作推进情况给予肯定。随后，张永明深入农户家中，通过面对面交谈，详细了解农户家庭收入情况及生产生活情况。

张永明一行实地查看了猛硐烈士陵园日常管理情况及周边环境，并强调，一要进一步细化管理人员工作职责，加强日常管理，定期开展巡查；二要加强烈士纪念设施的统筹管理，在开展维修改造、烈士祭扫等工作时要将麻栗坡县内的4个烈士陵园进行整体考虑，做到同管理、同维护、同提升；三要在祭扫重要时间节点强化服务保障，细化应急预案，引导文明祭扫，确保工作有序进行。

省公安厅治安总队、省退役军人事务厅褒扬纪念处有关同志参加调研。（云南省退役军人事务厅门户网站2023年4月25日讯）

张永明到省军休中心作主题教育专题党课报告

8月4日上午，省退役军人事务厅党组成员、副厅长张永明到省军休中心，以“党建引领，打造云岭军休范本”为题作专题党课报告。

张永明强调，要坚持党建引领，守正创新把方向。深入理解把握习近平总书记关于党的建设的重要思想，巩固军休工作成果，打造“云岭军休”党建阵地品牌。

张永明要求，要坚持问题导向，改革创新谋发展。聚焦主责主业，不断优化机构职能职责和人员结构，以“一张蓝图绘到底”的决心和“敢想敢干敢担当”的精神查找制约发展的矛盾问题，真抓实干、奋勇争先、固强补弱，将主题教育成效转化为推动工作的强大动力，着力打造集党性教育、军休文化等为一体的省级军休干部活动中心。

张永明强调，要坚持服务至上，实事求是促发展。增强“全心全意为军休干部服务”的意识，认真落实军休干部“两个待遇”；摸清底数、拓宽思路，开阔眼界、拓展功能，把亮点展示出来，把特点体现出来；时刻以“我们懂吗、我们会吗、我们敢吗”的“三问”检视自己，做到忠诚、干净、担当，实事求是、求真务实，奋力谱写云南军休工作高质量发展新篇章。

党课结束后，张永明和厅机关有关业务处负责同志实地查看了省军休中心提质改造项目，结合业务工作提出了具体要求。（云南省退役军人事务厅门户网站2023年8月4日讯）

张永明到省退役军人服务中心检查指导工作

10月30日下午，省退役军人事务厅党组成员、副厅长张永明到省退役军人服务中心检查指导工作。

张永明强调，要提高政治站位，站稳群众立场，厚植为民情怀，热情接待每一名来访退役军人，坚持换位思考，积极主动化解矛盾纠纷，切实维护退役军人合法权益。要坚持以退役军人为中心，想之所想、急之所急，用心用情用力解决退役军人合理诉求，不断满足广大退役军人和其他优抚对象对美好生活的向往，不断提升他们的获得感、幸福感、荣誉感。（云南省退役军人事务厅门户网站2023年11月1日讯）

张永明出席全省移交安置及财务工作业务培训班

11月15日至16日，全省移交安置及财务工作业务培训班在安宁市举办。省退役军人事务厅党组成员、副厅长张永明出席培训开班仪式并讲话。

培训班坚持以习近平新时代中国特色社会主义思想为指导，全面贯彻党的二十大精神，深入贯彻习近平总书记关于退役军人工作重要论述和考察云南重要讲话精神，围绕提升移交安置、规划财务工作能力和业务水平，开展政策解读、理论辅导、现场教学。

培训班上，省退役军人事务厅移交安置处、规划财务处，省财政厅社会保障处工作人员围绕退役军人移交安置服务管理信息系统操作、财务预算管理、典型案例分析、内部审计总结等进行辅导授课。期间，参训学员赴昆明航空救援支队、安宁搜救犬基地进行参观学习、座谈交流，进一步拓宽视野、增长才干。

通过培训，大家纷纷表示此次培训提供了一个良好的交流互鉴平台，达到了统一思想认识、提升能力本领的目的，今后将认真做好此次培训成果转化运用，立足本职岗位、积极担当作为、服务发展大局。（云南省退役军人事务厅门户网站2023年11月16日讯）

张永明出席云南省“老兵永远跟党走”暨“最美退役军人”宣讲活动

12月20日，云南省“老兵永远跟党走”暨“最美退役军人”宣讲活动在曲靖师范学院举行。省退役军人事务厅党组成员、副厅长张永明出席活动并致辞。

此次宣讲活动以“传承红色基因·强国复兴有我”为主题，现场邀请李卫国、邓云井等5名优秀退役军人代表，以平实生动的语言讲述奋斗故事，号召广大青年学子以榜样为镜，点亮青春理想之灯，接续奋斗，勇毅前行，在担负强国使命中作出新贡献。（云南省退役军人事务厅门户网站2023年12月21日讯）

唐贵聪到普洱市、西双版纳州调研工作

2月8日至10日，省退役军人事务厅党组成员、副厅长唐贵聪率队分别到普洱市、西双版纳州，对党的二十大精神贯彻落实情况、退役军人就业创业和基层服务保障体系建设工作、退役军人教育培训开展情况、军创企业发展情况等方面进行调研，走访基层服务站和军创企业，听取退役军人意见建议。

在普洱市军创企业——云南大地创业投资有限公司（云南大地集团），调研组一行参观了集团下属的保安公司，听取集团负责人的情况汇报后，围绕企业经营发展进行座谈；随后调研了普洱工业园区兴洋茶业有限公司、赛纳咖啡有限公司、普洱市创业公共实训基地，与军创企业负责人进行了交流，询问了企业经营发展状况和吸纳退役军人就业情况等。调研组一行还到思茅区南屏镇退役军人服务站、西园路社区退役军人服务站查看了服务保障体系建设情况。

在景洪市勐养镇退役军人服务站，调研组认真听取了工作人员情况介绍，详细查看工作台账，重点围绕基层服务站建设情况、退役军人服务接待等工作进行调研。在普文镇军创咖啡加工企业、勐养镇青少年训练营认真听取企业发展状况、存在困难、意见建议和吸纳退役军人就业情况介绍。在景洪市江北街道退役军人服务站，调研组对服务站建设情况、退役军人就业创业工作进行了详细了解。

调研组强调，一是要深入学习贯彻党的二十大精神和习近平总书记关于退役军人工作重要论述，大力实施就业优先发展战略，围绕省委、省政府关于就业创业工作的部署要求，把促进退役军人就业创业工作摆在更加突出位置，多措并举，为退役军人搭建干事创业平台，创造、提供更多的就业创业机会；二是要深入了解企业运营情况，梳理退役军人就业创业中存在的堵点、难点，加大退役军人就业创业政策宣传和落实力度，促进军创企业健康发展，以实际行动帮扶企业“解难题、稳增长、促发展”；三是充分发挥退役军人服务保障体系的功能和作用，积极谋划和推进退役军人就业创业工作，引导更多企业关心关爱退役军人，充分吸纳退役军人就业，助推经济社会高质量跨越式发展；四是加强退役军人就业创业引导帮扶工作，积极拓展就业渠道，开展技能培训，着力提升退役军人技能本领，为退役军人打造更加完善、更加立体的就业服务体系。（云南省退役军人事务厅门户网站2023年2月13日讯）

唐贵聪、陈颉出席全省双拥办主任会议暨创建全国双拥模范城（县）推进会议

4 月 25 日上午，云南省召开全省双拥办主任会议暨创建全国双拥模范城（县）推进会。受省双拥办主任、省退役军人事务厅厅长吉宏龙佳委托，省退役军人事务厅党组成员、副厅长唐贵聪主持会议并讲话。省军区政治工作局大校副主任、省退役军人事务厅党组成员、副厅长陈颉出席会议并安排部署拥政爱民工作。

会议指出，一年来，全省深入学习贯彻习近平强军思想，围绕中心、服务大局，守正创新、踔厉奋发，扎实开展双拥工作，用实际行动营造了军爱民、民拥军的浓厚氛围，巩固发展了坚如磐石的军政军民团结，工作值得肯定。

会议强调，党的二十大对做好新时代双拥工作作出战略部署，全省各级双拥办要坚持以习近平新时代中国特色社会主义思想为指导，全面贯彻落实党的二十大精神和习近平总书记关于双拥工作重要论述，坚定不移把双拥工作贯穿全过程、各领域，不断巩固发展军政军民团结的良好局面。要扎实开展好主题教育，抓理论武装、调查研究、问题整改、成果转化，为双拥工作提供坚强政治引领和政治保障。要持续加强服务保障工作，解除官兵后顾之忧，落实军地双向支持，做好优待抚恤，营造浓厚氛围，用心用情用力解决好部队官兵急难愁盼问题。要坚持以考促建，严格搞好自查，深化改革创新，推动问题解决，夯实发展基础，扎实推进全国双拥模范城（县）创建活动深入开展。要加强组织领导，健全工作机制，强化督查检查，确保双拥工作取得更大成效。

会上，曲靖市、开远市、昆明市五华区人民武装部作交流发言。

驻厅纪检监察组、厅机关各处（室）、直属事业单位负责同志，各州（市）、县（市、区）双拥办负责同志，国防动员系统负责双拥工作同志等参加。

会议以视频形式召开，各州（市）、县（市、区）设分会场。（云南省退役军人事务厅门户网站 2023 年 4 月 25 日讯）

唐贵聪到临沧市调研退役军人就业创业工作

6月5日至8日，省退役军人事务厅党组成员、副厅长唐贵聪率调研组到临沧市云县、双江县、临翔区，围绕退役军人就业创业、服务保障体系建设及退役军人到中小学任教，在强边固防、乡村振兴、民族团结示范中作用发挥情况等开展调研。

调研组先后深入中豪装饰公司等军创企业、退役军人种植养殖实训基地、退役军人职业技能培训承训机构、双江县关爱退役军人协会、临沧市双创中心，实地走访了解退役军人就业创业政策落实、军创企业运行、承训机构和实训基地工作开展、社会组织作用发挥、军创企业创业孵化等情况，详细询问退役军人创业者当前存在的困难和需要帮助解决的问题，鼓励他们立足本地特色资源优势，结合企业实际，用活用足现有政策，树立品牌意识，创新发展模式，扩大产业规模，不断擦亮军创企业品牌，扩大知名度和影响力，带动更多退役军人就业创业。

调研组深入双江县退役军人服务中心及云县爱华镇，双江县勐库镇、沙河乡、勐勐镇，临翔区博尚镇、凤翔街道、忙畔街道退役军人服务站，与兵支书代表、服务站负责人进行交流，了解基层服务站规范化建设和开展退役军人就业创业服务、云南省退役军人一体化服务平台运行等情况。

调研组分别在临沧市、双江县召开座谈会，听取市、县退役军人就业创业工作情况汇报，与组织、编办、财政、人社、教体等部门及“兵教师”、“兵支书”、未就业退役军人、退役军人创业者代表进行座谈交流。

唐贵聪在座谈中指出，临沧市各级党委、政府对退役军人工作高度重视，退役军人事务部门积极主动担当作为，各有关部门密切配合协作，全市退役军人就业创业工作有感情、有温度、有创新、有突破、有成效，特色鲜明、亮点频现，广大退役军人的获得感、荣誉感不断增强。他强调，要坚持问题导向，针对培训的针对性实效性、服务的精准化精细化方面存在的问题，进一步提高政治站位，始终胸怀“国之大者”，充分认识做好退役军人就业创业工作的重要意义。要进一步促进退役军人高质量充分就业，以实施就业优先战略为引领，以促进供需匹配为关键，紧紧围绕2023年全省新增退役军人就业1万人的工作目标，不断提升教育培训的针对性和实效性，加强优质就业岗位开发推介，加大政策支持和工作力度，着力稳存量、扩增量、提质量，实现质的有效提升和量的合理增长。要进一步推动创新发展，立足形势要求和退役军人自身需求，努力在退役军人就业创业工作领域寻找新的创新点和突破口。要进一步加大宣传力度，广泛深入宣传退役军人就业创业政策，加强先进典型选树宣传和经验做法总结推广。要进一步加强协作配合，继续争取各级各部门支持，形成工作合力，共同推动各项工作取得新成效。

临沧市和云县、双江县、临翔区政府、退役军人事务局有关负责同志参加有关阶段的调研活动。（云南省退役军人事务厅门户网站2023年6月9日讯）

唐贵聪率队参加《金色热线·媒体问政》直播节目

受省退役军人事务厅党组书记、厅长吉宏龙佳委托，6月29日，厅党组成员、副厅长唐贵聪率有关业务处负责同志做客云南广播电视台《金色热线·媒体问政》节目，就观众听众和广大网友关注的热点、焦点问题进行解答。

全省退役军人事务系统成立后，立足新机构、履行新使命，紧紧围绕“让军人成为全社会尊崇的职业”目标，建立健全组织管理体系、工作运行体系、政策制度体系，充分发挥职能作用，加强宣传引导，抓好退役军人各类教育培训，开发优质岗位，搭建就业推介平台，扶持创业带动就业，全省退役军人就业创业工作取得了阶段性成效。同时，优质岗位供给不足、信息化建设滞后等堵点难点问题，与严峻的就业形势和就业创业工作短板弱项交织，对做好退役军人就业创业工作提出了更高要求、更大挑战。为逐一解决问题、克服挑战，实现退役军人更加充分、更高质量就业创业，结合开展学习贯彻习近平新时代中国特色社会主义思想主题教育，唐贵聪带领有关处负责同志到培训机构和高校领题调研，到一线“听实话、察实情、办实事”，研究解决具体问题。

唐贵聪指出，退役军人经过人民军队“大熔炉”的淬炼，政治信念坚定、使命责任强烈、作风素养过硬、组织执行力强，是重要的人力人才资源。促进退役军人高质量充分就业，是退役军人事务部门义不容辞的政治责任。下一步将重点在抓好政策宣传、就业观念引导、职业技能和学历双提升等方面加大工作力度。

唐贵聪强调，要以实施就业优先战略为引领，以高质量充分就业为目标，构建适应性培训、职业技能培训、学历教育、终身职业教育有机统一的教育培训体系，切实打通从专业技能提升到稳定就业、高质量就业和成功创业的链路，以更加精准高效的服务，着力稳存量、扩增量、提质量，不断推动退役军人就业工作实现质的有效提升和量的合理增长。

唐贵聪强调，教育培训是提升就业能力的重要基础，也是解决政策宣传不到位、优质培训资源推介不到位、退役军人就业创业观念引导不到位等问题的有效手段。下步工作中，将重点建强培训阵地、抓实全员培训、提升学历技能。同时，加大退役军人参加高等职业教育、全国普通高考、成人高考、研究生考试加分政策的宣传力度，力争做到人人知晓、应享尽享，通过提升学历层次，进一步提高就业竞争力。

唐贵聪及有关业务处负责同志接听了听众热线电话，详细回答听众提出的问题，并就广大退役军人重点关注的优待证申领发放、移交安置、就业创业等内容进行沟通交流。

直播节目结束后，唐贵聪要求，要及时落实反馈听众提出的意见、建议和问题，以问题为导向，不断健全完善相关工作制度，不断提高退役军人满意度。全省退役军人事务系统广大干部职工通过电视、网络直播和电台广播等形式收听收看《金色热线·媒体问政》节目，16个州、市退役军人事务局有关负责同志在线参与相关问题的答复工作。（云南省退役军人事务厅门户网站 2023年6月29日讯）

唐贵聪赴猛硐瑶族乡开展乡村振兴定点帮扶工作调研

9月14日，省退役军人事务厅党组成员、副厅长唐贵聪一行赴麻栗坡县猛硐瑶族乡，深入定点帮扶地昆老村、铜塔村开展乡村振兴定点帮扶工作调研。

唐贵聪先后察看了茶产业车间建设、示范村寨建设、塌方路段修缮等情况，到农户家中走访，与退役军人代表、乡村致富带头人、村“两委”班子相关成员、驻村工作队员进行座谈交流，听取情况介绍，全面了解乡村振兴工作开展情况，对乡村振兴工作取得的新成效和厅驻村工作队的帮扶工作给予充分肯定，对巩固拓展脱贫攻坚成果与乡村振兴工作有效衔接提出要求。

期间，还组织新老驻村工作队员进行了轮换。唐贵聪强调，驻村工作队要带着感情工作，积极融入群众、服务群众，向群众学习、向基层学习，把政策法规知识学深、悟透，确保党的各项惠民政策落地落实；要深入走访摸清村情民愿，分析梳理个性、共性矛盾，及时解决群众急难愁盼问题；要做好传承帮带，以老带新，踏实工作，既“驻村”又“驻心”，把各项工作做细做实；要树立和维护云南退役军人事务系统良好形象，严守各项规章制度和驻村工作纪律，注意工作安全和人身安全；要紧紧围绕服务省委“3815”战略发展目标，围绕一体推进资源经济、口岸经济、园区经济“三大经济”发展和“十四五”规划落实，积极配合完成好各级党委政府安排的工作，上下同心形成合力，促进各项工作再创佳绩、再上新台阶，接续推进乡村振兴。

厅机关党委（人事处）、麻栗坡县政府、县退役军人事务局相关同志随同调研。（云南省退役军人事务厅门户网站2023年9月15日讯）

唐贵聪出席省委退役军人事务工作领导小组办公室2023年退役军人事务综合督查培训会议

10月8日，省委退役军人事务工作领导小组办公室召开2023年退役军人事务综合督查培训会议，深入学习贯彻习近平总书记关于退役军人工作重要论述，传达学习中央和省委有关文件精神，研究部署2023年退役军人事务综合督查有关事项。

省退役军人事务厅党组成员、副厅长唐贵聪出席会议并就做好综合督查工作作出安排部署，提出具体要求。

省委退役军人事务工作领导小组办公室秘书处，省退役军人事务厅机关处（室）、直属事业单位有关同志参加会议。（云南省退役军人事务厅门户网站2023年10月8日讯）

唐贵聪调研党支部联系点并主持召开分管处（室）单位党建工作汇报会

10 月 7 日下午，省退役军人事务厅党组成员、副厅长唐贵聪到挂钩联系的省退役军人培训中心党支部开展调研，并主持召开分管处(室)、单位党建工作汇报会。

在省退役军人培训中心，唐贵聪查阅了党建工作台账资料，现场查看了群团组织阵地建设情况，观看了信息化建设功能演示，详细了解了该中心党员队伍建设、基本制度落实、重点工作任务完成情况。对省退役军人培训中心坚持以强化党员教育管理为牵引，积极推进党建与业务工作相互融合、相互促进的成效给予了充分肯定。他强调，要以高质量党建引领高质量发展，充分发挥好“两个作用”，进一步加强信息化建设，丰富完善系统数据资源，建立健全应用机制，推动我省退役军人工作信息化水平再上新台阶。

在党建工作汇报会上，唐贵聪逐一听取了厅办公室、就业创业处、机关党委（人事处）、省退役军人培训中心党支部工作情况汇报，充分肯定了今年以来各支部党建工作取得的成绩，分析指出存在的差距和不足，并对做好下一步党建工作提出五点要求：一是要持续深化理论武装，坚持不懈用习近平新时代中国特色社会主义思想凝心铸魂，巩固深化主题教育成果，在以学铸魂、以学增智、以学正风、以学促干上持续发力，久久为功。二是要扛稳扛牢政治责任，支部书记要认真履行“第一责任人”责任，支委班子成员要切实履行“一岗双责”，对照年度党建责任清单、项目清单、考评清单，逐条逐项抓好落实。三是要持续深化作风革命效能革命，支部书记要大力倡导“十种鲜明导向”，自觉践行“三法三化”，当好“施工队长”，带领党员干部转作风提效能。四是要严格廉洁自律，不断强化党性修养锻炼，严守政治纪律和政治规矩，做到严于律己、严负其责、严管所辖。五是要推动党建与业务工作深度融合，坚持党建与中心工作同谋划、同部署、同推进、同落实，以高质量党建引领推动各项工作高质量发展。（云南省退役军人事务厅门户网站 2023 年 10 月 8 日讯）

唐贵聪出席省退役军人事务系统数字素养能力提升培训班

11 月 21 日至 25 日，省退役军人事务系统数字素养能力提升培训班在昆举办。培训班坚持以习近平新时代中国特色社会主义思想为指导，全面贯彻党的二十大精神，深入贯彻习近平总书记关于退役军人工作重要论述和考察云南重要讲话精神，落实“数字云南”建设规划，开展政策解读、理论辅导、研讨交流、实地参观等教学活动。省退役军人事务厅党组成员、副厅长唐贵聪出席培训班开班仪式并讲话。

唐贵聪指出，全系统要充分认识信息化建设的重要性和紧迫性，积极推进退役军人事务信息化工作取得实效。唐贵聪强调，要准确把握学习和实践的结合点，让信息系统真正建起来、用起来，在提升数字素养能力的同时，能够运用信息技术破解难题、打开思路、创新方法，真正实现让退役军人“少跑腿”，让数据“多跑路”。

参训学员纷纷表示，将以此次培训为契机，把培训成果落实到退役军人事务工作全过程，更好承担新时代赋予的使命和责任。

全省退役军人事务系统办公室有关工作人员及信息系统管理人员，厅机关各处（室）、直属事业单位有关工作人员参加培训。（云南省退役军人事务厅门户网站 2023 年 11 月 27 日讯）

郭华出席全省退役军人移交安置工作专题培训班

2月28日，云南省首期退役军人移交安置工作专题培训在昆明开班。省退役军人事务厅一级巡视员郭华出席开班仪式并讲话。

会议强调，在全省退役军人移交安置工作中，干部要“提神”，不断提高政治站位，切实树牢全省移交安置工作“一盘棋”思想，为实现年度工作目标奠定坚实思想基础；工作要“提速”，坚持高起点谋划、高标准推进、高质量落实年度移交安置工作，务必保证在规定时间内圆满完成年度安置任务，实现年度工作目标；服务要“提高”，以实际行动，用心用情用力服务好退役军人，切实让退役军人感受到党和国家的关爱关怀；成效要“提质”，积极适应军队退出人员类型、方式、频次等变化，规范移交安置工作流程，创新工作举措、优化安置方式、拓宽安置渠道、完善安置保障办法，继续保持转业军官安置工作全国领先、争创退役士兵安置工作全国一流。

此次培训围绕新的军官和军士制度、行政复议、社保衔接等政策法规，以及移交安置工作历史沿革、政策制度、案例分析和工作规范等方面进行授课。

各州（市）和部分县（市、区）退役军人事务局有关负责同志，驻滇各部队联络单位有关负责同志及相关工作人员参加培训。（云南省退役军人事务厅门户网站2023年3月1日讯）

郭华到德宏州调研

为强化依法行政能力，切实提高移交安置工作质量。3月7日至8日，省退役军人事务厅一级巡视员郭华带队赴德宏州开展调研。调研组先后来到芒市、瑞丽等地，走进当地退役军人服务中心（站）调研指导，围绕移交安置、依法行政等工作重点，与属地退役军人事务部门负责人深入沟通交流，分析形势任务，查找矛盾问题，提出意见建议，了解退役军人服务保障工作开展情况，要求基层退役军人服务中心（站）切实用心用情用力做好服务退役军人“最后一米”，为全省退役军人工作高质量发展提供有力保障。

（云南省退役军人事务厅门户网站2023年3月8日讯）

郭华到保山市调研

3月8日至9日，省退役军人事务厅一级巡视员郭华带队赴保山市开展调研。调研组一行通过实地检查、翻阅资料、交流研讨等方式，深入了解当地退役军人工作情况，认真听取在移交安置和依法行政工作中存在的矛盾、难点及工作建议，结合当前形势任务，深刻分析成因，研究对策措施，要求进一步树牢"一盘棋"思想，强化法治思维和依法行政理念，提高依法行政能力，推动退役军人工作高质量发展。（云南省退役军人事务厅门户网站2023年3月10日讯）

郭华出席省退役军人事务厅移交安置工作业务能力提升培训班

3月20日，省退役军人事务厅移交安置工作业务能力提升培训班在浙江大学开班。省退役军人事务厅一级巡视员郭华出席开班仪式并讲话，浙江大学继续教育学院党委副书记兼副院长钟永萍致辞。全省各州（市）、县（市、区）移交安置工作负责同志和驻滇部队代表参加。

这次培训深入学习宣传贯彻党的二十大精神，坚决贯彻落实习近平总书记关于退役军人工作重要论述和考察云南重要讲话精神，坚决贯彻落实省委、省政府决策部署，不断汲取知识、拓展视野，借鉴经验、开阔思路，创新方法，进一步提升全省移交安置工作队伍政策水平和业务能力。

“带着工作中的问题来，带着学习收获回到工作岗位。”参训学员一致表示，一定珍惜机会、认清形势、严肃学风，切实把所学理论知识运用到实践中，真正做到学以致用、融会贯通，提高依法行政、依规办事能力素质，奋力推动全省退役军人移交安置工作高质量发展。（云南省退役军人事务厅门户网站2023年3月20日讯）

郭华到昭通市调研退役军人事务法治建设工作

6月25日至27日，省退役军人事务厅一级巡视员郭华率调研组到昭通市，围绕退役军人法律援助、退役军人事务领域行政裁量权基准制定等退役军人事务法治建设工作开展调研。

调研组先后到昭通市、盐津县、昭阳区，通过听取汇报、座谈交流、实地查看等方式开展调研。

郭华在调研座谈中指出，昭通市各级退役军人事务部门与同级司法行政部门建立工作机制，设置退役军人法律援助工作站，认真办理法律援助案件、受理法律咨询，为退役军人提供优质、高效的“一站式”法律服务，打通退役军人法律维权“最后一公里”，法律援助工作成效明显。认真研究行政执法事项办理材料、办理程序和办理时限，为统一制定行政裁量权基准提供了有效参考。认真落实“谁执法谁普法”普法责任制、法律顾问制度、行政执法“三项制度”等制度要求，工作富有特色、具有亮点。

郭华要求，昭通市各级退役军人事务部门要把开展好学习贯彻习近平新时代中国特色社会主义思想主题教育作为重大政治任务，及早谋划、精心组织，履行好法治建设第一责任人职责，继续抓好退役军人法律援助工作，在建立工作机制、设置窗口站点方面、提升服务质量上着力下功夫。要抓好行政裁量权基准落实，确保各行政执法事项办理程序合法、适用法律正确，推动退役军人工作更上新台阶。

昭通市、昭阳区、盐津县退役军人事务局，盐津县党委和政府有关负责同志参加有关阶段调研。（云南省退役军人事务厅门户网站2023年6月28日讯）

云南省退役军人事务工作

全省退役军人工作

一、加强党的全面领导

坚持把党的领导贯穿退役军人工作各环节全过程，坚定云南退役军人工作正确的政治方向。一是扎实开展主题教育。学深悟透习近平新时代中国特色社会主义思想，组织全系统干部职工逐字逐句研读《习近平关于退役军人工作论述摘编》，深刻理解习近平总书记亲自谋划设计、亲自部署推动组建退役军人管理保障机构的重大意义和深远考量，全面增强退役军人工作高质量发展的前进动能。二是办好“政治要件”。坚持把习近平总书记关于退役军人工作重要论述和考察云南重要讲话精神作为第一政治要件，建立督查督办清单，扎实开展立项督办、综合督查和检查考核工作，确保件件有落实。三是实施“一把手”工程。省委书记王宁、省长王予波带头实施“一把手”工程，多次专题研究退役军人工作，亲自审定省委退役军人事务工作领导小组工作规则、办公室工作细则和2023年工作要点，围绕贯彻落实习近平总书记重要指示和党中央重要决策，对退役军人工作和双拥工作作出系统部署。省、市、县、乡成立党委退役军人事务工作领导机构，“四级书记”合力抓退役军人工作的局面得到巩固和加强。

二、抓实安置就业工作

将退役军人就业创业工作作为全省综合考评、双拥模范创建、平安建设考核的重要指标，纳入省政府2023年10件惠民实事内容，年内全省新增退役军人就业15 400余人，退役军人创办的经营主体增幅达11%，吸纳就业42.1万人，缴税48.57亿元。一是用活安置政策。持续优化完善“阳光安置”“直通车”安置方式，300余名转业军官，除10余名自愿选择到高校、医院安置外，其余全部安置到公务员岗位，第29年在全国率先高质量完成转业军官移交安置任务；符合政府安排工作条件的退役士兵100%安置到事业单位、国有企业，实现安置对象、接收单位、部队组织“三满意”目标。二是加强就业培训。组建云南退役军人学院和6所州（市）退役军人学院，紧贴市场人才需求和退役军人实际，按照“应培尽培”的原则开展适应性培训和技能培训，注重岗位开发，通过订单式、定向式、定岗式培训，实现“培训即就业、离校即上岗”。三是强化创业帮扶。在全国率先举办省级退役军人创业创新大赛，认真总结推广退役军人创业工作“一县一业”品牌，先后组织开展8次“军创云品”展销会，600多家军创企业通过展销会签订购销合同3.3亿余元。联合金融机构创新推出

"拥军贷""军创贷"，顶格落实税收优惠政策，帮助1924名退役军人争取优惠贷款3.4亿元。四是拓宽就业渠道。开发云南退役军人一体化服务平台和手机APP，紧扣退役军人就业创业状况和需求，组织开展了487场退役军人专场招聘会，提供可选岗位94万个，会同组织部门培养"兵支书""兵委员"10 389名，教育引导600多名"兵支书"扎根20多个边境乡（镇）100多个边境村，在乡村振兴、基层治理、强边固防等国家重大战略中发挥了骨干作用。

三、营造尊崇尊重氛围

一是提升服务温度。连续5年提高优抚对象抚恤补助标准，保障优抚对象的生活水平随经济社会发展稳步提高。发挥省退役军人关爱基金会职能作用，投入资金435万元走访慰问3928名服务对象。开发推广医疗补助"一站式"费用结算平台，为17 508名优抚对象结算补助资金1462余万元。牵头推动提升优待证"含金量"，全国优待证持证人在滇免购196家景区、景点首道门票，提供2585个文旅、餐饮、医疗等方面的优待项目。二是弘扬英烈精神。印发《关于加强烈士纪念设施展陈讲解工作的实施意见》等系列文件，多措并举提高烈士纪念设施展陈讲解、建设修缮、祭扫活动规范化水平，配合完成在老中国烈士陵园开园移交工作，大力弘扬英烈精神，在全社会营造尊重退役军人、尊崇现役军人的浓厚氛围。三是加强正向激励。充分发挥先进典型的正向激励、示范引领作用，扎实开展"最美"系列学习宣传活动，其中分别有1名入选全国"最美退役军人"、全国"最美拥军人物"。四是营造浓厚氛围。认真落实军地互办实事"双清单"制度，协调空军与昆明市达成部分土地置换协议。印发随军家属就业安置、子女教育优待政策文件，安置310余名随军家属，为4572名军人子女提供教育优待。高标准迎接新一届全国双拥模范城（县）创建考评，全省41个城（县）申报创建新一届全国双拥模范城（县），较上一届增加23个，申报数量、增加幅度双双创下历史新高。

四、夯实基层基础工作

持续健全完善组织管理体系、工作运行体系、政策制度体系，为实现退役军人工作高质量发展提供了有力保障。一是服务保障体系更加优化。创新推进"一心两家三站"融合发展，率先在部分高校、企业设立退役军人服务站（点）；持续加大基层人员教育培训力度，全员轮训县级以上退役军人服务中心主任，着力巩固深化百家红色服务站创建成果。二是工作机制更加高效。将安置就业、烈士纪念设施提质改造工程纳入省考评项目，提高分值权重；主动适应信息化发展新形势新要求，建好用好云南退役军人一体化服务平台，推广军人退役"一件事一次办"政务服务，上线云南退役军人APP，以信息化建设推动退役军人工作提质增效。三是政策制度更加健全。印发《关于加强退役军人事务法治建设的实施意见》等政策文件，整理政策制度汇编，公布52件废止、失效文件，制定《云南省退役军人事务系统行政裁量权基准》，确定37个行政权力事项并明确权责清单，政策制度体系更加健全。

政策法规

一、政策制度体系不断健全

以云南省系统“十四五”规划为引领，坚持“清单管理、项目推进、动态调整”的工作思路，坚持年初主动对接上级部门，拟定政策文件制定清单，推动出台30件政策文件。印发《关于开展退役军人事务领域政策文件梳理工作的通知》，在全省系统深入开展梳理工作，形成现行有效的省、州、县三级退役军人事务领域政策文件清单，其中，省级291件、州级344件、县级300件。对规章、规范性文件等目录和文本进行清理规范发布，公布废止和宣布失效52件政策文件。

二、依法行政水平不断提升

聚焦执法监督这个依法行政的关键环节，严格执行行政执法公示、全过程记录、重大行政执法决定法制审核等行政执法“三项制度”，按程序购买行政执法装备14套，推行告知承诺制度和行政执法包容审慎监管制度。系统梳理退役军人事务系统行政执法事项，在全国率先全覆盖制定37项行政执法事项的行政裁量权基准，规范省、州、县三级行政裁量权，细化量化执法尺度、规范执法程序、强化执法监督。充分发挥法律顾问、公职律师作用，支付法律顾问费用18.6万元，采取上门服务、共同研究、事前预审等工作方式，为各处（室）、直属事业单位提供周到便捷的法律服务，组织对政策文件、合同协议合法性审核103次，提出法律意见665条，从源头上确保行政决策合法有效，有效防范本领域法律风险，让退役军人事务工作在法治轨道上运行。在全国率先制定《关于加强退役军人事务法治建设的实施意见》，细化提出全省退役军人事务系统法治建设和法治文化建设的34个方面具体措施，把法治建设纳入全厅综合绩效考评内容，运用考评“指挥棒”推进依法行政工作落地见效。梳理更新权责清单并向省委编办反馈，有关信息被“云南发布”微信公众号采用。牢牢抓住执法队伍建设这个第一要件，落实行政执法人员资格管理和持证上岗制度，为厅内11名同志申请更换国家行政执法证，强化行政执法人员政治能力和业务能力建设，努力打造一支革命化、正规化、专业化、职业化的执法队伍。认真履行法定职责，落实民主监督要求，牵头办理3件人大代表建议和政协提案，代表委员满意率达100%。省退役军人事务厅在2023年度法治建设成效考评中获“优秀”等次，在省政府系统位列第10名。

三、复议应诉严谨规范

2023 年办理完成行政复议案件 1 件、行政诉讼案件 3 件，起草行政复议答复书、行政诉讼答辩状、第三人答辩意见，整理证据目录清单等材料，所有案件均审理终结并胜诉。针对行政复议和诉讼暴露出的法律风险，认真剖析依法行政的短板弱项，研究制定整改措施，落实“以案释法”制度，公布典型案例，印发案情通报至各处室和全省退役军人事务部门，印发工作提醒给各处（室）、直属事业单位学习参考，不断提升机关依法行政的自觉性和主动性，切实增强机关工作人员依法行政的意识和能力。

四、法律服务工作稳步推进

运用“加减乘除法”打通向退役军人提供法律服务的“最后一公里”：与省司法厅联合印发通知，省、州、县三级退役军人事务部门和司法行政部门普遍建立协作机制，共享信息数据，实现“1+1 ＞ 2”的良好成效，做好法律援助协作机制的加法；对残疾军人、“三属”等免予审查经济困难并提供上门服务，做好法律援助程序的减法；依托各级退役军人服务中心（站）成立法律援助工作站 139 个、法律援助工作联络点 8397 个、设置法律咨询窗口 7529 个，为退役军人提供优质、高效的“一站式”法律服务，做好服务网络建设的乘法；法律援助中一体开展走访联系、政策咨询、纠纷调解等工作，做好矛盾化解的除法。2023 年全省各级受理（转交）退役军人法律援助案件 73 件，受理退役军人法律咨询 9896 人次，挽回经济损失 244.2 万元。

五、普法宣传教育成效显著

在全省广泛开展“普法强基补短板”专项行动，落实云南省系统“八五”普法规划，将退役军人事务相关法律纳入云南省普法日历，制定《云南省退役军人事务厅 2023 年度普法计划》，印发《中华人民共和国退役军人保障法》《中华人民共和国英雄烈士保护法》普法工作方案，组织开展学习宣传活动，制作、整理普法口袋书、标语、视频、案例等宣传资料供本系统学习使用。在主题教育读书班中安排习近平法治思想专题，邀请省委党校教授作专题辅导。组织开展宪法宣誓仪式、“美好生活・民法典相伴”、“4・15 全民国家安全教育日”等学习宣传活动。组织动员并向省司法厅推荐 2 名优秀队员报名参加“云小普”普法志愿服务队。组织参加省第四届法治微电影微视频微动漫大赛，报送作品 2 件。推进干部职工学法经常化，组织人员参加行政执法相关培训班，组织干部职工到法院现场旁听庭审，参加行政复议听证现场观摩，着力提升干部职工法治思维和能力。在 400 余处双拥主题街道、公园、广场布置宣传展板、发放宣传手册，营造尊法守法用法良好氛围，集中公布 6 个“以案释法”典型案例，引导退役军人在“法律明白人”、乡村振兴、强边固防等基层治理中发挥重要作用。

六、科学民主决策持续增强

完成“云南省退役军人在决战脱贫攻坚和推进乡村振兴中发挥作用情况的调查与研究”“云南探索直通车式安置办法研究”2 个课题结题归档备案工作，助推全省退役军人事业高质量发展。按规定邀请厅专家咨询委员会成员参与专家论证，向退役军人事务部推荐3名本省专家参选部专家咨询委员会，为提高决策的科学化、民主化水平提供基础支持。公开年度法治政府建设情况报告和行政执法“双公示”结果，扎实推进营商环境和信用体系建设，退役军人事务工作决策科学化、民主化水平进一步提高。

七、全面深化改革任务等其他重点工作任务高质量完成

将制定自主就业退役士兵适应性培训实施细则、配合省发展改革委制定云南省基本公共服务提升三年行动计划等2项改革任务列入2023年省委改革委工作要点和工作台账，印发《云南省退役军人事务厅关于做好2023年全面深化改革工作的通知》，推进2项改革任务高质量完成。向省委改革办报送6条改革信息和纳入改革试点经验复制推广的事项。按照省社会信用体系建设部门联席会议办公室的要求，继续做好2023年信用云南有关工作，按月报送工作数据，按季度报送工作情况，组织开展2023年度营商环境考评有关工作。进一步加强自身建设，开展保密教育和保密自查，认真落实处务会制度、每周学习日制度、常态化联系退役军人制度有关工作。

思想政治和权益维护

一、强化思想政治引领

（一）抓好常态化典型宣传

3月3日，印发《中共云南省委宣传部　云南省退役军人事务厅　云南省军区政治工作局关于开展2023年度云南省“最美退役军人”学习宣传活动的通知》评选出2023年度云南省“最美退役军人”25名，从中遴选报送的安晓华同志获评全国“最美退役军人”。9月12日，印发《中共云南省委宣传部　云南省退役军人事务厅　云南省军区政治工作局关于印发云南省“最美退役军人”学习宣传活动先进典型评选办法（试行）的通知》（云退役发〔2023〕81号），加强云南省“最美退役军人”学习宣传活动制度保障。11月24日，在云南广播电视台举行2023年度云南省“最美退役军人”发布仪式，并在昆明市双拥公园开展“最美时光·绿树成荫”榜样林植树活动，进一步塑先进、学先进，浓厚尊崇军人职业、尊重退役军人的社会氛围。

（二）注重退役军人作用发挥

5月29日至6月2日，联合省退役军人服务中心组织16个州（市）100名“兵支书”在昆明市集中培训，着力发挥“兵支书”在服务经济社会发展、乡村振兴和基层社会治理中的作用。9月18日，选调葛剑铭、李文辉、杨天松3名兵支书参加在河南省漯河市举办的全国退役军人村干部（“兵支书”）发展乡村产业能力提升培训示范班。10月18日，印发《中共云南省委宣传部　云南省精神文明建设指导委员会办公室　云南省退役军人事务厅　云南省军区政治工作局关于开展2023年度云南省最美退役军人志愿服务组织和个人选树宣传活动的通知》（云退役发〔2023〕87号），聚焦“服务退役军人”和“退役军人服务”两个方面的志愿服务力量，引导社会力量志愿助力退役军人事务工作，引领退役军人志愿服务经济社会发展。12月19日，在全国首创举行2023年度云南省“最美退役军人志愿服务”发布仪式，擦亮云岭退役军人志愿服务品牌。

二、着力提升服务保障能力

（一）着力加强退役军人服务中心（站）建设运行

持续深化退役军人服务中心（站）规范化建设，加大融合力度，加快推动全省退役军人服务保障体系建设“从有向优”转变。深入贯彻落实全国退役军人服务保障体系建设管理推进会、全省退役军人服务保障体系建设现场推进会精神，统筹推进乡级“两家三站一中心”综合阵地建设，推动党群工作、退役军人工作、武装工作力量融合、资源整合，高效聚合基层涉退役军人“普惠＋优待”政策、资源。深化拓展“党建＋退役军人服务管理”模式，依托党群服务中心（站）“全科社工”，积极推行“专口受理、一窗通办、集成服务”模式。创新开展“兵带兵不褪色”“兵帮兵解困难”“兵管兵守法纪”帮扶活动，推动形成广大退役军人自我管理、自我服务的良好格局，不断激发服务保障潜能。

（二）扎实开展退役军人困难帮扶工作

常态化走访帮扶，在元旦、春节等重要节日部署开展活动，协调爱心企业、爱心人士、退役军人关爱基金会等广泛参与，对全省功臣模范、困难退役军人等开展走访慰问、困难帮扶。认真落实退役军人事务部工作安排，摸底筛查全省困难退役军人先天性心脏病子女，对符合就医条件的 3 名患儿送北京治疗；组织开展“情暖老兵・子女助学”活动，为 20 名困难退役军人子女发放助学金，把党和政府的关怀温暖送到困难退役军人身边，不断增强退役军人获得感、幸福感、荣誉感。

三、防范化解风险隐患

（一）提升信访工作质效

坚持和发展新时代“枫桥经验”，压实领导干部定期接待群众来访、领导干部值守接访、党员干部常态化联系退役军人等制度，推动建设“小事不出村，大事不出乡（镇），矛盾不上交”信访工作生态。全面推进信访工作法治化，深入贯彻落实《信访工作条例》，抓实信访问题源头治理和积案化解。做好日常信访工作，严格落实首接首办责任，接诉即办、快办早办，确保信访事项规范登记受理、准确转送交办、及时审核备案、跟进回访问效，推动退役军人诉求一次性处理到位。落实县（处）级领导和乡镇（街道）退役军人服务站站长“双包联”责任，通过“13712”信访事项调度、办结质量抽查等机制落实，推动问题解决、矛盾化解，提升一次性化解率和群众满意率。依托浙江大学优质教育资源，举办全省思想政治和权益维护能力提升培训班，切实提升维护退役军人合法权益的能力水平。

（二）强化正面宣传引导

深入学习贯彻习近平总书记关于网络强国的重要思想和考察云南重要讲话精神，聚力构建退役军人工作清朗健康网络生态。按照“网下管什么，网上就要管什么”的原则，切实履行部门管理责任，高质量推进各项工作落实。清明节策划上线的“缅怀英烈志　共铸中华魂　2023 烈士祭扫”网上祭扫活动，累计播放和参与互动约 36 万人次，入选 2023 云南正能量网络精品——“云南网络正能量主题活动”；“八一”建军节制作推出的《退役不褪色，重整行装再出发》主题形象宣传片，全网转载推送 8600 余条，累计阅读量达 12.1 万人次，入选 2023 云南正能量网络精品——“云南网络正能量专题专栏”，全网涉云南省退役军人事务领域网络空间生态向上向好。

规划财务

一、重点工作顺利推进

（一）做好云南省“十四五”退役军人服务和保障规划工作

一是成立“十四五”退役军人服务和保障规划实施中期评估工作领导小组，制定《云南省“十四五”退役军人服务和保障规划实施中期评估工作方案》，按时完成中期评估，并将评估报告及时报退役军人事务部及省发展改革委；二是积极进行中央兜底线工程项目申报工作，2023 年争取中央预算内兜底线工程资金 6382 万元；三是完成省“十四五”规划 194 项重大工程实施情况中期评估，对全省退役军人事务工作所涉及的 9 个工程项目进行认真梳理和推进，云南省退役军人医疗康养中心（云南省荣军优抚医院）、玉溪市光荣院、红河州优抚医院项目纳入“十四五”期间国家优抚医院建设项目库。

（二）高质量做好退役军人事务统计工作

一是完成全省退役军人事务 2022 年年报填报工作，并将存在异常的 1528 条年报数据核实修改上报；二是组织开展 2023 年第一、第二、第三季度季报编报工作；三是组织召开 2023 年云南省退役军人事务统计业务培训，对统计工作进行分析总结，讲解统计报表、填报口径、审核要求、报表间的逻辑关系、统计规范化工作等业务知识。

（三）深入开展财政资金监管“清源行动”工作

一是根据《云南省财政厅关于印发〈云南省财政厅贯彻落实省委推进“清廉云南”建设深入开展财政资金监管“清源行动”工作方案〉的通知》精神，研究制定全省退役军人事务系统专项整治任务措施清单，梳理、核实问题，拟定整改措施，明确整改责任、任务、措施和时限。围绕 6 个方面 37 种具体情况进行逐条梳理，扎实开展自查自纠，并按时每月上报自查整改报告，共查出 16 个问题，涉及 3 个方面 8 种具体情况。二是 10 月中旬，组织全省部分退役军人事务工作机构开展“清源行动”延伸检查，提交年度“清源行动”工作总结。通过深入开展财政资金监管“清源行动”，进一步筑牢财政资金“保险箱”，一体推进“三不腐”，强化资金监管。

二、全面加强财务管理

（一）完成预决算工作

一是完成2022年度部门决算编制。规划财务处组织厅机关及直属事业单位开展2022年度财务决算，2022年度决算总收入161 069.54万元、总支出170 709.09万元，其中基本支出5060.41万元、项目支出165 648.68万元，并在规定时间内完成了决算公开。二是1月17日省财政厅批复省退役军人事务厅2023年部门预算87 425.41万元（含省对下项目72 246.93万元），规划财务处及时批复各直属事业单位，同时按要求在批复下达15日内完成预算公开。三是抓好2024年部门预算编制。提前精心筹划并召开2024年度经费预算编制会议，会同省财政厅社会保障处多次组织召开厅机关预算编制培训和协调会，组织参加全省预算编制培训会议；委托专业机构对各处（室）编报情况进行逐条审核，先后20余次对编制情况进行修改完善，9月底完成预算编制“一上”工作，上报预算资金7.60亿元。四是及时回复省人大常委会预算工委对于2023年预算质询，同时配合省财政厅对2021—2023年度预决算公开情况进行自查，并对相关工作进行自评。

（二）内控制度报告

以事实为基础，汇总5家直属事业单位基础数据并选出省荣军优抚医院作为省退役军人事务厅典型案例，完成《2022年度行政事业单位内部控制报告》填报工作，上报云南省退役军人事务厅（部门）行政事业单位内部控制报告。2023年，省退役军人事务厅内部管控体系建设被评为云南省财政系统财税改革优秀案例。

（三）加强预算绩效监控

加强资金绩效在编制、执行、监督全过程的管理，强化绩效评估评价结果运用，真正做到“花钱必问效、无效必问责”，最大限度地发挥财政资金效益。一是向省财政厅按时上报绩效目标表、预算资金支出情况表；二是按时完成中央项目、省级项目、事业单位2022年41个项目绩效自评工作；三是2023年项目资金绩效目标填报实现全覆盖，建立项目支出绩效运行跟踪监管机制；四是组织各处（室）、直属事业单位填报2023年第一、第二、第三季度共24个项目绩效运行监控采集情况表。

（四）做好资产管理工作

一是按时完成2022年资产年报，2023年资产月报、半年报；二是配合省财政厅对厅不动产进行盘点清查，并对发现问题进行整改，明晰厅内不动产情况；三是对厅国有资产处置管理情况进行清查，并将自查报告报省财政厅、省机关事务管理局；四是完成国有资产盘活情况摸底工作、“半拉子工程”“形象工程”“面子工程”专项清理工作；五是按相关规定完成对省荣军优抚医院、省退役军人服务中心报废国有资产的审批，完成厅内出租出借资产的申报工作。

（五）按程序做好政府采购相关工作

一是开展厅政府采购流程及操作培训；二是完成厅机关采购69项，涉及金额3115.79万元，其中面向中小企业采购金额为 2199.81 万元，超额完成财政的要求面向中小企业采购金额，按时按质完成全年的采购工作。

（六）加强预算执行监督

建立预算执行情况月通报制度，每月 1 日至 5 日对各处（室）、直属事业单位预算执行情况进行通报，定期分析预算执行中存在的问题，研究下一步整改措施，督促加快推进预算执行进度，确保预算执行达标。截至 2023 年 11 月，省退役军人事务厅预算资金累计执行 154 141 万元，总体预算执行率为 95.1%，在 158 家省级单位中位列第 19 名。

（七）加强审计工作

一是从 10 月开始对省退役军人事务厅机关及 4 个直属事业单位 2022 年度预算执行与财务收支的合法合规性、真实性和完整性进行审计；对 2022 年社会服务设施兜底线工程和省军休中心整体支出开展绩效评价；对军休补助经费和退役士兵安置补助经费开展专项审计工作。二是深入基层开展调研，核查部分单位审计整改和内控制度建设情况，查摆出专项经费管理 3 个方面和内部控制建设 4 个方面短板弱项和问题，并提出 6 条解决问题和改进工作的思路举措。三是自 10 月起，配合审计署昆明特派办对云南省优抚安置资金及政策落实情况进行审计。

（八）做好会计日常工作

认真细致做好会计报销、会计原始凭证、记账凭证的审核、记账、核销等日常会计核算、会计监督工作；及时、准确处理各项预算项目的分配，调整及费用报销工作，配合省财政厅做好相关情况统计及反馈，努力为干部职工提供保障服务。

三、积极开展业务培训，加强制度建设

积极协调相关部门，开展业务培训工作。一是 3 月 31 日印发《云南省财政厅　云南省退役军人事务厅关于进一步加强退役军人对下专项资金使用管理的通知》，进一步提高专项资金使用管理水平。组织开展财会监督业务培训，为推进问题查处和制度建设打下坚实基础。二是 7 月组织开展 2023 年退役军人事务统计工作培训，各处（室）、直属事业单位共计 24 名负责统计的同志参加。三是 8 月组织厅机关各处（室）、直属事业单位财务相关人员参加预算编制政策讲解。四是 10 月组织召开全省优抚安置资金审计工作动员部署视频会议，全省 700 余人参会。

四、以一体化服务平台建设为牵引，推进云南退役军人信息化建设水平不断提升

（一）信息化建设基础不断夯实

完成省级退役军人综合信息数据库、统一支撑平台、数据资源目录、数据治理系统、数据交换系统等基础平台底层系统和退役军人电子档案、就业创业服务管理、数据驾驶舱、全省退役军人事务部门视频会议、统一综合办公

平台（OA）、知识库、“互联网＋退役军人”服务平台、云南退役军人APP等省级综合管理平台业务管理系统的建设。打通部、省数据交换通道，建立省级集中存储、规范汇聚，州（市）、县（市、区）动态更新、远程调用，各级互联互通、共享交换的数据架构。省级退役军人综合信息数据库数据资源得到充实完善。

（二）“互联网＋退役军人”服务平台作用发挥更加明显

以一体化服务平台业务功能和汇聚数据为支撑，通过安全隔离网闸在政务外网和互联网云计算资源池之间建立安全数据链路，实现“互联网＋退役军人”服务平台和省级综合事务管理平台的数据交互协同，构建便捷化、主动化、精准化、协同化、智能化的“互联网＋退役军人”服务平台，面向全省退役军人及其他优抚对象提供新闻政策资讯、办事指南、政策智能问答、就业创业、技能培训、退役士兵一次性经济补助和优抚对象医疗补助查询等在线服务事项。2023年，服务平台为退役军人提供新闻动态、办事指南、招聘会、褒扬纪念等资讯服务11 587人次；为32家企业提供就业岗位招聘服务，16个创业基地提供展示服务；为退役军人提供就业岗位查询、简历维护等服务5396人次。

移交安置

一、移交安置圆满高效

一是转业军官安置方面。全省提供任务数的122%比例公务员岗位、154%比例安置岗位安置300余名转业军官，除10余名自愿选择到高校、医院安置外，其余全部安置到公务员岗位，9名随调家属同步妥善安置。其中，16名功臣模范、烈士子女、涉核等特殊岗位人员得到照顾安置；团职转业军官100%安置到州市级以上城市，100%安置到中央垂管、省和州市级单位；3名同志安置到实职领导岗位，实现了安置工作惠及个人、家庭、军队和社会的综合效益。省政府向国务院报送了云南省《第29年在全国率先高质量完成转业军官安置任务专报》，退役军人事务部单独上报转发了云南省工作做法。二是安排工作退役士兵和退出消防员安置方面。全省共提供安置岗位2800多个。其中，征集了430多个省属企事业单位岗位，岗位数达到了省级近年来最多，有力保证了退役士兵有更多岗位选择。2023年，夏秋季和春季安排工作退役士兵100%安置到事业单位、国有企业。其中，约80%以上安置到事业单位，安置到事业单位管理或专技岗位退役士兵占事业单位安置数的10%以上，实现了安置对象、接收单位、部队组织“三满意”。退役士兵安置工作做法被退役军人事务部和部官网分别转发刊发。

二、服务保障用心用情

一是彰显尊崇有广度。深入军营开展“送政策、听心声、解疑惑”活动30余场，发放宣传手册2000余本，帮助退役军人熟悉政策法规、找准路径定位；各地隆重举办“从军报国凯旋归、重振旗鼓再出征”等主题的欢迎仪式，不断增强了入滇安置官兵的获得感、幸福感、荣誉感。二是为兵办事有深度。广泛开展“民生实事计划”活动，开设“老兵讲堂”，召开“畅安置”座谈会20余场，面对面听取意见建议，先后接访安置对象200余人次，办理信访、电话咨询300余件次；同时，开展“一站式”集中办理落户、关系转接、保险接续、预备役登记等，想方设法把退役军人服务好。三是营造氛围有力度。全程邀请主流媒体参与安置工作宣传报道，召开云南退役军人工作专场新闻发布会，先后参加“金色热线”直播、《情系老兵》访谈专题栏目，全年共有50多篇（条）工作信息被中央和省内媒体刊载，在全社会大力营造关心关爱退役军人、关心支持移交安置的良好氛围。

三、矛盾化解精准稳妥

一是积极推进历史遗留问题解决。坚持不懈减少矛盾存量，攻坚克难化解历史遗留问题。截至4月，圆满化解了20余名长期上访人员的矛盾问题，移交了2名滞留部队几十年的伤病残士兵和1名安置20多年相关待遇未落实的退役士兵。二是妥善处置涉访涉法问题。牢固树立法治意识，坚持依法行政、依规办事。2023年，由厅思想政治和权益维护处、接访大厅转办的10件涉访遗留问题和各州（市）、县（区）上报的3件涉法问题，均在厅政策法规处密切配合下得以妥善解决。三是深入调研解决问题。先后4次赴昆明、昭通、曲靖、保山、大理、德宏、丽江7个州（市）开展调研，摸实情、研对策、解难题、出实招。针对退役士兵年度安置任务集中问题，加大实施岗位数倾斜保障、跨地域安置等措施，先后协调77家省级企事业单位216个岗位予以倾斜，省级统筹、区域内异地安置100余人，有效缓解了安置压力；针对待安置期教育管理问题，制定专项措施把退役士兵编入落户地乡镇（街道）党组织内教育管理，安排专人全程负责教育管理，确保人在组织中、管理不失控。四是大力推行“零滞留”工作法。坚持杜绝矛盾增量，实施“零滞留”工作法。一方面，采取督查督办、通报地方党委政府、纳入年度综合绩效考核等方式予以保障执行；另一方面，加强与中央驻滇、省属企事业单位协调，最大限度地把安置岗位用好用足。同时，建立省、州（市）、县（市、区）三级会议磋商机制，定期召开、专案专议、共同协商，既避免矛盾增加又确保群体稳定。2023年，顺利移交了10名残疾军人，先后化解了2名转业军官、6名退役士兵安置未选岗、选岗未报到的矛盾问题，实现了“应安置尽安置”。中央退役军人事务工作领导小组办公室两次致信省委、省政府表扬云南省圆满完成离退休军人和伤病残士兵接收安置任务，并向全国转发了云南省矛盾问题实质化解和伤病残退役士兵移交做法。

四、建章立制巩固成效

年初制定下发了《云南省2023年移交安置工作要点》，从13个方面明确了年度重点工作，确保高起点谋划、高标准推进、高质量落实；充分发挥考核“指挥棒”作用，修订完善考评细则，对公务员岗位安置比例、事业单位管理岗（专技岗）安置比例、“零滞留”等内容赋予权重分，压实责任、强化保障；出台《关于进一步做好安排工作退役士兵待安置期间教育管理和服务保障工作的通知》，明确要求各级各地采取有效措施办法，抓实抓好待安置期间教育管理，最大限度地避免违法犯罪、失泄密等问题发生；按照《关于由政府安排工作退役士兵统筹调剂安置办法（试行）》要求，综合考虑安置任务轻重及用人单位需求，对工作全面统筹、科学调剂、合理安置；同时，制定下发了《关于进一步做好退役军人保密教育管理工作的通知》，转发了《安排工作退役军士和义务兵服现役表现量化评分办法》等规范文件，不断健全完善了制度体系。

五、教育培训成效明显

一是扎实抓好转业军官适应性培训。采取集中授课和网络教学相结合的方式，组织300名转业军官进行培训，开设习近平新时代中国特色社会主义思想、法律法规、防间保密等课程，邀请知名教授、有关厅局领导、转业军官代表讲授工作心得、介绍实践经验，参训率达100%。二是严密组织安排工作退役士兵适应性培训。采取“区域办班、集中管理、同步受训”的办法，分16个片区组织1914名安排工作退役士兵参加培训，将国家法律法规、安全保密等作为必学内容，通过集中授课、实地参观、案例剖析等方式，持续增强退役士兵遵纪守法和防间保密意识，参训率达100%。三是深入开展系统内业务培训。高度重视移交安置处和全系统干部队伍建设，联合厅政策法规处、司法厅行政复议处、人力资源社会保障局养老保险处、陆军边海防学院组织16个州（市）98人进行专题业务培训；组织覆盖全省16个州（市）、129个县（区）的170余名从业人员赴浙江大学培训；会同厅规划财务处、财政厅社会保障处，组织业务骨干信息系统操作培训，不断锤炼过硬移交安置工作队伍。

就业创业

一、实施“惠民实事”工程，高位统筹推动

一是坚持高位推动。省委、省政府坚持将促进退役军人就业创业工作作为实施就业优先战略、落实就业优先政策的重要内容，省委退役军人事务工作领导小组全体会议、省委常委会议、省政府常务会议专题听取全省退役军人工作情况汇报，研究部署退役军人就业创业工作，将“新增退役军人就业 1 万人”目标列入省政府 2023 年 10 件惠民实事内容和主题教育民生事项，7 月省政府在大理州召开全省退役军人就业创业工作现场推进会议，为推动退役军人就业创业工作提供强大动力。二是强化政策扶持。出台《关于促进新时代退役军人就业创业工作 18 条措施的意见》《关于促进优秀退役军人到中小学任教的实施意见》《云南省退役军人就业创业园地认定管理办法（暂行）》等系列文件，深挖自主就业退役士兵创业就业税收优惠政策潜力，在促进创新创业、拓宽就业渠道、优化平台建设等方面提供政策支持保障。三是加强调研指导。研究制定“新增退役军人就业 1 万人”工作目标实施方案，分解落实各级工作任务，明确具体措施，建立每月工作调度机制，有针对性地开展工作调研，对进度较慢的及时发出提醒，持续抓好跟踪问效。退役军人就业创业工作纳入全省综合绩效考评内容，作为考评双拥模范城（县）评选、平安建设考核内容，将工作责任压紧压实，确保落地见效。

二、实施“素质提升”工程，强化培训质效

一是构建教育培训体系。充分整合各类教育培训资源，评估认定 248 个机构进入 2023 年退役军人职业技能培训承训机构黄页，挂牌成立云南退役军人学院、红河退役军人学院、大理退役军人学院、保山退役军人学院、玉溪退役军人学院、德宏退役军人学院、文山退役军人学院，搭建“退役即入学、入学即入职”的一站式服务平台，为退役军人提供有特色、精细化、精准化的教育培训。二是开展全员适应性培训。组织举办“戎耀云岭”适应培训示范班，开展就业创业政策宣讲、就业形势分析、心理健康调适、职业能力倾向测试、就业及培训意向收集、技能培训推介和专场招聘等培训和活动，为参训学员提供角色转换、职业规划

和就业指导等服务，着力提升其就业创业的能力和素质，促进更加充分更高质量的就业创业。三是提升职业技能培训针对性。围绕全省“3815”战略发展目标和资源经济、园区经济、口岸经济“三大经济”战略部署，以及茶叶、咖啡、文旅等重点产业，举办“戎耀云岭·红星职业技能培训”示范班，突出需求导向，以开发优质岗位为先导，开展订单式、定向式、定岗式培训，印发培训计划时附带就业岗位，注明培训专业、用工单位、薪资待遇等。培训期间穿插岗位推介，让退役军人提前选岗，实现“培训即就业、离校即上岗”，着力提高教育培训与市场需求的匹配度和退役军人竞争力，助推退役军人投身云南经济社会发展。

三、实施“服务提质”工程，精准高效服务

一是搭建大数据就业服务平台。依托“云南省退役军人服务一体化信息平台”和手机APP，常态化开展退役军人就业创业信息普查工作，建立退役军人人才资源和就业需求、培训需求、就业状况“三个清单”，通过与人力资源社会保障、税务、市场监管等部门实时进行大数据交换，动态了解掌握退役军人就业创业需求及状况，精准定点推送就业岗位信息及就业创业服务。二是搭建就业服务平台。建立财政、教育、人力资源社会保障、市场监管、工商等部门和单位参与的退役军人就业工作协调机制和常态化信息共享机制，合力打造“兵教师”“兵城管”“兵辅警”退役军人专属就业模式；协调提高公务员、事业单位和消防员等公共部门定向招录（聘）退役军人比例，鼓励引导退役军人参与社会治理、强边固防、乡村振兴等重点工作。2023年，省财政厅安排1150万元用于退役军人就业创业工作。省教育厅在中小学行政、工勤岗位优先接收安置政府安排工作的退役军官和退役士兵，将获得相应专业教师资格的退役军人纳入中小学兼职教师选聘范围，选聘“兵教师”27人、学校工勤人员62人。2023年，全省共组织线上线下专场招聘会287场次，为退役军人提供就业岗位22万余个，新增退役军人就业15 416人，超额完成全年目标任务。三是搭建创业服务平台。建立28个退役军人就业创业示范基地和特色实训基地，通过举办第四届云南省退役军人创业创新大赛、第六届“农行杯”云南省农村创业创新项目创意大赛，组织军创企业参加2023年“云南创业之星”选树活动，组织优秀军创企业参加全国各地退役军人创业创新成果展，选树退役军人创业先进典型，建立军创导师队伍，会同相关部门积极开展各类创业培训，引导银行等金融机构开设“军创贷”“拥军贷”等金融服务项目，鼓励社会各界成立退役军人就业创业促进会、专项创业基金，积极帮扶退役军人在落实政府各项创业普惠政策基础上进一步享受优待，营造技能成才、大众创业万众创新的浓厚氛围，帮助退役军人实现成功创业。

四、实施“一县一业”工程，打造特色品牌

主动融入云南面向南亚、东南亚辐射中心建设，因地制宜打造就业创业“一县一业”工作模式，不断扩大军创企业影响力，打造独具

云南特色亮点的退役军人就业创业工作新模式。昆明市聚焦园区经济优势，组织 390 余家企业加入昆明市“军创联盟”，为退役军人提供就业岗位 25 万余个，达成意向就业 33 403 人次，带动退役军人就业 1.7 万余人；玉溪市培养退役军人创办鲜切花生产销售企业，发展合作基地 800 多亩，建设处理车间 4500 多平方米，带动花农 800 多户，增收 1600 万元；楚雄州聚焦姚安县花卉种植、双柏县菌类加工、南华县豆品制作等县域特色，累计培育军创市场主体 6640 家，吸纳退役军人就业 5895 人，年纳税额超 2.2 亿元；文山州充分利用老区红色资源优势，引导退役军人创建青少年国防教育、红色教育培训基地 10 个；普洱市支持退役军人结合当地茶叶、咖啡等产业特点创业，涌现出塞纳咖啡、兴洋茶业等一批将云南特色农产品远销海外的优质军创企业；大理州聚焦大理“康养旅游”、弥渡“绿色蔬菜产业”、漾濞“核桃”、鹤庆“银器”等优势产业，扶持军创企业成为产业发展的中坚力量。在各类大众创业、万众创新大赛中，全省各地军创企业立足地方特色品牌，以占全省市场主体 1.6% 的数量，取得了 12% 获奖项目的优秀成绩，凸显了退役军人在大众创业、万众创新中的示范引领作用。

一年来，全省各级退役军人事务部门共组织线上线下专场招聘会 393 场，为退役军人提供就业岗位 22 万余个，帮助 1.54 万名退役军人实现就业。为 420 名退役军人争取创业贷款 0.7 亿元。2023 年底全省军创市场主体达到 12.66 万个，年上缴税收达 48.57 亿元。

军休服务管理

一、落实应接尽接，超额完成移交安置任务

一是与省军区政治工作局、省军区保障局联合优化接收安置流程、减少部队对接环节，畅通军休人员接收安置渠道，采取一次性办理、一次性告知、公布联系方式等方式，提高服务质效，任务完成率达158%，实现动态清零的工作目标。因提前、超额完成退休军人接收安置任务，中央退役军人事务工作领导小组办公室、退役军人事务部、中央军委政治工作部向省委、省政府致感谢信；陆军政治工作部向省退役军人事务厅发来感谢信。二是召开全省军休人员交接工作推进会。三是配合开展“进军营、送政策、畅安置”政策宣讲活动。四是提升安置效率，高质量完成逐月领取退役金退役军人复员军官安置工作。进一步优化移交流程、明确档案标准，采取集中审定、集中审档、集中移交的方式，切实做好接收安置工作。

二、提升服务管理质效，严格落实待遇保障

一是高质量承办2023年第一批全国军休功臣荣誉疗养活动，获得部领导“办出了特色，办出了标杆典范”的肯定，在全国会上做经验交流并以专刊形式刊发信息。举办了第三届云南省退役军人暨“云岭军休”美术书法摄影作品展、2期军休干部荣誉疗养活动、门球比赛和演讲比赛，组织“阿佤人民唱新歌”参加全国军休干部歌唱评比活动并荣获荣光闪耀奖，通过文体活动进一步激发了退役军人文化创新创造活力。二是严格按照政策规定和标准，及时做好全省军休干部和无军籍职工的人员经费、服务管理机构经费的分配、拨付工作；准确及时完成军休干部待遇审批工作，审批护理费72人次、生活补助10人次、医疗补助7人次、门诊补助13人次、一次性特别抚恤金6人次、纪检协查8人次；及时对接省医保，学习掌握医保改革政策，做好医保改革政策宣传解释，确保了军休干部、无军籍职工和家遗属的政治和生活待遇得到落实。三是完成经费编报及决算工作。积极与退役军人事务部、省财政厅对接，加强对州（市）的指导，按时编报2022年自主择业军转干部逐月领取退役金退役金决算、2023年自主择业军转干部逐月领取退役金退役军人退役金及管理服务经费预算。落实逐月人员退役金待遇。四是精心组织自主择业军转干部就业创业培训班。12月3日至9日在上海复旦大学举办自主择业军转干部就业创业培训班，来自全省50名自主择业军转干部创业典

型及优秀代表参加培训，课堂学习与实地研学相结合，提升参训学员企业管理的决策能力、应变能力和健康发展核心竞争力。

三、加强资金监管，拨付经费规范高效

强化资金监管。充分运用项目工作法，从经费测算、分配划拨、使用报销、审计审核形成闭环管理，做到测算精准有依据，分配合理显公平，使用到位有保障，审计合格无隐患；用经费项目锚定重点工作进度和年度工作时间节点，通过对经费使用的实时跟踪，实现工作要求的动态落实。

四、稳妥推进解困工作属地管理

明确属地管理原则程序、企业支付能力认定、资金保障及管理、解困标准，先后组织召开 4 次培训班、推进会，稳步推进中央驻滇和省属单位企业军转干部解困工作属地管理，将省级管理的 7000 余人下划州（市）负责，是全国少数实现属地管理的省份；完成全省近 1.3 万名企业军转干部信息更新工作；在全国率先组织召开南部六省（区、市）企业军转干部解困工作区域协调会，部军休司领导到会指导，区域外 3 个省（市）到会观摩学习。

五、加强军休队伍建设

围绕贯彻落实习近平总书记重要讲话特别是对退役军人工作重要指示批示精神，着力解决军休系统政治素质、能力本领、担当作为等方面的问题，在昆明举办两期全省军休安置和服务管理培训班，200 余名军休工作人员参训，通过业务培训、跟班学习、轮岗锻炼、结对帮带等方式，让业务人员在实践中进一步砥砺意志、增长才干，扎实打造一支政治坚定、业务精湛、作风过硬的高素质专业化工作队伍；与省军休中心加强协作，健全权责明晰、流转顺畅、优势互补、质效明显的服务管理体系。

拥军优抚

一、落实落细优待政策，营造尊崇军人良好氛围

一是紧紧围绕游览观光、交通出行等优待证持证人较为关注领域，与省发展改革委、省交通运输厅、省文化和旅游厅加强沟通协调，在全国靠前联合出台了省级4部门《关于退役军人和其他优抚对象持优待证享受有关优待的通知》，规定云南省行政区域内实行政府定价或政府指导价管理的公共文化设施及游览参观点，对优待证持证人提供免首道门票优待；鼓励实行市场调节价的游览参观点参照通知规定对优待证持证人提供相关优待。截至2023年12月底，全省提供免首道门票优待的实行政府定价或政府指导价管理的游览参观点近200家。二是根据财权与事权相匹配原则，要求各地结合实际细化公共交通方面的优待内容。曲靖市、玉溪市、保山市、楚雄州、文山州、普洱市、西双版纳州、德宏州、丽江市、临沧市部分县（市、区）已为优待证持证人乘坐公共交通工具提供票价减免优待。三是指导各地聚焦退役军人和其他优抚对象所期所盼，充分挖掘自身资源优势和政策红利，发招募、搭平台、建联盟，积极拓宽优待工作“朋友圈”，不断争取各行业优质资源为优待证持证人提供优待，努力树好优待工作“云南形象”。截至2023年12月底，云南省优待目录清单达2600项，涵盖餐饮、文娱、住宿、交通、医疗、教育、就业、金融服务等领域。四是指导全省各地做好电子优待证优待项目录入准备工作，并按照要求完成试点，在优待服务管理系统录入可提供优待服务的A级旅游景区65家，方便优待证持证人在手机APP便捷查询、享受优待项目。五是按照规定程序完成光荣牌、年画采购工作，为30万名重点优抚对象发放年画，为享受伤残抚恤待遇的约200名退役军人提供辅助器具配置服务。

二、健全完善制度机制，提升服务保障水平

一是联合省财政厅、省卫生健康委、省医保局出台《云南省优抚对象医疗补助“一站式”费用结算办法（试行）》，在全国率先开发省级优抚对象医疗补助“一站式”费用结算平台，切实解决优抚对象报销难、流程烦琐等实际问题。截至2023年底，依托平台累计为2万余名优抚对象结算补助资金1600多万元，实现“让数据多跑路，优抚对象少跑腿”的目标。二是印发《关于进一步规范退役军人事务部门评定残疾等级工作有关事项的通知》，针对工作实践中存在的难点堵点问题，建立完善了工作规范制度、限期办

理制度、预审预判制度、联动制度机制，残疾等级评定工作更加规范有序。2023年，评定伤残等级265名，转移伤残抚恤关系747名，确保广大退役军人伤残抚恤关系转到地方后不断档、不落空。三是有力推进优抚事业单位改革。成立省荣军优抚医院改革发展指挥部和优抚医院改革发展领导小组，积极指导省荣军优抚医院和红河州优抚医院加快项目立项审批，扎实推进优抚事业单位高质量发展。力争用3年时间使优抚医院规划布局更完善、省级优抚医院基础建设明显改观、品牌优势基本形成。2023年，省荣军优抚医院已完成可行性研究、规划设计等工作，并争取到国家资金1800万元。四是联合省总工会印发《关于做好部队立功人员加发退休待遇认定工作的通知》，明确申报材料、工作程序和工作要求，进一步做好转业安置到地方的部队立功人员待遇认定工作。2023年完成35个部门128名退役军人认定，切实维护好退役军人合法权益。五是配合厅政策法规处制定《云南省退役军人事务系统行政裁量权基准》，结合退役军人优抚工作实际，将相关行政处罚、行政确认、行政给付和其他行政职权纳入行政裁量权基准的重要内容，明确行政权力事项办理的责任部门、资格条件、所需材料、办理程序、办理时限等，进一步规范了优抚工作事项的办理。六是在普洱市举办云南省退役军人事务系统优抚业务能力提升班，共计180人参加培训，通过业务培训补齐短板、加固底板，进一步提升全省优抚工作人员政策水平和业务能力。

三、夯实基础保障工作，维护优抚对象合法权益

一是对全省90余万名退役军人开展建档立卡工作，对全省优抚对象开展年度确认工作，全省年度确认率达99.99%，为精准服务广大退役军人和优抚对象奠定了基础。二是严格资金管理，2023年按规定程序共下达各类抚恤优待资金30亿元，确保及时足额兑现退役军人和其他优抚对象各类待遇。因优抚对象当年自然减员形成的结余资金，继续用于解决优抚对象生活、医疗、住房等困难和优抚对象的临时性救助。三是强化惠民惠农财政资金“一卡通”平台使用和相关问题整治。优抚对象的补助经费、节日慰问、价格临时补贴、城乡一体生活补助共4个项目上线率和发放率均达100%，有效避免骗取、冒领、挤占优抚资金等损害优抚对象合法权益的问题发生。四是高质量完成“十三五”社会服务兜底工程审计，对发放抚恤待遇的资金进行审计核查，依法依规开展省光荣院建设，为退役军人和优抚对象提供更好的养老服务。五是指导省退役军人关爱基金会依法开展工作，批复成立曲靖市退役军人关爱基金会，进一步发挥社会力量在帮扶困难退役军人和其他优抚对象方面的促进作用。

双拥工作

一、坚持高位推动，压紧压实政治责任

省委书记王宁先后在省委退役军人事务工作领导小组会议、省委议军会议上对做好年度双拥工作作出安排部署，亲自率队走访慰问驻滇部队，亲自主持召开云南省庆祝中国人民解放军建军96周年暨纪念延安双拥运动80周年座谈会，亲自审定《关于加强新时代拥军支前工作的实施意见》；省长王予波在国防动员会议和省政府工作报告中对做好年度双拥工作作出具体部署；副省长纳云德组织召开全省褒扬纪念、就业创业推进会议，对重点工作作出专题部署。省双拥办积极推动将双拥工作纳入省委督查、党政领导班子考核、党管武装“第一书记”述职。各级党委、政府主要领导深入驻滇部队走访慰问、现场办公，树立起“一把手”带头抓双拥工作的鲜明导向。

二、树牢向战为战导向，全力支持部队练兵备战

坚持向战聚焦、为战服务，参与拥军支前行动保障441批17万人次；扎实开展拥军支前理论研究、实案修订，组织开展拥军支前潜力调查，配合南部战区圆满完成某重大演训活动，研究形成“党政军警民合力强边固防”“特殊政策手段激励军心士气”2项课题研究成果，其中，“特殊政策手段激励军心士气”列入南部战区演练交流课题。研究提报退役军人事务领域军民融合发展规划（2023—2035年），制定印发《关于加强新时代拥军支前工作的实施意见》，推动双拥工作融入一体化国家战略体系和能力。提升应急应战服务保障能力，按照全国双拥办部署及时启动应急应战响应机制，靠前服务“应急使命·2023”高山峡谷地区地震灾害空地一体化联合救援演习参演部队。全省军供系统持续优化提升军供保障能力，科学整合保障力量，提高区域化联合保障能力，完成军供保障36万余人次，新增军供站2个，高标准建设大理下关军供站。曲靖市协调先期投入5600余万元，推动驻军某部专线项目建设、训练场置换土地后期整理工作。

三、聚焦“三后”之忧，做优做实服务保障

畅通“后路”，第29年在全国率先高质量完成年度转业军官安置任务，高质量安置300余名转业军官、1900余名符合政府安排工作退役士兵，经验做法连续5年被退役军人事务部

转发；积极推动将“新增退役军人就业1万人”列入省政府2023年10件惠民实事内容，出台《关于促进优秀退役军人到中小学任教的实施意见》等政策措施，成立云南退役军人学院，实施“金星”“红星”等系列示范培训项目，举办线上线下退役军人专场招聘会487场，提供就业岗位22万余个，截至2023年11月，新增退役军人就业15 400余人，提前超额完成年度目标任务，扶持5.77万名退役军人成功创业，全省军创市场主体达到12万个。巩固“后院”，制定印发《关于进一步做好军人随军家属就业安置工作实施办法》，高质量协调解决随军家属随调随迁安置就业310余人次。关爱“后代”，军人子女教育优待配套政策制定工作稳步推进，军人子女享受教育优待4600多人次。其中，昭通、普洱、丽江等地军人子女全部按意愿就读。聚焦退役军人所需所盼，连续5年提高优抚对象抚恤补助标准，常态化组织开展“情系边海防官兵”“聚焦一线、聚力解难”拥军优属专项活动和“情暖老兵”系列活动，制发《关于退役军人和其他优抚对象持优待证享受有关优待的通知》，发布优待项目清单2585条，196个游览参观点提供首道门票优待。

四、抓实共建共创，尊崇尊重氛围浓厚

深化巩固军地共建共联，新一届全国双拥模范城（县）申报数量和增幅创下历史新高，创建考评工作受到全国双拥工作领导小组副组长、军委政治工作部中将副主任王成男充分肯定。昆明市、曲靖市列入全国“城连共建”对子，16个州（市）与驻滇边防连队哨所“一对一”结对开展军民共建，大理舰命名入列，全省“城舰共建”再迎新发展，坚如磐石的军政军民团结持续巩固。军地联合组织开展“最美拥军人物”“最美军嫂”“最美退役军人”学习宣传活动，评选10名云南省“最美拥军人物”、10名云南省“最美军嫂”、25名云南省“最美退役军人”，曲靖市赵春良被授予全国“最美拥军人物”称号，保山市安晓华被授予全国“最美退役军人”称号，全社会尊重退役军人、尊崇现役军人氛围持续浓厚。

五、助力地方建设，践行为民爱民宗旨

驻滇部队把云南当故乡、视人民为亲人，在抢险救灾、维稳处突、强边固防中当先锋打头阵，投入3500余万元支援重点工程项目128个，送医送药46万元，援建中小学校68所。省军区系统组织民兵2万多人次协助做好“10·27”事件（云南方向中缅边境缅方一侧武装冲突）后边境安全防卫工作，分流疏散涌入避战边民近2万人、转移疏散我方边民2万余人。驻滇某部部署推进“八一爱民”和“蓝天春蕾”学校援建，按校均100余万元的标准，高质量推进“六个一”帮扶任务；驻滇某部帮扶的禄劝县则黑乡打车村，被评为军队支持全面推进乡村振兴“百村样板”建设对象。武警云南省总队圆满完成省两会、中国—南亚博览会、第十一世班禅在滇期间警卫安保等任务，参与森林火灾扑救、泥石流灾害救援、抗洪抢险等任务7起；参加“应急使命·2023”高山峡谷地区地震灾害空地一体化军地联合救援演习。

褒扬纪念

一、坚持紧盯不放，做实做细烈士祭扫工作

一是形势早分析。2022 年 12 月底向退役军人事务部报送了 2023 年烈士祭扫工作形势评估报告，提出了云南将迎来疫情结束后首个实地祭扫高峰期，退役军人接祭扫之机串联聚集组织活动、表达诉求的研判，建议坚持全国“一盘棋”，由退役军人事务部、公安部等部门统一指导、统一部署，强化省际协同协作，风险研判预警，守牢政治、社会安全底线。2023 年 1 月 31 日，春节一过即组织省、州（市）、县（市、区）三级退役军人事务部门开展烈士祭扫形势分析研判，统一思想认识，商议对策措施。2 月 1 日，牵头组织政法、网信、发展改革、公安、交通运输、文化和旅游、卫生健康、信访等省直部门召开 2023 年烈士祭扫工作研判会，针对交通、景区、食宿等风险高发易发点位及退役军人心态、诉求变化等进行全面分析研判，提出对策措施，启动协调联动机制，拟定工作思路、应对措施和工作计划，并向分管省领导进行了专题请示汇报。二是工作早部署。2 月 15 日，会同省公安厅、省交通运输厅、省文化和旅游厅联合印发《关于做好 2023 年重要时间节点烈士祭扫组织服务和安保维稳工作的通知》，并提请省政府于 2 月 16 日召开全省烈士祭扫工作视频会议，传达全国会议精神，副省长纳云德对全省烈士祭扫工作进行安排部署。结合工作实际，4 月 17 日召开全省烈士祭扫和舆情管控工作视频会议，下发《云南省退役军人事务厅关于扎实做好“4·28”“4·30”重要时间节点烈士祭扫工作的通知》，要求强化陵园管理，规范烈士祭扫活动。三是政策早宣传。精心设计制作短视频、动画、海报，通过官网、官微、微博、抖音等新媒体广泛宣传祭扫政策，引导祭扫人员文明祭扫，积极营造尊崇缅怀英烈浓厚氛围。通过发放文明祭扫手册、告知书等方式，做好祭扫期间高速公路通行、景区游览等有关政策的解读解释工作，避免政策宣传不到位引发矛盾。四是服务早安排。围绕烈属和退役军人的“吃住行祭”需求，提前对接，主动靠前提供贴心暖心服务，全力满足烈属需求，不断拓展“六个一”服务链条的内涵和外延，持续开展“代亲祭扫”“认亲祭扫”“烛光祭扫”服务，广泛开展“网上祭英烈”活动，制定祭扫期间酒店、饭店、景区等场所提供的折扣优惠清单，陵园设置免费医疗点、休息点、服务点，全方位做好祭扫人员服务保障。五是情况早处置。牢固树立全国、全省“一盘棋”思想，加强横向纵向联动。主动加强与兄弟省份退役军人事务部门对接联系，掌握重点人和规模赴滇祭扫信息，及时预警通报、请求协助支持。

会同公安、交通运输、文化和旅游等部门压实各行业各系统各战线工作责任，全力降低安全稳定风险隐患。全省基层退役军人事务局和服务中心（站）发挥观察员、信息员、调解员作用，摸清有异地祭扫意愿的人员特别是退役军人思想和行程动向，对欲组织或参加规模祭扫的人员上门开展政治思想工作，减少降低祭扫的人次规模，缓解红河、文山接待压力。印发《关于派出前置工作组赴红河文山开展重要时间节点烈士祭扫安保维稳工作的通知》，重要时间节点处室主要负责同志均前置一线，强化对红河、文山烈士祭扫工作的支持和督导，确保各项工作措施落地见效，全省烈士陵园共接待祭扫人员 344 275 人次，其中红河、文山对越自卫反击战烈士陵园接待祭扫人员 107 510 人次，“4・28”“4・30” 期间接待祭扫人员 8602 人次，实现了烈士祭扫安全有序、文明和谐的目标。

二、强化制度建设，为做好褒扬纪念工作提供支撑

会同省委宣传部、省委党史研究室、省财政厅、省文化和旅游厅、省文物局、省档案局、省地方志办、省军区政治工作局等 8 部门联合印发《关于加强烈士纪念设施展陈讲解工作的实施意见》，在展陈讲解审查、优化展陈内容、创新展陈讲解形式、收集展陈物品和建设人才队伍 5 个方面提出 11 条指导意见，为各地开展工作提供精准指导。会同省财政厅下发《关于进一步规范烈士纪念设施建设修缮项目申报评审的通知》，及时解决地方已垫支或通过自筹等渠道筹集资金完成烈士纪念设施建设修缮项目的资金补助争取渠道问题。下发《关于进一步加强烈士陵园管理规范烈士祭扫活动的通知》，明确要求各烈士陵园要建立巡查制度、预约审查制度、活动管控制度和请示报告制度，进一步规范了集体祭扫活动组织程序，为烈士祭扫活动规范化管理提供依据。下发《关于开展烈士纪念资金管理使用自查自纠工作的通知》，组织各地对 2019—2022 年期间烈士纪念资金管理使用情况进行自查自纠，共发现资金管理、项目采购、项目实施等方面的问题 42 个，其中，资金管理方面的问题 31 个、项目采购管理方面的问题 4 个、项目管理实施方面的问题 7 个，制定整改措施，切实督促地方进一步严肃财经纪律，有效防范化解相关风险隐患。积极推进《云南省烈士纪念设施规划建设修缮管理维护导则》编制工作。

三、积极争取资金，切实加大烈士纪念设施建设维护力度

争取社会服务设施兜底线工程 2023 年中央预算内投资计划 6382 万元，实施 8 个烈士纪念设施新建改扩建项目；精心指导各州（市）做好社会服务设施兜底线工程 2024 年中央预算内投资烈士纪念设施建设项目申报工作（共申报 13 个）。评审下达各地 2023 年优抚事业单位补助资金 1930 万元，用于实施 13 个烈士纪念设施建设修缮项目和保障红河、文山烈士祭扫工作。评审下达各地烈士纪念专项补助经费 1200 万元，用于 20 个省级烈士纪念设施修缮维护，补助 5 个烈士纪念设施提质改造项目（其中 3 个项目为二次补助）。采取县级自评、州（市）遴选，褒扬纪念处实地抽查、处务会综合测评打分方式，经

厅党组会议审议，按时向退役军人事务部上报了《关于申报第七批国家级烈士纪念设施的请示》（共申报 7 处烈士纪念设施）。

四、密切结合实际，精心组织开展烈士纪念工作

隆重举行烈士纪念日活动。牵头统筹军地各部门、单位，“9·30”烈士纪念日在昆明抗战胜利纪念堂隆重举行向人民英雄敬献花篮仪式，省委书记、省人大常委会主任王宁，省委副书记、省长王予波，省委副书记石玉钢等党政军领导，与各族各界代表一起向人民英雄敬献花篮，缅怀烈士功绩，传承英烈精神。庄严举行 2023 年《烈士光荣证》颁授仪式，副省长纳云德出席仪式并为 6 位烈士遗属颁授《烈士光荣证》。指导各地规范有序举行烈士纪念活动。有序推进《云南英烈及纪念设施大典》编纂工作。组织完成《云南英烈及纪念设施大典》（第一稿）初审工作，进一步规范格式表述体例和照片要求，并及时下发通知指导各地修改完善。逐一对全省县级以上烈士纪念设施基本情况、设施图片进行审核把关，高质量向退役军人事务部报送了《云南省县级以上烈士纪念设施概览图册》制式文稿和图片。依法依规报请省人民政府评定李吉芳同志为烈士，并按程序报退役军人事务部备案。积极选拔退役军人事务系统专兼职英烈讲解员参加全国英烈讲解员大赛。

五、胸怀国之大者，圆满完成在老中国烈士陵园开园移交工作

一是做好开园移交仪式筹备工作。受退役军人事务部委托，完成在老中国烈士陵园开园移交仪式组织筹备等相关工作，起草仪式请示、方案、协议、合同等报退役军人事务部审定，加强与驻老使领馆沟通对接，在短时间内按程序办理完成有关人员因公临时出国（境）报批各项手续。二是隆重组织举行开园移交仪式。组成工作组赴老挝，指导并全程参与施工单位开展仪式筹备和现场布置等各项工作，确保开园移交仪式隆重、规范举行，得到中老双方代表和援老抗美老战士、烈属的充分肯定，为凝聚海内外中华儿女的家国情怀贡献了力量。三是审核在老中国烈士陵园维护预算经费。根据中老双方签订的《勐赛、纳莫中国烈士陵园设施设备移交协议》，对老方编制的 3 个中国烈士陵园维护预算经费情况进行审核，向退役军人事务部褒扬纪念司报送了《关于在老中国烈士陵园维护预算经费审核意见的函》。

机关党委（人事处）

一、以政治建设为统领，全面推进机关党建高质量发展

加强政治建设。坚持以党的政治建设为统领，严格落实“第一议题”制度，深入开展“政治坚定、竭诚服务、追求卓越、清正廉洁”的机关文化价值理念主题实践活动，着力打造“五型机关”，坚持不懈加强政治机关意识教育，切实把讲政治要求落实到退役军人工作全过程各方面。深化理论武装。建立健全领导带学、个人自学、支部研学、群团共学、实战检学“五学联动”机制，认真落实每周学习日制度，举办学习贯彻习近平新时代中国特色社会主义思想主题教育读书班2期7天，开展12次厅党组理论学习中心组集中学习、7次专题辅导、6期“万名党员进党校”专题培训，选送100人次党员领导干部参加省内外高校培训。连续2年在省直机关“党的创新理论我来讲”评比大赛中荣获二等奖、1名个人受到中央和国家机关工委表彰，党的创新理论武装不断走深走实。狠抓责任落实。研究制定“一要点五清单”，完善“三级四岗”责任清单，建立党支部和群团联系点制度，推动党建责任层层压实、一贯到底。研究制定推动新时代机关党的建设高质量发展三年行动计划实施方案，开展六大行动，实施20项措施，采取“周提示、月调度、季检查、年考评”，确保各项重点任务落到实处。落实意识形态工作责任制。将意识形态工作列入年度工作要点，作为检查考核重要指标和民主生活会对照检查和述责报告的重要内容，切实做到意识形态工作与退役军人工作同研究、同部署、同推进、同落实。坚持每季度专题研判意识形态工作，半年开展一次专项检查并通报，切实将意识形态工作落到实处。夯实基层基础。以创建“云南模范机关”和“云岭先锋红旗党支部”为引领，不断丰富完善“1+2+N”党建工作体系，研究制定党支部工作“示范卷”，每月开列党建工作清单、提前预警“智慧党建”落实进度，推动党支部规范化建设达标率达100%。研究制定基层党组织建设分类指导意见，因地制宜、因岗施策，充分发挥基层党组织战斗堡垒和党员先锋模范作用。加强教育管理。研究制定党员干部“八小时以外”监督管理9条措施，加强全覆盖、全方位、全周期监督管理。加强离退休党员教育管理，充分调动参与组织生活的主动性、积极性，省荣军优抚医院离退休人员党支部被评为2023年云南省离退休干部“模范党支部”。深化党群互促。建立“六带六建”工作机制，高标准打造职工之家、青年之家、妇女之家，常态化开展青年理论小组学习、学雷锋、暑期子女托管、文体比赛等活动，干部职工凝聚力不断增强。

二、以清廉机关创建为目标，不断推动党风廉政建设走深走实

加强政治监督。集中整治惠民惠农财政补贴资金“一卡通”问题70个，整治烈士纪念设施提质改造资金使用问题42个，严肃约谈企业军转干部经费发放不作为、退役士兵“两保接续”慢作为单位，推动政治监督具体化、常态化、精准化。抓实问题整改。深化问题“大起底”“大排查”“大整改”，对主题教育检视发现4类13个问题、基层治理8种不良现象和厅机关内部巡察发现问题，明确责任抓整改、严肃纪律抓整改、举一反三抓整改，全省系统累计整改各类问题1600余个。严格纠治“四风”。严格落实清廉云南建设“十大行动”任务清单，推动整治公车管理使用问题2类4个。精准运用监督执纪“四种形态”，约谈1个工作推进不力的市退役军人事务局，对厅机关2名干部提醒谈话、1名干部诫勉谈话、1名干部通报问责、3名干部批评教育，坚决防止由风及腐、滋生不良影响。加强风险防范。制作《黑洞》《双面人》2部警示教育片，在全系统开展集中警示教育，持续唱响警示教育“四季歌”，推动警示教育常态长效。滚动排查廉政风险点766个，制定针对性措施769条，以“小”见严固堤坝。严密组织干部廉政谈话、监督谈话、新入职人员集体谈话，及时通报违纪违法案件，筑牢廉洁从政“防火墙”。深化“清廉机关”建设。建立健全“一账一册一牌一室两图”运行机制，打造机关廉政文化长廊，创新实施“思想筑廉、机制促廉、监督护廉、文化润廉”行动，“清廉机关”建设荣获省直机关擂台比武第一名。

三、以干部队伍建设为抓手，激发退役军人工作高质量发展内生动力

鲜明用人导向。严把政治关、实绩关、廉洁关，组织开展6批次13名干部选拔任用、职级晋升工作，完成23名处级以上领导干部试用期满考核工作，组织直属事业单位竞聘上岗5批次44人、公开招聘38名工作人员。调整优化设置。积极沟通协调完成省荣军优抚医院更名事宜，指导帮助4家直属事业单位调整优化内设机构和岗位设置，激发内生发展动力。强化日常监管。研究制定《关于进一步加强干部职工因私出国（境）管理的通知》《干部职工教育培训工作管理规定》，建立“一带一、一对一”新人帮带责任机制，严密组织47名党员干部按时填报个人事项，从严推进“躺平式”干部专项整治，激发党员干部干事创业精气神，让愿担当、敢担当、善担当蔚然成风。

省荣军优抚医院

一、坚持政治建院，党的建设持续向好

始终坚持把政治建院摆在首位，党性教育现场教学点接待60余批900余人次参观学习。建立青年理论学习小组，组织女职工参加二十大精神知识竞赛、“红土地之歌”演讲比赛，评推康复医学部“全省巾帼文明岗”，党建带群建出新出彩，“党的创新理论我来讲”原创节目《荣情大爱》荣获省直机关二等奖，离退休人员党支部被省委老干部局命名为“模范党支部”。年度综合考评连续两年为优秀。

二、围绕主责主业，工作质效持续提升

组织残疾退役军人外出住院检查、体检康复110余人次，邀请外院专家到院会诊5次；联系社会各界13批次130人次来院看望慰问残疾退役军人，送上23.78万余元慰问金及慰问品，老兵荣誉感、幸福感和获得感进一步提升。圆满完成160名优抚对象来昆疗养体检工作，累计为1160名优抚对象提供巡诊服务，免费发放价值29万元的药品，把健康带到优抚对象身边。坚持开门办院，筹办五华如安街诊所，把医疗服务向基层一线延伸。

三、聚焦发展要务，改革步伐持续推进

制定三年“上台阶”行动计划，将“云南省荣军优抚医院建设项目”列入全国“十四五”时期优抚医院建设项目库。争取1800万元中央专项彩票公益金用于购置紧缺医疗设备，申请184万元机动资金用于康复治疗区及就医设施增补建设。配合完成国家发展改革委、退役军人事务部、全国双拥工作领导小组等重要调研，抓住时机、争取支持。赴广东、四川等省份优抚医院及省内三甲医院学习取经，逐步明确以康复康养、安宁疗护为特色、带动其他学科共同发展的改革思路。将医院更名为“云南省荣军优抚医院”，扩大优抚医院的品牌。

四、紧扣强基固本，队伍建设持续强化

公开招聘专技、管理人员15名，接收安置士官2名，充实人才队伍。选派医护人员20人次赴三级综合医院进修学习，开展业务讲座19次、医学继续教育10次。开展专技、管理岗位

竞聘工作，调整优化内设机构及其负责人，部室设置、人员配备更加符合现代医院规范要求。开展“躺平式”干部专项整治，评选“实干型”干部，鲜明实干导向。

五、紧盯从严治党，正气清风持续夯实

持之以恒落实中央八项规定精神，加强日常提醒和节前廉政提醒；落实清廉云南“固堤行动”“惠民行动”及医药领域腐败问题集中整治自检自查工作。修订廉政风险防控登记表共26份，加强重点项目、重点部门、关键岗位、人员的监督。深化警示教育和忠诚教育，参加纪检培训班，进行廉政家访13户，签订《家庭助廉倡议书》40余份，不断强化干部职工廉洁从政意识。

省军队离退休人员服务中心

一、军休服务保障水平有效提升

建立定期联系制度，制定了离退休人员管理措施（试行），实行离退休人员离昆报备、工作人员与退休干部结对子等制度，每月通过定期入户慰问和电话联系及时了解军休干部的生活和身体健康状况，认真倾听军休干部对军休服务管理工作的意见和建议；摸清全省军休服务管理工作底数，及时掌握军休干部思想动态和生活情况。全面清查“全国军休安置服务管理”系统数据，完成全省军休干部离退休证补换1000余本。严格执行有关政策规定标准，足额发放军休人员离退休金和各类补贴补助，审核报批军休干部护理费和医疗、门诊、遗属生活补助66人，以及抚恤金、丧葬费近500万元。春节、“八一”建军节等重要节日，走访慰问军休人员和干部职工300余人次。

二、“云岭军休”系列活动精彩纷呈

一是开展军休功臣荣誉疗养系列活动。指导大理州圆满承办2023年全国军休功臣荣誉疗养活动，受到《退役军人事务部信息》第18期刊文表扬，获部领导“办出了特色，办出了标杆典范”的充分肯定；分别在西双版纳州、腾冲市举办了2023年全省军休干部第一、二期荣誉疗养活动；组织13名军休功臣赴广西桂林参加全国荣誉疗养活动，真切传达党和政府的关心关爱。二是开展形式多样的文体活动。举办的“云岭军休·党的光辉照边疆”全省军休干部门球比赛、“云岭军休”讲述军休幸福故事演讲比赛、第三届云南省退役军人暨“云岭军休”美术书法摄影作品展等，受到退役军人和军休干部的一致好评；选送云南省军休干部作词作曲、自编自唱的《阿佤人民唱新歌》参加全国军休干部歌唱比赛获荣光闪耀奖；开展歌咏、书法、羽毛球、气排球等文体活动，形成了以工会干部、共青团干部和文体活动兴趣小组长为骨干的文体活动队伍，做到“周有活动、月有比赛、重大节日有综合性文体活动”。三是打造“云岭大讲堂·军休讲堂”品牌活动。全年共举办“云岭大讲堂·军休讲堂”8次，直接听众或间接受众共1.1万余人，在全省军休服务管理机构掀起了学党史、悟思想、办实事、开新局的热潮。

三、军休干部服务社会成效彰显

引导军休干部积极参与社会公益、思想教育等基层治理各领域，传承红色基因、巩固国防教育，助力经济建设和社会发展。2023 年，军休干部宣讲团深入政府机关、企事业单位、社区、学校红色宣讲 10 次，军休民乐队、舞蹈队、合唱团 15 次受邀参与社会各界文艺演出，军休义诊队多次开展社会义诊，军休志愿队深入学校慰问等，有效将各类专业人才纳进云岭军休“银色人才库”，充分展示军休干部“离休不离志，退役不褪色”“老有所为，老有所乐”的精神风貌。

四、军休阵地平台功能充分发挥

坚持正确舆论导向，牢牢把握意识形态的话语权。持续宣传全省军休干部“云岭军休”系列活动，推出优质作品，多次在部官网、云南网、七彩云端、今日头条、学习强国、《云南省老年报》、《春城晚报》等多种媒体上发布，受到部宣传中心致信感谢，《云南省老年报》头版头条宣传云南省军休系统适老化改造，助力“云岭军休”品牌打造。

省退役军人服务中心

一、着力强基固本

一是夯实基层基础，运行机制更加顺畅。落实落细全省退役军人服务保障体系建设现场推进会议精神，探索乡级退役军人服务站与武装部融合工作模式和乡级“七位一体”、村级“四位一体”工作机制，推进“一心两家三站”综合阵地建设，打造“一站式”工作阵地，推动党群工作、退役军人工作、武装工作深度融合。指导基层延伸服务触角，积极探索退役军人服务站进高校、进企业。二是强化队伍建设，保障能力明显提升。开展2023年全省退役军人服务中心（站）业务能力提升及权益维护骨干人员、兵支书培训班，全省服务保障队伍能力明显提升。三是持续“典型引领”，服务保障更加规范。开展退役军人服务中心（站）“九大功能”典型案例征集评选活动，围绕退役军人服务中心（站）“九大功能”深挖典型、选树标杆、培育品牌，确定7个典型案例，在全省范围内形成示范效应。开展2023年“百名优秀主任（站长）”遴选工作，7名同志入选2023年全国退役军人服务中心（站）“百名优秀主任（站长）”。

二、加强思政引领

持续推动退役军人志愿服务工作。组建退役军人志愿服务队，构建“一村（社区）一队伍、一地域一品牌”的退役军人志愿服务格局，进一步规范退役军人志愿服务队在防汛抗震、乡村治理、强边固防、服务社会等方面的志愿服务工作。号召各地退役军人志愿服务组织和志愿者积极报名参加退役军人事务部组织的“传承红色基因·赓续红色血脉”——退役军人关爱青少年志愿服务项目，云南省30支退役军人志愿服务队伍成功入选，共开展活动389场次，服务青少年2.7万余人次。发挥优秀退役军人骨干带动效应，引导退役军人投身社会建设、乡村振兴战略，鼓励优秀退役军人依法依规加入村（社区）“两委”，全省已有1万余名退役军人“两委”成员扎根基层、为民服务。

三、强化权益维护

依法依规做好来访接待工作。不断优化省退役军人综合服务大厅服务环境、服务模式、服务质量，着力打造成为政策宣传的平台、反映诉求的渠道、解决问题的窗口，维护退役军人和其他优抚对象合法权益。创新工作方式，积极推进远程终端建设，让网络多跑路、群众少跑腿。召开部、省、市、县四级联合视频接访或权益维护工作视频调度会。通过法律咨询、帮扶援助等方式，帮助 60 余人次进行法律咨询和服务，协调相关部门帮助困难退役军人成功申请爱心基金。丰富宣传内容、拓宽宣传阵地，设计印制《中华人民共和国退役军人保障法》等政策文件宣传册 9 万余份发放到退役军人，增强退役军人依法维权意识。

四、提供暖心服务

一是开展帮扶慰问工作。协助开展困难退役军人先天性心脏病子女救助行动；协同省退役军人关爱基金会开展 2023 年“情暖老兵·春节慰问”“情暖老兵·八一慰问”“情暖老兵·为少数民族困难退役军人送温暖”系列活动。二是组织优抚对象疗养和种植养殖技能培训。完成 2 期 158 名优抚对象疗养工作和 2 期 141 人种植养殖技能培训，得到服务对象一致好评，尊重关爱氛围更加浓厚。三是协助做好优待证相关工作。指导各级退役军人服务中心（站）做好优待证常态化申领发放工作，及时妥善处理优待证相关投诉；协助省退役军人事务厅与发展改革、文化和旅游、交通等部门联合印发《云南省退役军人事务厅等 4 部门关于退役军人和其他优抚对象持优待证享受有关优待的通知》，为优待证持证人在文化和旅游、公共交通方面提供实实在在的优待。

五、开展就业创业帮扶

一是完成相关经费核拨。完成 2022 年度全省自主就业退役士兵一次性经济补助资金核拨工作和 2023 年退役军人服务及就业创业省级补助经费核拨工作。二是开展相关数据情况统计工作。完成全省自主就业退役士兵培训状况调查工作；完成全省 2022 年退役安置相关数据统计工作；组织开展全省退役军人创办市场主体情况信息普查工作；指导全省退役军人服务中心（站）按时准确完成 2023 年退役士兵信息登记工作。

省军供站

云南省各军供站坚决贯彻落实习近平强军思想，坚持向战为战目标导向，牢固树立姓军为军、全力备战意识，为部队提供优质高效军供服务保障。组织全省军供系统人员进行为期 4 天的培训及演练，提高了战备意识，统筹全省军供保障力量，圆满完成了国家“应急使命·2023”高山峡谷地区地震灾害空地一体化联合救援演习及应对缅北冲突应急军供保障任务。

针对当前部队军供保障需求人数多、时间长、点位多及军供保障力量少且分散的特点，科学整合全省军供保障力量，组织跨区域联合军供保障活动，提高区域化军供保障能力。4 月组织下关、南涧两个军供站完成了一州两站 4 点位军供保障任务；5 月组织昆明、广通、下关军供站完成了机动保障丽江参演部队军供保障演练活动。组织全省 24 个军供站在临沧开展了跨区联合保障演练，对联合保障的程序、方法进行了有益探索。

积极适应形势任务变化，根据新时代部队备战打仗对军供保障的需求，持续加强机动保障能力建设，优先配备野战军供保障设备，探索野战保障模式，建立定点保障与区域保障、一般保障与应急保障、自身保障与社会保障互补并举的新模式，不断提高应急保障和野外保障能力。

坚持统筹规划科学布局，全力推进军供站提质改造。贯彻部队运输投送到哪里，军供保障就跟进到哪里的要求，推进新建铁路军供站的建设、移交接收工作，为加密滇南地区军供保障站点，填补滇西北地区军供保障空白，组建了蒙自、香格里拉军供站，使站点布局更加合理，保障盲点进一步减少。

强化军供保障设施设备，2023 年云南省军供站争取中央和省财政资金 1390 万元（中央 1190 万元，省级 200 万元），分别对曲靖、广通、开远、普洱、下关、临沧、墨江、元江、香格里拉 9 个军供站的维修改造和设备更新给予支持，改善了军供保障条件，提升了军供保障能力，为更好适应国防建设和军事斗争需要奠定基础。

省退役军人培训中心

一、扎实推进主题教育

牢牢把握主题教育的根本任务和总体要求，认真贯彻落实厅党组工作要求，坚持把理论学习、调查研究、推动发展、检视整改、建章立制融会贯通，推动主题教育走深走实。一是强化理论学习。坚持运用党的创新理论武装头脑，严格落实支部第一议题学习制度，带领支部党员学习8本必学材料，依托"三会一课"、主题党日、集中研讨等载体，让支部党员轮流领学、交流心得、相互启发，2023年开展集中学习32次，举行交流研讨2次，讲党课4次。二是深入调查研究。选定"优化提升转业军官适应性培训课程设置""云南退役军人APP使用场景优化"2个调研课题，通过实地走访、座谈交流、问卷调查等方式查找问题、搜集数据，深入昆明盘龙、大理弥渡、普洱宁洱等地与基层工作人员面对面交谈，了解困难问题，听取工作建议，形成2篇调研报告，推进调研成果转化工作。三是认真检视整改。制定支部问题清单整改措施3条，召开专题组织生活会认真查摆问题，深刻剖析原因，提出整改措施。整改完成巡察反馈的10个问题，支部提出17条整改措施全部整改到位，健全完善14项制度，不断提高工作制度化规范化水平。

二、精心组织开展培训

立足培训工作职责，紧扣重点工作任务，圆满完成4次7期577人次培训工作。一是协助筹办2023年云南省转业军官欢迎仪式和适应性培训。首次在昆明抗战胜利堂隆重举行云南省转业军官欢迎仪式，厅领导出席开训典礼并致辞、作动员讲话，300名转业军官面向党旗重温入党誓词，9名荣立二等功以上荣誉的转业军官走上主席台接受褒奖，尊崇尊重的导向更加突出，为第29年在全国率先高质量完成年度转业军官安置任务保驾护航。二是举办全省退役军人一体化服务平台功能培训班。在昆明、曲靖、大理、普洱举办4期专题培训，实现各州（市）、县（市、区）退役军人事务局全覆盖，促进一体化服务平台规范使用、高效运行。三是举办全省退役军人事务系统数字素养能力提升培训班。深入学习贯彻总体国家安全观，围绕政务服务、政务公开、软件正版化等重点工作解读相关政策，组织前往"数字云南"展示中心、云南白药智慧工厂参观见学，以数字赋能促进服务保障能力提升。四是举办新媒体平台信息员培训班。设置栏目内容策划、短视频拍摄剪辑技巧、新媒体稿件写作等课程，组织学员开展拍摄实操，为打造2024年全省退役军人事务系统宣传工作升级版奠定基础。

三、有序推进信息化建设

一是完成重点项目。全省退役军人一体化服务平台（二期）建设、购买国产化云计算资源服务、购买全省退役军人事务系统视频会议保障服务等6个项目完成验收，上线云南退役军人APP，协调推进部省数据交换对接工作，全省退役军人综合信息数据库接收部级下发各类数据327万余条，制定数据安全保密、信息资产安全管理等4个方面15项制度。二是组织开展网络安全宣传。筹划组织“国家网络安全宣传周”活动，参观昆明浪潮云计算产业园，邀请云南大学教授围绕网络安全意识重要性、网络安全管理责任和网络安全基本知识等方面进行授课，进一步提高干部职工网络安全意识和网络安全素养。三是做好网络环境日常维护。按照通信工程标准对厅机关机房环境、网络线路和设施设备等进行升级改造，为日常维护和检修工作提供基础条件。制定厅正版化软件使用管理制度，组织对厅机关在用计算机设备软件安装使用情况开展检查，完善软件正版化工作相关台账，通过省版权局2次软件正版化工作督导检查。

四、创新开展对外宣传

一是创新宣传载体形式。配合厅办公室做好对外宣传工作，运用新媒体技术手段开启宣传新窗口，让宣传形式更加生动立体。完成融媒体教室改造，为创新宣传模式、拓宽宣传渠道提升硬件支撑能力。二是协助做好“最美”系列宣传工作。配合思想政治和权益维护处圆满完成2023年度云南省“最美退役军人志愿服务”发布仪式彩排、录制等工作，做好入选单位和个人的对接联络和在昆期间服务保障工作。配合秘书处完成“最美军嫂”素材摄制、网上发布仪式等工作。三是注重打造亮点新闻。围绕巩固壮大网络空间主流思想舆论，积极向主流媒体提供正面新闻线索，“黄继光亲侄儿、退役军人黄忠凯在云南抚仙湖勇救2名落水儿童”入围2023年云南正能量网络精品名单，一批展现云南退役军人正能量的新闻得到广泛关注。

五、规范做好后勤管理

加强国有资产清查工作，把好账务出入关，全面清点固定资产建立数据库，对部分资产进行报废处理。根据有关规定将报废的12台电脑设备捐赠给文山州麻栗坡县猛硐瑶族乡使用，向昆明市五华区瓦恭小学捐赠一批学习桌椅，提高国有资产处置效率。修订《云南省退役军人培训中心退役军人周转用房管理办法》，做好如安街56号退役军人周转房出租管理工作，全年收缴房屋租赁款共32万元；加强凤翥街110号退役军人周转房出租管理，积极与相关部门配合，协助厅行政资产管理方实施具体租赁行为，与承租人签订房屋租赁合同，建立相关台账。做好如安街办公区电力、供水、照明、电梯、消防等设施的日常检查和维修，确保设施正常运行。协助做好就餐服务管理、安保服务管理、消防安全管理、物业保洁管理等工作，使后勤服务水平更加适应工作需求和干部职工期望。

各州（市）退役军人事务工作

昆明市

2023年，昆明市退役军人事务系统坚持以习近平新时代中国特色社会主义思想为指导，全面贯彻党的二十大精神和二十届二中全会精神，深入贯彻习近平总书记关于退役军人工作重要论述和考察云南重要讲话精神，科学谋划、狠抓落实，积极推动党的二十大精神在全市退役军人事务领域落实落细。服务保障体系、政策制度体系、工作运行体系建设向纵深推进，服务保障水平持续提升，军政军民团结进一步巩固，全市退役军人工作高质量发展迈出坚实步伐。

一、主题教育扎实开展

牢牢把握“学思想、强党性、重实践、建新功”总要求，紧紧锚定目标任务，努力在以学铸魂、以学增智、以学正风、以学促干上下功夫见实效，把习近平新时代中国特色社会主义思想转化为坚定理想、锤炼党性和指导实践、推动工作的强大力量，做到真学细悟、深研真改、真抓实干，制定调查研究方案3个，确定调研课题21个，梳理形成调研方向46项，制定班子成员为民办事清单6个，党支部为民解忧实事计划32个，切实通过调研，着力解决了一批退役军人关心关注的、眼前的、具体的急难愁盼问题。

二、退役军人作用发挥明显

一是把加强思想政治工作贯穿到退役军人工作全领域，教育广大退役军人感党恩、听党话、跟党走。组织军休干部赴遵义开展党性教育培训，“八一”建军节前夕，组织自主择业军转干部参观云南陆军讲武堂历史博物馆，组织开展“老兵永远跟党走——老兵宣讲”实践活动70余场次；广泛评选宣传“最美退役军人”“最美拥军人物”“最美军嫂”，昆明市退役军人军创企业代表栗娴珠被授予云南省“最美拥军人物”称号，全市退役军人思想政治素质不断增强。二是充分发挥军休干部优势，不断增强舆论宣传阵地建设。成立军休干部军医义诊队、军休合唱团，组织军休干部理论宣讲团，积极推动军休干部融入社会、发挥余热。选送《阿佤人民唱新歌》获全国军休干部歌唱风采展播“荣光闪耀奖”，《100岁的愿望》获云南省党教片一等奖，《前进，前进》获昆明市“党的创新理论我来讲”理论宣讲大赛文艺类比赛一等奖，云南省“党的创新理论我来讲”理论宣讲大赛三等奖。三是激励退役军人“退役不褪色、转业不转志、离军不离党”，投身社会、为民服务、忠诚担当。积极推进“中国·春城退役军人志愿服务队”建设，组建完成市、县、乡、村四级退役军人志愿服务队1878

支，共 13 800 余人，7 支退役军人志愿服务队入选全国“传承红色基因·赓续红色血脉”——退役军人关爱青少年志愿服务项目，退役军人作用得到进一步发挥。

三、双拥优待更具实效

一是严格落实优抚政策。抚恤补助在国家标准上增发 8%，拨付优抚资金 5.1 亿余元，惠及全市 38 163 名优抚对象。二是不断拓展优待项目。制定《昆明市军人军属、退役军人和其他优抚对象优待工作的实施细则（暂行）》，为退役军人等 5 类人员提供 147 条基本优待目录清单、284 条优惠措施，与 300 余家企业签署拥军优属合作协议，落实政府指导定价的公园景点、博物馆、纪念馆、图书馆、文化馆、文物保护单位等公共文化设施首道门票全免政策。在全市政务服务窗口开设“军人依法优先”和“退役军人和其他优抚对象优先”通道，在医院、车站、公园等处设立“军人依法优先”绿色通道，并将服务延伸至长水机场，在航站楼内设置退役军人及随行家属专属值机柜台和安检通道，开设云南省首个机场“军人、退役军人服务驿站”，全市“军人驿站”已达 135 个，优待证含金量得到持续提升。三是营造浓厚双拥氛围。通过昆明电视台《子弟兵·老百姓》专栏，播出双拥系列节目 20 余期，建成市双拥公园 1 个、县（市）区双拥公园 14 个，广泛开展双拥宣传，双拥氛围进一步浓郁。12 月做客“春城热线”，其中关于优待证的热线短视频，浏览量突破 125 万次，受到全国广大退役军人点赞。四是严格落实“双清单”制度。积极解决驻昆部队文物保护、市政用水等困难问题 9 项，为 600 余名军人子女解决入园入学问题，29 名军人及 3 名优抚对象子女享受中考加分优待，协调 20 个事业岗位专项招聘随军家属。五是部队充分发扬优良传统。在巫家坝片区土地置换、省军区农垦大厦烂尾楼改造等城市重点工程建设中，市驻军部队对地方给予大力支持；圆满完成机场、广场等重点要害部位治安巡逻任务；深入开展医疗扶持、消费帮扶等活动，持续助力乡村振兴，全市双拥优抚工作更具实效。

四、军休服务水平进一步提升

一是提升军休服务水平。开展昆明市军休系统业务骨干能力素质提升培训，全面提升全市军休系统干部的思想政治素质和业务工作能力。圆满完成军休干部居家养老试点工作，形成了可借鉴、可推广的经验，并在全国军休工作会议上进行书面经验交流。组织开展军休干部荣誉疗养活动，把党和国家对军休功臣的关心、关爱落到实处。二是打造全市“5+1”活动中心。推进在 4 个主城区和分散安置管理所 5 个军休活动中心加呈贡区昆明市军休活动中心建设工作，逐步提升军休干部幸福感和荣誉感。三是成功申报昆明市军休大学。昆明市军休大学于 9 月通过退役军人事务部考核验收，昆明市成为全省首家获批成立军休大学的州（市），全市军休服务水平得到进一步提升。

五、安置就业质量稳步提高

一是安置质量进一步提升。健全完善“阳光

安置”办法，协调征集岗位供军转干部和随调家属选择，岗位超安置人数 189%，且全部为参公以上岗位；打通符合政府安排工作退役士兵只能用工勤岗安置的壁垒，征集中央、省、市、县四级共 653 个岗位供 300 余名符合政府安排工作退役士兵选择，军转干部和符合政府安排工作退役士兵安置质量进一步提升，安置率均为 100%。认真落实“随退随审、即交即接”工作机制。稳妥推进滞留部队军休干部和伤病残士兵的接收安置工作，全年接收安置数占全省接收安置总数的 70.4%。二是持续探索“军、政、企 + 高校”新时代退役军人就业创业工作“昆明模式”内涵和外延。储备退役军人就业创业培训讲师 312 人，培训课程 5000 余个，为退役军人定制“闪”就业、“精”就业、“菜鸟”创等培训套餐 11 个。出台针对退役军人创业实体独有的系统性孵化服务办法，进一步拓宽退役军人创业服务实体。组织就业活动 23 场次，线上线下参与人数 1.98 万余人次，提供招聘企业 543 家，岗位 1369 个，招聘 1.7 万余人，达成就业意向 2000 人，签订合同 173 人。组织创业活动 33 场次，线上线下参与人数 1 万余人次，提供创业孵化等服务 1000 余次，入驻入孵军创企业 219 家、“军创联盟”企业 242 家，就业创业导师 239 人。举办退役军人军属专场招聘会，163 家单位参加，提供 450 个岗位，招聘 7000 余人，现场达成就业意向 1500 余人。推送 18 个项目参加第四届云南省退役军人创业创新大赛（昆明赛区），荣获 2 个一等奖、4 个二等奖、7 个三等奖、1 个优秀团队奖。三是圆满完成新增退役军人就业任务。全年新增退役军人就业 2900 余人，以全省第一的成绩超 120% 完成省政府 2023 年 10 件惠民实事下达给昆明市新增退役军人的就业任务。四是建成就业创业园区。对标国家级退役军人就业创业园区建设标准和要求，与中国融通公司合作，建成昆明市退役军人就业创业专属园区，对退役军人、军创企业全面开展就创业服务。园区自 10 月启动入驻入孵报名工作以来，已有 90 余家企业（含个体工商户）和团队报名入驻，昆明军创品牌进一步擦亮。

六、尊崇氛围更加浓厚

一是隆重举行禄劝县九龙镇“落水洞”红军烈士安葬仪式。启动昆明市烈士纪念设施专项规划编制工作，分类分批组织实施提质改造工程。全面完成禄劝县九龙镇“落水洞”红军烈士遗骸搜寻、整理、鉴定和迁葬工作，于 5 月 6 日为 26 名烈士举行了隆重的安葬仪式，先后被央视、新华社、《云南日报》等媒体广泛报道，累计点击阅读转载超过 1000 万次；8 月，市政府批复九龙红军烈士洞烈士陵园为市级烈士陵园，填补了昆明市市级烈士纪念设施空白。二是实现历史遗留零散军人墓集中管护。五华区、盘龙区、安宁市、阳宗海全面清查无人管护历史遗留零散军人墓地 5 处共 402 座，全部搬迁至军人公墓实现集中管护（其中核定烈士身份的 18 座迁葬至烈士陵园或烈士安葬区），集中搬迁工作取得阶段性成果，得到社会各界的广泛认可。三是开展烈士祭扫活动。清明节期间，发起“云端托哀思　清明祭英烈”网上祭扫活动，引导烈士亲属和社会各界文明祭扫，全市近 10 万人次参与；组织 7 批次共 130 余名参战老兵和烈士遗属到麻栗坡烈士陵园异地祭扫，全市尊崇英烈、崇尚英雄的氛围进一步浓厚。

七、帮扶援助持续推进

在春节、“八一”建军节期间开展走访慰问，对全市立功受奖现役军人家庭代表、抗美援朝老战士、烈士遗属、军休人员、企业军转干部、困难退役军人、自主择业干部代表进行走访慰问，倾听老兵声音，帮助排忧解难。制定《昆明市困难退役军人军属帮扶援助暂行规定》，规范开展帮扶援助，全年共投入116万余元，帮扶困难退役军人及其他优抚对象567人次，切实帮助退役军人解决实际困难。

昭通市

2023年，昭通市退役军人事务系统坚持以开展学习贯彻习近平新时代中国特色社会主义思想主题教育为抓手，认真学习习近平总书记关于退役军人工作重要论述，深入贯彻落实党中央国务院决策部署和省委省政府、市委市政府工作要求，加强党对退役军人工作领导，强化自身建设，着力推动全市退役军人工作高质量发展。

一、服务保障体系建设情况

深入贯彻落实云南省退役军人服务保障体系建设现场推进会议精神，持续推进营造家的环境、提升家的能力、尽到家的责任、给予家的慰藉、体现家的关爱“五个家”创建提升服务保障水平三年行动，累计建成全国示范型退役军人服务中心（站）687个、退役军人之家161个；扎实推进乡镇人民武装部与退役军人服务站联合建设，共建成150个联合站点。水富市退役军人服务中心主任被退役军人事务部评为全国退役军人服务中心（站）“百名优秀主任（站长）”。组织培训退役军人服务中心（站）业务骨干200人，配发工作用书和服务手册2500册，不断提升退役军人服务保障水平。充分发挥退役军人志愿服务队伍作用，累计开展政策宣讲、帮扶济困、法律咨询和法律援助等志愿服务活动8873次。水富市退役军人水上义务救援队获评全省“最美退役军人志愿服务队”，退役军人服务保障方式和内容逐步丰富。

二、思想政治和权益维护工作

做好思想政治教育工作，贯彻落实《退役军人思想政治教育大纲》要求，坚持把学习宣传贯彻习近平新时代中国特色社会主义思想作为退役军人适应性培训、职业技能培训的重要内容，选拔“兵支书”等优秀退役军人组建退役军人思想政治指导员队伍，不断加强退役军人思想政治教育。组织开展双拥先进典型和“最美退役军人”推荐评选工作，充分发挥示范带动作用。持续推进网络舆情处置和网评工作，牢牢守住退役军人事务领域网络意识形态阵地安全。2023年，共开展“老兵宣讲进基层”活动98场次，选树省市“最美退役军人”11人；有效处置网络舆情44件，推送正能量信息43 810条，昭通市网络舆情处置工作被省退役军人事务厅多次点名表扬。做好权益维护工作，健全联防联控机制，完善信息联通、问题联商、矛盾联调、应急联处的部门协作机制，不断提高风险防控实效；加强基层信访能力建设，投入18万元为县级退役军人事务局配备信访设备，指导用好远程视频信访系统，形成书信、走访、网络、电话、视频“五位一体”信访工作格局，引导退役军人就地就近反映诉求；做好困难帮扶工作，全市帮扶困难退役军人 8373 人次，帮助解决住房、医疗和生活困难，从源头上遏制信访增量；做好重复访、信访积案化解工作，退役军人来信来访办结率达 100%，切实维护退役军人合法权益，退役军人群体总体稳定。

三、移交安置工作

严格落实安置政策，抓好教育培训和服务管理，组织政策业务能手针对就业创业、技能培训、移交安置等政策开展宣讲 12 场次，切实提高即将退役人员对就业安置政策的知晓程度。执行好省退役军人事务厅等 10 部门关于进一步加强由政府安排工作退役士兵就业安置工作有关要求，市直部门提供 27 个岗位用于调剂接收由政府安排工作退役士兵和退出消防员。坚持优先安置好重点对象，2023 年昭通市圆满完成转业军官安置任务。严格落实安置待遇，按国家有关政策落实工资及相关待遇；党员退役军人均按规定转接组织关系，不存在“口袋党员”情况；严格按照户籍政策，审核落户材料，出具落户证明，协助办理落户等事宜，办结率达 100%。严格落实服役表现量化评分暂行办法，对退役士兵量化分数、待选岗位等予以公示，召开选岗大会公开选岗，做到岗位情况明晰清楚，选岗过程公开透明。2023 年，昭通市共接收安置退役军人 800 余人。转业军官 100% 安置到公务员岗位，符合政府安排工作退役士兵和退出消防员 100% 安置到事业单位。

四、就业创业工作

坚持每季度更新退役军人就业创业信息数据，动态掌握退役军人就业创业情况，为做好就业创业工作打好基础。抓实教育培训和专场招聘活动，全年组织自主就业退役士兵线上线下适应性培训 793 人次，培训学时累计不低于 80 学时，承办省退役军人事务厅适应性培训示范班 1 期，确保自主就业退役士兵适应性培训全覆盖；技能培训做到应培尽培，在准确掌握培训意愿的基础上，开展订单式、定向式、定岗式技能培训，组织实施“红星技能培训计划”，2023 年累计组织 282 名退役士兵参加各类技能培训，培训获证率达 98%，培训合格后至少推荐 1 次就业，做到申请人员培训率达 100%；2023 年共举办专场招聘会 39 场次，参加招聘用人单位 89 家，提供岗位 2346 个，参加求职 1096 人，成功达成就业意愿 461 人。超额完成新增退役军人就业任务，2023 年省退役军人事务厅下达昭通市新增退役军人就业任务为 800 余人，昭通市完成 900 余人，超出任务数 16.6%。

五、军休服务管理工作

严格落实移交政府安置的军队离退休军人政治待遇、生活待遇和医疗待遇，完善组织建设，提供优质服务，满足军休人员多样化需求。开展春节期间走访慰问，走访慰问军队离退休军人和遗属 156 人次，发放慰问金 10 万元；完成军休干部年度定期增资工资，足额落实离退休军人离退休费和相关人员生活补助费共计 949 万元，做到政策执行不走样、经费兑现不拖欠，开展离退休军人健康检查50人，看望慰问住院离退休军人31人次；按规定落实离退休人员交通、探亲住院伙食补助和一次性特别抚恤金等政策，帮助军休干部落实相关优抚待遇。

六、拥军优抚工作

做好双拥共建工作，扎实开展“情系边海防官兵”拥军优属活动，帮助结对共建边防基层连队解决实际困难问题；积极组织开展纪念延安双拥运动80周年活动，指导永善县做好全国双拥模范城（县）创建工作。全市组织召开慰问座谈会855次，为现役军人送立功喜报、悬挂光荣牌，慰问驻地部队及官兵、边海防官兵、执行任务官兵298万元。做好抚恤优待工作，加强优抚资金发放和监管，及时发现整改问题，全年按时足额下拨资金25 115万元；常态化开展走访慰问，各级各部门慰问退役军人及优抚对象70 778人次；积极调动引导社会资源参与优待工作，不断拓展优待证优待范围；扎实做好优抚对象医疗补助“一站式”结算、部队立功人员加发退休待遇认定、优抚对象常态化审核等工作；持续做好评调残工作，共鉴定35人，办理关系转移39人。

七、褒扬纪念工作

做好烈士纪念设施保护管理工作，争取资金363万元，对镇雄、水富烈士陵园进行修缮改造；组织开展县级以下烈士纪念设施整修工程“回头看”工作，切实巩固整修成果。做好烈士祭扫服务保障工作，派出前置工作组赴红河、文山开展烈士祭扫安保维稳工作；扎实做好市内烈士祭扫服务保障工作，全市共接待各类祭扫团体654个、祭扫人员5.4万人次，确保祭扫工作平稳有序开展。做好烈士褒扬纪念宣传工作，组织参加“学思想 颂英烈”全国英烈讲解员大赛，做好县级及以上烈士纪念设施概览图册编制及《云南英烈及纪念设施大典·昭通分卷》编纂工作，充分发挥烈士纪念设施传播红色文化、弘扬爱国精神的重要作用。

八、退役军人作用发挥情况

充分激发退役军人群体活力，持续推动优秀退役军人进入基层组织，助力乡村振兴，全市1.4万余名退役军人参与巩固脱贫攻坚成果推进乡村振兴等社会实践；大力培育致富带头人，全市退役军人创办各类经济实体2759个，致富带头人712人；充分带动优秀退役军人参与社会治理，退役军人在经济社会发展中的重要作用不断凸显。

九、自身建设情况

坚持抓好全市退役军人事务系统自身建设。一是加强党对退役军人工作领导。市委退役军人事务工作领导小组及时召开会议研究解决问题、推动工作开展；市委组织部、市委编办协同做好转业军官安置工作，高质量完成安置任务；市委退役军人事务工作领导小组办公室充分发挥综合协调作用，督促领导小组成员单位充分履职尽责，协同推动全市退役军人工作扎实有效开展。二是组织开展学习贯彻习近平新时代中国特色社会主义思想主题教育。按照“学思想、强党性、重实践、建新功”的总要求，坚持高标准、严要求开展主题教育，实现了凝心铸魂筑牢根本、锤炼品格强化忠诚、实干担当促进发展、践行宗旨为民造福、廉洁奉公树立新风的目标。昭通市退役军人事务局共计开展集中学习 11 次，确定 3 个课题，深入 11 个县（市、区）、35 个乡镇（街道）、74 个村（社区）开展调研，办理民生实事 25 件（次）。三是抓好机关党的建设。严格落实机关党建责任，召开党组会和专题工作会安排部署年度机关党建工作，制定印发年度机关党建工作要点和相关项目清单，着力推进基层党组织标准化规范化示范创建，机关党建工作在 2023 年度考核中被评为“好”等次，机关党支部被推荐参评“云岭先锋红旗党支部”。四是抓好党风廉政建设工作。认真落实党风廉政建设责任制要求，从严从细落实工作措施，采取通报典型案例、观看专题片、现场警示教育、廉政党课等形式进行警示教育、提醒谈话，推动廉政教育常态化开展；坚持在元旦、春节、“五一”劳动节等重要节日和时间节点，开展节前纪律教育；落实好“清廉云南”建设要求，加强对“一把手”和领导班子的监督；持续开展优抚资金监管专项整治，推动“小切口”整治民生领域突出问题“惠民行动”，确保资金安全、干部安全，2023 年度党风廉政建设被市委考核为“优秀”等次。五是抓好内部管理。严格执行《昭通市退役军人事务局内部控制基本制度》及 14 个具体控制办法，修改完善公务用车管理、保密工作、请销假制度等制度规定 19 个，搭建起以内部控制基本制度为遵循、财务管理办法等若干具体控制制度为主体、内部控制工作规范为具体操作流程的内部管理体系，有力促进了机关内部管理制度化、规范化运行。

曲靖市

2023年，曲靖市退役军人事务系统深入学习贯彻习近平新时代中国特色社会主义思想，不断增强“四个意识”，坚定“四个自信”，做到“两个维护”，深入开展学习贯彻习近平新时代中国特色社会主义思想主题教育，以高度的事业心、责任感，积极开拓进取，持续加强组织管理体系、工作运行体系和政策制度体系建设，带着责任、带着感情扎实做好退役军人工作。

一、服务体系建设

制定并实施《曲靖市退役军人服务保障体系建设巩固提升三年行动计划（2022—2024年）》，按照全国示范型退役军人服务站创建标准，全面提升全市9个县级服务中心和137个乡级及服务对象300人以上的社区服务站的创建质量，富源县竹园镇退役军人服务站站长杨晓明被退役军人事务部表扬为全国退役军人服务中心（站）“百名优秀主任（站长）”。在全省第一家成立市级退役军人关爱基金会，市财政投入原始基金200万元，筹集意向性款物150万元，开启全市社会力量关心支持退役军人工作的新模式，全市退役军人服务保障工作进入“党委统筹、政府主导、社会参与”的新阶段。

二、优抚褒扬

建立“精准核实、按月发放”工作机制，发放各类抚恤补助资金3.2亿余元。春节、“八一”建军节期间，走访慰问重点优抚对象约3.4万人，发放慰问金680万余元，按时办理上报抚恤关系转移、残疾等级评定及审批带病回乡等117人次，送达立功喜报2581余份。常态化开展光荣牌悬挂、优待证发放等活动，其中，优待证发放率达96.23%。持续推进《云南英烈及纪念设施大典·曲靖分卷》编撰工作，积极推进麒麟区老虎山烈士陵园提质改造。做好烈士祭扫服务保障工作，全市共接待实地祭扫35 242人次，服务群体祭扫282场，开展代亲祭扫7人次，代亲祭扫烈士墓64座。组织开展“学思想　颂英烈”全国英烈讲解员大赛曲靖选拔赛活动，充分发挥红色资源存史资政、教化育人作用，崇尚英雄烈士、尊崇军人职业的社会氛围进一步浓厚。

三、双拥共建

紧紧围绕服务党和国家工作大局、国防和军队建设全局，全力支持国防和军队现代化建设，双拥工作不断涌现典型、获得殊荣。全省第一家参加全国双拥模范城与边海防连队“城连共建”

活动，帮助部队解决实际困难问题，向部队官兵赠送慰问品，让部队官兵真切感受到曲靖温度和曲靖效率，进一步增强边防官兵保家卫国热情。陆良县赵春良被评为2023年全国10人、云南唯一全国“最美拥军人物”，市公安局胡莹被评为2023年云南省“最美军嫂”，学习先进、争做先进的氛围持续浓厚。征集遴选了279家企业和社会组织参与社会化拥军活动，有215家向社会公布优待目录清单，社会化拥军持续深入。常态化开展春节、“八一”建军节走访慰问活动，向驻曲（训）部队，赠送慰问物资，隆重举行纪念延安双拥运动80周年座谈会，深化军民鱼水情。驻曲部队把驻地当故乡，视群众为亲人，积极支持和参与曲靖经济社会建设，在乡村振兴、抢险救灾、捐资助学、产业扶持、发展养殖等方面发挥了重要作用。军爱民、民拥军的浓厚氛围深入人心，坚如磐石的军政军民团结持续巩固发展。曲靖双拥工作在代表云南接受全国双拥工作领导小组实地调研考评时，得到调研组充分肯定，作为全国双拥模范城代表受邀参加国防部庆祝建军96周年招待会，双拥工作被全国双拥办推荐拍摄专题纪录片并在央视播出。

四、移交安置

2023年，圆满完成转业军官、由政府安排工作退役士兵、随调家属安置任务，安置质量和进度均在全省前列。

五、就业创业

依托经济发展优势，围绕优势产业抓创业就业，组织认定23个退役军人教育培训承训机构，开展自主就业退役士兵适应性培训近2000人次、教育培训344人，开展20场次退役军人专场招聘会，提供岗位2.4万余个，400余人与用人单位达成就业意向。成立2个市级退役军人就业创业园地，发挥退役军人就业创业基地载体协同作用，形成“基地＋产业＋就业”和“园地＋学校＋企业＋创业”双轨运行新模式，退役军人创办市场主体6000余个，为150余名自主就业退役士兵减免税收115.04万元；通过创业担保贷款扶持33人，贷款金额563万元；给予4名退役军人一次性创业补贴，补贴金额12万元。完成新增退役军人就业2600余人，完成年内任务的172%。

六、权益维护

坚持走访慰问与精准普法相结合，广泛宣传《中华人民共和国退役军人保障法》《中华人民共和国军人地位和权益保障法》等法规政策，提高退役军人运用法律武器维护合法权益的意识和能力。组织评选10名曲靖市“最美退役军人”，讲好退役军人故事，进一步凝聚广大退役军人听党话、跟党走的思想共鸣和行动自觉。深化拓展新时代“枫桥经验”，深入细致开展矛盾问题排查化解、走访慰问、关心关爱行动，最大限度地将不稳定因素吸附在当地、矛盾化解在基层。

七、军休军供

全面落实军休人员“两个待遇”的政策。始终坚持在政治上关心和尊重老干部，充分结合党组织的各项活动安排，定期和不定期组织军休人员进行政治学习，及时传达党的各项方针和政策，介绍经济形势和改革情况，听取他们的意见建议。落实军休人员的政治待遇和生活待遇，接收安置5名军休人员，核拨发放军休资金4020万元，组织部分军休人员参加“9·30”烈士纪念日活动，军休干部捐款筹集3万余元献爱心帮助富源县庵子小学改善基础设施。发放自主择业经费2828.5万元，接收属地管理国企央企企业军转干部600余人，退役军人和优抚对象的获得感幸福感进一步提升。积极发挥军地桥梁纽带作用，主动对接驻地驻训部队军事需求，适应新时代军供保障需求，修建军供保障临时应急通道，提升保障能力。

玉溪市

2023年，玉溪市退役军人事务系统在省退役军人事务厅的精心指导下，抢抓机遇、守正创新、踔厉奋发，实现了高质量发展。退役军人事务部副部长马飞雄在玉溪调研时对乡镇（街道）"七位一体"的退役军人服务保障格局给予充分肯定，认为对全国都有积极借鉴意义；就业创业工作得到退役军人事务部的充分肯定；双拥工作经验被省委政研室、军转干部安置经验被省退役军人事务厅转发全省学习。

一、运行体系不断完善

市委主要领导主持召开1次市委退役军人事务工作领导小组会议暨2023年双拥工作会议，对退役军人工作批示3次；市政府召开常务会议，专题听取退役军人工作汇报；市政府主要领导、分管领导亲自部署、推动重要工作。开展退役军人事务综合督查1次，围绕贯彻中央、省委和市委关于退役军人工作的重大决策部署进行督促指导。结合玉溪实际，修改行政规范性文件1个、清理党内规范性文件13个，对258个政策点进行清单化梳理。汇编自组建以来的政策文件50套，购买、发放政策法规书籍380本，配备到市、县、乡三级退役军人事务工作人员。

二、思想引领不断深入

激发内生力量，发挥退役军人在乡村振兴和基层社会治理中的作用，不断提升退役军人的社会认可度。组织10名成绩突出的优秀退役军人，开展"老兵永远跟党走"实践活动，采用多形式展开宣讲活动。开展"戎耀今生"活动，充分挖掘整理13名军休干部的"红色故事"，传承红色基因。加强对2.98万退役军人党员的教育管理，在摸清全市退役军人党员总数的基础上，进一步规范组织关系转接，完善组织机构，设立专门服务保障窗口，提供"一站式"服务。评选出玉溪市"最美退役军人"13名、"最美拥军人物"10名、"最美军嫂"10名，2名个人和1个组织分别荣获全省"最美拥军人物""最美军嫂""最美服务退役军人志愿服务组织"称号。

三、安置就业不断精准

健全完善转业军官安置"考试考核、阳光安置"，以考试考核综合成绩排序选岗，突出贡献越大安置越好的导向，完成转业军官、随调家属、退役士兵安置任务；人武专干、事业单位定向招聘招考退役士兵；鼓励优秀退役军人到中小学任教；圆满完成2020—2022年离退休军人和伤病残退役军人接收安置任务，工作获得省委退役军人事务领导小组办公室、省退役军人事务厅、省军区政治工作局来信表扬。联合有关部门严格甄别、审核，完成400余名新增企业军转干部解困属地化管理。落实省政府2023年10件惠民实事“新增退役军人就业1万人”工作目标，全市完成退役军人新增就业1000余人，完成省下达任务数750人的134%、市计划任务数800人的125%。成立玉溪退役军人学院，鼓励各类就业创业平台面向退役军人开放，组织参加技能培训103人、适应性培训299人。帮助退役大学生复学75人，专升本39人，开展线上线下招聘活动37场次。帮助退役军人创业者申报创业资金和税收减免，全市“贷免扶补”、创业担保贷款扶持退役军人13户，发放贷款220万元。做好政策宣传和情况调研，协助11名退役军人创业者申报退役军人一次性创业补贴。常态化开展解决部分退役士兵社会保险接续工作，新增缴费8人。落实军休干部“两个待遇”，保障好204名各类军休人员的待遇2278万元。

四、抚恤优待不断提升

足额保障1.65万名各类优抚对象待遇补助资金1.84亿元；100%开展核查认定，确保发放精准度；送立功喜报526份，常态化开展光荣牌悬挂、优待证发放等活动，营造了浓厚的崇军、尚军氛围。投入708万元全覆盖式开展关爱慰问活动。在全省率先开通运行“拥军号”公交车6条线路，成为玉溪宣传拥军文化的“一道靓丽风景”；发布含39个A级以上景区在内的11个大类112项优待目录清单，面向全国把军人军属、退役军人及优抚对象纳入优惠范围；实行优抚对象医疗补助“一站式”费用结算服务，提高优抚对象医疗保障水平。严格伤残评审，办理等级评定及关系转移27人。组织90名烈属和重点优抚对象开展短期疗养活动，传递党和政府的关心关怀。清明节期间，全市223个团体，3.4万人到烈士陵园进行祭扫，38.15万名网民参与网上祭扫。利用玉溪市烈士纪念馆进行红色教育宣讲，累计接待129个团体，参观人数达1.2万余人。完成《云南英烈及纪念设施大典·玉溪分卷》编纂工作。

五、双拥创建不断扩容

以新一届“全国双拥模范城”创建为抓手，不断提升双拥工作质量。春节、“八一”建军节等重点节日，市委、市政府等领导深入驻玉部队，开展走访慰问活动。市委书记亲自深入驻玉部队，召开现场会，研究解决涉及军人子女上学、随军家属安置等重难点问题，按照驻玉部队官兵随军未就业家属安置需求数的20%，定向公开招聘岗位。深化提升“城舰共建”成效，密切与海军抚仙湖舰的共建联系，加强海军玉溪舰命名工作联系，强化与边防连队共建，“一城两连”“一城两舰”成为玉溪拥军支前的“靓丽名片”。开行“拥军号”公交专线，不断提高崇军、拥军氛围。深化“双拥在基层”活动，开展文艺演出2场。创新举措推动社会化拥军，全市签约拥军优抚企业97家，构筑起玉溪市“百业千行齐拥军”社会化拥军新常态。帮助协调100余名军人子女入园入学，定向招考随军家属8人，随军家属工作调动5人。加强军地协调，积极推动驻滇某部土地置换有关工作落实；协调推动6条国防公路的筹建、纳规等有关事项；协调南部战区将玉溪铁路南站军代室场地、设施移交玉溪使用。在玉溪网开展双拥工作专栏，刊发文章21篇，推出纪念延安双拥运动80周年专刊，对全市拥军优属拥政爱民进行深度报道。双拥工作经验被省委政研室转发全省学习借鉴；修订出台《玉溪市拥军优属若干规定》，进一步规范双拥工作内容。

六、保障基础不断夯实

开展村级示范型退役军人服务站创建，形成乡镇（街道）“七位一体”、村（社区）“四位一体”工作格局，打造“一中心两家三站”模式，整合阵地建设，为退役军人提供多维度服务，全市新增“两家三站”建设示范点9个。向国家、省退役军人关爱基金会争取资金33.25万元用于200余名退役军人关爱帮扶；为20户退役军人家庭争取公益基金项目——13.96万元近视治疗仪器，帮助退役军人家庭改善生活。1项经验做法入选云南省退役军人服务中心（站）建设“九大功能”典型案例；全市4个服务中心建设经验入选全省服务中心（站）建设典型案例。

七、重大风险稳定可控

守住稳定底线，扎实做好矛盾排查化解，信访量持续下降，实现了北京“零上访”。推进“法律政策落实年活动”，发放《中华人民共和国退役军人保障法》《中华人民共和国军人地位和权益保障法》500余册，印制、发放宣传单3000余份，积极引导退役军人依法理性反应诉求。发挥与公安、网信、信访等部门信息互通、问题联处、矛盾联调的工作机制，有效解决重点涉访问题，办理网上信访件。主动跟进服务，与203名退役军人开展常态化联系。落实领导干部定期接访和带案下访等制度，将矛盾问题化解在萌芽阶段，确保退役军人群体稳定可控。发挥玉溪市退役军人法律志愿服务队作用，依法有效化解部分退役军人、烈士亲属、企业军转干部的个案诉求和历史遗留问题。加强对107名专业骨干组成的网评员队伍建设，举办网络舆情培训班，在新媒体发布正能量信息1.8万余条，不断引导退役军人正面发声。

八、自身建设不断加强

强化重大事项集体决策和理论学习提升，召开党组会19次、组织党组理论中心组学习7次；高质量开好2022年度民主生活会，领导班子和班子成员紧密结合实际，剖析存在原因17个方面，提出整改措施46条。加强党风廉政建设和反腐败工作，严格落实党风廉政建设责任制。全面落实意识形态工作“四个责任”，做好意识形态工作、法治工作、保密工作、创文（创卫）工作、河长制等工作。主动配合，做好六届市委第六轮巡察组对退役军人事务局的巡察，主动检视整改问题，以巡促改、以巡促建、以巡促治，不断提升政治监督质效。开展退役军人事务综合督查1次，围绕贯彻中央、省委和市委关于退役军人工作的重大决策部署进行督促指导。

保山市

2023年，保山市退役军人事务系统始终坚持以习近平新时代中国特色社会主义思想为指导，深入学习贯彻习近平总书记关于退役军人工作重要论述和考察云南重要讲话精神，始终以“让军人成为全社会尊崇的职业”“让退役军人成为全社会尊重的人”为宗旨，上下齐心、迎难而上，扎实开展了退役军人各项工作。

一、机构建设情况

根据《中共保山市委　保山市人民政府关于印发〈保山市深化市级机构改革实施方案〉的通知》精神，2018年12月3日，保山市退役军人事务局挂牌成立；2019年3月5日，根据《中共保山市委关于调整市级部门党组设置的通知》精神，成立中共保山市退役军人事务局党组，内设4个机构：办公室、思想政治和权益维护科（信访室）、移交安置军休科、拥军优抚褒扬纪念科；直属事业单位2家：保山市军供站、保山市退役军人服务中心（保山市军队离退休人员服务管理中心），领导班子和机构人员陆续调整到位，工作正式运转。

二、党的领导

始终坚持把学习贯彻习近平新时代中国特色社会主义思想和党的二十大精神作为首要政治任务，严格对照要求开展主题教育，持之以恒学习宣传贯彻中央八项规定及其实施细则精神和省委、市委实施办法及“两个革命”，大力践行“三法三化”，及时制定了主题教育实施方案和年度工作要点、党风廉政建设和反腐败工作任务分解方案、“清廉云南”建设保山行动项目清单任务分工方案、作风革命效能革命工作任务分工方案等，对各项工作任务进行细化分解，切实把主体责任落到实处。2023年，召开党组会议13次，开展中心组集中学习13次，党组成员上党课6次，开展“学习党的二十大　踔砺奋进新征程”读书分享活动7期。

三、服务保障体系建设工作

全市6个退役军人服务中心、76个乡镇（街道）退役军人服务站和955个村（社区）退役军人服务站全部组建完成并实现实体化运行。其中，全市5个县级服务中心、76个乡级服务站、6个300人以上退役军人的村（社区）退役军人服务站完成达标创建工作，并在百度、高德地图完成了定位录入，为退役军人提供了准确的导航服务。扎实推动军队离休退休人员服务管理机构规范化建设和星级评定工作，隆阳区军队离退休干部休养所被命名为四星级军休服务管理机构。加快配套完善县、乡、村三级退役军人服务保障体系，积极推进村级组织“大岗位制”工作职责，隆阳区、腾冲市、龙陵县落实 21 万元服务中心（站）工作经费到财政预算。龙陵县镇安镇小田坝社区退役军人服务站“脱下‘绿军装’，穿上‘志愿红’”被评为 2023 年云南省退役军人服务中心（站）“九大功能”典型案例。

四、思想政治和权益维护工作

联合宣传等部门评选出 2023 年度保山市“最美退役军人”9 名，提名奖 4 名，保山市推送的安晓华同志被评为云南省“最美退役军人”和全国“最美退役军人”，段国军获评云南省“最美拥军人物”。加强网上正面宣传，在市级媒体开设国防教育专栏，与同级司法行政部门在市、县、乡三级退役军人服务中心设立退役军人法律援助工作站（窗口），办理退役军人法律援助 7 件。认真做好两会等重要时间节点退役军人信访稳定工作。办结退役军人信访件 70 件，年内未发生退役军人事务领域群体性事件。常态化联系退役军人 132 名，走访联系 528 人次，发放慰问品（金）3.69 万元。

五、移交安置工作

转业军官安置采取“双向选择、指令性分配”的方式，安排工作退役士兵安置采取服役表现量化得分从高到低排序现场选岗方式，实现了党委政府、部队组织、接收单位、退役军人“四满意”的目标。全市安排工作退役军人年度安置任务在全省范围内率先完成，安排工作退役军人全部在规定时间节点前到岗上班。保山市新增退役军人就业 500 余名，完成省下达 400 余人目标任务的 120.23%。保山市退役军人学院在保山技师学院挂牌成立，并同步开展 2023 年度自主就业退役士兵全员适应性培训、退役军人专场招聘会。

六、就业创业工作

发挥 22 个教育培训机构作用，成立 2 个退役军人创业孵化基地、3 个退役军人创业导师服务点、6 个军创企业服务小组。借力驻地教学资源，成立保山市退役军人学院，开展业务技能培训，新增就业 500 余人，完成省厅年度就业率的 123.4%。2023 年，隆阳区“老土香”食品有限公司在参加首届全国退役军人创业创新成果展交会中，订单和意向金额达 1000 万余元。在参加第四届云南省退役军人创业创新大赛中，保山市 5 家军创企业参赛并获奖，市退役军人事务局获精神风貌奖。

七、军休服务管理工作

全面落实军休干部政治、生活两个待遇。每年组织军休干部开展健康体检，连续开展军休运动会 9 届，组织军休干部参加全省门球比赛、演讲比赛，在腾冲承办全省第二期荣誉疗养活动、在龙陵举办第八届全市军休运动会，常态化开展企业军转干部走访慰问和健康体检，不断提升军休人员荣誉感、归属感和获得感。

八、拥军优抚工作

出台《保山市定向招录高校毕业生退役士兵实施办法（试行）》，2023 年定向招录退役士兵大学生 18 名，其中公务员岗位 2 个、事业岗位 16 个。认真落实《保山市军人随军家属就业和子女教育优待工作实施办法》，推动协调驻保部队随军家属调动 1 人，定向招考随军家属事业岗位就业 6 人，国有企业安置就业 1 人，子女入学 121 人，切实解决了现役军人“三后”难题。常态化开展光荣牌悬挂、优待证申领等工作，送达立功喜报 203 份，办理伤残评定 23 人次、申报新增优抚对象 590 人次、复核因公牺牲人民警察 3 人次，签订拥军优抚合作协议 232 份，全市 109 家 A 级旅游景点面向优待证持证人免收门票，进一步提升了优待证的含金量。持续开展惠民惠农财政补贴资金“一卡通”专项治理、优抚对象医疗补助“一站式”费用结算平台推广应用，全年按时、足额发放优抚资金 1.2 亿余元，保障医疗补助经费 318 万余元。

九、褒扬纪念工作

召开全市退役军人事务工作领导小组第六次暨双拥工作领导小组全体会议，重点打造腾冲市“旅游拥军”、龙陵县“双拥协会”新品牌。加强走访慰问，在春节、“八一”建军节等重要时间节点，市、县两级党委政府等四套班子深入基层开展走访慰问 700 余场次，慰问 4 万余人次，发放慰问金 550 万余元。积极推动市烈士纪念设施评审工作，全市 1 个烈士陵园被评为市级烈士纪念设施、4 个烈士陵园被评为县级烈士纪念设施。加强《云南英烈及纪念设施大典·保山分卷》文稿编撰，收录烈士纪念设施词条 5 条、烈士词条 666 条。大力弘扬烈士精神，清明节期间全市 4 个烈士陵园共接待现场祭扫人员 14 631 人次，“9·30”烈士纪念日市、县（市、区）党委政府在烈士陵园组织向英雄烈士敬献花篮仪式，共有 1200 余名社会各界人士参加。

十、自身建设情况

始终坚持把学习贯彻习近平新时代中国特色社会主义思想和党的二十大精神作为首要政治任务，严格对标要求扎实开展主题教育、“两个革命”和“清廉云南”建设保山行动等，严格落实党组全面从严治党主体责任和一岗双责，不断完善退役军人服务保障体系，充分发挥 1037 个基层服务站的主阵地作用。认真开展党组理论学习中心组、党组会第一议题集中学习，严格落实“三会一课”，常态化开展“学习党的二十大　踔砺奋进新征程”读书分享活动，不断提升干部职工的政治素质和业务能力。

楚雄彝族自治州

2023年，楚雄州退役军人事务系统按照“夯基垒台、守正创新，提质增效、走在前列”的工作思路，凝心聚力，攻坚克难，各项工作实现创先争优。楚雄州退役军人事务局被命名为“全国节约型机关”，退役军人就业创业经验做法在云南省人民政府召开的现场推进会上作交流发言，烈士纪念设施规划建设修缮管理维护、退役军人移交安置2项国考事项得到云南省退役军人事务厅“位居全省前列”的充分肯定，服务体系建设、军人退役“一件事一次办”、退役军人工作综合评价等9项经验做法印发全省学习借鉴。

一、主题教育扎实开展

2023年，按照“学思想、强党性、重实践、建新功”的总要求，坚持“第一议题”抓学习、“第一遵循”抓贯彻、“第一政治要件”抓落实，举行4次理论学习中心组集中学习，举办2期局党组班子读书班，局党组主要领导作专题辅导2次，邀请州委党校、驻楚部队讲师进行专题辅导2次，把讲政治要求落实到退役军人工作全过程各方面，以实际行动忠诚拥护“两个确立”，坚决做到“两个维护”。大兴调查研究，确定9个方面5项课题，深入10个县（市）开展调研，找准问题24个，确定正反面案例9个，建章立制9项，将主题教育与推进年度重点任务相结合，细化问题清单，制定工作措施，落实民生事项，推动安置就业、抚恤优待等一批堵点淤点难点问题取得实质性突破。

二、思想引领

2023年，把加强思想政治引领放在首位，持续落实“五个一批”（落实政策解决一批、优化服务化解一批、强化管理引导一批、培树典型带动一批、建设阵地教育一批）思想政治工作法，经验做法编入《全国党委退役军人事务工作领导机构示范工作法汇编》，印发全国学习借鉴。组建“老兵宣讲团”11个，开展宣讲活动153场次，受众2.4万余人。注重发挥先进典型正向激励、示范引领作用，1人入选2023年度全国退役军人服务中心（站）“百名优秀主任（站长）”，1人获评云南省“最美拥军人物”，10人获评楚雄州“最美退役军人”，着力引导广大退役军人见贤思齐、奋勇争先。

三、移交安置工作

2023年，全面落实“直通车”安置政策，军转干部全部安置在州级党政机关，安置速度和安置质量均走在全省前列。全面推行“阳光安置”，在省退役军人事务厅规定时限前1个月完成符合政府安排工作退役士兵安置任务，全部安置在国有企业和事业单位，其中，安置在事业单位的比例达78.6%，安置到管理岗或专技岗的比例达52.9%。强化安置后的激励引导，19名长期在边远乡镇工作的退役士兵选调到城区工作。牟定县探索工勤岗转管理岗、专技岗做法，率先出台《牟定县事业单位工作人员转岗聘用办法（试行）》，26名安置在工勤岗的退役军人转为管理岗或专技岗。完成离退休军人和伤病残士兵接收安置任务，省委退役军人事务工作领导小组办公室、省退役军人事务厅、省军区政治工作局向楚雄州委、州政府专发感谢信表示感谢。

四、就业创业工作

2023年，实施教育赋能、信息促管、安置提质、平台增效、创业带动“五个专项行动”，建成可承载100人以上同时参加培训的退役军人教育园地，500余名自主就业退役士兵参加适应性培训，培训率达100%，有培训意愿的退役士兵技能培训率达100%。按时足额发放600余名自主就业退役士兵一次性经济补助1131.52万元。开展线上、线下专场招聘30场次，全年实现新增退役军人就业900余人，完成楚雄州政府年度新增退役军人就业600余人任务数的150.6%。出台《楚雄州促进优秀退役军人到中小学任教十五条措施》，全州拿出29个公务员岗位专属定向或共享定向招考退役军人，事业单位定向招聘退役高校毕业生士兵13名，就业渠道进一步拓宽。摸清6640个军创市场主体底数，落实贷款贴息、奖优扶补政策和税收优惠政策。注重创业典型培树，《中国退役军人》第6期刊载了楚雄州退役军人杨海祥《从红辣椒到红玫瑰》的先进事迹。

五、抚恤优待工作

2023年，严格落实《楚雄州拥军优抚专项经费管理办法》，按月足额兑现各类优抚补助资金1.7亿元。重点优抚对象住院医疗费用“一站式”即时结算全覆盖，支出医疗补助资金713.84万元。优抚对象补助经费、低收入人群价格临时补贴等4个补贴项目资金纳入“一卡通”平台发放，发放准确率达100%。常态化开展新兵入伍欢送、光荣牌悬挂、立功受奖报喜、退伍返乡欢迎、节日走访慰问、重大庆典邀请、事迹载入地方志等活动，送立功喜报159份。为242名困难退役军人提供帮扶资金20.65万元，急难愁盼得到有效解决。全州景区全部实现向全国优待证持证人免首道门票，退役军人事务部官网、云南发布、省退役军人事务厅网站等多家媒体进行了宣传报道，牟定县、南华县、姚安县、大姚县实现市内公交车免费，优待证使用场景进一步拓展，尊崇优待成色进一步提升。

六、褒扬纪念工作

2023年，深入实施烈士纪念设施提质改造工程，推进禄丰铁道兵纪念馆、永仁铁道兵陈列室建设，新建张舫烈士纪念广场、新街烈士陵园陈列室、甸尾烈士陵园陈列室，褒扬阵地持续加强。新成立姚安、永仁2个烈保中心，全州19

个县级及以上烈士陵园和其他 106 处零散烈士纪念设施实行分级保护，管护水平不断提升。编纂《云南英烈及纪念设施大典・楚雄分卷》，编印楚雄州烈士纪念设施画册《丰碑》，在全省率先举办英烈讲解员大赛，26 处烈士纪念设施被评为爱国主义教育基地、13 处烈士纪念设施被评为州级全民国防教育基地、11 处烈士纪念设施被评为州级党史党性教育基地，组织开展“清明祭英烈”、“9・30”烈士纪念日向人民英雄敬献花篮仪式等系列活动，累计 4 万余人次瞻仰各类烈士纪念设施，尊崇英烈、缅怀英烈、学习英烈的氛围更加浓厚。

七、双拥共建工作

2023 年，落实十一届州委常委会第 66 次会议“努力把楚雄州创建为全国双拥模范城”的工作要求，印发《楚雄州创建全国双拥模范城工作实施方案》，压实创建责任，召开创建全国双拥模范城动员会议、双拥工作领导小组会议和创建全国双拥模范城工作座谈会，对创建工作作出具体安排。印发《楚雄州退役军人工作服务部队备战打仗的工作方案》，完成省军区、省双拥办赋予的 4 项“拥军”课题研究，省双拥办印发专项通报给予充分肯定，投入 173 万余元全覆盖走访慰问驻楚部队和重点优抚对象，开展“城连共建”活动，26 项“双清单”事项全面落实，服务部队备战打仗更加有力。坚持用心崇军拥军，遴选授牌第二批“爱国拥军志愿服务单位”117 家，编印《楚雄州社会化拥军手册（二）》，挂牌“军人驿站”16 个，设立“拥军食堂”13 个，10 名随军家属通过专项招考“绿色通道”进入事业单位工作，2 名随军随调家属对口安排工作，147 名军人子女入学需求得到完全满足，拥军的力度更大、成色更足，《中国双拥》杂志 2023 年第 6 期刊载了楚雄州双拥工作做法。将双拥元素融入国家级非物质文化遗产“楚雄彝绣”，编排《爱国拥军谱华章》《双拥创建顺民心》等 20 多个节目，开展双拥主题演讲比赛、双拥征文等 20 项纪念延安双拥运动 80 周年系列活动，举行楚雄州纪念延安双拥运动 80 周年暨 2023 年军民联欢晚会，评选命名楚雄州“双拥示范学校”15 所、双拥示范乡（镇）10 个、双拥示范村（社区）12 个、双拥示范营（连）5 个，遴选作品 73 幅举办双拥书画摄影作品展，双拥氛围更加浓厚，“五个项目”进军营的经验做法被《中国双拥》杂志刊载。

八、服务保障体系建设工作

2023 年，突出服务体系融合建设，全州 103 个乡镇退役军人服务站与武装部全部实现融合共建，基本实现“阵地越建越强、牌子越擦越亮、效能越来越好、服务越来越优”的目标。5 个服务保障工作案例编入《全国退役军人服务中心（站）服务保障典型案例汇编》，印发全国学习借鉴，南华县退役军人服务中心入选云南省退役军人服务中心（站）“九大功能”典型案例。印发《楚雄州退役军人服务站服务事项清单》，推动基层退役军人服务站更好优质高效服务。退役军人志愿服务队活动开展常态化、实效化，牟定县关爱青少年志愿服务队入选全国 1000 支“退役军人关爱青少年志愿服务队”，州退役军人志愿服务队获评云南省“最美退役军人志愿服务队”，南华县者美春被评为“云南省最美退役军人志愿者”。军人退役“一件事一次办”实现户籍、社保、医保等事项30分钟内“一次办理”，该经验做法在云南网刊载，得到省政务服务局、省政府督查室充分肯定。

九、军休服务管理工作

2023年，围绕“六个老有”和“四知、四会、四心”工作目标，全面落实政治待遇，定期开展“思想政治交流日”活动，传达党和政府重要会议精神，组织到红色教育基地和爱国主义教育基地现场教学，邀请军休干部代表参加烈士纪念日向人民英雄敬献花篮仪式。严格落实军休干部经济待遇，及时足额发放退休金及“四项增资”。加强人文关怀，组织军休干部短期疗养，春节、“八一”建军节等重大节日全覆盖走访慰问军休干部25人、遗属16人。常态化开展“送学上门”“服务上门”活动，定期组织健康体检、健康保健知识讲座，更新健康档案。编纂《军休回忆录》，宣扬军休干部优秀事迹，彰显楚雄军休文化特色。

十、军供保障工作

2023年，认真落实优质、快速、持续、准确、安全、保密的军供保障要求，高质量完成年度军供保障任务。拓展全国重点军供站创建成果，充分挖掘军供文化资源，推行“速率”式、“联合”式、“应急”式、“延伸”式军供保障模式，军供保障能力和水平进一步提升，经验做法在全省军供保障能力提升培训班上作交流发言。

红河哈尼族彝族自治州

2023 年，红河州退役军人事务系统坚持以习近平新时代中国特色社会主义思想为指导，深入学习贯彻习近平总书记关于退役军人工作、双拥工作重要论述和考察云南重要讲话精神，紧紧围绕州委“337”工作思路，坚持稳中求进总基调，深入推进红河州“十四五”退役军人服务和保障规划落实落细，全面推动退役军人工作高质量发展不断取得新成效。

一、机构建设情况

红河州认真贯彻落实全省退役军人服务保障体系建设现场推进会精神，印发《红河州退役军人事务局等 6 部门关于进一步推进落实全省退役军人服务保障体系建设现场推进会精神的通知》，进一步整合基层资源，推进落实“七位一体”“四位一体”工作机制和“一中心两家三站”阵地融合发展建设。全州建成退役军人服务中心（站）1520 个，其中州级服务中心 1 个，县市级服务中心 13 个，乡镇（街道、农场）服务站 140 个，村（社区）退役军人服务站 1366 个。贯彻落实退役军人事务系统信息化建设部署要求，稳步推进全州“互联网 + 退役军人服务”建设与运用。全州各级退役军人志愿服务队 2023 年累计开展志愿服务活动 4000 余次，5 支退役军人志愿服务队入选全国“传承红色基因 · 赓续红色血脉”——退役军人关爱青少年志愿服务项目。

二、思想政治和权益维护工作

认真贯彻落实《基层退役军人服务站思想政治工作实用手册》，州、县（市）成立 14 个退役军人法律援助服务工作站，州、县（市）两级法院开通退役军人法律援助绿色通道，为 11 名退役军人提供了法律援助服务。建立完善信息互通、问题联商等协作机制，定期召开研判会，有效分级预警管控相关风险隐患。坚持和发展新时代“枫桥经验”，学习实践“浦江经验”，局领导分包疑难积案，坚持以“局长抓信访”“三级网格排隐患”“三个一线控源头”。有效推动信访积案化解工作，化解重复信访。建立州、县、乡、村四级预警机制，完善“三级网格”排查体系，对重点人员落实包案措施，持续做好退役军人信访矛盾纠纷问题的大排查大化解工作。按照“1335”工作机制，扎实开展常态化联系退役军人工作，常态化联系退役军人 197 人。常态化开展“老兵永远跟党走——老兵宣讲”实践活动 70 余场次，覆盖退役军人等群体 7700 余人次。组织系统网评员培训，开展网评工作，不断壮大主流思想舆论。

三、移交安置和军休服务管理工作

始终坚持把做好退役军人移交安置和军休工作作为一项政治任务，紧紧围绕“移交安置提质增速、军休管理优质服务”目标。充分发挥全州政府部门、事业单位和国有企业安置退役军人的主渠道作用。认真开展“进军营、送政策、畅安置”政策宣讲活动。严格按照“五公开”阳光安置原则，高质量完成转业军官、符合政府安排工作退役士兵的安置任务。接收安置若干名军队离退休人员，组建红河州军休干部门球队到大理，参加“云岭军休·党的光辉照边疆”门球比赛，上报 30 余幅作品参加云岭军休书法摄影作品比赛，获全省优秀组织奖；组织 8 名军休干部到腾冲参加全省荣誉疗养。深化企业军转干部属地化管理，接收省厅下达央企、省企军转干部移交名单 4 批 500 余人，开展企业军转干部支付能力认定工作。

四、就业创业工作

认真贯彻落实省退役军人就业创业工作推进会精神，组织退役军人及军人家属线上专场招聘月暨网络直播招聘会、“线下 + 线上”专场招聘会共 26 次，认真开展退役军人职业技能培训，挂牌成立红河退役军人学院，组建创业导师团队。实现退役军人新增就业 900 余人，完成年度新增退役军人就业任务数 930 人的 103%。按标准配套并及时拨付自主就业退役士兵一次性经济补助 665 万元和技能培训经费 136.86 万元。申报云南省省级退役军人就业创业园地，认定工作取得全省第 2 名的优异成绩。组织开展 2023 年度“全国退役军人创业带动就业光荣榜”遴选推荐工作，民之源实业集团有限公司被评为 2023 年度“全国退役军人创业带动就业光荣榜”上榜企业。周密组织 26 名退役军人“集体进疆”，高标准推进红河州招录退役军人“集体进疆”工作，充分发挥退役军人稳边固边、建边兴边重要作用。

五、双拥共建工作

州委书记、州长等党政主要领导带头参加与红河舰双拥共建活动。召开红河州双拥工作领导小组（全体）会议，研究制定 2023 年红河州双拥工作要点。制定印发《红河州创建云南省第十二届双拥模范城的实施方案》，稳步推进红河州双拥模范城创建工作。深入贯彻落实纪念延安双拥运动 80 周年座谈会精神，开展纪念延安双拥运动 80 周年系列活动。州、县（市）各级党委政府结合春节、“八一”建军节等节日，走访慰问驻州部队和重点优抚对象，召开军地座谈会、开展文化拥军等拥军优属活动。多部门联合组织开展遴选出 2023 年红河州“最美退役军人”“最美拥军人物”“最美军嫂”各 10 人，认真开展学习宣传活动。组织签约授牌红河州 30 家社会化拥军企业、门店，全州签约授牌 300 余家社会化拥军企业。认真落实军地互办实事“双清单”制度，组织到驻州团级以上部队实地调研和书面调研需驻州部队解决困难问题，摸清军地双方问题清单 70 余项，研究制定方案，召开推进会，稳妥推进解决，积极为部队办实事解难题。研究建立红河州随军家属就业安置工作协调领导小组，修订完善红河州随军家属定向招聘政策，定向招录20余名军人家属，做好200余名军人子女入学入托优待工作。与驻滇某部某分队开展城连共建活动。到河口、绿春6个边防连队开展“情系边防官兵”慰问演出活动，与武警云南总队机动第三支队共同组织开展军民联欢晚会。投入1730余人次参与拥军支前保障行动41次，开展拥军支前潜力调查，认真做好军供保障等各项工作。调研指导蒙自、开远、建水、河口4县（市）开展新一届全国双拥模范城（县）创建工作，召开红河州创建全国第十二届双拥模范城（县）工作会。军地积极开展平安创建、文明创建、军营开放日等活动。在州级以上媒体发表各类新闻稿件50余篇，尊崇尊重社会氛围更加浓厚。

六、抚恤优抚工作

及时分配下达优抚资金，有序推进优抚对象医疗补助“一站式”结算全覆盖，优抚对象抚恤和生活补助等政策落实到位。审核上报优待证申领信息，常态化开展优待证申领发放工作，积极拓展优待证使用场景，公布2批次共36个优待项目。设立红河州退役军人关爱基金，募捐筹集资金13万余元。申请省、州退役军人关爱基金资金39.05万元，帮扶困难退役军人及其他重点优抚对象343人次。稳步开展享受国家定期抚恤补助优抚对象年度确认工作。推进红河州优抚医院项目实施，4月顺利进入“十四五”时期国家首批优抚医院建设项目库。

七、褒扬纪念工作

研究制定《红河州加强新时代烈士褒扬工作的实施方案》等措施办法。采取“线下+线上”相结合，全面做好“2·17”、清明节、“9·30”烈士纪念日等重要时节烈士祭扫服务保障工作，组织300余名机关干部职工和1200余名退役军人志愿者充实一线服务保障力量，为8.3万人提供现场优质高效服务，代祭扫烈士3832名，红河州烈士祭扫活动安全文明、平稳有序。圆满完成2023年红河州暨蒙自市烈士纪念日公祭烈士活动。定期开展烈士纪念设施巡检巡查，指导县（市）加强烈士纪念设施管理维护。军地联合走访慰问军人军属1100余人次、开展送立功喜报、悬挂光荣牌活动。持续提升烈士纪念设施管护水平，争取上级资金2100万余元，用于烈士纪念设施提升改造和修缮维护管理，配合上级有关部门做好全省烈士纪念设施概览和电子地图编制工作。推荐建水烈士陵园、弥勒市革命烈士陵园申报第七批国家级烈士纪念设施。持续推进《云南英烈及纪念设施大典·红河卷》编纂工作，出版《红河英烈大典（1928—2021）》。

八、自身建设情况

坚持用习近平新时代中国特色社会主义思想凝心聚魂，利用党组会议“第一议题”、党组理论学习中心组、党支部“三会一课”等形式，深入学习党的二十大精神、习近平总书记关于退役军人工作重要论述和考察云南重要讲话精神等内容，开展学习贯彻习近平新时代中国特色社会主义思想主题教育。组织州、县（市）双拥工作领导小组相关人员赴四川省资阳市、贵州省遵义市等地考察学习双拥创建工作、退役军人工作，组织系统 300 余人次开展各类培训，稳步提升系统队伍能力素质。红河州退役军人事务局党支部被红河州委州直机关工委评为先进基层党组织。蒙自市退役军人事务局获得省退役军人事务系统新闻工作一等奖，红河州退役军人事务局、开远市退役军人事务局获得二等奖。红河州退役军人事务局、蒙自市退役军人事务局、石屏县退役军人事务局、河口县退役军人事务局被省厅表彰为“2023 年度云南省退役军人信访工作先进集体”，江延军、所丽明、谭权、张丽云 4 人被评为“2023 年度云南省退役军人信访工作先进个人”。

文山壮族苗族自治州

2023年，文山州退役军人事务系统坚持以习近平新时代中国特色社会主义思想为指导，深入贯彻党的二十大精神和习近平总书记关于退役军人工作重要论述及考察云南重要讲话精神，坚决贯彻落实党中央、国务院关于退役军人工作的决策部署和省委、州委要求，以党在新时代的强军目标为引领，以落实《“十四五”退役军人服务和保障规划》为主线，聚焦建军百年奋斗目标，全心全意为退役军人服务，扎实做好退役军人思想政治、安置就业、服务保障、优抚褒扬、双拥共建等各项工作，巩固发展军政军民团结，切实把党中央重大决策部署转化为退役军人工作的生动实践。

一、机构建设

文山州退役军人事务局是文山州人民政府工作部门，承担退役军人思想政治、权益维护、移交安置、就业创业、服务管理、拥军优抚、褒扬纪念、解难帮困等11项具体职责。内设办公室、政策权益维护科、移交安置管理科、拥军优抚褒扬科4个科室，下属退役军人服务中心、军队离退休人员服务中心2个财政全额拨款的正科级公益一类事业单位。3月，报经文山州编制委员会办公室同意，将拥军优抚褒扬科更名为优抚褒扬科，加挂双拥工作科牌子，负责文山州双拥工作领导小组办公室日常工作，未新增编制数。

二、服务保障

聚焦探索基层武装部与退役军人服务站融合发展模式，全面推进“两家三站”阵地融合、力量融合、工作融合，确保退役军人服务保障工作直达基层末梢。2023年，完成州、县、乡、村四级1112个退役军人服务中心（站）全国服务管理、百度地图、高德地图信息系统录入工作，“全覆盖”推动104个乡镇（街道）“部站融合”创建。烈士祭扫期间，组建文山州烈士祭扫志愿服务队伍，设置老兵祭扫服务站，用心用情做好服务保障工作。成功推送文山州传承红色基因志愿服务队、砚山县退役军人关爱青少年志愿服务队、马关县退役军人关爱青少年志愿服务队3支基层退役军人志愿服务队伍，入选全国“传承红色基因·赓续红色血脉”——退役军人关爱青少年志愿服务项目，文山市文新街社区退役军人服务站站长罗文华被评为2023年度全国退役军人服务中心（站）“百名优秀主任（站长）”。常态化开展退役军人和其他优抚对象建档立卡、优待证申领工作，年度优待证申领发证率达99.08%。为2023年退役军人免费捐赠“关爱退役军人保”保险 772 份；已纳入民政部门低保、特困退役军人免费捐赠“防癌抗癌”保险 2445 份，申请个案救助 15 人，申请帮扶资金 10.9 万元，开展“情暖老兵”系列帮扶援助活动 4 次，走访慰问 169 人，发放慰问金 14 万元。

三、思想政治和权益维护

聚焦大力弘扬爱党爱国爱社会主义主旋律，深入开展“老兵永远跟党走”系列活动。积极培塑和宣传退役军人先进典型代表，15 名退役军人被评为“文山州最美退役军人”。深入推进退役军人法律援助工作，设置退役军人法律援助工作站点，健全法律援助工作机制，积极吸纳法律专业人员组建法律援助志愿服务团队，为退役军人提供法律咨询援助服务。持续完善退役军人事务领域信访工作和网络舆情工作机制，积极学习借鉴新时代“枫桥经验”和“浦江经验”，扎实开展退役军人事务系统信访矛盾纠纷排查化解，有效化解长期历史遗留问题 2 件，被评为全省退役军人事务领域网络评论和信访工作先进单位。深入学习宣传贯彻习近平法治思想，结合普法强基补短板“千个单位包万村”专项行动，深入开展普法宣传活动。

四、移交安置

聚焦“提质提速、既快又好”工作目标，深化“阳光安置”和服役贡献考核赋分工作要求，深入拓展延伸安置渠道，提前做好安置岗位归集，坚持质量与速度并重、效率与效果并举，高质高效完成年度退役军人移交安置任务，省对州“移交安置工作”考核考评走在全省“第一方阵”。2023 年，圆满完成转业军官、政府安排工作退役士兵和退出消防员、逐月领取退役金军官、复员军官、军休干部、自主就业退役士兵、随军随调家属安置任务。及时完成年度退役军人信息数据采集和系统录入，组织退役军人全员适应性培训，精准发放 2022 年 1 月至 2022 年 11 月以前 500 余名自主就业退役士兵一次性经济补助 262.31 万元、1 名自谋职业退役军人一次性经济补助 84.64 万元。

五、就业创业

聚焦破解退役军人就业创业结构性难题，深入推进“权威推荐 + 稳定就业”“政策扶持 + 动力牵引”退役军人就业助推模式，进一步推进高质量就业创业。成立文山州退役军人学校，整合资源优势，开展综合性退役军人教育培训。举行首场文山州“退役军人就业”政企合作签约仪式，与 12 家大中型驻文企业签署就业合作框架协议，提供专项岗位 720 余个。开展退役军人职业技能培训承训机构考核评估工作，择优推选 6 个优质培训机构作为新一轮承训机构黄页，开设“短、平、快”技能培训工种 22 种，组织 224 名退役军人开展“订单式”“定向式”“定岗式”技能培训。制定《新增百名退役军人就业工作目标实施方案》，组织退役军人专场招聘活动 20 余场次，推介就业岗位 3 万余个，年度新增退役军人就业 700 余人。

六、双拥创建

聚焦服务国防建设、服务经济社会发展，深入推进拥军优属工作。参加退役军人事务部组织的《新时代中国双拥》专刊专项会议，文山州委书记作交流发言。文山州委副书记做客云岭高端访谈交流文山双拥工作经验。深入开展2023年绿美文山·军民共建植树活动。评选出文山州“最美军嫂”10人、“最美拥军人物”10人，其中，西畴县鸡街乡中寨村党委书记韦功云被评为云南省“最美军嫂”。组织开展文山州“戍边卫国·真情拥军”“千里边关行”系列活动。组织召开文山州军人随军家属工作调动协调会议，协调解决8名随军家属工作调动。联合文山军分区举行“文山州纪念延安双拥运动80周年暨双拥文艺晚会”活动，共50余家军地单位300余人参加。按时发放义务兵家庭优待金、消防员家庭优待金。走访慰问驻文基层部队14支，退役军人、烈士遗属等优抚对象270人，战斗英雄54人，慰问资金70万元。

七、优抚褒扬

聚焦弘扬英烈精神、创新服务理念。全年累计下拨各项抚恤补助、医疗保障、解困帮扶等经费22 798.19万元。搭建开通优抚对象医疗保障“一站式”结算平台，自7月建成投入使用以来，累计与医院实现线上审核补助报销住院费用自付部分4663人次共计218.52万元，为服务对象提供了极大便利。在云南省率先完成全州烈士陵园（烈士宫）不动产确权登记。争取中央3600万元资金支持，完成西畴南疆烈士陵园、马关马白烈士陵园、马关仁和烈士陵园全面提升改造和麻栗坡烈士陵园纪念广场建设，硬件设施服务功能进一步增强。文山州烈士陵园（烈士宫）和所有散葬烈士墓全部划定保护范围，设立保护标识，为依法保护烈士纪念设施奠定了坚实基础，2023年烈士纪念设施绩效考评位居全省第一。推行重要节点“六个一”服务，圆满完成清明节等重要节点烈士祭扫服务保障工作，文山州烈士陵园（烈士宫）共接待入园祭扫人员12万余人次。建强用好文山州“1+8”网络祭扫平台，2023年累计600余万人次通过平台祭扫烈士、开展网上祭奠活动，在全社会营造了文山州致敬英烈、学习英烈、捍卫英烈、关爱烈属的浓厚氛围。

八、军休服务

积极践行“以军休干部为本、为军休干部服务”的工作宗旨，2023年春节、“八一”建军节走访慰问军休干部12人次，发放慰问金6000元。先后组织30余名军休干部到红河、大理、昆明等地开展了健康疗养，以及门球、演讲比赛，并取得优异成绩。完成军休干部健康体检工作，年度接收军休干部1名。开展“庆八一、追寻红色足迹、传承红色基因”爱国主义教育活动，军休干部“两个待遇”得到有效落实。

九、自身建设

牢牢把握政治机关讲政治的第一属性，在坚定思想、坚实行动中提高政治站位、强化政治担当、提升政治能力、落实政治责任、严守政治纪律和政治规矩，扎实开展学习贯彻习近平新时代中国特色社会主义思想主题教育。坚持以党的建设为引领服务中心大局，坚持把抓党的建设作为推动退役军人工作的“根”和魂，持续深化党建引领服务中心大局，让政治忠诚体现在退役军人各项业务成效中，实现高质量党建引领带动业务工作高质量发展。

普洱市

普洱市退役军人事务系统坚持以习近平新时代中国特色社会主义思想为指导，深入贯彻习近平总书记关于退役军人工作重要论述和考察云南重要讲话精神，认真学习宣传贯彻《中华人民共和国退役军人保障法》，凝心铸魂筑牢根本、锤炼品格强化忠诚、实干担当促进发展、践行宗旨为民造福、廉洁奉公树立新风，推动各项工作不断破局启新。

一、思想政治和权益维护工作

强化政治引领，促进作用发挥。邀请重点优抚对象参加有关庆典和纪念活动，将荣立二等功以上的现役军人和退役军人载入地方志。落实“四尊崇、五关爱、六必访”，突出仪式感、扩大影响面，常态组织光荣牌悬挂、新兵入伍欢送、老兵返乡欢迎、优待证发放等仪式，把立功喜报敲锣打鼓送到军人家庭、军嫂单位。

选树先进典型。持续开展“老兵永远跟党走”活动，2023 年开展老兵宣讲 34 场次，集中宣讲受众人数 4635 人。选树普洱市“最美退役军人”10 名、“最美拥军人物”10 名、“最美军嫂”33 名，荣获云南省“最美退役军人”1 名、“最美拥军人物”1 名。

推动建功立业。注重培养、选拔、使用退役军人，机关事业单位中有县处级领导干部 21 名、乡科级领导干部 201 名。开展“退役军人乡村振兴带头人”培养行动，184 名“兵支书”（占 17.40%）、737 名“兵委员”（占 11.50%）、1876 名“兵能人”成为基层党组织带头人、农村共同富裕领路人。助推创新创业，有军创企业 438 家、军创农民专业合作社 1976 家、军创个体工商户 3917 个。军创企业云南湄公河集团吸纳退役军人就业 220 余人，11 名被聘为集团中高层；云南大地集团吸纳退役军人就业近 500 名；孟连昌裕糖业带领 2.5 万户 13 万余名蔗农增收致富。充分借助退役军人力量，开展招商引资工作。

二、安置就业工作

强化培训赋能干事创业。分期分类开展有针对性的就业创业培训，组织 100 余名自主就业退役士兵参加职业技能培训，近 200 名自主就业退役士兵参加省退役军人事务厅网络适应性培训，30 余名自主就业退役士兵参加学历提升，10 余名自主就业退役士兵参加省退役军人事务厅“戎耀云岭 · 红星技能培训计划”示范班，举办政府安排工作退役士兵适应性培训班，共 80 余名退役士兵和退出消防员参加培训，不断提升就业技能。

多措并举拓宽就业渠道。主动靠前服务，优化退役军人移交安置，采取“直通车”式安置转业军官，其中把1名在部队荣立一等功的转业军官安置地从县（区）调整到市直部门；坚持“四心四到位”安置符合政府安排工作退役士兵，实现“三满意”，退役军人安置经验做法被省退役军人事务厅以简报形式转发推广。制定《普洱市转业军官移交安置工作流程（试行）》《普洱市符合政府安排工作退役士兵和退出消防员移交安置工作流程（试行）》等，推进高质量安置工作。

搭建平台提升服务水平。“量身定制”举办退役军人专场招聘会30场次，新增退役军人就业700余人、提前完成政府工作报告下达的任务。2次召开普洱市促进优秀退役军人到中小学任教工作联席会议，明确任务清单，稳妥推进“兵教师”培养，目前普洱市共有154名“兵教师”。建设普洱市退役军人就业创业园，组建256人的就业创业导师团队，为退役军人初创企业提供开业指导、创业培训、项目推广、补贴申报等“一条龙”服务，新增入驻企业7家。认真落实普洱市退役军人企业家代表座谈会精神。举办第四届“建行杯”普洱市退役军人创业创新大赛，2家企业获云南省退役军人创业创新大赛三等奖，普洱赛纳咖啡作为云南省“军创云品”参加首届全国退役军人创业创新成果展交会。积极协助1家军创企业申报规上企业。

三、双拥模范城创建工作

组建工作专班，明确“84+65”个具体工作任务。加强军地联络，在春节、“八一”建军节沉浸式走访慰问部队、优抚对象等；协调解决烈士、军人子女73人入园。开展纪念延安双拥运动80周年活动，启动“浓情拥军、双拥花开”主题活动，创建21个法律拥军服务站，举办“一见军心、会聚良缘”军地鹊桥会、“学思想 颂英烈”普洱市首届英烈讲解员大赛。举办“弘扬双拥优良传统、共叙军民鱼水情深”首届双拥主题作品展，展出作品200余幅；举办“云岭军休·讲述军休幸福故事”演讲比赛初赛并推荐参加省级比赛，1名军休干部获省级三等奖。举办普洱市庆祝中国人民解放军建军96周年暨纪念延安双拥运动80周年文艺晚会，评选“最美退役军人”“最美军嫂”“最美拥军人物”等，其中白云强被评为云南省“最美退役军人”，白祥被评为云南省“最美拥军人物”。编纂《普洱双拥丰碑情》书籍，加大双拥典型宣传，在中央、省级主流媒体讲好普洱双拥故事。

四、服务管理工作

认真落实贯彻全省退役军人服务保障体系建设现场推进会精神，不断提升退役军人服务保障覆盖面，截至12月31日，全市新建民营企业退役军人服务站3个，行政单位退役军人服务站1个。推广新时代“枫桥经验”，建好“退役军人之家”，在市、县两级律师事务所成立法律拥军服务站21个，提供法律援助2人。

严格落实“两个待遇”，组织军休干部学习、娱乐、疗养、撰写回忆录、创作文艺作品，大力提升服务质量。2023年完成若干名军休干部接收工作。探索联系机制、规范服务流程、发挥军休干部作用，市军休中心党支部“以提升‘四力’推动党建工作”的经验做法被云南机关党建网转载，市军休中心被评为普洱市“茶城银发先锋之家”。

加强军供站规范化建设，不断提升军供保障能力。争取上级资金 100 万元，对普洱市军供站、墨江县军供站进行提质改造，推动军供正规化建设。首次开展普洱市辖区内 3 个军供站野战应急快餐化保障演练、首次为驻训部队提供野战快餐化保障、首次派出骨干开展伴随保障演练，2023 年完成军供保障任务 10 000 余人次。

五、拥军优抚工作

配合军队练兵备战。落实关于加强新时代拥军支前工作意见，健全拥军支前机制，修订完善《普洱市拥军支前军地协调机制工作细则（试行）》《普洱市双拥办拥军支前应急应战响应机制》，发动和组织人民群众拥护军队、支持作战，统筹运用全市拥军支前资源力量，为部队遂行军事行动和边境处突维稳提供服务保障。

认真落实“双清单”制度。各级党委政府把保障部队需求作为应尽之责，主动上门问需，对重大军事行动、重点工程建设、战备执勤、抢险救灾等无条件服从、全力服务保障。积极推进“情系边海防”“城连共建”活动，安排国防动员和驻普部队基础设施建设资金 2200 万余元，通过直接帮建、物资支援等，累计解决驻普部队基础设施建设等需求 57 项。

健全机制解决官兵后顾之忧。落实《普洱市立功受奖军人家庭奖励实施办法（试行）》《普洱市退役大学生士兵定向招聘实施细则》《普洱市军人随军家属安置就业实施细则》等，对 158 名普洱籍立功受奖军人家庭实施奖励 82 万元，拿出 21 个机关事业单位岗位定向招聘大学生退役士兵，定向招聘未就业随军家属 4 名、101 名军人子女享受教育优待，特别是 2023 年在思茅中心城区学校实施摇号政策中，73 名军人子女仍通过优待 100% 进入意愿学校。

六、褒扬纪念工作

加强阵地建设。景谷县烈士陵园 1000 万元改扩建项目稳步推进，宁洱县烈士陵园 1000 万元改扩建项目纳入国家发展改革委项目库。全市有烈士纪念设施 25 处、革命遗址 124 处、云南省不可移动革命文物名录项目 27 个，成为爱国主义教育的重要阵地。

传承红色传统。组织编撰《普洱双拥丰碑情》《普洱革命烈士》《云南英烈及纪念设施大典・普洱分卷》等书籍，开展《普洱市县级以上烈士纪念设施概览图册》评审。挖掘整理和保护研究普洱双拥历史、革命英雄的先进事迹。

加强红色教育。组织“崇尚・2023・清明祭英烈”网上祭扫活动，圆满完成“4・28”“4・30”等重要时间节点烈士祭扫工作，高质量完成“9・30”烈士纪念日活动，2023 年全市各界人士 2.2 万余人次到烈士陵园参加祭扫活动。开展“全民国防教育月”活动，国防教育进机关、进学校、进城乡、进基层。

七、自身建设情况

推动学习贯彻习近平新时代中国特色社会主义思想主题教育活动走深落实，认真学习贯彻党的二十大精神、习近平总书记关于退役军人工作和双拥工作重要论述，始终把坚持和加强党的领导贯穿退役军人工作全过程各方面，不断提高政治判断力、政治领悟力、政治执行力。坚持把政治建设摆在党建工作首位，巩固意识形态主阵地，深化普洱市“牢记誓词铸忠诚、团结奋进兴边疆”党建品牌，持续打造突出军的特色、具有兵的特点的党建名片。认真学习贯彻党的二十大精神，制定2个大方面9个重点任务21条措施。

2023年，召开市委退役军人事务工作领导小组第五次全体会议、市双拥工作领导小组全体会议暨争创新一届全国双拥模范城动员会议，审议通过《普洱市争创新一届全国双拥模范城实施方案》。修订领导小组工作规则，建立年度考评、半年督查机制，纳入党委政府综合目标，压实各方责任，推动常态长效。以市委市政府名义举办退役军人企业家代表座谈会为全省第一家。印发《普洱市2023年退役军人保障工作考评方案》《普洱市双拥工作考评细则》，发挥考核指挥棒作用推动工作落实。

西双版纳傣族自治州

2023年，西双版纳州退役军人事务系统以习近平新时代中国特色社会主义思想为指导，深入学习宣传党的二十大精神，坚决贯彻习近平总书记关于退役军人工作重要论述和考察云南重要讲话精神，落实落细云南省退役军人事务厅年初工作要点要求，立足西双版纳州退役军人工作实际，努力提升退役军人服务保障水平，全面推进退役军人事务工作高质量发展。

一、思想政治和权益维护工作

（一）思想政治工作

2023年，西双版纳州退役军人事务局开展了“老兵永远跟党走”老兵宣讲实践活动，组织“复、转、退”军人学习党的二十大精神；召开西双版纳州首届“最美退役军人”表彰会议，主流媒体连续刊播10名“最美退役军人”典型事迹；退役军人刘国勇、熊海深2名同志分别被评为景洪市“见义勇为先进个人”“景洪好人”；搭建退役军人志愿服务平台，建立州、县、乡、村四级退役军人志愿服务队，现有队员1549人，志愿服务队在抢险救灾、乡村治理、经济发展等社会事务中争当排头兵，共开展志愿服务活动80余次，40名退役军人因此获得各类表彰；开展“兵支书”“兵教师”培养，263名退役军人担任村“两委”班子。

（二）权益维护工作

2023年，西双版纳州退役军人事务局与司法局联合印发了《关于成立西双版纳州退役军人法律援助工作站的通知》，开展了2次“法律进军营”活动，州、县（市）同步成立了退役军人法律援助工作站、“老兵调解室”，设立76个法律咨询窗口，加大法律宣传援助，及时化解退役军人矛盾纠纷，维护退役军人合法权益；加大退役军人事务领域信访工作力度，落实信访制度，加强工作联动，有效解决退役军人信访诉求，没有发生因信访而影响社会稳定的事件；为进一步拓展优待证优待使用场景，西双版纳州出台了《西双版纳州退役军人事务局等4部门关于退役军人和其他优抚对象持优待证享受有关优待的通知》，并派出督导组，深入优待场景督查。

（三）退役军人帮扶援助工作

2023年，为扎实做好退役军人帮扶援助工作，西双版纳州退役军人事务局积极牵头民政、财政、住房城乡建设、医保局等单位，制定印发了《西双版纳州加强困难退役军人帮扶援助工作实施方案》，进一步完善对困难退役军人帮扶援助工作机制；常态化走访慰问困难退役军人 131 人，开展为立功受奖现役军人家属送喜报活动，集中送达喜报 128 份，为退役军人悬挂光荣牌匾，依托省关爱基金援助帮扶退役军人 63 人，帮扶资金 61 500 元。

二、移交安置工作

（一）退役军人移交安置

2023 年，云南省下达西双版纳州符合政府安排工作条件退役士兵及计划性安置军队转业干部人数，经与相关部门沟通协调，军转干部均安置在党政机关，70% 的符合政府安排工作退役士兵安置在事业单位管理岗和专业技术岗；发放待安置期间政府安排工作退役士兵补助金 5.8 万元；接收自主就业退役士兵 100 余人，发放一次性自主就业补助 82.55 万元。

（二）企业军转干部属地管理进一步完善

推动企业军转干部属地化管理及建档工作，2023 年，完成接收省级移交企业军转干部任务，需建档立卡人员全部完成建档立卡。

三、就业创业工作

组织开展退役军人现场招聘会 5 场次，退役军人通过“线下招聘 + 线上直播带岗”的方式观看或参与，300 余人达成招聘意向；组织起草了《西双版纳州退役军人就业创业园地认定考核管理实施细则（暂行）》，推荐 3 家军创企业参加全省创业创新大赛，1 家军创企业到陕西参加全国退役军人创业创新成果展销会；组织 100 名退役士兵免费参加技能培训和学历提升教育，180 余名退役士兵参加了现场适应性教育培训。

四、军休服务管理工作

认真做好军休服务管理工作，严格落实相关政策，保障军休干部政治和生活“两个待遇”，进一步提升服务质量和水平。2023 年，云南省第一期军休功臣荣誉疗养活动在西双版纳举行，西双版纳州退役军人事务局全力保障活动开展，接待军休功臣 80 余人；认真落实军休干部“两个待遇”，接收大校以下军休干部，扎实做好军休干部调资，完成调资 40 人，调资金额 43 877.16 元，核发工资 500 万余元，发放遗属生活补助 3 万元，发放军休干部丧葬费 37 万元。

五、拥军优抚工作

（一）双拥共建工作

组织召开西双版纳州双拥办主任会议、双拥工作领导小组全体会议，印发《西双版纳州创建全国第十二届双拥模范城（县）实施方案》《西双版纳州 2023 年双拥工作要点》，对创建全国双拥模范城（县）工作进行安排部署，全力推动双拥模范城（县）创建工作；聚焦“后路、后代、后院”，倾力抓好随军家属就业、军人子女入学入托等工作，解决随军家属就业 6 人，军人子女入学 40 人，西双版纳州总工会李婷婷被中共云南省委宣传部、云南省双拥工作领导小组办公室、云南省军区政治工作局、云南省妇女联合会评为云南省2023年度“最美军嫂”；升级打造双拥街、双拥路、双拥主题公园等场所，广泛宣传双拥元素、双拥知识、双拥政策进军营、进社区、进基层；积极拓展社会化拥军渠道，与艾维眼科等20家涉及民生服务领域的企业签订拥军协议，努力打造升级版双拥品牌。

（二）抚恤优待工作

按照优抚对象系统化、精细化、动态化管理要求，认真开展优抚对象数据核查确认工作，及时、足额核拨各类优抚对象补助资金3000万余元，加强资金管理及跟踪问效，确保资金使用安全、精准；全面落实优抚对象医疗保障待遇，为符合条件的优抚对象全额代缴城乡医保个人负担部分，代缴金额56.7万元；积极开展伤残抚恤工作，上报评残4人、抚恤关系转移9人、办理换发残疾等级证1人；做好义务兵优待金发放工作，及时为辖区400余名义务兵家庭发放优待金。

六、褒扬纪念工作

根据全省综合绩效考评二级指标中期分析评估反馈的突出问题，成立检查培训组，到景洪市、勐海县开展一对一业务培训；对照《2023年度烈士纪念设施规划建设修缮管理维护指标考评细则》开展自查自评，建立问题清单，明确措施、责任及时限，及时跟进抓整改；开展“清明祭英烈”“红色九月”等线上线下祭扫活动，组织48名烈士家属到红河州、文山州烈士陵园开展烈士祭扫；组织开展“9·30”烈士纪念日向人民英雄献花篮活动，营造尊崇英烈、弘扬英烈、宣传英烈的浓厚氛围，共接待各类祭扫人员5000余人；推进景洪市勐龙烈士陵园烈士纪念展览馆建设项目及2个烈士陵园升级申报工作，进一步提升烈士纪念设施规划建设管护能力；组织开展《云南英烈及纪念设施大典·西双版纳分卷》编撰工作，解决英烈信息不清、事迹不明等问题，实现烈士与烈士纪念设施精准互联，目前已完成共计3万余字的编撰。

七、机关自身建设

紧跟大事要事，抓好政治学习，先后通过党组会、万名党员进党校、党组理论中心组、支部党员大会、读书班等形式，认真抓好二十大精神和“八类书目”的学习，坚持学原著悟原理，不断提升干部队伍政治素质；结合巡察问题整改，深入推进涉及退役军人领域问题整治；组织召开中共西双版纳州委退役军人事务工作领导小组第五次全体会议，总结全州退役军人事务工作，印发2023年退役军人事务工作要点，各县、市结合工作实际，均落实了会议制度，党委统领退役军人事务工作进一步彰显；组成工作督导组，对照“十四五”任务清单，深入县（市）开展督导检查，跟踪问效，对存在的问题及时下发整改通知，努力推动“十四五”规划落实落地；州、县同步完成军队人员派驻工作，西双版纳州落实了秘书科编制，军地联动工作运行体系不断健全。

大理白族自治州

2023年，大理州退役军人事务系统深入学习贯彻习近平新时代中国特色社会主义思想和党的二十大精神，紧紧围绕“让退役军人成为全社会尊重的人，让军人成为全社会尊崇的职业”目标，按照“打基础、谋发展、创特色、保稳定”工作思路，主动服务和融入大理“两城一区、三个走在前”目标定位，落实好主体责任，发挥好“头雁”效应，深入开展主题教育，推动“三个体系”不断健全完善，服务保障能力显著增强，各项退役军人工作实现创新发展。

一、机构建设情况

大理州退役军人事务局贯彻落实党中央、国务院、省委、省政府和州委、州政府关于退役军人工作的方针政策和决策部署，始终坚持把退役军人工作摆在重要议事日程，按照“四优先”理念统筹谋划，全力支持退役军人工作创新发展。年内州委、州政府主要领导、分管领导多次听取专题汇报，深入一线解决实际问题，召开州委退役军人事务工作领导小组暨双拥工作领导小组（扩大）会议。大理州退役军人事务局内设4个科室，下辖3个正科级事业单位，现有公务员17人，事业编制30人。全州下设12个县市退役军人事务局，12个县级退役军人服务中心，112个乡镇（街道）和1157个村（社区）退役军人服务站，全州共有4个军干所、5个军休点（站）、2个军供站、3个光荣院和6个烈士陵园管理所。

二、思想政治和权益维护工作

2023年，大理州退役军人事务局坚持“属地管理、分级负责”的原则，全州退役军人合法权益进一步维护。筑牢退役军人思想政治工作“生命线”，联合州委宣传部、大理军分区评选出2023年度大理州“最美退役军人”，拍摄杨来保《榜样的力量　一生情注洱海清》专题宣传片，和一泉《折翼天使的暖心“兵教头”》事迹在《中国退役军人》杂志刊登。组建“老兵永远跟党走”宣讲团13个，年内深入机关、学校、社区、部队开展宣讲活动56场次，受众8000余人。加大“兵支书”培养力度，发挥退役军人在强边固防、抢险救灾、洱海保护、爱国主义教育等工作中的积极作用。

三、移交安置工作

2023年，大理州退役军人事务局圆满完成省下达大理州转业军官和转业士兵安置计划，连续5年在全省率先完成安置任务。按照“阳光安置”原则，持续组织开展“进军营、送政策、畅安置”政策宣讲活动，积极协调退役士兵岗位指标并超额完成安置岗位提供，实现了部队组织、退役军人、用人单位“三满意”。政府安排工作退役士兵移交安置工作做法得到省退役军人事务厅《情况简报》第30期转发，年内省对州综合考评的退役军人移交安置工作得分为96分，名列全省第3名，位居全省第一梯队。

四、就业创业工作

2023年，大理州退役军人事务局巩固深化退役军人就业创业“一县一业”成果，制定出台《大理州退役军人就业创业园地认定管理办法（暂行）》《大理州退役军人就业创业示范基地认定管理办法（暂行）》等政策文件，积极争取州级财政支持，为全州退役军人就业创业工作奠定了坚实的经费保障。充分发挥退役军人就业创业孵化基地作用，新增军创企业34家、个体工商户63个、农民专业合作社3家。制定新增退役军人就业工作目标实施方案，在大理州财贸学校开展电子商务个性化培训，在鹤庆县开展“优秀退役军人到学校任教”试点，成立大理退役军人学院，举办退役军人专场招聘活动38场次，新增退役军人就业1100多人。开展退役军人职业技能培训承训机构考核评估及申报认定，培训机构从2021年的10个增加到2023年的29个。高标准承办了全省退役军人就业创业现场推进会，大理州进行了现场经验交流，省领导评价大理州的工作特色鲜明、成效显著、值得肯定。

五、军休服务管理工作

2023年，大理州退役军人事务局持续巩固提升全州军休机构星级评定工作成果，认真落实军休干部“两个待遇”，组织全州军休系统门球邀请赛，开展军休运动会。承办云南省“云岭军休·党的光辉照边疆”门球赛，全省16个州（市）19支军休干部代表队在大理参加了赛事活动。高标准承办第一期全国军休功臣荣誉疗养活动，123名作出突出贡献的军休功臣齐聚“有风的地方”，感悟领袖关怀，赓续红色血脉。退役军人事务部以专刊形式报送中央退役军人事务工作领导小组，专信感谢州委、州政府将荣誉疗养办出了大理特色，办成了标杆典范。

六、拥军优抚工作

2023年，大理州退役军人事务局持续巩固惠民惠农财政补贴资金“一卡通”专项治理成果，将符合条件的优抚对象全部纳入定期抚恤补助范围。按照“一张清单管制度、一个平台管发放、一个群众一张卡、全程监督一张网”严格有序发放抚恤优待资金2亿余元。全州一至六级残疾退役军人全部统一纳入职工医疗保障范围，有序推进优抚对象医疗补助“一站式”费用结算。持续加大优待证优待力度，全州落实军人军属、退役军人和其他优抚对象优先优待优惠项目275项，多角度、多渠道、多方式提高退役军人的获得感、幸福感、荣誉感。锚定新一届全国双拥模范城创建工作目标，做实擦亮“城舰共建”“大理双拥五朵金花”品牌特色。为“大理舰”打造具有白州特色的舰徽、舰歌、舰赋及相关文化展示，拍摄《爱我家乡　爱我舰》宣传片，州委主要领导带队参加“大理舰”授旗仪式。打造新时代“大理双拥五朵金花”，开展双拥主题宣讲40余场次，受众8000余人次。与部队签订消费帮扶协议，全力推进“部队助力乡村振兴”工作。扎实开展随军家属就业安置、子女教育优待等工作，有效解决部队官兵“三后”问题。组织春节慰问驻军部队座谈会、“八一”建军节领导干部军事日活动，开展双拥文艺晚会进军营、“军营开放日”等活动。加强拥军先进典型引领，南涧县“兵妈妈”常加凤被表彰为2023年度云南省“最美拥军人物”，以及大理州第五届“大理十大最美人物”“最美拥军人物”，祥云县驻军部队军人家属廖德娟被表彰为云南省“最美军嫂”。

七、褒扬纪念工作

2023年，大理州退役军人事务局高位推进烈士纪念设施提质改造和新建工作，加快推进祥云县烈士陵园改扩建和弥渡县烈士陵园暨公祭广场新建项目，完成鹤庆县红军长征过鹤庆纪念园提质改造，积极规划漾濞、巍山、云龙烈士陵园建设项目。开展“红色九月·关爱烈士遗属”活动，免费为烈士遗属开展健康体检和义诊服务。持续开展《云南英烈及纪念设施大典·大理分卷》编撰工作。9月30日组织州（市）四班子领导及社会各界代表参加2023年度烈士纪念日向人民英雄敬献花篮仪式。全力做好烈士祭扫服务保障工作，实现安全文明有序祭扫。

八、退役军人服务保障体系建设

2023年，大理州退役军人事务局紧扣基层服务保障体系“从有向优”转变，与大理军分区联合推进乡镇（街道）人民武装部和退役军人服务站资源共享、融合共建、协同发展的“部站融合”建设新途径，全州112个乡镇（街道）退役军人服务站配齐配强专职工作人员，有力破解基层建设“卡脖子”问题。深入开展2023年“情暖老兵·春节慰问”“情暖老兵·八一慰问”“情暖老兵·为少数民族困难退役军人送温暖”等走访慰问活动，共向国家、省退役军人关爱基金会申请资金30.85万元，帮扶援助退役军人和优抚对象249人。宾川县大营镇退役军人服务站站长李建钰被退役军人事务部评为2023年度全国退役军人服务中心（站）“百名优秀主任（站长）”。云龙退役军人关爱青少年志愿服务队入选全国退役军人关爱青少年志愿服务项目，大理市城市管理综合执法大队退役军人志愿服务队被评为云南省“最美退役军人志愿服务队”，云龙县李德忠被评为云南省“最美退役军人志愿者”。大理州退役军人服务中心精准促进就业创业类经验做法纳入云南省退役军人服务中心（站）“九大功能”典型案例。

九、自身建设情况

2023年，大理州退役军人事务局始终坚持以学习开头、以调研开路、以实干开局，切实把主题教育和年度工作同向发力、引向深入。按照“边学习、边对照、边检视”要求，围绕调研课题开展成果交流会，深入剖析正反典型案例，形成了一批高质量的调研成果。围绕加强和改进机关党的建设二十条措施，以“基础党务提升行动”为牵引，持续深化“对标先进、争创一流”实践活动，深度挖掘提炼大理红色资源“富矿”，组织到大理烈士陵园敬献花篮，聆听英烈故事，到大理军分区军史馆重温入党誓词、集体过政治生日，有效巩固“党建 + 红色基因传承”品牌。深化党风廉政建设，与年度重点工作同谋划、同部署、同推进、同考核，到州反腐倡廉警示教育基地开展现场教学和以案促改警示教育，组织召开全州系统党风廉政建设工作会议，围绕“清廉大理”建设十个实施方案，制定责任分工表，推进“引领行动”“激励行动”“清源行动”“强基行动”落实落细。

德宏傣族景颇族自治州

2023年，德宏州退役军人事务系统坚持以习近平新时代中国特色社会主义思想为指导，深入学习贯彻习近平总书记关于退役军人工作重要论述和重要指示批示精神，不断健全完善组织管理体系、工作运行体系、政策制度体系，制定《德宏州烈士纪念设施保护管理办法（试行）》，挂牌成立州退役军人学院，举行州退役军人志愿服务支队授旗仪式，2名退役军人分别被评为2023年度全国退役军人服务中心（站）“百名优秀主任（站长）”、云南省“最美退役军人”，服务保障退役军人能力进一步提升，退役军人事务工作取得新成效。

一、思想政治和权益维护工作

德宏州强化对退役军人思想政治引领，瑞丽市勐卯街道兴安社区党总支书记、居委会主任周全国被评为云南省“最美退役军人”，评选出德宏州“最美退役军人”10名、“最美拥军人物”9名、“最美军嫂”9名，营造尊崇尊重的社会氛围。推进志愿服务工作开展，陇川县退役军人关爱青少年志愿服务队入选全国“传承红色基因·赓续红色血脉”退役军人关爱青少年志愿服务项目，盈江县退役军人关爱青少年志愿服务队副队长张玉发被评为云南省“最美退役军人志愿者”。开展常态化联系退役军人和困难退役军人帮扶援助工作，走访慰问困难退役军人89人，发放解决生活难、医疗难、住房难资金146.68万元。学习宣传《信访工作条例》，定期与公安、信访等部门召开联席会议，开展大走访、大化解活动，落实领导公开接访、约访、带案下访工作机制，全力维护退役军人合法权益。

二、移交安置工作

德宏州完成退役军人事务部移交安置司在芒市组织召开的2023年中央企业接收安置转业军官和安排工作退役士兵政策培训会议服务保障工作。开展“进军营、送政策、畅安置”政策宣讲活动6场次，按时按质完成转业军官、安排工作退役士兵和退出消防员、伤残军人接收安置任务，完成自主就业退役士兵接收任务，发放自主就业退役士兵一次性经济补助249.26万元，转业军官全部安置到行政岗位，首次探索将安排工作退役士兵安置到事业管理岗，州和县（市）按照不少于全年安置人数20%、100%的比例提供退役士兵安置岗位，2名安排工作退役士兵安置到中小学，实现退役军人、接收单位、部队“三满意”。常态化开展部分退役士兵社会保险接续工作，实现应保尽保。

三、就业创业工作

德宏州制定出台《德宏州退役军人就业创业园地认定考核管理实施细则（暂行）》《德宏州自主就业退役士兵适应性培训实施细则（暂行）》；挖掘就业岗位资源，举办退役军人招聘活动13场次，发布岗位6854个，实现新增退役军人就业300人；开展退役军人创业创新大赛，4家军创企业在第四届云南省退役军人创业创新大赛中荣获优胜奖；扶持退役军人创业，为13名退役军人争取“贷免扶补”创业贷款215万元，15户次招录退役士兵企业享受税收减免58.44万元。开展计划分配军转干部、安排工作退役士兵适应性培训1期；200余名自主就业退役士兵参加网络适应性培训；职业技能培训114人。

四、军休服务管理工作

德宏州落实军休干部“两个待遇”，按时足额发放军休干部及无军籍职工退休费和遗属生活补助。开展春节、“八一”建军节等重大节日走访慰问，为5名病故军休干部和1名无军籍职工家属发放一次性抚恤金、丧葬费。组织全州军休干部、无军籍职工开展荣誉疗养，5名军休干部参加省退役军人事务厅组织的荣誉疗养，州退役军人事务局在第三届云南省退役军人暨“云岭军休”美术书法摄影作品展中获优秀组织奖。

五、拥军优抚工作

德宏州以双拥模范城（县）创建为抓手，深入开展纪念延安双拥运动80周年活动，持续巩固发展新时代军政军民团结。5月，全国双拥工作领导小组到德宏州调研指导全国双拥模范城（县）创建工作。7月，州委退役军人事务工作领导小组第四次全体会议暨双拥工作领导小组会议审议通过《德宏州创建云南省第十二届双拥模范城工作方案》。11月，召开德宏州创建云南省第十二届双拥模范城动员部署会。春节、“八一”建军节期间，全覆盖走访慰问驻德宏州部队，走访慰问三等功、“四有”优秀个人，以及“三属”（烈士遗属、因公牺牲军人遗属、病故军人遗属）、困难退役军人等人员，发放慰问金慰问物资281.91万元。投入13万元解决基层部队实际困难3个。着力解决官兵后路、后院、后代问题，定向招聘随军家属7名，为3名随军家属办理调出手续，解决军人子女入学70余人。完成德宏军供站设备更新和维修改造，完成多批次、大批量军供保障任务。制发《德宏州退役军人事务局等4部门关于退役军人和其他优抚对象持优待证享受有关优待的通知》，全州9个国家A级旅游景区对优待证持证人提供免首道门票优待。按时足额发放优抚对象抚恤和生活补助，为456名领取国家定期抚恤补助待遇的优抚对象且属民政部门审核确认和认定为城乡最低生活保障对象及特困人员发放补助214.48万元。全州发放优抚医疗补助141.68万元。

六、褒扬纪念工作

德宏州完成《云南英烈及纪念设施大典·德宏分卷》编纂工作，做好县级以上烈士陵园概览图册上报，加强烈士纪念设施规划建设。完成全州7个县级及县级以上烈士陵园保护范围划定工作。持续做好烈士纪念设施日常维护管理，定期巡查烈士陵园管护情况。成立州级烈士纪念设施展陈布展和讲解词审查评审组，规范展陈内容和讲解词内容。加强《中华人民共和国英雄烈士保护法》《烈士褒扬条例》等政策宣传。开展“2023·崇尚·清明祭英烈”网上祭英烈活动，服务保障现场祭扫6300余人次，组织“9·30”烈士纪念日向人民英雄敬献花篮仪式，全州1000余人参加活动。

七、服务保障体系建设工作

德宏州贯彻落实全省退役军人服务保障体系建设现场办公会精神，召开全州退役军人服务保障体系建设现场推进会。梁河县囊宋阿昌族乡退役军人服务站站长罗兴虎被评为全国退役军人服务中心（站）“百名优秀主任（站长）”。打造州、县、乡、村四级标杆服务中心站13个。开展全州退役军人服务保障体系规范化建设专项督查。制定《融合开展基层武装工作与退役军人事务工作实施方案》，军地联合推动融合发展，实现入伍和退役服务一体化。将退役军人事务工作纳入村级组织“大岗位制”，夯实基层服务保障基础。

八、自身建设情况

德宏州坚持和加强党对退役军人工作的全面领导，突出党建引领，扎实开展学习贯彻习近平新时代中国特色社会主义思想主题教育。认真落实省委、州委关于深化推进“清廉云南”建设部署要求，结合退役军人事务系统党风廉政建设实际，组织实施好各专项行动。组织召开2023年度全州退役军人事务系统业务培训班，提升系统业务能力水平。扎实开展作风革命效能革命，深入县（市）开展稳定和扩大退役军人就业、基层退役军人服务中心（站）规范化建设、优待证申领使用情况等工作调研。

九、重要会议及活动

3月6日，在芒市召开全州退役军人服务保障体系建设现场推进会，通报全州退役军人服务保障体系建设情况，芒市、梁河县和州公安局、州财政局、德宏州军分区作交流发言，现场观摩州退役军人服务中心、芒市勐焕街道和芒市镇中东村退役军人服务站3个规范化建设示范点。州委退役军人事务工作领导小组成员单位、各县（市）有关领导参加会议。

7月10日，召开州委退役军人事务工作领导小组第四次全体会议暨双拥工作领导小组会议，传达学习省委退役军人事务工作领导小组第七次全体会议精神，听取全州退役军人工作和双拥工作情况，安排部署下一步工作。州党政军有关领导出席会议。

10月20日，德宏州退役军人志愿服务支队举行授旗仪式，州政府有关副秘书长、州委退役军人事务工作领导小组办公室主任、州退役军人志愿服务支队全体队员100余人参加仪式，全体队员宣誓并进行队列训练、5千米徒步越野等拉练项目。志愿服务支队主要职责是宣传党的路线方针政策和退役军人有关政策，就近就便开展群众性宣讲和国防教育活动，加入应急救援队伍，开展应急救援、抢险救灾、强边固防、乡村振兴和服务退役军人等工作。

11 月 9 日，德宏州退役军人学院揭牌仪式在德宏职业学院举行，学院由州退役军人事务局与德宏职业学院共建，整合优质教育资源，立足退役军人能力特点和市场就业创业需求，合力打造集学历教育、继续教育、适应性培训、职业技能培训、就业指导、创业孵化为一体的教育培训平台和“退役即入学、入学即就业”的一站式服务平台，为退役军人提供“订单式”“定向式”“定岗式”培训服务，把广大退役军人培养成助推德宏州高质量发展的生力军。省退役军人事务厅就业创业处领导、州政府有关副秘书长，州直有关单位、德宏州军分区政治工作处、德宏职业学院及各县（市）退役军人事务局有关领导参加揭牌仪式。

11 月 16 日，德宏州创建云南省第十二届双拥模范城动员部署会在芒市召开，各县（市）设分会场，会议通报了《2023 年度德宏州“最美退役军人”“最美拥军人物”“最美军嫂”推选结果的通报》《德宏州退役军人事务局等 4 部门关于退役军人和其他优抚对象持优待证享受有关优待的通知》，州政府分管领导主持会议，州政府主要领导讲话，州县双拥工作领导小组成员单位有关领导、“最美退役军人”“最美军嫂”“最美拥军人物”290 余人参加会议。

丽江市

2023年，丽江市退役军人事务系统坚持以习近平新时代中国特色社会主义思想为指导，全面贯彻党的二十大精神和习近平总书记关于退役军人工作重要论述，认真落实全国、全省、全市退役军人事务工作会议精神，以推进退役军人工作高质量发展为主题，着力打造业务精湛、纪律严明、务实高效、敢于担当的退役军人事务工作队伍，扎实推进全市退役军人事务工作取得新成效。

一、机构建设情况

6月7日，召开市委退役军人事务工作领导小组2023年第1次全体会议暨市双拥工作领导小组2023年全体会议，研究退役军人工作和双拥重点工作任务。

10月19日，中共丽江市委机构编制委员会办公室批复同意市退役军人事务局内设机构“移交安置科（军休服务管理科）”与“就业创业科”调整整合为“移交安置和就业创业科（军休服务管理科）”，相应核减正科级领导职数1名。

二、思想政治和权益维护工作

通过主题教育、宣传宣讲、集中学习、个人自学、线上线下等方式，强化理论武装，积极推动退役军人工作高质量发展，年内全市各级组织开展“老兵永远跟党走——老兵宣讲”27场（12 000余名老兵参与）、退役军人适应性培训1次、返乡欢迎会6次，教育引导广大退役军人保持本色、再立新功、发挥作用。积极开展“最美退役军人”“最美拥军人物”“最美军嫂”评选推荐、学习宣传等活动，丽江籍退役军人高永祥被评为云南省“最美退役军人”，评选出7名丽江市“最美退役军人”。

三、移交安置工作

严格执行退役军人安置政策，健全完善“阳光安置”工作机制，提前谋划抓落实，全市各级组织开展“进军营、送政策、畅安置”活动6场次。全面完成年度转业军官安置任务。8月30日前5个县区全部完成了符合政府安排工作退役士兵和退出消防员的安置任务。年内完成1名军队退休人员安置。

四、就业创业工作

认真开展退役军人教育培训承训机构申报认定工作，9个教育培训机构入选全省退役军人教育培训承训机构黄页。组织 76 名退役军人参加职业技能培训、259 名退役士兵参加网络适应性培训。聚焦省政府“新增退役军人就业 1 万人”工作目标，制定了丽江市新增退役军人就业实施方案，每月及时督促上报新增就业情况，完成 300 余人就业，完成进度已超 100%。按标准配套并及时拨付自主就业退役士兵一次性经济补助，全市 5 个县区一次性经济补助全部发放。及时拨付省级配套技能培训经费 10 万元，市级配套技能培训经费 22 万元。完成 4683 家军创企业信息普查工作。举办丽江市第五届退役军人创业创新大赛，推荐 3 家优秀军创企业参加省级决赛。丁新华、芮希波、苏学敏、张光华 4 名退役军人的创业先进事迹入选 2023 年“荣耀云岭”云南省退役军人创业创新风采录。

五、军休服务管理工作

坚持每月按时足额发放离退休金、工资和各项福利待遇，开展军休干部生日生病上门走访看望、按月赠送杂志等工作，通过政策的落实落细、军休工作人员的暖心服务，确保军休干部政治待遇、生活待遇落到实处。2023 年入户传达政策、送教上门 100 余人次（学习书籍送到每位党员手中），电话联系 300 余人次，看望生病军休干部 5 人次。组织 2 名军休干部参加全省军队离退休干部荣誉疗养活动、12 名军休干部到保山参加市本级荣誉疗养活动，组织军休干部到大理州参加全省军休干部“云岭军休 · 党的光辉照边疆”门球比赛、到昆明参加全省军休干部演讲比赛。军休干部练德尚参加第三届云南省退役军人暨“云岭军休”美术书法摄影作品展，获得书法二等奖、美术三等奖。

六、拥军优抚工作

按要求下达优抚对象抚恤补助、优抚对象医疗保障经费、义务兵家庭优待金、消防员家庭优待金、优抚对象丧葬补助经费、优抚对象节日慰问经费等各类资金。完成新增优抚对象审核 78 人。做好优抚对象医疗补助“一站式”结算工作，共支付成功 894 人 71.16 万元。做好优待证的审核上报工作，印发《丽江市退役军人事务局等 4 部门关于退役军人和其他优抚对象持优待证享受有关优待的通知》，实现了全市 A 级景区对全国优待证持证人免首道门票，市内运行公交车对本市优待证持证人免费乘坐，新发展了 11 个市场主体为优待证持证人提供优待服务。做好市委、市政府春节慰问工作，慰问退役军人等代表 100 人。召开 2023 年双拥工作领导小组会议、丽江市创建全国双拥模范城动员部署会，深入贯彻落实纪念延安双拥运动 80 周年座谈会和省第十一届双拥模范城命名表彰大会精神，专题研究部署创建全国双拥模范城工作。落实“双清单”制度，向驻丽某部队捐赠空调 11 台、为驻丽某连队修建晾衣阳光房 1 个，做好军人子女就学优待、军人军属权益维护保障等工作。

七、褒扬纪念工作

积极组织开展祭扫英烈活动，组织清明节期间网上祭英烈活动和“9 · 30”烈士纪念日活动。充分发挥烈士纪念设施红色教育阵地作用，从2月10日到5月5日祭扫期间，全市接待参加祭扫活动的各界群众7000余人次，其中来陵园缅怀先烈的机关、团体、学校等各类单位110余家，烈士亲属236人。积极开展宁蒗县小凉山平叛烈士陵园搬迁项目的申报储备工作，开展《云南英烈及纪念设施大典·丽江分卷》编纂工作和县级以上烈士纪念设施概览图册编制工作。

八、服务保障工作

全面落实“五有”“全覆盖”要求，服务保障水平持续提升。贯彻落实全省退役军人服务保障体系建设现场推进会精神，组织开展全市退役军人事务系统业务培训1次，抓好提升各级退役军人服务中心（站）服务保障能力、三年创优行动方案落实等工作，积极推动66个乡镇（街道）服务站与人民武装部深度融合工作。用心用情帮扶解困，结合国家和省退役军人关爱基金会“情暖老兵、关爱帮扶”慰问帮扶项目，帮扶困难退役军人158人，发放帮扶资金18.7万元。其中，省退役军人关爱基金会帮扶困难退役军人89人，发放慰问金7.3万元；重大疾病助医9人，发放慰问金4.8万元。丽江肆生肆旺农业科技有限公司在“八一”建军节期间，帮扶60名困难退役军人，发放帮扶资金3万元、物资3.6万元。志愿服务工作成效显著，2023年永胜县退役军人志愿服务队入选全国“传承红色基因·赓续红色血脉”——退役军人关爱青少年志愿服务项目，2023年古城区大研街道退役军人志愿服务队被中共云南省委宣传部、云南省精神文明建设指导委员会办公室、云南省退役军人事务厅、云南省军区政治工作局评为全省“最美退役军人志愿服务队”。

九、自身建设情况

（一）党建工作

丽江市退役军人事务局始终把党建工作放在突出位置，形成党组书记亲自抓、负总责，其他班子成员分工负责机制，把抓党建作为牵动全局工作的首要任务，做到党建工作与业务工作一起研究部署、一起推动落实。全年专题研究党建工作4次；向上级党委专题报告党建工作1次；听取班子成员和支部书记汇报党建工作5次；专项调研基层党建工作4次。突出加强政治理论学习，2023年全年组织召开民主生活会2次和组织生活会1次；党组理论学习中心组学习15次；党组班子成员共讲授党课7次；开展常态化教育学习及政治学习45次，“三会一课”57次，主题党日活动14次。党支部书记讲授二十大专题党课1次；组织参加党的二十大精神培训班4期25人次；召开党的二十大精神专题学习会议10次。云南省基层党建信息平台2023年支部规范化建设达标率为100%。开展“我为群众办实事”实践活动，党支部报到服务和党员个人报到服务完成率为100%。2023年丽江市退役军人事务局党支部被评为“市直机关先进基层党组织”。

（二）党风廉政建设

丽江市退役军人事务局始终把党风廉政建设和反腐倡廉宣传教育作为加强机关作风建设的

重中之重，党组坚持半年研究 1 次党风廉政建设工作，定期召开党组会议、干部职工会议，从严从实推动党风廉政建设与退役军人工作同谋划、同部署、同检查、同考核、同落实。以清廉机关创建为载体，紧盯廉政风险，通过观看警示教育片、签订助廉承诺书、家属座谈会等活动，引导广大干部职工和家属修身律己、廉洁齐家，年内共开展警示教育大会 9 场 343 人次、节前廉政提醒谈话 4 次 143 人次。在单位办公场所设置清廉机关阅览室、党风廉政建设专栏、清廉机关专栏，在醒目位置、走廊过道、沿街外墙布置内容清新的廉政警句格言、廉政书画，切实发挥廉政文化“润物细无声”的作用。

（三）主题教育活动

紧紧围绕“学思想、强党性、重实践、建新功”的总要求开展主题教育活动。一是加强理论武装，筑牢思想根基。突出学习重点，组织党员领导干部通读研读《习近平新时代中国特色社会主义思想专题摘编》等 8 种学习材料；扎实开展为期 7 天的领导班子读书班学习和 5 次理论学习中心组学习；认真开展党课宣讲，班子成员结合学习体会和实际工作到基层共讲授专题党课 4 次；认真组织党员学习，依托本地红色教育资源，深入开展革命传统教育、先进典型教育和警示教育，组织党员干部职工集中学习 18 次，学习心得交流 3 次。二是紧贴工作实际，认真开展调查研究。科学选定了“3 个调研课题；通过深入调研，形成了有情况、有分析、有对策、有分量的调研报告，并做好转化成果工作。三是办好民生实事，聚力推动发展。全局共 29 项担当履职目标、3 项争先进位目标全面完成；为乡村振兴挂钩点三川镇清泉村解决产业发展工作经费 5 万元，全力助推乡村振兴工作；就丽江市烈士陵园改造项目向省厅争取资金，完善附属配套设施，建设公厕解决了丽江市烈士陵园祭扫高峰期间如厕难、无公厕问题。四是深入查摆问题，抓实检视整改。对照《中共中央关于在全党深入开展学习贯彻习近平新时代中国特色社会主义思想主题教育的意见》，确定了 2 个问题，作为主题教育期间进行整改的问题；对问题实行台账管理，制定整改清单，提出整改措施，对问题盯住不放、持续整改，确保整改到位，防止久拖不决、整而不改，并按时完成 2 个问题的整改。

怒江傈僳族自治州

2023年，怒江州退役军人事务系统坚持以习近平新时代中国特色社会主义思想为指导，全面贯彻落实党的二十大和二十届二中全会精神、习近平总书记关于退役军人工作重要论述和考察云南重要讲话、对怒江工作重要指示批示精神，紧紧围绕省委“3815”战略发展目标和州委“三步走”奋斗目标，不断夯实工作基础，持续提升服务水平，强化军地共建融合，全州退役军人事务工作取得新成效。

一、思想政治和权益维护工作

扎实开展2023年云南省“最美退役军人”“最美拥军人物”“最美退役军人志愿服务”等系列学习宣传和“老兵永远跟党走”主题宣讲活动，兰坪县通甸镇丰华村党总支书记杨福春被评为2023年云南省“最美退役军人”，怒江边境管理支队花桥坝检查站民警张海燕被评为2023年云南省“最美军嫂”，贡山县普拉底乡退役军人志愿服务队被评为2023年云南省“最美退役军人志愿服务队”，怒江州公安局军转干部崔仕康被评为2023年怒江州“最美退役军人”。在全州开展贯彻落实《中华人民共和国退役军人保障法》执法检查，进一步提升依法行政效能，让广大退役军人的荣誉感、归属感、获得感不断增强。下发《关于进一步做好退役军人法律援助工作的通知》，全州挂牌成立州、县（市）法律援助中心退役军人法律援助工作站5个，设立法律咨询窗口203个，进一步拓宽法律援助服务渠道，积极维护退役军人合法权益。

二、移交安置工作

在全省率先完成2023年政府安排工作退役士兵移交安置任务，完成军队退休干部和逐月领取退役金退役军人的接收、工资核发等工作。为400余名自主择业军转干部发放退役金5948万元；为若干名逐月领取退役金退役军人发放退役金18.34万元；完成2023年自主择业干部定期增资补发退役金7.35万元。定向招录3名退役军人在州级行政、事业单位就业，推送10名退役士兵到有需求岗位的用人单位就业。积极探索“政策+协调”定向招聘随军家属，为10余名随军家属设置事业单位定向招聘考试，其中6名入编入岗。

三、就业创业工作

积极开展适应性线下培训1期25人，职业技能培训56人并取得证书。组织召开退役军人

500余人次参加的招聘活动4场次，发布企事业用工信息数30余条，提供岗位34个。协调落实金融优待政策，为4家军创企业和62名退役军人提供创业贷款，23名退役军人享受“贷免扶补”“创业担保贷款”共5082.54万元。创新推出“拥军贷”特色金融扶持产品，为30名退役军人提供创业贷款456.3万元。召开全州退役军人就业创业工作推进会，举办第3届怒江州“建行杯”退役军人创业创新大赛，组织3家军创企业参加省第四届创业创新大赛，推送1家军创企业参加第三届“戎创东方”浦东新区退役军人创业创新成果展，带动退役军人就业43人、到农村创业5人，实现新增稳岗就业200多人，完成省厅下达新增就业任务数的146%。

四、军休服务管理工作

高质量落实军休干部“两个待遇”，按时足额发放军休干部基本离退休费、医疗费及遗属生活补助，完成2023年军休干部的定期增资任务。组织开展军休干部荣誉疗养、门球比赛、书法摄影作品大赛和演讲比赛等活动。春节、“八一”建军节、重阳节期间走访慰问军休干部、无军籍职工和遗属110人次，发放慰问金10万元。

五、拥军优抚工作

全面落实优抚优待政策，审核上报4名伤残军人抚恤关系转移、8名人民警察新评残、2名带病回乡退伍军人报备、4名残疾军人抚恤关系恢复；为义务兵家属发放优待金，为现役军人立功受奖家庭送喜报114份；完成1992人优抚对象数据核查审定工作和优抚对象医疗补助“一站式”费用结算平台建设。稳步有序推进双拥工作，印发《2023年怒江州双拥工作要点》，落实军地互办实事“双清单”制度，全州召开纪念延安双拥运动80周年暨军地座谈会5场次，各级各单位召开退役军人座谈会100余场次；全州各级党委、政府主要领导深入驻怒部队，开展春节、“八一”建军节等重点节日走访慰问活动，发放慰问物资15.9万元；持续开展国防教育活动，累计为全州党员干部、青少年学生等开展国防教育授课20场次，开展新生军训17次，开展“进军营、送政策、畅安置”宣讲活动和“军营开放日”“双拥文艺晚会”等军民共建活动38场次，不断推动军地融合发展。

六、褒扬纪念工作

稳妥做好烈士祭扫服务，实行24小时“双值班”，每日执行“零报告”制度，全州共有群体性70批2649人实地祭扫，接待烈士遗属6批53人、退役军人207人。积极申报贡山县烈士陵园迁建项目，争取前期工作经费100万元；将兰坪县烈士陵园批准公布为州级烈士纪念设施保护单位，并被退役军人事务部确认为建设项目；4个烈士陵园划定保护范围并进行了公示备案。完成编纂《云南英烈及纪念设施大典·怒江篇》《中国县级以上烈士纪念设施概览图册》，州、县（市）两级组织开展“9·30”烈士纪念日活动。

七、服务保障工作

不断夯实服务保障基础，全州31个乡（镇、街道）退役军人服务站全部完成“两家三站”融合发展建设。扎实推进优待证申领和提标扩面，圆满完成退役军人及优抚对象建档立卡工作；在全州实现退役军人及其他优抚对象乘坐公交车享受部分减免优待和13个3A级、4A级景区免费开放。积极争取国家、省级退役军人关爱基金会关爱帮扶资金10.1万元，为902名特困退役军人提供助学、助医、应急救援等帮扶。搭建志愿服务活动平台，组织336支退役军人志愿服队开展志愿服务活动500余人次，真正把志愿服务做到基层、做进社区、做入家庭，推动志愿服务常态化、制度化、长效化发展。

八、自身建设情况

扎实开展学习贯彻习近平新时代中国特色社会主义思想主题教育，制定完善《中共怒江州退役军人事务局党组工作规则》《中共怒江州退役军人事务局党组会议第一议题学习制度》《怒江州退役军人事务局每周学习工作例会制度》《中共怒江州退役军人事务局党组关于大兴调查研究的工作方案》，抓实理论学习，大兴调查研究，强化建章立制，解决民生项目1项，为民办事4件，切实将主题教育贯穿到退役军人事务工作全过程。坚持全面从严治党，制定《中共怒江州退役军人事务局党组2023年党建工作方案》，年内局党组会议专题研究党建工作2次，严格执行“三重一大”制度和党内政治生活，组织开展党支部主题党日活动12期，党小组活动22期，过政治生日6次，上专题党课5次，到社区开展“双报到双服务双报告”37人次，持续推进作风革命和效能革命，2023年机关党建考核被州委评为好等次。夯实党风廉政建设，制定印发《中共怒江州退役军人事务局党组2023年党风廉政建设工作方案》《中共怒江州退役军人事务局党组2023年党风廉政建设和反腐败工作计划》，召开5次专题会议研究全面从严治党和党风廉政建设工作，听取班子成员履行“一岗双责”情况报告2次，开展违法违纪典型案例警示教育学习19次、廉政教育27次、廉政谈话2轮，党组书记上专题廉政党课2次。

迪庆藏族自治州

2023年，迪庆州退役军人事务系统深入学习贯彻习近平新时代中国特色社会主义思想第二批主题教育，始终坚持以习近平新时代中国特色社会主义思想为指导，认真贯彻落实习近平总书记关于退役军人工作重要论述和指示批示精神，在迪庆州委、州政府的坚强领导下，以推进退役军人工作高质量发展为主题，提高政治站位、强化使命担当、聚焦主责主业，各项工作圆满完成。

一、机构建设情况

迪庆州退役军人事务局内设办公室、思想政治和权益维护科、移交安置科、拥军优抚科4个科室，下设迪庆州退役军人服务中心、迪庆州人民政府军队离休退休人员服务中心、香格里拉军供站3家事业单位。截至2023年末，共有工作人员23人，其中公务员10人、事业人员9人、机关工勤1人、事业工勤3人。

二、思想政治和权益维护工作

2023年，思想政治和权益维护工作在局党组的领导下，深入学习贯彻习近平总书记关于退役军人工作重要论述和考察云南重要讲话精神，以习近平新时代中国特色社会主义思想为指导，全面贯彻落实党的二十届二中全会精神。

（一）退役军人群体持续保持稳定

坚持和发展新时代“枫桥经验”，学习践行“浦江经验”，加强矛盾问题源头治理，做好涉退役军人信访稳定工作，落实局领导接访下访、包案化解工作，开展矛盾攻坚化解活动，坚持“三到位一处理”，落实属地责任、“双包联”等制度，做到了“三个不发生”。

（二）先进典型选树工作深入开展

强化典型引领，持续推进“最美退役军人”“最美军嫂”学习宣传评选活动，2023年，评选出迪庆州“最美退役军人”2名、“最美军嫂”1名，1名个人和1个组织分别荣获云南省“最美军嫂”和“最美退役军人志愿服务队”称号。

（三）注重思想政治引领

认真贯彻落实《新时代退役军人思想政治教育规范（暂行）》，不断提升退役军人思想政治素质，充分激发模范带头作用。以“以案释法”的形式，在微信公众号等平台通过视频、漫画等退役军人喜闻乐见的方式刊载发布普法案例，不断提高退役军人法治意识。充分利用新闻媒体、电视、广播、电子显示屏、宣传栏、悬挂标语等多种形式宣传《中华人民共和国退役军人保障法》《中华人民共和国英雄烈士保护法》等法律政策。

（四）依法维护退役军人权益

持续推进退役军人法律援助工作，出台《迪庆州退役军人法律援助工作实施办法》，为退役军人提供法律援助。

（五）持续开展退役军人重温誓词活动

组织引导退役军人在安置地集中报到，开展党组织活动，开展志愿服务活动等合适的时段和地点，广泛开展重温誓词活动，充分发挥退役军人在强边固防、疫情防控、基层治理、乡村振兴中的作用。

三、移交安置工作

（一）发挥组织领导功能，高质量完成移交安置工作

一是圆满完成军队离退休干部（军士）接收安置任务，分别由香格里拉市退役军人事务局和维西县退役军人事务局接收安置。二是转业军官于2023年6月25日安置完毕，全部安置于州级行政单位和群团组织。三是安排工作退役士兵和退出消防员按照退役士兵和退出消防员服役表现档案量化评分从高到低的原则进行公开选岗，分别安置到事业工勤岗和企业。

（二）全力推进退役军人就业创业工作

认真贯彻落实退役军人“六稳”“六保”工作要求，始终把就业创业工作作为服务退役军人的重要抓手，紧紧围绕“强培训、稳就业、保民生”，加强就业创业帮带，不断促进退役军人高质量就业。

积极争取资金支持。加强与财政部门的请示汇报，2023年退役军人就业创业服务专项经费30万元、退役士兵职业技能培训州级承担经费和自主就业退役士兵地方一次性经济补助州级承担经费共40万元全部纳入州级财政预算，为开展全州退役军人就业创业工作提供了坚实的资金保障。

大力开展退役军人教育培训工作。以适应性培训为基础，建立技能培训与学历教育互为补充的教育培训体系，切实打通从专业技能提升到稳定就业、成功创业的培训链路。一是线上自学+线下集中培训模式。抢抓退出现役的第一时间，摸清退役军人的就业、创业和培训需求，组织开展适应性培训，全州共有40名自主就业退役士兵通过线上线下参加培训。二是创新互联网+创业模式。创新培训方式和开拓培训专业领域，开展退役军人网络直播培训，让退役军人掌握网络创业策划、运营技巧，引导退役军人在网络平台创业创新，全州共23名退役军人参训。三是就业创业培训+创业大赛模式。充分调动社会力量参与退役军人创业大赛，做实培训+创业大赛模式，与中国建设银行迪庆分行共同开展迪庆州第四届“建行杯”退役军人创业创新大赛，大赛期间因地制宜地开展全州退役军人就业创业培训和创业大赛相关知识培训，既提升了参赛企业的参

赛水平，也激发了退役军人的“双创”热情，激励退役军人创业创新。迪庆州推荐的“香格里拉映象资源开发有限责任公司15万吨改扩建项目”荣获云南省第四届退役军人创业创新大赛三等奖。四是岗前适应性+跟班学习模式。州（县）联动开展岗前适应性培训和跟班学习，结合实际培训人数，由州退役军人事务局负责统一集中组织适应性培训，提升参训人员的理论水平；根据安置人员情况，由各县（市）退役军人事务局分别分批次组织跟班学习，切实提高学员的实操能力，全州共有38名安排工作退役士兵和退出消防员参加岗前适应性培训。五是适用技能+免费培训模式。部门联动开展实用技能和免费培训，提高退役军人的职业技能水平。开展C1驾驶技能培训，2023年全州共有42名退役军人报名参加；与人力资源社会保障部门联合开展免费的职业技能培训，共有41名退役军人参加。

强化专项招录招聘工作。结合迪庆州发展实际，局领导班子当好施工队长，高位推动谋划退役军人就业创业工作，局领导深入州委组织部、州公安局、州人力资源社会保障局、消防救援支队、中国石化迪庆分公司、迪庆月光城英迪格酒店等对接协调岗位。2023年，公安系统招聘退役军人特警交警辅警共9人；中国石化迪庆分公司专项招聘退役军人9名；迪庆月光城英迪格酒店常年优先招聘退役军人，2023年已招聘7名退役军人；州委组织部定向招录退役军人公务员2名；州人力资源社会保障部门定向招录退役军人事业人员2名，另有2名退役军人通过自身努力，自行考取事业单位；消防救援支队优先招录退役军人为消防员，全年共招录8名退役军人；应急管理局专场招聘退役军人，总计招聘退役军人15名。维西县林业和草原局专项招聘退役军人专业扑火队，2023年共有22名退役军人加入专业扑火队伍。

积极开展退役军人学历提升工作。加大与教育部门的沟通协调，大力宣传退役军人参加学历教育优惠政策，鼓励退役军人参加高等教育自学考试、成人高等学历教育等继续教育，帮助退役军人改善知识结构、提升退役军人就业创业竞争力。2023年，组织8名退役大学生士兵复学；宣传动员退役军人报名参加2023年成人高等学校招生考试，全州共有9名退役军人免试入学。

开展专项活动促进退役军人就业创业工作。一是开展2023年云南省惠民实事新增退役军人就业创业1万人的工作，迪庆州目标任务为100余人，提前超额完成任务数的136%。二是开展退役军人创办市场主体情况调查统计，通过全州退役军人事务系统3个月的努力，全州军创企业共543家，军创农民专业合作社220家，军创个体工商户685个，职工总数5742人，吸纳退役军人就业681人，年纳税总额为628.78万元。三是开展专项招聘会，州级共计开展退役军人及随军家属专场招聘会7场次。四是开展退役军人“兵教师”工作，据统计全州退役军人中，42名有教师资格证，目前有22名退役军人在中小学任教。五是开展退役军人承训机构确认工作。通过发布公告，实地考察，层层筛选，全州共有4个教育培训机构为迪庆州退役军人教育培训承训机构。六是开展政策宣讲活动。邀请州税务部门结合退役士兵创业就业税费优惠政策进行宣讲；邀请迪庆州金融机构针对退役军人围绕普惠金融产品、个人金融产品进行宣讲，退役军人事务部门从退役安置政策、教育提升政策、技能培训政策、就业促进政策、创业扶持政策进行宣传，发放5类政策宣传单共300余份。

（三）做好退役军人管理服务工作

服务工作。一是开展自主择业军转干部元旦（春节）和“八一”建军节慰问活动，全州共200余名自主择业军转干部参加。二是为6名转业军官开展欢迎仪式、发放学习资料和光荣牌。三是为38名安排工作退役士兵和退出消防员开展欢迎仪式。

保障工作。一是在全省率先完成自主就业退役士兵地方一次性经济补助统计和发放工作，发放金额为147.58万元。二是做好退役士兵“两保”接续工作，全州共完成养老保险缴费39人，其中最低生活保障对象、特困人员1人，下达资金2.98万元。三是按时足额下达各类资金。其中，自主就业退役士兵教育培训经费共44.7万元、安排工作退役士兵待分配期间管理教育经费2.52万元；逐月领取退役金退役军人的退役金共发放58.79万元、自主择业军转干部管理服务经费10.32万元、军休干部退休金下达1988万元、州级转业军官教育培训经费2万元。

四、拥军优抚工作

（一）多措并举，全面推进双拥工作迈上新台阶

州委、州政府高度重视双拥工作，克服地方财政困难，倾力支持国防和部队建设，为驻军部队提供人力、物力、财力上的保障和基础设施建设等经费，并将慰问部队、重点优抚对象等双拥活动经费列入本级财政预算，完成了元旦、春节、“八一”建军节等重大节点慰问、老兵欢送、烈士公祭日等双拥系列活动，2023年共投入慰问经费100万余元；聚焦服务部队备战打仗，扎实做好拥军支前工作，全力以赴支持国防和军队现代化建设；充分发挥了迪庆州双拥工作领导小组办公室的桥梁纽带作用，认真贯彻落实《中华人民共和国军人地位和权益保障法》《中华人民共和国退役军人保障法》等法律法规，让军人成为全社会最尊崇的职业；着力落实解决广大官兵最关心最直接最现实的利益问题，驻迪部队也积极支持支援了迪庆州经济建设、参与应急处突等，充分发挥了守护社会安全稳定的优势作用。

（二）全面落实优抚政策，确保合法权益得到落实

抚恤补助按时兑现。做好优抚对象各项抚恤补助金的按月发放工作，截至2023年12月末，下拨各类优抚资金2665.55万元，优抚对象医疗保障资金144.19万元，同时做好兑现义务兵家庭优待金、消防人员家庭优待金等工作，确保重点优抚对象和义务兵家属、消防人员家庭的合法权益得到落实。

切实开展全州退役军人和其他优抚对象建档立卡及优待证申领工作。1月1日至12月31日，完成存量退役军人和其他优抚对象优待证申领工作，为常态化开展优待证申领活动奠定基础。

持续常态化做好优抚对象数据动态化管理，确保符合条件的优抚对象及时享受相应待遇。

（三）以“9·30”烈士纪念日为抓手，扎实开展烈士褒扬纪念工作

为深切缅怀革命先烈的丰功伟绩，弘扬革命先烈的崇高精神，9月30日上午，迪庆州三县（市）分别在属地烈士陵园举行全国第10个烈士纪念日公祭活动，大力弘扬英烈精神，赓续红色血脉。

切实做好祭扫服务保障工作。2月11日至5月11日祭扫期间，全州各县（市）实行“零报告”制度，各县（市）烈士陵园实行24小时值班，圆满完成清明节等重要时间节点期间烈士祭扫服务保障工作，做到祭扫工作安全、文明、绿色、有序。

积极督促完成县级烈士陵园确权登记，截至12月31日，香格里拉市完成烈士陵园确权登记，并通过政府政务平台公布。

积极做好《云南英烈及纪念设施大典·迪庆分卷》的编纂工作。根据前期修改意见建议，已于10月10日完成报送。

五、退役军人服务保障工作

（一）发挥基金会等社会组织作用，聚力关爱帮扶退役军人

2023年积极向省关爱基金会申请春节慰问、“八一”建军节慰问、少数民族困难退役军人慰问、困难退役军人子女助学等慰问帮扶项目，争取到帮扶资金6.2万元，为58名困难退役军人解决了实际困难。

（二）持续做好退役军人建档立卡审核和“减员”复核工作

迪庆州退役军人服务中心常态化指导各级退役军人服务中心（站）依法依规做好退役军人基础性、事务性工作，及时解答、回复建档立卡相关政策咨询。根据在全国范围内开展“减员”标记复核工作要求，对800余条错误信息进行复核及恢复，对经核实属“死亡”的291人进行减员处理。

（三）积极申报全国“传承红色基因·赓续红色血脉”——退役军人关爱青少年志愿服务项目

为进一步发挥广大退役军人优势，彰显退役军人志愿服务精神，积极参加全国“传承红色基因·赓续红色血脉”——退役军人关爱青少年志愿服务项目遴选活动，迪庆州上报的维西县“云南退役军人志愿服务队维西大队”成功入选。

（四）高质量完成全州退役军人服务中心（站）工作人员业务能力提升培训工作

10月11日至13日迪庆州退役军人服务中心组织开展了2023年度全州退役军人服务中心（站）工作人员业务能力提升培训。各县（市）退役军人事务局分管领导及退役军人服务中心主任、乡镇退役军人服务站工作人员40余人参加。

（五）持续做好常态化联系工作

一是全州退役军人事务部门干部职工结对子覆盖三县（市）21个乡镇，共结对子50户，

年初在全国常态化联系退役军人信息管理系统中制订了全年计划。第一季度全州退役军人事务部门干部职工结合元旦、春节的节日契机，完成一次入户走访联系对象，动态掌握联系对象的基本情况、思想动态和有关诉求，为联系对象答疑解惑、送上温暖。第二、第三、第四季度通过电话回访、实地走访等多种形式持续开展常态化联系，多方了解退役军人困难，并疏导联系对象的思想动态，有针对性地解决困难。二是乡镇和村（社区）退役军人服务站工作人员与所辖乡内退役军人联系服务不间断，确保电话和网络联系通道 24 小时畅通，及时了解和解决帮扶对象工作生活中遇到问题。

（六）开展全州退役军人底数摸排工作

2023 年对香格里拉市、维西县、德钦县、开发区退役军人进行底数摸排。

（七）注册填报完成退役军人服务中心（站）管理信息系统

迪庆州退役军人服务中心高度重视管理服务系统信息填报工作，建立联络机制，层层压实责任，明确责任分工，落实到人，确保填报工作有力有序有效推进。2023 年，完成 228 个退役军人服务中心（站）的注册工作。

（八）积极开展 2023 年先天性心脏病患儿筛查救助活动

为进一步做好困难退役军人帮扶援助工作，解决好困难退役军人家庭先天性心脏病患儿的就医需求，中华慈善总会联合解放军总医院对困难退役军人家庭患儿进行免费医治。迪庆州退役军人服务中心经过摸排为符合条件的维西县雀利媛家庭及开发区李永俊家庭申请到了免费检查及治疗。

（九）认真做好迪庆州逐月领取退役金退役军人安置工作

根据省厅要求，按时完成迪庆州逐月领取退役金退役军人档案审核报道登记、退役金测算及下发工作，共接收逐月领取退役军人 6 名。

（十）建好用好退役军人志愿服务队，打造退役军人志愿服务品牌

积极支持退役军人发挥自身优势，有序参加社会综合志愿服务。一是由各级退役军人服务中心牵头，鼓励乡（镇）、村（社区）成立更多的退役军人志愿服务队，全州共建立 22 支志愿服务队。二是积极引导、动员退役军人志愿服务队参与到维稳、乡村振兴、帮扶援助等社会志愿服务事业中。

六、军休服务管理工作

2023 年，迪庆州军休服务中心除了传统的医疗、养老、文化娱乐等服务外，增强了精准服务水平，不断满足军休干部的多样化需求。在管理方面，军休中心不断完善各项制度，确保服务工作的规范化和高效化。通过建立健全的考核机制、反馈机制等，确保服务质量的持续提升。在队伍建设方面，通过定期培训和交流活动，不断提升干部职工的的业务能力和服务意识。同时，2023 年迪庆州军休服务中心从乡镇调入 1 名优秀人才，为队伍注入了新的活力。下一步，迪庆

州军休服务中心将继续努力，为军休人员提供更加优质、全面的服务，为社会的和谐稳定作出更大贡献。

七、自身建设情况

（一）重视理论学习

2023 年，迪庆州退役军人事务局始终坚持用中国特色社会主义理论武装头脑，以学习贯彻习近平新时代中国特色社会主义思想主题教育为契机，深入学习党和国家各项路线方针政策、最新理论成果，自觉用政治理论武装头脑、指导实践、推动工作。2023 年共召开党组会 10 次、党组理论学习中心组学习 11 次、干部职工集中学习 19 次、开展党组主题教育集中学习 3 次、读书班集中学习 3 次、局领导班子上专题党课 6 次。

（二）加强机关党的建设

坚持以习近平新时代中国特色社会主义思想为指导，深入学习贯彻党的二十大精神。坚持全面从严治党，持续推进基层党建工作，提高全局凝聚力和向心力，充分发挥党支部的战斗堡垒作用。

（三）全面落实党风廉政建设责任制

始终把党风廉政建设工作作为党组的主体责任，作为“一把手”工程，作为年度重点工作，与退役军人工作一起部署、一起落实。将重点任务和工作责任分解细化，责任到人、层层传导、齐抓共管，全面落实从严治党，转变工作作风，推动党风廉政建设落地生效。

临沧市

2023年，在市委、市政府的领导下，在省退役军人事务厅的关心支持下，全市退役军人事务系统以习近平新时代中国特色社会主义思想为指导，深入学习贯彻习近平总书记关于退役军人工作重要论述和考察云南重要讲话精神，全面贯彻党的二十大精神，以推动退役军人工作高质量发展为主题，守正创新、真抓实干，推进退役军人事务工作行稳致远。

一、机构建设情况

临沧市退役军人事务局是市政府工作部门，主要职责是贯彻执行退役军人思想政治、权益维护、移交安置、就业创业、服务管理、拥军优属、褒扬纪念、帮难解困等法规政策，拟定实施意见、工作措施并组织实施。核定行政编制10名，设处级领导4名（其中，局长1名、副局长3名），科级领导6名（5正1副）。内设办公室、思想政治和政策法规科、移交安置和就业创业科、市拥军优属拥政爱民领导小组办公室、军休服务优抚褒扬纪念科。实有局长1名、副局长2名；实有二级调研员1名、三级调研员1名、四级调研员2名；实有正科级干部5名、副科级干部1名；实有一级主任科员3名、三级主任科员1名、四级主任科员2名。有下属事业单位3家，分别是临沧市军队离休退休人员服务管理中心、临沧市退役军人服务中心、临沧军供站，共核定事业编制42人。2023年末，实有人员51人。

二、思想政治和权益维护工作

多措并举，组织广大退役军人深学热议党的二十大精神和扎实推进学习贯彻习近平新时代中国特色社会主义思想主题教育。突出典型引领，持续开展云南省“最美退役军人”和临沧市“最美退役军人”先进事迹学习宣传，有序开展2023年度临沧市“最美退役军人”评选。持续开展“法律政策落实年”活动。制定出台《临沧市退役军人事务系统开展法治宣传教育的第八个五年规划（2021—2025年）》。深入驻临军警部队开展“进军营、送政策、畅安置”主题宣讲8场次，参加人数580人次。加强荣誉激励，送立功喜报126份，悬挂光荣牌，召开迎老兵座谈会18场次，“一人立功、全家光荣”氛围进一步浓厚。

三、服务保障体系建设工作

全面贯彻落实省退役军人服务保障体系建

设现场会精神，持续推动退役军人服务保障体系“从有向优”转变，着力提升县、乡（镇、街道）两级退役军人服务中心（站）“一站式”综合服务窗口规范化建设，积极推动服务对象在300人以上的村（社区）全国示范型退役军人服务站创建工作。持续推进优待证办理，做到应办尽办、不漏一人。圆满完成全市退役军人建档立卡工作。学习推广新时代“枫桥经验”，聚焦敏感时间节点，深入细致开展退役军人风险隐患排查化解，及时把矛盾化解在萌芽状态，把问题解决在基层。

四、移交安置工作

认真贯彻落实《中华人民共和国退役军人保障法》，严格政策执行，高标准高质量完成退役军人安置工作，走在全省前列。一是圆满完成年度安置任务。严格按照程序开展工作，若干名转业军官以公务员身份按时完成安置；按照“妥善安置、合理使用、人尽其才、各得其所”的原则，全力推进由政府安排工作退役士兵安置各项工作，全市共落实安置岗位计划100多个，100%为事业岗和国企岗。按时完成年度由政府安排工作退役士兵安置任务，同时将信息录入退役军人综合服务平台，年度安置任务圆满完成。二是做好伤残义务兵接收安置。及时下达1名患精神病五级伤残义务兵安置计划，按程序做好移交。

五、就业创业工作

深入实施就业优先战略，多措并举、综合施策，取得良好成效。一是认真贯彻落实市委工作要求，制定《促进“临沧兵”在临沧就业创业十七条措施（试行）》，不断拓展定向招聘和优先录用渠道，加大创业扶持和教育培训力度，退役军人就业创业工作有了新突破，工作经验在全省退役军人就业创业工作现场推进会议上作大会交流发言。二是抓实惠民实事 。围绕2023年省上下达的“新增退役军人就业360人”和市政府下达的“新增退役军人就业400人”目标任务，及时制定方案，分解任务，建立台账，完成新增退役军人就业480余人，分别完成省、市下达任务数的134%、121%。三是拓展就业渠道稳就业。紧扣就业优先战略，拓展定向招聘和优先录用渠道，通过公务员考试定向录用退役军人4人（非临沧籍2人），县、乡两级事业单位定向录用退役军人75人（非临沧籍13人），市直国有企业、综合行政执法辅助、留置看护辅警等优先录用退役军人20人（非临沧籍1人）。市级先后组织3场次退役军人专场招聘会，有182家企业提供招聘岗位计划1995个，共有1020名退役军人和随军家属参加招聘，达成就业意向209人。四是强化创业扶持促就业。积极协调金融机构对符合条件的退役军人按规定发放创业贷款。全市扶持复员转业退役军人26人，发放金额485万元。五是充分发挥军创企业典型示范引领作用。认真组织开展第四届云南省退役军人创业创新大赛临沧市“建行杯”初赛，有19家军创企业参加，共决出一、二、三等奖9名，并推荐7家优秀军创企业（团队）参加省级决赛。六是强化培训赋能提升就业创业能力。认真开展新一轮退役军人教育培训承训机构考核评估及申报认定工作，14家承训机构进入省厅公布的黄页；督促县（区）认真组织开展适应培训，帮助退役军人尽快实现角色转变、事业转轨。全市共举行退役军人适应性培训、技能培训 12 期，有 362 人参加。七是完善配套政策。制定出台《临沧市退役军人就业创业园地认定管理暂行办法》《关于促进优秀退役军人到中小学任教实施方案》等措施，退役士兵适应性培训政策进一步完善。八是全面落实政策待遇。及时下达中央和省级补助资金 613.47 万元和市级补助资金 221.82 万元；向 200 余名自主择业军转干部发放退役金 3275.4 万元、向 200 余名自主就业退役士兵发放一次性经济补助 401.25 万元；向 1 名逐月领取退役金退役军人发放退役金 7.4 万元。

六、优抚对象权益保障工作

精准落实各项优抚政策，保障优抚对象合法权益。一是及时下拨资金。为切实保障优抚对象的正常生活，及时下拨各类优抚对象抚恤优待生活补助金 1.27 亿元，有效提升优抚对象满意度。二是开展专项治理工作。制定工作方案，成立工作专班，认真开展“一卡通”管理使用问题专项治理。经实地检查，全市不存在挤占挪用、闲置浪费、超标准超范围及重复发放等问题，补贴资金核算、财务管理、结算等符合相关规定。三是建立关心关爱机制。与民政部门建立困难退役军人动态监测救助机制，及时掌握困难退役军人社会救助需求，实现对困难退役军人精准救助，共救助 1653 名退役军人。积极推进优抚对象医疗补助“一站式”费用结算工作，有 713 名优抚对象的医疗补助顺利通过平台快速结算、精准结算。四是常态化开展走访慰问帮扶。深入优抚对象家中走访了解家庭困难、生产生活情况，对 8 户家庭困难的优抚对象进行了慰问。五是积极动员社会力量帮扶助力。与中国人民健康保险股份有限公司临沧中心支公司联合开展“惠军保”保险业务，全市参保 512 人，理赔 24 人，赔付金额 3.75 万元，最高单件赔付 0.96 万元。六是认真办理接访信访事件。耐心接待来访退役军人，听取心声，对所陈述的相关问题进行情况分析、政策研判、疑问解答，认真回应信访退役军人的合法诉求。2023 年，全市受理的来信来访办结率达 100%，退役军人信访做到件件有着落，事事有回音。来信来访数量大幅下降，退役军人领域安全稳定平稳可控。

七、拥军优属工作

大力弘扬拥军优属、拥政爱民的优良传统，深入开展拥军共建活动，持续巩固新时代军政军民团结良好局面。一是积极落实各项拥军优属政策。春节、“八一”建军节期间，全市各级党委政府均走访慰问驻临军警部队和各类优抚对象，共支出慰问经费 900 万余元，组织召开座谈会 200 余场次，走访慰问优抚对象、退役军人 4 万余人次，慰问共建试点部队官兵生活必需品 400 余件（套），帮助购买树苗 1000 余株（棵），有力传达了党委政府的关心关爱。二是聚力解决现役军人实际困难。认真贯彻落实《驻临军警部队现役军人和消防救援人员随军随队家属就业安置及工作调动实施方案的通知》要求，协调解决 3 名军属、1 名烈属的工作调动及安置问题，定向招录未就业随军家属 18 人。三是认真开展 2023 年度“最美拥军人物”学习宣传活动。积极挖掘先进拥军典型，努力讲好拥军故事。持续促进军地交流，为军地青年搭建交流平台。四是持续提升军供保障能力。积极主动对接驻临军警部队战备及军事训练需求，保障过往部队及新兵入伍2万多人次。五是推动优待目录清单落地落实。动员和鼓励热心拥军企业和社会组织为退役军人和其他优抚对象提供更多更好的优先优惠服务，不断拓展优待证使用场景，提高优待证的含金量，全市共有231家拥军合作单位。六是推动“临沧兵”成为临沧人工作深入开展。认真贯彻落实中央、省、市人才工作会议精神，着力吸引更多非临沧籍退役军人留在临沧境内就业创业、工作生活，为临沧经济社会发展聚集重要人才资源。

八、褒扬纪念工作

缅怀烈士功绩、弘扬英烈精神，精心做好烈士纪念日公祭筹备工作，推动纪念活动有序开展。一是烈士祭扫活动安全文明有序。认真贯彻落实省、市清明节期间烈士祭扫工作要求，及时分析研判，制定工作预案，发布倡议书，制作祭扫流程，宣传祭扫政策，开展缅怀英烈赓续红色血脉教育活动。全市共1.3万余人次在本地开展实地祭扫，130人次赴市外祭扫，53名省、市外烈士亲属赴临沧祭扫，活动安全、文明、平稳、有序。二是烈士纪念日活动隆重举行。超前谋划，制定工作方案，精心组织，开展烈士纪念设施巡检巡查，走访慰问烈士遗属，线下线上广泛宣传，在“9·30”烈士纪念日全市21个县级及以上烈士纪念设施内隆重举行向人民英雄敬献花篮仪式活动，有4200余人同步缅怀革命英烈。三是烈士纪念设施管护力度不断加大。加大对烈士纪念基础设施、环境卫生、日常管护等开展巡检巡查，做到全覆盖。争取到省级资金30万元对临沧市烈士陵园进行修缮，在2022年烈士纪念设施规划建设修缮管理维护指标考评中，临沧市得99分，排名全省前列。四是尊崇英烈氛围更加浓厚。建设红色教育阵地，在全市21个县级及以上烈士纪念设施内建成大学生思政课教学基地、少先队实践教育营地、党员主题活动阵地，并制作《英雄不朽、永铸临沧》英烈宣传片，在临沧电视台、今日临沧等媒体及公共场所播放宣传。五是全力提升服务水平。用心用情为烈士寻找亲人，与省外退役军人事务部门合力，通过系统排查、实地寻找，为2名烈士寻找到亲人。对《云南英烈及纪念设施大典·临沧分卷》进一步修改完善，组织开展参加全国英烈讲解员大赛选拔推荐，不断提升全市英烈讲解服务水平。完成《临沧市县级以上烈士纪念设施概览图册》（初稿）编制工作。

九、军休服务管理工作

以落实“两个待遇”为抓手，扎实推进军休服务开新局，以学习贯彻党的二十大精神为主线，组织开展“学深悟透党的二十大精神”主题党课活动，“走出去”参观革命遗址、接受红色教育，教育引导军休干部增强“四个意识”、坚定“四个自信”、做到“两个维护”，坚定继续听党话、跟党走的信念。坚持每月走访慰问制度，按时足额发放“生活待遇”，不断提高军休干部荣誉感、归属感、幸福感。

十、自身建设情况

始终把干部队伍建设摆在突出位置，着力营造崇尚实干、强化执行、争创一流的浓厚氛围，奋力打造一支政治坚定、竭诚服务、追求卓越、清正廉洁的高素质干部队伍。一是扎实开展主题教育。牢牢把握“学思想、强党性、重实践、建新功”的总要求，坚持把“理论学习、调查研究、推动发展、检视整改、建章立制”贯穿始终，努力在以学铸魂、以学增智、以学正风、以学促干方面取得实实在在的成效。通过主题教育，系统内的党员干部理论素养进一步提高、理想信念进一步坚定、宗旨意识进一步强化。二是强化党建引领。持续推动党建与业务深度融合、同频共振，坚持在退役军人思政政治引领、移交安置、就业创业、拥军优抚、褒扬纪念、服务保障体系建设、“临沧兵”成为临沧人、双拥创建等重要工作中，充分发挥基层党组织战斗堡垒作用和党员先锋模范作用，使每一名党员都成为一面鲜红的旗帜，每个党支部都成为党旗高高飘扬的战斗堡垒。三是驰而不息抓作风。持续深化作风革命效能革命，持之以恒贯彻落实《临沧市退役军人事务局推进作风革命加强机关效能建设 10 条措施》，深入开展“干部大讲堂”活动，激励党员干部抓学习、强教育、转作风、提效能，主动担当作为。

政策法规

退役军人事务部等8部门关于加强就业困难退役军人帮扶工作的意见

退役军人部发〔2023〕4号

各省、自治区、直辖市及新疆生产建设兵团退役军人事务厅（局）、发展改革委、财政厅（局）、人力资源社会保障厅（局）、农业农村（农牧）厅（局）、市场监管局（厅、委）、工商联，国家税务总局各省、自治区、直辖市、计划单列市税务局：

为深入贯彻习近平总书记关于退役军人工作重要论述，认真落实党中央、国务院稳就业保民生决策部署，切实推动《中华人民共和国退役军人保障法》和《中华人民共和国就业促进法》有效落实，筑牢退役军人就业帮扶底线，现就做好就业困难退役军人帮扶工作提出以下意见。

一、深化思想认识

就业是最大的民生工程。广大退役军人曾经为国防和军队建设作出贡献，是重要的人力人才资源，在经济社会发展各个领域发挥着积极作用。受多方面因素影响，部分退役军人在就业过程中存在不同程度的困难，未能及时就业或下岗失业。做好就业困难退役军人帮扶工作，是落实就业优先战略、做好稳就业保就业的内在要求，是就业困难退役军人缓解生活困难、实现个人价值的现实需要，对促进经济社会发展、服务国防和军队建设、维护社会大局稳定具有重要意义。

各有关部门要坚持以习近平新时代中国特色社会主义思想为指导，进一步提高政治站位，深刻认识做好就业困难退役军人帮扶工作的重要性和紧迫性。要以实现更加充分更高质量就业为目标，立足就业困难退役军人的特点和需求，提供多岗位供给、多渠道保障的帮扶，全面落实各项支持政策，不断提高援助服务水平，努力使有需要的就业困难退役军人及时就业，保障就业困难退役军人共享改革发展成果。

二、明确帮扶对象

本意见所称“就业困难退役军人”，是指按照《中华人民共和国就业促进法》规定，被人力资源社会保障部门认定为就业困难人员的退役军人。

三、精准开展多样化援助

（一）强化择业引导。各级退役军人事务部门要建立常态化联系机制，准确了解就业困难退役军人思想状况和实际情况，通过定期走访、座谈交流等形式，宣传就业政策、分析就业形势、分享成功经验，帮助就业困难退役军人树立正确就业观、择业观。要帮助退役军人科学确定就业预期，选择适合自身条件、能力水平的岗位及时就业。要引导其树立“幸福生活都是奋斗出来的”思想观念，通过辛勤劳动改变生活现状、提高生活质量、实现个人价值。

（二）加强岗位推荐。各地退役军人事务部门要会同有关部门每年至少组织 2 次退役军人专场招聘活动，重点组织引导就业困难退役军人参加。退役军人事务部门要高度关注本地区登记就业困难退役军人，针对性推荐岗位信息。鼓励各类企业特别是与退役军人事务部门签约合作企业、退役军人创办企业充分发挥吸纳就业作用，优先向就业困难退役军人提供就业岗位和帮扶。强化各级公共就业服务机构、各级退役军人服务中心（站）联动合作，积极开展“民营企业招聘月”“金秋招聘月”等活动，通过专场招聘、联合招聘等形式，加大岗位推介力度，并按职责提供职业介绍、就业指导、政策咨询等服务。鼓励经营性人力资源服务机构和社会组织为退役军人就业提供免费或优惠服务。要用好全国退役军人就业创业信息系统等渠道平台，及时收集、汇总、提供岗位需求信息，促进供需双方快速精准对接。有条件地区可探索推动“72 小时快速就业”服务模式，及时满足有迫切需求的就业困难退役军人需要。

（三）支持创业和灵活就业。各有关部门要结合实际，支持有意愿和有一定能力的就业困难退役军人从事投资小、见效快、风险低的灵活经营活动。鼓励退役军人按规定发展各类特色小店、摊点商铺，进入电商零售、网约配送、供应链管理、出行服务等新业态就业，扩大经济收入来源，改善生活条件。对就业困难退役军人从事个体经营或创办小微企业的，按规定落实税收优惠、一次性创业补贴等支持政策。鼓励有条件的地方为就业困难退役军人提供经营场所，视情减免场地、管理、卫生等费用。地方政府投资开发的经营场所可安排一定比例场地，免费提供给灵活就业的就业困难退役军人，并优先接纳符合条件的就业困难退役军人。

（四）落实帮扶措施。引导就业困难退役军人办理就业失业登记，提供精准就业帮扶。将符合条件的失业退役军人认定为就业困难人员，落实就业援助政策措施。其中企业吸纳就业、签订劳动合同并缴纳社会保险费的，按规定给予社会保险补贴、落实税收优惠等政策；灵活就业后缴纳社会保险费的，按规定给予社会保险补贴。退役军人未及时就业的，可以按规定向户籍所在地人力资源社会保障部门申领失业保险待遇。

（五）用好公益性岗位。对符合当地就业困难人员认定条件的退役军人，经过就业帮扶确实难以通过市场渠道实现就业的，按规定通过公益性岗位予以安置，给予公益性岗位补贴和社会保险补贴。岗位补贴标准原则上不高于当地最低工资标准，社会保险补贴包括用人单位缴纳的基本养老保险费、基本医疗保险费、失业保险费。公益性岗位补贴期限不超过 3 年，距法定退休年龄不足 5 年的可延长至退休。

（六）做好技能培训。鼓励就业困难退役军人参加各类职业技能培训。对有培训意愿的就业困难退役军人，由当地人力资源社会保障部门、退役军人事务部门密切配合，优先组织参加职业培训，符合条件的按规定落实职业培训补贴政策。各级退役军人事务部门要定期开展退役军人培训需求摸底，定期组织新增人员的就业政策培训，及时组织开展实用性强、利于就业的技能培训。鼓励返乡入乡退役军人参加高素质农民培育计划，提升致富技能水平。

四、强化组织保障

（一）加强组织领导。各级退役军人事务部门要充分借助当地党委退役军人事务工作领导机构力量，切实履行主体责任，把做好就业困难退役军人帮扶工作作为重要内容，统一部署、创新举措、加强引导、完善监管，为就业困难退役军人提供及时、精准、便捷的帮扶服务。各级退役军人服务中心（站）要明确就业困难退役军人帮扶服务职能，稳步推进落实落地，将帮扶工作成效纳入退役军人工作考核内容。各有关部门要在职能范围内支持、协助做好就业困难退役军人帮扶工作。

（二）强化经费保障。各有关部门要立足职责，按规定用好稳就业保就业相关资金，支持就业困难退役军人帮扶工作，确保帮扶政策有效落实。鼓励有条件的地方利用公益基金开展帮扶服务。

（三）健全工作机制。各级退役军人事务部门与人力资源社会保障部门要加强信息共享和工作对接，协作开展就业困难退役军人帮扶工作，定期沟通会商，及时研究解决问题。要充分利用全国退役军人就业创业信息系统，建立就业困难退役军人台账和帮扶工作数据库，定期跟踪就业失业状态，适时掌握就业情况，及时与困难退役军人帮扶援助系统平台进行数据对接。无正当理由不接受就业服务或已不符合就业服务条件的人员，应当及时调整退出就业帮扶范围。就业困难退役军人退出帮扶范围后，情况发生变化、符合认定条件的，可再次申请就业服务对象认定。

2023 年 1 月 29 日

中华人民共和国退役军人事务部令

第 9 号

《烈士公祭办法》已经 2022 年 9 月 13 日退役军人事务部第十八次部务会议审议通过，现予公布，自 2023 年 5 月 1 日起施行。

部长　裴金佳

2023 年 3 月 31 日

烈士公祭办法

（2014 年 3 月 31 日民政部令第 52 号公布，2023 年 3 月 31 日退役军人事务部令第 9 号修订）

第一条　为了缅怀纪念烈士，传承和弘扬烈士精神，做好烈士公祭工作，根据有关法律法规和国家有关规定，制定本办法。

第二条　烈士公祭是国家缅怀纪念为争取民族独立和人民解放、实现国家富强和人民幸福、促进世界和平和人类进步而毕生奋斗、英勇牺牲的烈士的活动。

第三条　在清明节、国庆节或者烈士纪念日等重大庆典日、重要纪念日，县级以上地方人民政府在本行政区域内举行的烈士公祭活动，适用本办法。

烈士公祭活动应当庄严、肃穆、隆重、节俭。

第四条　举行烈士公祭活动，由县级以上地方人民政府退役军人工作主管部门提出建议和方案，报请同级人民政府组织实施。

第五条　烈士公祭活动应当在烈士纪念场所举行。

上级地方人民政府与下级地方人民政府在同一烈士纪念场所举行烈士公祭活动，应当合并进行。

第六条　烈士公祭活动方案应当包括以下内容：

（一）烈士公祭活动时间、地点；

（二）参加烈士公祭活动人员及其现场站位和着装要求；

（三）烈士公祭仪式仪程；

（四）烈士公祭活动的组织协调、宣传报道、交通和安全警卫、医疗保障、经费保障、礼兵仪仗、天气预报、现场布置和物品器材准备等事项的分工负责单位及负责人。

第七条　烈士公祭活动应当安排党、政、军和人民团体负责人参加，组织烈士遗属代表、老战士和退役军人代表、学校师生代表、各界干部群众代表、军队人员代表等参加。

第八条　参加烈士公祭活动人员着装应当庄重得体，可以按照规定穿着制式服装，佩戴获得的荣誉勋章、奖章、纪念章等。

第九条　烈士公祭活动现场应当标明肃穆区域，设置肃穆提醒标志。

在肃穆区域内，应当言行庄重，不得喧哗。

第十条　烈士公祭仪式由组织活动的地方人民政府或者其退役军人工作主管部门的负责人主持。

烈士公祭仪式不设主席台，参加烈士公祭仪式人员应当面向烈士纪念碑（塔）等设施肃立。

第十一条　烈士公祭仪式一般应当按照下列程序进行：

（一）礼兵就位；

（二）主持人向烈士纪念碑（塔）等设施行

鞠躬礼，宣布烈士公祭仪式开始；

（三）奏唱《中华人民共和国国歌》；

（四）宣读祭文；

（五）少先队员献唱《我们是共产主义接班人》；

（六）向烈士敬献花篮或者花圈，奏《献花曲》；

（七）整理缎带或者挽联；

（八）向烈士行三鞠躬礼；

（九）瞻仰烈士纪念碑（塔）等设施。

向烈士行三鞠躬礼后可以邀请参加活动的代表发言。

第十二条　在国庆节或者烈士纪念日等重大庆典日、重要纪念日进行烈士公祭的，可以采取向烈士纪念碑（塔）等设施敬献花篮的仪式，按照下列程序进行：

（一）礼兵就位；

（二）主持人向烈士纪念碑（塔）等设施行鞠躬礼，宣布敬献花篮仪式开始；

（三）奏唱《中华人民共和国国歌》；

（四）全体人员向烈士默哀；

（五）少先队员献唱《我们是共产主义接班人》；

（六）向烈士敬献花篮，奏《献花曲》；

（七）整理缎带；

（八）瞻仰烈士纪念碑（塔）等设施。

第十三条　烈士公祭仪式中的礼兵仪仗、花篮花圈护送由组织活动的地方人民政府协调当地驻军有关部门负责安排解放军或者武警部队官兵担任。

烈士公祭仪式可以安排军乐队或者其他乐队演奏乐曲，也可以播放音乐。

第十四条　烈士公祭活动的花篮或者花圈由党、政、军、人民团体及各界群众等敬献。

花篮的缎带或者花圈的挽联为红底黄字，上联书写烈士永垂不朽，下联书写敬献单位或个人。

整理缎带或者挽联按照先整理上联、后整理下联的顺序，双手整理。

默哀时应当脱帽，时间一般不少于一分钟。

瞻仰烈士纪念设施时一般按照顺时针方向绕行一周，活动人数较多的，也可以分别按顺时针或者逆时针方向绕行半周。

第十五条　县级以上地方人民政府在组织烈士公祭活动时，可以根据实际情况，引导公民通过观看烈士公祭活动直播、瞻仰烈士纪念设施、集体宣誓等，铭记烈士事迹，传承和弘扬烈士精神。

各级各类学校应当组织学生以适当方式参加烈士公祭，加强爱国主义、集体主义、社会主义教育。

第十六条　烈士纪念设施保护单位应当结合烈士公祭活动，采取多种形式广泛宣讲烈士英雄事迹和相关重大历史事件，配合有关单位开展爱国主义、集体主义、社会主义教育和其他主题教育活动。

第十七条　烈士纪念设施保护单位应当创新工作方式方法，健全服务和管理工作规范，保持烈士纪念场所庄严、肃穆、清净的环境和气氛，做好服务接待工作；可以按照庄严、有序、便捷的原则组织开展网上祭奠活动，方便广大人民群众瞻仰、悼念烈士。

第十八条　单位、个人在烈士纪念设施保护范围内组织开展缅怀纪念活动，应当文明有序，遵守有关祭扫礼仪规范，并接受烈士纪念设施保护单位管理。

单位组织开展集体缅怀纪念活动，可以参照本办法第十一条规定程序进行，也可以根据实际情况简化程序。

第十九条　对影响烈士公祭活动的，或者在烈士纪念设施保护范围内从事有损纪念烈士环境和气氛的活动的，烈士纪念设施保护单位应当及时劝阻；不听劝阻的，由县级以上地方人民政府退役军人工作主管部门按照职责规定给予批评教育，责令改正。

第二十条　任何单位和个人不得利用烈士公祭从事商业活动。

第二十一条　违反本办法规定，构成违反治安管理行为的，依法给予治安管理处罚；构成犯罪的，依法追究刑事责任。

第二十二条　对安葬在国外的烈士，驻外使领馆应当结合驻在国实际情况，参照本办法规定组织开展烈士公祭等祭扫纪念活动。

第二十三条　本办法自 2023 年 5 月 1 日起施行。

退役军人事务部　中央军委政治工作部关于印发《安排工作退役军士和义务兵服现役表现量化评分办法》的通知

退役军人部发〔2023〕14 号

（摘要稿）

第一章　总　则

第一条　为深入贯彻习近平强军思想和习近平总书记关于退役军人工作重要论述，健全安置待遇与服现役贡献相匹配的“阳光安置”工作机制，树立重德才、重实绩、重贡献的安置导向，激励引导现役军士和义务兵聚焦备战打仗，积极建功军营，根据《中华人民共和国退役军人保障法》《中华人民共和国军人地位和权益保障法》《军队功勋荣誉表彰条例》《中国人民解放军纪律条令（试行）》《军士暂行条例》《义务兵暂行条例》等法律法规，制定本办法。

第二条　本办法适用于以安排工作方式安置的退役军士和义务兵。

第三条　本办法所称退役军士和义务兵服现役表现量化评分，是指根据退役军士和义务兵军衔等级、服现役期间参加作战表现、练兵备战水平、服现役年限、服现役地区艰苦程度、特殊岗位任（代）职、残疾等级及相关身份等，按照统一标准予以赋分，作为安排工作的主要依据，促进人岗相适、人事相宜。

第四条　退役军士和义务兵服现役期间个人获得党、国家和军队授予的勋章、荣誉称号的，不参加评分，由安置地人民政府优先安排工作。

第二章　军衔和服现役年限计分

第五条　军士和义务兵批准退役时，军衔为上等兵、下士、中士、二级上士、一级上士、三级军士长、二级军士长、一级军士长的，分别计 3、6、9、13、17、21、26、31 分。

第六条　退役军士和义务兵服现役年限 12 年（含）以内的，每服现役 1 年计 2 分；满 12 年后，每多服现役 1 年计 3 分。

退役军士和义务兵服现役年限不满 1 年的，按照实际服现役月数计分（年计分标准 / 12×实际服现役月数）。

第七条　退役军士和义务兵服现役年限自征集工作机构批准入伍之日起，至部队下达退役命令之日止计算。

军士和义务兵因执行应急应战、国际维和、海外护航、重大演训等任务推后离队的，其退役后量化评分的截止时间，按照离队当月执行。

军士和义务兵应当根据军队相关规定及时退役，存在以下情形的，其退役后量化评分的截止时间，按照其达到期满退役或者调控退役的时间执行：

（一）患病医疗期满或者医疗终结本人拒不退役的；

（二）接受审查或者调查未退役，且认定存在违纪违法事实的；

（三）法律、法规规定不计入服现役年限的其他情形。

第三章　奖励和表彰计分

第八条　退役军士和义务兵服现役期间个人获得奖励的，按照以下标准计分：

（一）获得一等战功、二等战功、三等战功、四等战功的，每次分别计 80、40、20、10 分；

（二）获得平时一等功、二等功、三等功、嘉奖的，每次分别计 40、20、10、0.5 分；

（三）获得重大非战争军事行动一等功、二等功、三等功、嘉奖的，每次分别计 40、20、10、0.5 分。

第九条　退役军士和义务兵服现役期间个人获得表彰的，按照以下标准计分：

（一）获得一级表彰、二级表彰、三级表彰的，每次分别计 40、20、10 分；

（二）被评定为“四有”优秀个人的，每次计 0.5 分。

第十条　退役军士和义务兵服现役期间个人多次获得奖励和表彰的，累计计分，其中因同一事由获得两次以上奖励或者表彰的按照就高原则计分。个人获得奖励或者表彰的，退役军士和义务兵人事档案中应当有相应的奖励登记（报告）表或者军队功勋荣誉表彰登记（报告）表，相关登记（报告）表中应当按照规定填写命令（通令、通报、决定）名称和文号（编号）等要素。

第四章　残疾等级计分

第十一条　退役军士和义务兵服现役期间因战致残被评定为 5 ~ 10 级残疾等级的，分别计 50、40、30、20、10、5 分。

第十二条　退役军士和义务兵服现役期间因公致残被评定为 5 ~ 10 级残疾等级的，分别计 40、30、20、10、5、2 分。

第十三条　残疾等级计分以退役时的残疾等级为准。

第五章　其他情形计分

第十四条　退役军士和义务兵曾经在艰苦边远地区连续服现役半年（含）或者累计服现役 8 个月（含）以上的，按照以下标准计分：在一类区的，每服现役 1 个月计 0.05 分；在二类区的，每服现役 1 个月计 0.1 分；在三类区的，每服现役 1 个月计 0.15 分；在四类区的，每服现役 1 个月计 0.2 分；在五类区的，每服现役 1 个月计 0.25 分；在六类区的，每服现役 1 个月计 0.3 分。

第十五条　退役军士和义务兵曾经在西藏地区连续服现役半年（含）或者累计服现役 8 个月（含）以上的，按照以下标准计分：在二类区的，每服现役 1 个月计 0.2 分；在三类区的，每服现役 1 个月计 0.25 分；在四类区的，每服现役 1 个月计 0.3 分。

第十六条　退役军士和义务兵曾经在海岛连续服现役半年（含）或者累计服现役 8 个月（含）以上的，按照以下标准计分：在三类岛的，每服现役 1 个月计 0.05 分；在二类岛的，每服现役 1 个月计 0.15 分；在一类岛的，每服现役 1 个月计 0.2 分；在特类岛的，每服现役 1 个月计 0.25 分。

第十七条　退役军士和义务兵曾经在驻海外基地服现役且累计服现役时间 1 年（含）以上的，每在驻海外基地服现役 1 个月计 0.2 分。

第十八条　退役军士和义务兵在服现役期间发生战争，本人参加过作战的，每参战 1 天计 0.5 分。

第十九条　退役军士和义务兵曾经在飞行、舰艇、涉核等岗位累计服现役 2 年（含）以上的，每在相应岗位服现役 1 个月计 0.05 分。

第二十条　退役军士和义务兵服现役期间在分队长（代理排长）、班长、副班长或者相当职务管理岗位累计任职 2 年（含）以上的，每在相应岗位任（代）职 1 个月分别计 0.15、0.1、0.05 分。

第二十一条　退役军士和义务兵是烈士配偶、子女的，计 40 分；是因公牺牲军人配偶、子女的，计 20 分。

第二十二条　符合本办法第十四条至第二十一条两类（含）情形以上的累计计分。同一地区符合艰苦边远地区和海岛两类情形的按照就高原则计分。相应情形认定一般以退役军士和义务兵人事档案中职务任免、服现役经历等相应记载为准，人事档案中确无相应记载的，可以以部队认定的享受相关津贴、服现役地点情况的证明材料为依据。

第六章　减分情形

第二十三条　退役军士和义务兵服现役期间受警告、严重警告、撤销党内职务、留党察看等党纪处分的，每次分别减 5、10、30、60 分。

第二十四条　退役军士和义务兵服现役期间受警告、严重警告、记过、记大过、降职或者撤职、降衔等军纪处分的，每次分别减 3、5、15、20、40、60 分。

第二十五条　退役军士和义务兵人事档案中弄虚作假增加计分的，应当取消该情形计分，并按其作假获得分值的 5 倍追加减分。

第二十六条　退役军士和义务兵人事档案中抽取减分材料的，应当补齐抽取材料，减扣相应分值，同时按其应减分值的 5 倍追加减分。

第二十七条　符合本办法第二十三条至第二十六条两类（含）情形以上的累计减分。因同一违纪行为同时受到党纪、军纪处分的，以最高标准减分；因多次违纪行为受到处分的，累计减分。受到处分的，退役军士和义务兵人事档案中应当有《处分登记（报告）表》。

第七章　工作要求及责任

第二十八条　军队团级以上单位政治工作部门应当按照《军队档案条例》、《军队人事档案管理暂行规定》等规定整理、审核退役军士和义务兵人事档案，严格依据赋分标准评分，评分项目应当在人事档案材料目录中体现。安置地县级以上退役军人事务部门应当依规审档、复核评分。《安排工作退役军士和义务兵服现役表现量化评分表》（见附件）或者影响评分的人事档案材料出现疏漏、错误的，军地相关部门应当共同核实、及时补充修正。因审批周期较长而延迟取得的影响评分奖惩材料，应当由退役军士和义务兵原所在军队团级以上单位政治工作部门，按照人事档案交接程序及时移交安置地县级以上退役军人事务部门。各类影响评分的补充材料，在安置地县级以上相关部门组织公示前移交核实的，应当予以补充评分。

第二十九条　军地相关部门应当共同做好退役军士和义务兵人事档案中存疑评分材料核查认定工作。安置地县级以上退役军人事务部门审档后，对退役军士和义务兵服现役表现量化评分依据材料有疑义的，应当函商其原所在军队团级以上单位政治工作部门核查。军队团级以上单位政治工作部门收到核查函件后，应当在 10 个工作日内函复核实情况。

第三十条　《安排工作退役军士和义务兵服现役表现量化评分表》由退役军士和义务兵退役时所在军队团级以上单位政治工作部门和安置地县级以上退役军人事务部门分别填写、审核，并采取适当方式公示（时间不少于 5 个工作日），退役军士和义务兵本人应当签字确认，公示结果应当由公示单位留档备查。本人对分数有异议的，可在公示期内向组织公示的单位申请复核，逾期未申请复核的，视为本人无异议。

第三十一条　军地相关部门和工作人员，应当严格按照规定审核评分项目及相关材料，对退役军士和义务兵服现役表现评分及相应材料弄虚作假的单位和个人，由省级退役军人事务部门和军队相应权限部门上报，退役军人事务部和中央军委政治工作部汇总情况后进行通报，并依法依规追究相应责任。退役军士和义务兵属于骗取安排工作资格的，应当按照有关规定取消其安排工作待遇。

第八章　附　则

第三十二条　中国人民武装警察部队依法退出现役的警士和义务兵服现役表现量化评分，适用本办法。

未进行军衔转换的退役士官和义务兵服现役表现量化评分，参照本办法有关规定执行。

第三十三条　本办法自 2023 年 4 月 17 日起施行，退役军人事务部、中央军委政治工作部 2018 年 12 月 14 日印发的《符合政府安排工作条件退役士兵服役表现量化评分暂行办法》（退役军人部发〔2018〕56 号）同时废止。

第三十四条　本办法由退役军人事务部、中央军委政治工作部负责解释。

附件：安排工作退役军士和义务兵服现役表现量化评分表（略）

退役军人事务部　中央军委政治工作部 全国双拥工作领导小组办公室关于做好“八一”期间拥军优属拥政爱民工作的通知

国拥办电〔2023〕10号

各省、自治区、直辖市双拥工作领导小组办公室、退役军人事务厅（局），新疆生产建设兵团双拥工作领导小组办公室、退役军人事务局，军委联指中心、各战区政治工作部（办公室），各军兵种政治工作部，军委机关各部委、军委各直属机构、军委各直属单位政治工作部（局、办公室），武警部队政治工作部：

中国人民解放军建军96周年即将来临。各地各部队要坚持以习近平新时代中国特色社会主义思想为指导，全面贯彻党的二十大精神，深入贯彻党中央、国务院、中央军委关于加强军政军民团结决策部署，扎实做好“八一”期间拥军优属、拥政爱民工作，巩固发展新时代军政军民团结，为巩固提高一体化国家战略体系和能力、为推进强国强军汇聚强大力量。

一、加强宣传教育浓厚双拥社会氛围。军地各级要抓住纪念延安双拥运动80周年有利契机，结合主题教育组织广大军民深入学习贯彻习近平新时代中国特色社会主义思想，学习贯彻习近平强军思想，引导大家深刻领悟“两个确立”的决定性意义，增强“四个意识”、坚定“四个自信”、做到“两个维护”。广泛开展读书演讲、书画展览、文艺创演、影视展播等形式多样的群众性双拥文化活动，密切军地交流交往，增进军民鱼水情谊。综合运用各级各类媒体，大力宣扬全国双拥模范、“最美拥军人物”等先进典型，营造爱我人民爱我军的社会风尚。

二、聚焦拥军服务支持部队备战打仗。各地各部门要结合开展调查研究、节日军地走访等时机，主动了解部队在战备训练、建设改革中遇到的实际困难，研究制定解决问题的措施办法。全力服务部队遂行联演联训、科研试验、海上维权等军事任务，及时做好交通、通信、粮油、水电等保障。倾斜关爱任务一线和驻高原、海岛等边远艰苦地区部队，深入开展“聚焦一线、聚力解难”“情系边海防官兵”“城连共建”“城舰共建”等活动，积极帮助解决急难愁盼，激励官兵心无旁骛投身练兵备战。广泛开展科技拥军、教育拥军、文化拥军、法律拥军等活动，服务推进部队战斗力提升。

三、突出支持乡村振兴开展爱民助民活动。各部队要自觉践行我军根本宗旨，以4100个定点帮扶村为重点，组织官兵参加乡村道路改造、环境卫生整治、农田水利整修等公益劳动，助力建设宜居宜业和美乡村。持续深化党建、教育、医疗、消费等特色帮扶，组织开展义务巡诊、助学兴教、移风易俗等活动，支持全面推进乡村振兴。广泛开展“送温暖、献爱心”便民服务活动，积极为城乡低保对象、残疾人、空巢老人和留守儿童等困难群体办实事做好事，树立维护人民子弟兵良好形象。

四、落实拥军优抚政策强化社会尊崇。各地各部门要认真落实军人地位和权益保障法、退役军人保障法、军人抚恤优待条例等法律法规，集中解决一批家属随军就业、子女教育优待、退役军人安置等难题，提升军人军属荣誉感获得感。结合新一届全国双拥模范城（县）创建考评调研，加强拥军优抚法规政策督导落实，有效维护军人军属合法权益。积极开展社会化拥军活动，发动社会力量关爱帮扶家庭困难的退役军人等优抚对象，做好精神抚慰、心理援助等个性化服务。主动看望慰问在乡红军老战士、老复员军人、老支前模范和烈士遗属，积极帮助排忧解难，送上党和政府的关怀温暖。

节日期间，各地各部队开展活动，要严格落实改进作风、安全保密等要求，做到俭朴节约、务求实效。

2023 年 7 月 12 日

关于进一步扶持自主就业退役士兵创业就业有关税收政策的公告

财政部　税务总局　退役军人事务部公告2023年第14号

为进一步扶持自主就业退役士兵创业就业，现将有关税收政策公告如下：

一、自2023年1月1日至2027年12月31日，自主就业退役士兵从事个体经营的，自办理个体工商户登记当月起，在3年（36个月，下同）内按每户每年20000元为限额依次扣减其当年实际应缴纳的增值税、城市维护建设税、教育费附加、地方教育附加和个人所得税。限额标准最高可上浮20%，各省、自治区、直辖市人民政府可根据本地区实际情况在此幅度内确定具体限额标准。

纳税人年度应缴纳税款小于上述扣减限额的，减免税额以其实际缴纳的税款为限；大于上述扣减限额的，以上述扣减限额为限。纳税人的实际经营期不足1年的，应当按月换算其减免税限额。换算公式为：减免税限额＝年度减免税限额÷12×实际经营月数。城市维护建设税、教育费附加、地方教育附加的计税依据是享受本项税收优惠政策前的增值税应纳税额。

二、自2023年1月1日至2027年12月31日，企业招用自主就业退役士兵，与其签订1年以上期限劳动合同并依法缴纳社会保险费的，自签订劳动合同并缴纳社会保险当月起，在3年内按实际招用人数予以定额依次扣减增值税、城市维护建设税、教育费附加、地方教育附加和企业所得税优惠。定额标准为每人每年6000元，最高可上浮50%，各省、自治区、直辖市人民政府可根据本地区实际情况在此幅度内确定具体定额标准。

企业按招用人数和签订的劳动合同时间核算企业减免税总额，在核算减免税总额内每月依次扣减增值税、城市维护建设税、教育费附加和地方教育附加。企业实际应缴纳的增值税、城市维护建设税、教育费附加和地方教育附加小于核算减免税总额的，以实际应缴纳的增值税、城市维护建设税、教育费附加和地方教育附加为限；实际应缴纳的增值税、城市维护建设税、教育费附加和地方教育附加大于核算减免税总额的，以核算减免税总额为限。

纳税年度终了，如果企业实际减免的增值税、城市维护建设税、教育费附加和地方教育附加小于核算减免税总额，企业在企业所得税汇算清缴时以差额部分扣减企业所得税。当年扣减不完的，不再结转以后年度扣减。

自主就业退役士兵在企业工作不满1年的，应当按月换算减免税限额。计算公式为：企业核

算减免税总额 =Σ 每名自主就业退役士兵本年度在本单位工作月份 ÷12× 具体定额标准。

城市维护建设税、教育费附加、地方教育附加的计税依据是享受本项税收优惠政策前的增值税应纳税额。

三、本公告所称自主就业退役士兵是指依照《退役士兵安置条例》(国务院　中央军委令第608号)的规定退出现役并按自主就业方式安置的退役士兵。

本公告所称企业是指属于增值税纳税人或企业所得税纳税人的企业等单位。

四、自主就业退役士兵从事个体经营的，在享受税收优惠政策进行纳税申报时，注明其退役军人身份，并将《中国人民解放军退出现役证书》《中国人民解放军义务兵退出现役证》《中国人民解放军士官退出现役证》或《中国人民武装警察部队退出现役证书》《中国人民武装警察部队义务兵退出现役证》《中国人民武装警察部队士官退出现役证》留存备查。

企业招用自主就业退役士兵享受税收优惠政策的，将以下资料留存备查：1. 招用自主就业退役士兵的《中国人民解放军退出现役证书》《中国人民解放军义务兵退出现役证》《中国人民解放军士官退出现役证》或《中国人民武装警察部队退出现役证书》《中国人民武装警察部队义务兵退出现役证》《中国人民武装警察部队士官退出现役证》；2. 企业与招用自主就业退役士兵签订的劳动合同(副本)，为职工缴纳的社会保险费记录；3. 自主就业退役士兵本年度在企业工作时间表(见附件)。

五、企业招用自主就业退役士兵既可以适用本公告规定的税收优惠政策，又可以适用其他扶持就业专项税收优惠政策的，企业可以选择适用最优惠的政策，但不得重复享受。

六、纳税人在 2027 年 12 月 31 日享受本公告规定的税收优惠政策未满 3 年的，可继续享受至 3 年期满为止。退役士兵以前年度已享受退役士兵创业就业税收优惠政策满 3 年的，不得再享受本公告规定的税收优惠政策；以前年度享受退役士兵创业就业税收优惠政策未满 3 年且符合本公告规定条件的，可按本公告规定享受优惠至 3 年期满。

七、按本公告规定应予减征的税费，在本公告发布前已征收的，可抵减纳税人以后纳税期应缴纳税费或予以退还。发布之日前已办理注销的，不再追溯享受。

特此公告。

2023 年 8 月 2 日

退役军人事务部关于发挥基层退役军人服务机构作用进一步做好零散烈士纪念设施保护管理的意见

退役军人部发〔2023〕34 号

各省、自治区、直辖市退役军人事务厅（局），新疆生产建设兵团退役军人事务局：

零散烈士纪念设施是烈士纪念设施的重要组成部分，是安葬、纪念、缅怀烈士的庄严场所，是宝贵的红色资源。为深入贯彻习近平总书记关于烈士褒扬工作重要指示精神，认真落实《中华人民共和国英雄烈士保护法》《中华人民共和国退役军人保障法》《关于加强新时代烈士褒扬工作的意见》等有关法律文件要求，切实保护好、管理好、运用好烈士纪念设施红色资源，现就发挥基层退役军人服务机构作用，进一步做好零散烈士纪念设施保护管理提出如下意见。

一、总体要求

以习近平新时代中国特色社会主义思想为指导，深入贯彻落实习近平总书记关于烈士褒扬工作重要指示精神，深刻把握新时代烈士褒扬工作面临的新形势新要求，切实用好基层退役军人服务机构力量，全面加强零散烈士纪念设施保护管理运用，更好发挥零散烈士纪念设施在爱国主义教育和革命传统教育方面的作用，弘扬英烈精神、传承红色基因。

二、明确工作责任，加强制度建设

（一）压实工作职责任务。县级以上人民政府退役军人事务部门是烈士纪念设施保护管理工作主管部门，应当按照《烈士纪念设施保护管理办法》规定，确定烈士纪念设施保护管理单位（以下简称“保护管理单位”）。辖区内已设立保护管理单位的，由保护管理单位履行零散烈士纪念设施保护管理职能。辖区内暂未设立保护管理单位的，县级人民政府退役军人事务部门要统筹县乡村三级退役军人服务中心（站）（以下统称基层退役军人服务机构）等力量，将零散烈士纪念设施保护管理列入基层退役军人服务机构工作职责范畴，明确专人负责，制定任务清单，确保零散烈士纪念设施管护责任落实到位。

（二）建立健全制度规范。县级人民政府退役军人事务部门要在当地党委、政府领导下，依托基层退役军人服务机构等力量，建立健全零散烈士纪念设施日常巡查、管理维护、烈士祭扫服务、烈属帮扶慰问等制度机制，在严格履行相关法律法规和政策制度基础上，进一步细化工作举措，确保零散烈士纪念设施得到规范有效管护。

三、建立长效机制，推进规范管理

（三）建立清晰管护台账。县级人民政府退役军人事务部门要指导基层退役军人服务机构等对辖区内零散烈士纪念设施逐一建档造册，规范统计设施名称、所在位置、管理单位、日常管护责任人以及设施建设修缮迁移等基本情况。档案形式可包括但不限于文字、表格、图片、视频等。要健全工作台账，客观反映设施面貌、巡查维护、工作图片、保护效果等具体情况，确保实现底数清、情况明、工作细、效果好。

（四）强化日常管理巡查。零散烈士纪念设施的保护管理可采取直接管理和委托管理两种方式。无专门保护管理单位的零散烈士纪念设施，可由基层退役军人服务机构等直接管理，也可由县级人民政府退役军人事务部门委托有关单位或个人进行管理，实施委托管理要签订委托管护协议，明确管护责任。各乡镇（街道）退役军人服务中心（站）要定期向上级退役军人事务部门反映辖区内零散烈士纪念设施管护情况；县级以上人民政府退役军人事务部门每半年对本辖区零散烈士纪念设施管护情况开展一次巡检，确保设施面貌完好、周边环境清洁、镌刻字迹清晰，发现问题，及时整改。

（五）明确保护范围和保护标识。县级以上地方人民政府退役军人事务部门要按照《烈士纪念设施保护管理办法》有关规定，综合考虑零散烈士纪念设施自然环境、历史发展和实际情况，因地制宜提出保护范围划定方案，确保烈士纪念设施的完整性、安全性和相对独立性，满足祭扫活动需要。零散烈士纪念设施保护范围内应设立保护标识，引导群众依法保护烈士纪念设施。

（六）推进动态信息化管理。县级人民政府退役军人事务部门要发挥基层退役军人服务机构等力量，对辖区内零散烈士纪念设施进行全面摸底调查，逐一采集设施图片、位置坐标、管护情况等信息，并录入“褒扬纪念管理信息系统”。要严格按照上级退役军人事务部门有关要求开展烈士纪念设施数据日常更新校核工作，查缺补漏，及时更新烈士纪念设施数据库；在工作中发现新的零散烈士墓，要及时上报，由县级人民政府退役军人事务部门在核实确认基础上补充录入系统，实现信息化、数字化、动态化、精细化管理。

四、充实工作力量，提升服务水平

（七）充实专兼职管理人员。县级人民政府退役军人事务部门要会同乡镇（街道）、村（社区）加强基层退役军人服务机构等人才队伍建设，采取专兼结合、设置公益性岗位、政府购买服务等方式充实工作力量，满足零散烈士纪念设施日常管护、烈士祭扫服务和红色故事宣讲等工作需求。可定期举办专兼职工作人员培训，交流分享工作经验，不断提高工作水平，切实发挥信息员、管理员、宣讲员、联络员的作用。

（八）拓展志愿服务力量。县级以上地方人民政府退役军人事务部门要积极引入志愿服务，引导机关干部、烈士亲属、退役军人、青少年学生等群体积极参与英烈讲解、祭扫服务、零散烈士纪念设施保护等活动。有条件的地区，可发动回乡退役军人和热心群众成立志愿服务队，定期或不定期开展零散烈士纪念设施日常巡护清理、烈属走访慰问、烈士寻亲等活动，积极引领崇尚英烈、关爱烈属的良好风尚。

（九）优化烈属服务保障。在清明节、烈士纪念日等重要时间节点，基层退役军人服务机构等要根据工作需要配合退役军人事务部门开展缅怀纪念活动，做好红色讲解、宣传引导、秩序维护等工作。要结合信息采集、悬挂光荣牌、走访慰问等工作，对辖区内退役军人和烈士亲属开展祭扫政策宣讲，确保文明有序异地祭扫。要发挥了解实际、联系方便、行动迅速的优势，掌握烈士亲属生活实际困难并向上级退役军人事务部门反映情况，及时给予帮扶，增强烈士亲属荣誉感、获得感。

五、用好红色资源，发挥宣教功能

（十）深入开展史料挖掘宣传。县级以上地方人民政府退役军人事务部门要注重烈士史料、遗物的收集和整理，鼓励烈士亲属和社会各界捐赠烈士遗物和其他承载烈士精神的物品，登记造册、妥善保存。要加强与史志、档案、高校等部门、单位合作，挖掘宣传与零散烈士纪念设施相关的历史事件、英烈事迹和精神。基层退役军人服务机构等要配合做好烈士遗物征集和宣传教育工作，更好地传承红色基因，弘扬英烈精神。

（十一）巩固提升红色阵地功能。县级以上地方人民政府退役军人事务部门要将零散烈士纪念设施与周边县级以上烈士纪念设施红色资源和“红色退役军人服务站”建设成果深度融合、有机结合，纳入红色教育阵地体系一体提升。要结合党史学习教育、革命传统教育等各类教育活动，充分利用新闻媒体和现代科技手段广泛宣传英烈事迹和精神，充分发挥烈士纪念设施红色教育阵地功能。

六、强化组织保障

（十二）加强组织领导。县级以上地方人民政府退役军人事务部门要引领基层退役军人服务机构等切实提高政治站位，认真学习贯彻习近平总书记关于红色资源保护利用重要指示精神，不断压实主体责任、明确工作任务、充实工作力量、提升管护水平，用心用情用力保护利用好辖区内零散烈士纪念设施红色资源。

（十三）加强资金保障。零散烈士纪念设施所在地县级以上地方人民政府退役军人事务部门要会同相关部门，推动将零散烈士纪念设施保护管理工作经费按照有关规定及时足额列入预算，并不断加大对基层退役军人服务机构等资金投入力度。要积极引导社会资金投入零散烈士纪念设施保护公益事业，强化资金使用监督管理，切实提升资金效能。

（十四）加强绩效管理。要将零散烈士纪念设施保护管理作为退役军人事务工作绩效考评重要内容，同步考核、同步推进。对零散烈士纪念设施管护较好的地区，在补助资金分配、双拥模范城（县）创建等方面予以适当倾斜；对管护不力、履职尽责不到位，以及由此引发负面舆情造成恶劣影响的单位和个人，依规依纪依法追究相关责任。

2023 年 8 月 16 日

退役军人事务部关于启用烈士纪念设施保护标志及标识牌的通知

退役军人部发〔2023〕36号

各省、自治区、直辖市退役军人事务厅（局），新疆生产建设兵团退役军人事务局：

为进一步加强烈士纪念设施规范化管理，统一烈士纪念设施形象识别，根据《烈士纪念设施保护管理办法》有关规定，经广泛征求意见，退役军人事务部研究制定了烈士纪念设施保护标志、标识牌式样及技术规范（技术规范详见附件1和附件2），并决定于即日起启用，现将有关事项通知如下：

一、保护标志图案及含义

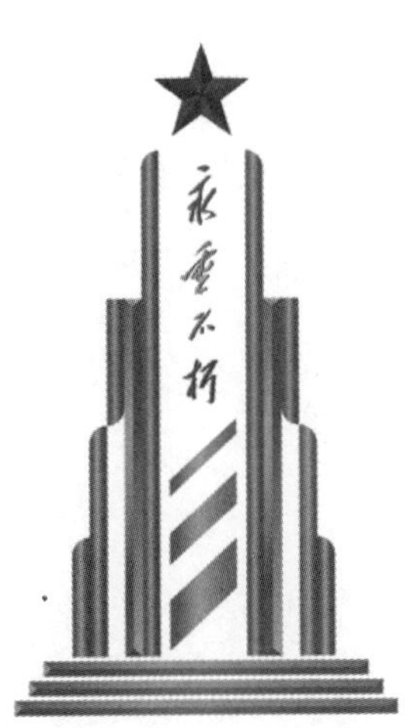

保护标志整体为纪念碑造型，主体为金色，包括红星、“永垂不朽”题词、碑身和阶梯等元素，同时加入一定立体和浮雕效果，展现了烈士纪念设施的庄严与肃穆、厚重和稳定。中间依次递进的线条加强标志整体向上的运动感，并体现烈士纪念设施的整洁和光亮；纪念碑顶端的红色五角星，象征着中国共产党的领导以及革命理想与奋斗目标代代相承，生生不息。保护标志整体呈现昂扬向上的姿态，象征着烈士们的伟大理想和崇高信念，体现了党和国家对英烈的尊崇、褒扬和纪念。

二、标识牌图案及含义

标识牌为保护标志和纪念设施相关文字信息结合，整体简洁明朗，体现烈士纪念设施的庄严与肃穆。保护标志位于标识牌的正上方，标识牌

主体字体为宋体，包括烈士纪念设施名称、保护级别等，字形简洁大方，辨识度强。下方的单位字体以黑体为主，宋体为辅，大小略有变化，排版疏朗，利于阅读。

附件 1：烈士纪念设施保护标志技术规范

附件 2：烈士纪念设施标识牌技术规范

2023 年 9 月 13 日

附件 1

烈士纪念设施保护标志技术规范

重要提示：本文件中所有的颜色均不能用于实际标志的颜色匹配，有关实际标志的颜色匹配要求见本文件 5.2.1。

1 范围

本文件规定了烈士纪念设施保护标志的技术要求、试验方法、安装要求及维护要求。

本文件适用于以不锈钢板材及亚克力板材制作的，用于附着于建筑室外、室内墙体立面设置的烈士纪念设施保护标志。

2 规范性引用文件

下列文件中的内容通过文中的规范性引用而构成本文件必不可少的条款。其中，注日期的引用文件，仅该日期对应的版本适用于本文件；不注日期的引用文件，其最新版本（包括所有的修改单）适用于本文件。

GB 50011 建筑抗震设计规范

GB 50016 建筑设计防火规范

GB 50057 建筑物防雷设计规范

GB 50205 钢结构工程施工质量验收标准

GB 50661 钢结构焊接规范

GB/T 1732 漆膜耐冲击性测定法

GB/T 1766 色漆和清漆涂层老化的评级方法

GB/T 1771 色漆和清漆耐中性盐雾性能的测定

GB/T 3280 不锈钢冷轧钢板和钢带

GB/T 7134 浇铸型工业有机玻璃板材标准

GB/T 9286 色漆和清漆划格试验

GB/T 9754 色漆和清漆 不含金属颜料的色漆漆膜的 20°、60° 和 85° 镜面光泽的测定

GB/T 13452.2 色漆和清漆漆膜厚度的测定

GB/T 19804 焊接结构的一般尺寸公差和形状公差

CECS 148 户外广告设施钢结构技术规程

GA 480 消防安全标志通用技术条件

JGJ 46 施工临时用电规范

JGJ 80 建筑施工高处作业安全技术规范

3 术语和定义

本文件没有需要界定的术语和定义。

4 标志及其分类

4.1 标志

4.1.1 烈士纪念设施保护标志（图 1、图 2），标志设计理念来源于高耸的英雄纪念碑，运用红

星、“永垂不朽”题词、纪念碑和阶梯等图像概念，以及具有纪念性和崇高感的艺术语言展现出烈士纪念设施的庄严与肃穆。中间依次递进的倾斜线条加强了标志整体向上的运动感，并体现烈士纪念设施的整洁和光亮；纪念碑顶端闪耀的红色五角星，象征着中国共产党的领导以及革命理想与奋斗目标代代相承，生生不息。标志整体呈现出昂扬向上的状态，象征着烈士们的伟大理想和崇高信念，体现了党和国家对英烈的尊崇、褒扬和纪念。

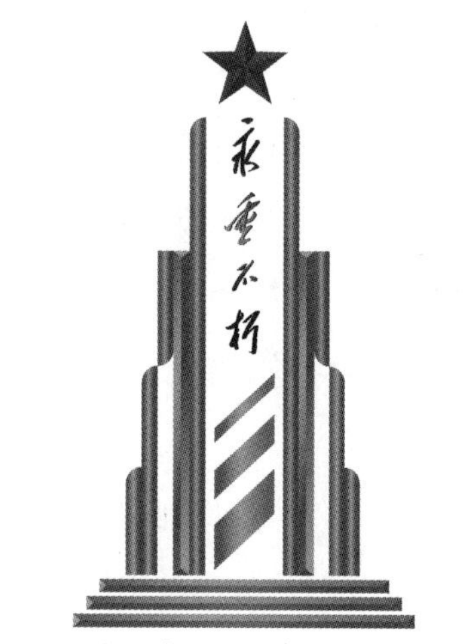

图 1　烈士纪念设施保护标志（渐变色）

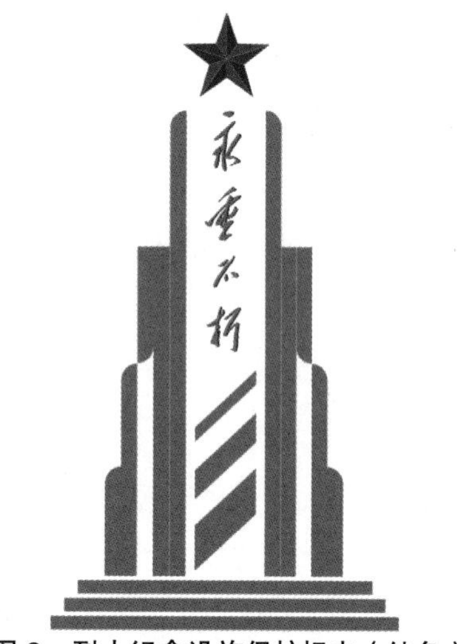

图 2　烈士纪念设施保护标志（纯色）

4.1.2　标志细部尺寸，应符合附录 B。

注：标志工艺图，参见附录 C。

4.2　标志分类

4.2.1　根据使用环境（场合）的不同，标志可分为以下 3 种类别：

a）不锈钢板材加工类：适用于在室外使用，由不锈钢板材加工制作成型后，经过表面处理形成的标志成品；

b）亚克力板材加工类：适用于在室内使用，由亚克力板材加工制作成型后，经过表面处理形成的标志成品；

c）纸质（喷绘）材料加工类：适用于办公场合及活动宣传，印刷于纸面材料或喷绘于广告布面。

4.2.2　根据设置位置的不同，常用标志的规格尺寸分为：

a）室外（含活动宣传喷绘）常用标志直径分为：1000 mm、600 mm、300 mm 三个规格；

b）室内（含活动宣传喷绘）常用标志直径分为：600 mm、400 mm、200 mm 三个规格；

c）纸面宣传常用标志直径分为：60 mm、40 mm、20 mm 三个规格。

由于设置位置的限制，室外及室内常用标志尺寸不能满足时，可根据设置位置进行标志的等比例缩放。

5　技术要求

5.1　材料要求

5.1.1　不锈钢板材

应符合 GB/T 3280 规定的不锈钢冷轧

板材，不锈钢统一数字代码号\牌号为：S30408\6Cr19Ni10。

5.1.2 亚克力板材

应符合 GB/T 7134 规定的浇铸型亚克力板材。

5.2 外观要求

5.2.1 标志表面图形应清晰、饱满，色泽鲜艳、光亮。不应存在局部图案模糊，涂层正面图案脏污，标志表面裂纹、变形，边缘不整及明显影响外观的缺陷。

5.2.2 标志表面颜色应符合给定的四色色值或 RGB 色值中指定的颜色，按照 6.1.1 的方法进行试验，其色值呈现的误差不应超过 ±1%。

烈士纪念设施保护标志标准色值：

——红色 1：四色色值为 C11、M100、Y100、K0

——红色 2：四色色值为 C30、M100、Y100、K5

——红色 3：四色色值为 C40、M100、Y100、K10

——金色：四色色值为 C42、M50、Y100、K0

——棕色：四色色值为 C70、M75、Y100、K50

5.2.3 标志表面不应出现拼缝。

5.2.4 标志表面漆膜特性指标要求如下：

a）光泽度：按照 6.1.2 a）的方法进行试验，表面光泽单位应为 50 ＜光泽（60°）/% ＜ 60；

b）厚度：按照 6.1.2 b）的方法进行试验，厚度不应小于 40μm；

c）附着性：按照 6.1.2 c）的方法进行试验，结果应为 0 级；

d）耐盐雾性：按照 6.1.2 d）的方法进行试验，结果应为 1 级；

e）耐候性：按照 6.1.2 e）的方法进行试验，综合等级结果应为 0 级；

f）耐水性：按照 6.1.2 f）的方法进行试验，漆膜不应出现起泡和脱落；

g）耐冲击性：按照 6.1.2 g）的方法进行试验，漆膜表面不应出现裂纹、皱纹及剥落现象。

5.2.5 标志外观的尺寸允许偏差，按照 6.1.3 的方法进行测量，结果应符合表 1 的规定。

表 1 尺寸允许偏差

公称尺寸（对应标志的直径）的范围 /mm	尺寸允许偏差 /mm
＞ 2000	± 2.5
1000 ~ 2000	± 2
500 ~ 999	± 1.5
＜ 500	± 1

5.2.6 标志面板的平整度允许偏差，按照 6.1.4 的方法进行测量，结果应符合表 2 的规定。

表 2 表面平整度允许偏差

公称尺寸（对应标志的直径）范围 /mm	表面平整度允许偏差 /mm
＞2000	±2
1000 ~ 2000	±1.5
500 ~ 999	±1
＜500	±0.5

5.3 结构要求

5.3.1 亚克力板材加工的标志，其结构连接件，应采用紧固连接方式进行连接。

5.3.2 直径大于 1000 mm 的标志需在内部增加钢结构，钢结构的设计应符合 CECS 148 的规定。钢结构壁厚，按照 6.2.1 的方法进行测量，结果应符合钢结构设计要求。

5.3.3 钢结构焊接连接应符合 GB 50661 的规定。

5.3.4 钢构件直线度、平面度和平行度的允许偏差，按照 6.2.2 的方法进行试验，结果应符合表 3 的规定。

表 3 直线度、平面度和平行度允许偏差

公称尺寸（对应标志的直径）的范围 /mm	直线度、平面度、平行度允许偏差 /mm
＞2000	±1.5
1000 ~ 2000	±1

5.3.5 结构防腐的要求如下：

a）钢结构制作完成后应进行防腐处理，处理形式宜选用涂装防腐；

b）采用钢管制作的钢结构应整体做防腐处理，采用镀锌钢管制作的钢结构应对锌层有缺陷的位置做涂装防腐；

c）防腐涂料涂装漆膜厚度，按照 6.2.3 的方法进行试验，其干漆膜总厚度应大于 150 μm。

5.4 安全要求

5.4.1 室外使用标志的防火、耐燃烧性应符合 GB 50016、GA 480 的规定。

5.4.2 室外使用标志的设置高度在 15 m 以上的，应采用防雷措施。防雷措施应符合 GB 50057 的规定。

5.4.3 对于地震多发地区标志安装后的抗震应符合 GB 50011 的规定。

6 试验方法

6.1 外观

6.1.1 标志表面颜色使用色差仪对照色卡、样板，进行颜色检验。

6.1.2 标志表面漆膜特性的试验方法如下：

a）光泽度：按照 GB/T 9754 规定的方法试验；

b）厚度：按照 GB/T 13452.2 规定的方法试验；

c）附着性：按照 GB/T 9286 规定的方法试验；

d）耐盐雾性：按照 GB/T 1771 规定的方法试验，试验时间为 168 h；

e）耐候性：按照 GB/T 1766 规定的方法试验；

f）耐水性：将样品用两个夹具夹紧，垂直吊放，使其2/3面积浸入温度为25℃±5℃的蒸馏水中。样品浸入水中的部分离容器的底和侧面至少保持2 cm的距离，浸泡24 h后进行试验；

g）耐冲击性：按照GB/T 1732规定的方法试验，重锤的下落高度为30 mm。

6.1.3 标志外观的尺寸允许偏差，采用精度为1 mm钢卷尺进行测量。

6.1.4 标志面板的平整度允许偏差，采用2000 mm靠尺和水平尺进行测量。

6.2 结构

6.2.1 钢构件钢管、连接板壁厚，采用游标卡尺进行测量。

6.2.2 结构的直线度、平面度、平行度，按照GB/T 19804规定的方法试验。

6.2.3 钢结构采用防腐涂料涂装的，漆膜厚度按照GB/T 13452.2规定的方法试验。

7 安装要求

7.1 包装、运输

7.1.1 包装应采用合理的防震、防硌、防碰撞措施，并便于运输和贮存。包装箱内应有合格证、保管使用说明。

7.1.2 每个标志背面应标明生产厂家、生产日期、产品编号及执行产品标准编号。

7.1.3 包装箱上应标明品名、规格、生产单位、生产日期以及“小心轻放”字样。

7.1.4 包装件在运输与贮存过程中严禁抛摔。

7.2 安装

7.2.1 安装前应检查下列文件和证书：

a）施工图样、技术文件；

b）施工图纸及施工方案；

c）辅助材料清单；

d）特种劳动人员作业证书。

7.2.2 安装前应满足下列要求：

a）现场勘察安装环境，现场条件符合安装要求；

b）现场施工的临时用电符合JGJ 46的规定。

7.2.3 安装过程中应采取必要的现场安全措施，确保安装过程的安全。

7.2.4 当风力大于等于6级或遇雨雪、雷电、冰雹、大雾和沙尘等恶劣天气，不应进行标志的户外安装作业。

7.2.5 户外标志高空安装应符合JGJ 80的规定。

7.2.6 钢结构的安装应符合GB 50205的规定。

7.2.7 应使用化学锚栓、化学植筋或预埋构件等方式进行户外标志的安装，标志安装应符合CECS 148的规定。

7.2.8 墙面结构为砖墙时，应采用细石混凝土预埋件或采用隐蔽型夹板构造。对强度较低的墙面，应对附着的墙体进行强度验算并采取加固措施。

7.2.9 当与轻质砖、轻钢龙骨隔断墙固定时，应根据所安装墙体的结构选用相应的连接构件。

7.2.10 安装过程中，垃圾应当日清理。安装完成后，应做到料尽、清场，保持周边环境原貌。

7.2.11 安装完成后应对建筑接触位置进行恢复。

7.2.12 安装完成后，应对标志的安装高度，贴附于墙面的位置、对角线尺寸、水平标高等进行检验。

8 维护要求

8.1 通用要求

8.1.1 日常维护应根据所在地的地理环境，调整检查周期。

8.1.2 应定期进行安全检测。检测不合格的标志，不可继续使用。

8.1.3 由于外力导致结构发生变动后，应重新进行安全检测。

8.2 维护资料

8.2.1 维护资料应包括：

a）完整的竣工图样；

b）使用说明书；

c）备品备件清单。

8.2.2 应建立维护管理制度，制定整体维护方案、应急预案、维护档案和维护记录。

8.3 日常维护

标志日常维护应符合表4的规定。对影响使用功能的，应及时更换或检修。

表4 标志日常维护

序号	检查项	区域范围	周期	现象描述	维护要点
1	表面清洁	户外	每半月一次	面板有灰尘、污渍	及时清理干净
		室内	每周一次		
2	表面损伤	户外	每月一次	缺失、模糊、划痕	1. 及时修补，保证使用功能； 2. 及时拆除、更换，保证使用功能
		室内	每月一次		
3	结构连接	户外	至少每半年一次	螺栓及锚固节点松动	及时紧固或更换
		室内	至少每年一次		
4	结构防腐	户外	至少每年一次	1. 有锈蚀、油漆脱落、龟裂、风化等现象； 2. 涂层表面光泽失去达80%、表面粗糙、风化龟裂达25%和漆膜起壳	防腐修复应符合以下步骤： 基底清理→除锈→环氧底漆→面漆涂装

8.4 特殊条件下的维护

在特殊条件发生后（如8级以上大风、地震灾害等），应及时对构件连接进行维护和检修。

8.5 安全检测

8.5.1 钢结构的安全检测应符合GB 50205的规定执行。

8.5.2 现场安全检测应包括以下内容：

a）构件变形程度、钢材截面厚度、焊接质量、连接螺栓强度、连接墙面情况等；

b)构件锈蚀情况、涂层厚度及风化程度等。

8.5.3　结构连接、结构防腐等检测不合格的标志，应及时整改或拆除。

附录 A

（资料性）

标志效果示意（室外金属及亚克力材料）

图 A.1、图 A.2 给出了标志实现后的效果示意，仅供参考。

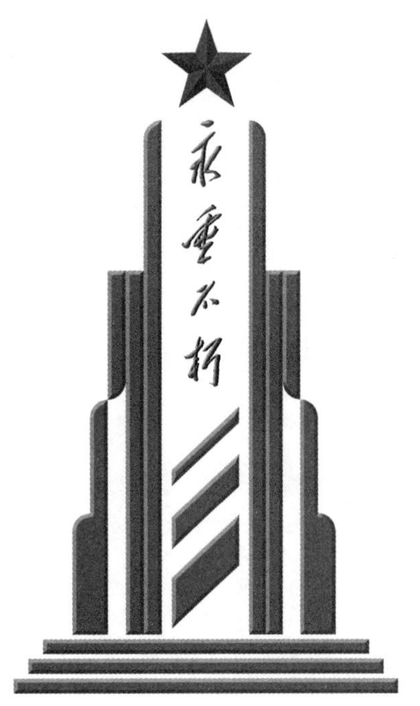

图 A.1　纯色标志无底色效果图

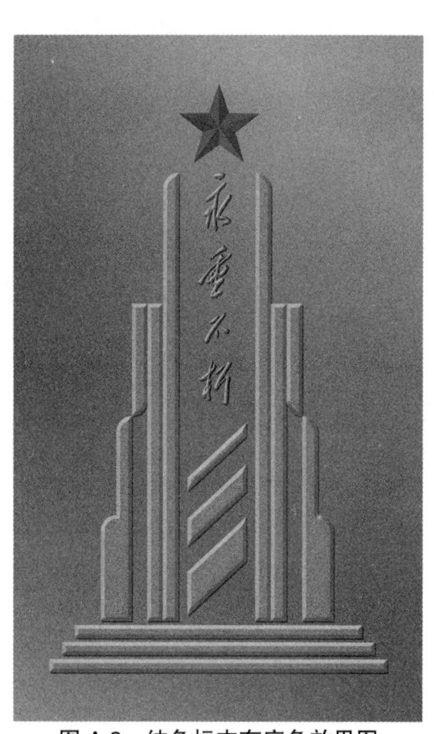

图 A.2　纯色标志有底色效果图

附录 B

（规范性）

标志细部尺寸图（室外金属及亚克力材料）

标志外观的细部尺寸应符合如下标准。

1. 标志直径为 1000 mm 时，浮雕凸起厚度为 40 mm，五角星厚度最高点为 100 mm；

2. 标志直径为 500 mm 时，浮雕凸起厚度为 20 mm，五角星厚度最高点为 50 mm；

3. 标志直径为 100 mm 时，浮雕凸起厚度为 4 mm，五角星厚度最高点为 10 mm；

4. 标志直径为 50 mm 时，浮雕凸起厚度为 2 mm，五角星厚度最高点为 5 mm；

5. 标志直径为 10 ~ 20 mm 时，浮雕凸起厚度为 1 mm，五角星厚度最高点为 2.5 mm。

附录 C

（资料性）

标志工艺图

标志在不同使用环境下，不同尺寸工艺如图示，可参考使用。最终标志施工图应根据不同使用环境条件进行施工图设计。

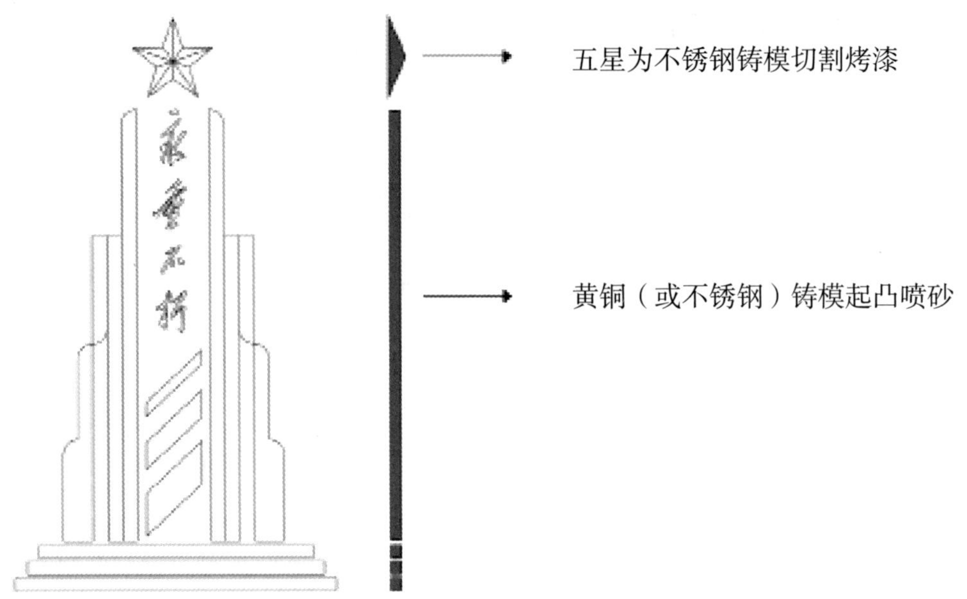

附件 2

烈士纪念设施标识牌技术规范

1　烈士纪念设施标识牌技术规范（金属）

1.1　标识牌效果示意（金属）

1.2　标识牌常用尺寸规格

1.2.1　横向尺寸规格

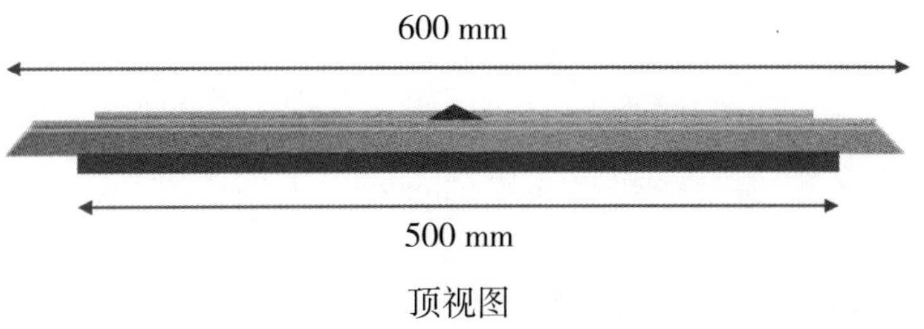

顶视图

1.2.2 纵向尺寸规格

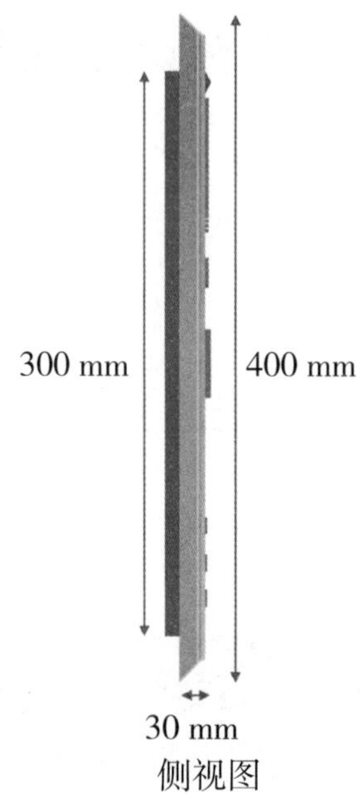

侧视图

1.3 标识牌工艺（金属）

1.4 标识牌细部尺寸（金属）

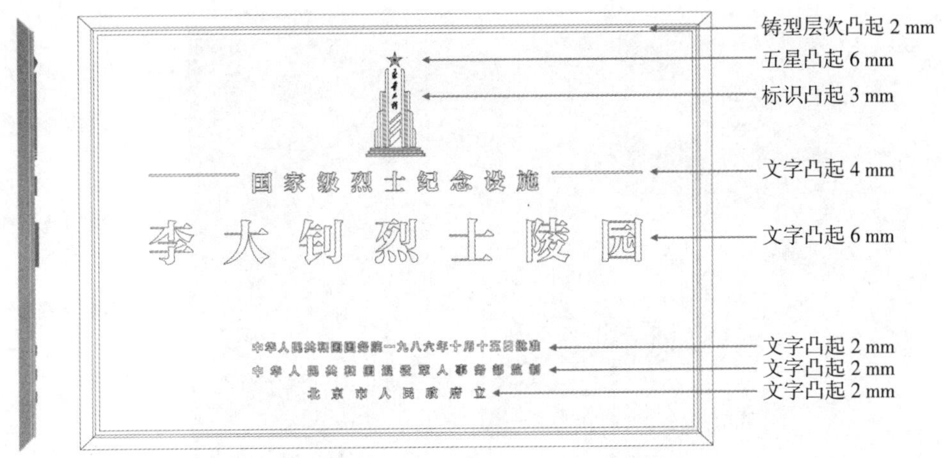

2 烈士纪念设施标识牌技术规范（石材）

2.1 标识牌效果示意（石材）

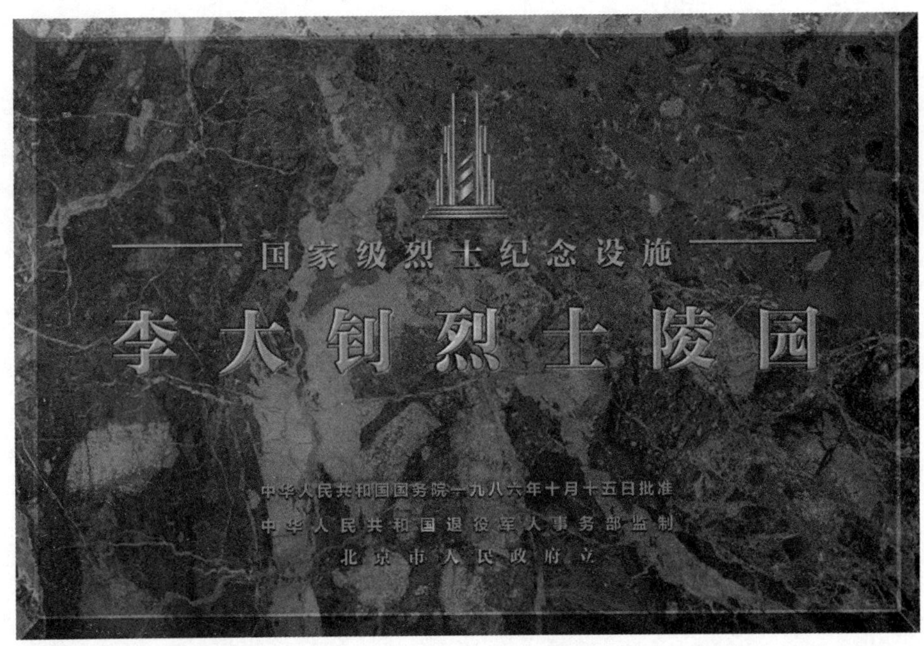

2.2 标识牌工艺（石材）

2.3 标识牌细部尺寸（石材）

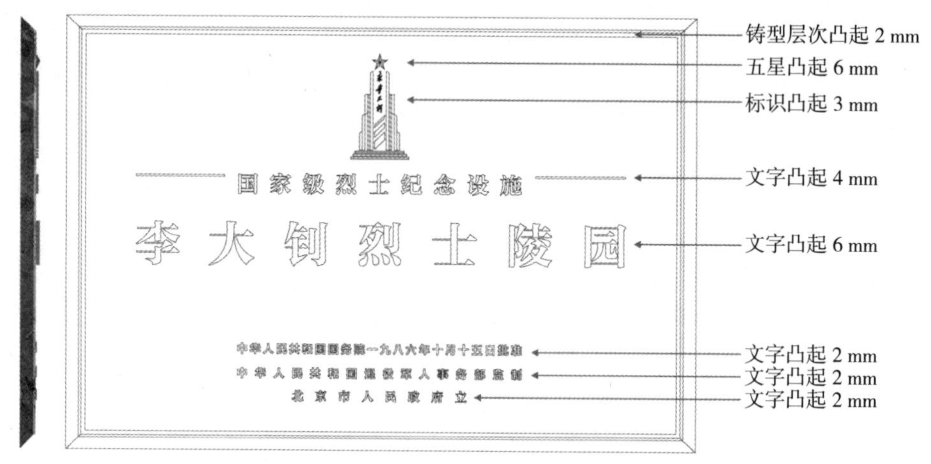

3 烈士纪念设施标识牌制作说明

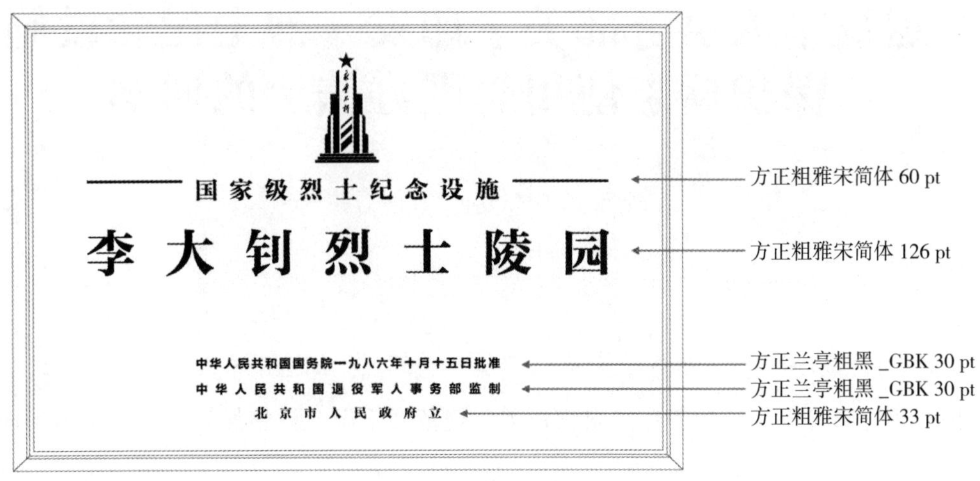

3.1 工艺、尺寸

3.1.1 金属工艺：黄铜压制铸型，黄铜拉丝浮雕，黄铜喷砂腐蚀。

3.1.2 石材工艺：黄铜压制铸型，黄铜拉丝浮雕，大理石雕刻。

3.1.3 细部尺寸：铸型层次凸起 2 mm，五星凸起 6 mm，标识凸起 3 mm，二级标题文字凸起 4 mm，一级标题文字凸起 6 mm，三级标题文字凸起 2 mm。

3.2 字体

3.2.1 方正粗雅宋简体 60 pt

3.2.2 方正粗雅宋简体 126 pt

3.2.3 方正兰亭粗黑 _GBK 30 pt

3.2.4 方正粗雅宋简体 33 pt

退役军人事务部关于印发《烈士纪念设施保护标志使用管理办法》的通知

退役军人部发〔2023〕37号

各省、自治区、直辖市退役军人事务厅（局），新疆生产建设兵团退役军人事务局：

为维护烈士纪念设施保护标志庄严肃穆形象，规范烈士纪念设施保护标志的使用，现将《烈士纪念设施保护标志使用管理办法》予以印发，请认真贯彻执行。

2023年9月14日

烈士纪念设施保护标志使用管理办法

第一条 为维护烈士纪念设施保护标志庄严肃穆形象，规范烈士纪念设施保护标志的使用，根据《中华人民共和国英雄烈士保护法》《烈士褒扬条例》《烈士纪念设施保护管理办法》等，制定本办法。

第二条 烈士纪念设施保护标志设计理念由红星、“永垂不朽”题词、纪念碑、阶梯等元素构成，整体呈现昂扬向上的姿态，象征着烈士们的伟大理想和崇高信念，体现了党和国家对英烈的尊崇、褒扬和纪念。

第三条 烈士纪念设施保护标志是全国各级烈士纪念设施的特定形象标识，是各级烈士纪念设施保护管理单位依法履行建设修缮管理维护烈士纪念设施职责的专用标识。烈士纪念设施标识牌刻印保护标志和烈士纪念设施名称、保护级别、批准设立单位等内容，用于标示烈士纪念设施基本信息。

第四条 烈士纪念设施保护标志应当用于以下情形：

（一）各级烈士纪念设施主体建筑区域；

（二）各级烈士纪念设施保护管理单位办公场所。

第五条 烈士纪念设施保护标志可以用于以下情形：

（一）烈士纪念设施宣传标牌、宣传单、画册、书籍、记录本、奖章、证书等印刷品及宣传品；

（二）有关烈士纪念设施宣传保护的专题网站、微博、微信公众号等网络平台；

（三）与英烈褒扬工作有关的各类公益活动等。

烈士纪念设施保护标志与使用单位标志、活动标志同时展示时，应将烈士纪念设施保护标志置于突出和优先的位置。

第六条 烈士纪念设施保护标志不得用于：

（一）商标、商业广告、商业活动以及其他营利性活动；

（二）非烈士纪念设施建筑物、办公及其他场所；

（三）日常生活的陈设布置；

（四）私人庆典和吊唁活动；

（五）其他有损于烈士纪念设施保护标志庄重、严肃形象的场合、物品。

第七条 烈士纪念设施保护标志及标识牌技术规范由退役军人事务部制定；省级人民政府退役军人工作主管部门根据技术规范统一制作本行政区域内烈士纪念设施保护标志及标识牌；各级烈士纪念设施保护管理单位负责烈士纪念设施保护标志及标识牌的悬挂、使用和服务管理等具体工作。

第八条　县级以上人民政府退役军人工作主管部门对本行政区域内烈士纪念设施保护标志及标识牌的悬挂、使用进行指导督促和管理监督。

一切组织和公民，应当尊重和爱护烈士纪念设施保护标志，积极宣传和正确使用烈士纪念设施保护标志及标识牌，尊崇、铭记英烈为国家、民族和人民作出的牺牲和贡献。

任何组织和个人未经批准不得制作、买卖、使用烈士纪念设施保护标志及标识牌。

第九条　烈士纪念设施保护标志在使用时，不得在标志上添加、修改任何内容，包括样式、组成元素比例、色彩、色调等，可根据需要同比例缩放使用，同时应与使用目的、所在烈士纪念设施建筑物、周边环境相适应。

烈士纪念设施保护标志使用时，应当保持其色彩鲜艳、准确和整洁，易于辨认。保护标志使用在烈士纪念设施建筑物上时，应当置于建筑物明显部位；使用在旗帜、横幅、展板及文创产品等上时，不得触及相关载体边缘。

第十条　烈士纪念设施保护管理单位应当对悬挂室外的烈士纪念设施保护标志及标识牌定期巡查保养，如发现有破损、变形、褪色、污损等情况，应及时整修或更换。

第十一条　烈士纪念设施保护管理单位及工作人员违反本办法规定使用烈士纪念设施保护标志及标识牌的，由县级以上人民政府退役军人工作主管部门责令纠正并给予通报批评；情节严重的，依法依规追究相关人员责任。

第十二条　对违反规定制造、买卖、使用烈士纪念设施保护标志及标识牌，或者在公共场合故意以损坏、涂划、玷污、践踏、焚烧等方式侮辱烈士纪念设施保护标志及标识牌的，各级退役军人工作主管部门、烈士纪念设施保护管理单位及工作人员应当及时制止并依法处置。

第十三条　本办法自印发之日起施行。

退役军人事务部　财政部关于调整部分优抚对象等人员抚恤和生活补助标准的通知

退役军人部发〔2023〕39号

各省、自治区、直辖市退役军人事务厅（局）、财政厅（局），新疆生产建设兵团退役军人事务局、财政局：

经研究，决定自2023年8月1日起调整部分优抚对象等人员抚恤和生活补助标准，现将有关问题通知如下：

一、提高残疾军人（含伤残人民警察、伤残预备役人员和民兵民工、其他因公伤残人员）的残疾抚恤金、烈属（含因公牺牲军人遗属、病故军人遗属）的定期抚恤金、在乡退伍红军老战士（含红军失散人员）的生活补助标准，调整后的标准见附件。

二、各地要按照《军人抚恤优待条例》规定，加大资金投入，提高在乡复员军人的生活补助标准，切实保障其生活水平。中央财政在现行补助标准的基础上，每人每年增加1440元。

三、对带病回乡退役军人提高生活补助标准，每人每年提高450元，提至每人每年9450元。中央财政对北京、天津、辽宁、上海、江苏、浙江、福建、山东、广东等9个省市，补助标准调整为每人每年3780元；对河北、山西、吉林、黑龙江、安徽、江西、河南、湖北、湖南、海南等10个省，补助标准调整为每人每年5670元；对内蒙古、广西、重庆、四川、贵州、云南、西藏、陕西、甘肃、青海、宁夏、新疆等12个省区市以及新疆生产建设兵团，补助标准调整为每人每年7560元。

四、对在农村的和城镇无工作单位且家庭生活困难的参战退役军人提高生活补助标准，每人每年提高480元，提至每人每年10 080元。中央财政对北京、天津、辽宁、上海、江苏、浙江、福建、山东、广东等9个省市，补助标准调整为每人每年4030元；对河北、山西、吉林、黑龙江、安徽、江西、河南、湖北、湖南、海南等10个省，补助标准调整为每人每年6050元；对内蒙古、广西、重庆、四川、贵州、云南、西藏、陕西、甘肃、青海、宁夏、新疆等12个省区市以及新疆生产建设兵团，补助标准调整为每人每年8060元。

五、对不符合评残和享受带病回乡退役军人生活补助条件，但患病或生活困难的农村和城镇无工作单位的原8023部队退役军人，以及其他参加核试验退役军人（含参与铀矿开采退役军人等）提高生活补助标准，每人每年提高480元，提至每人每年10 080元。中央财政对北京、天津、辽宁、上海、江苏、浙江、福建、山东、广东等9个省市，补助标准调整为每人每年4030元；对河北、山西、吉林、黑龙江、安徽、江西、河南、湖北、湖南、海南等10个省，补助标准调整为每人每年6050元；对内蒙古、广西、重庆、四川、贵州、云南、西藏、陕西、甘肃、青海、宁夏、新疆等12个省区市以及新疆生产建设兵团，补助标准调整为每人每年8060元。

六、对居住在农村和城镇无工作单位、18周岁之前没有享受过定期抚恤金待遇且年满60周岁的烈士子女（含建国前错杀后被平反人员的子女）提高生活补助标准。中央财政在现行补助标准的基础上，每人每年提高540元，提至每人每年8280元。

七、对从1954年11月1日试行义务兵役制后至《退役士兵安置条例》施行前入伍、年龄在60周岁以上（含60周岁）、未享受到国家定期抚恤补助的农村籍退役士兵提高老年生活补助标准，每服一年义务兵役每人每年提高40元，提至每服一年义务兵役每人每年补助688元。中央财政对北京、天津、辽宁、上海、江苏、浙江、福建、山东、广东等9个省市按上述补助标准的50%安排补助资金，对其他省区市、新疆生产建设兵团实行全额补助。

八、提高新中国成立前加入中国共产党的农村老党员和未享受离退休待遇的城镇老党员的生活补助标准，调整后的补贴标准为：1937年7月7日至1945年9月2日入党的，提至每人每年11300元；1945年9月3日至1949年9月30日入党的，提至每人每年10 210元。已享受优抚对象抚恤补助的老党员，不执行上述补贴标准，仍按每人每年600元标准发给生活补助。已对老党员实行定额补贴的地方，补贴标准低于上述标准的，按照补差原则发给补贴；补贴标准高于上述标准的，仍按原补贴标准发给补贴。中央财政对北京、天津、上海、江苏、浙江、福建、广东等7个省市，按上述补助标准的25%安排补助资金；对其他省区市、新疆生产建设兵团按上述补助标准的50%安排补助资金。

九、此次调整标准所需中央补助资金，由中央财政安排，另行下达。地方各级有关部门要认真落实地方应安排的资金，保证及时、准确、足额地把抚恤金和生活补助金发放到优抚对象等人员手中。要扎实做好优抚对象年度确认工作，优化工作方式、提高确认质效，进一步夯实优抚数据基础，确保财政资金安全。

2023年9月18日

退役军人事务部关于授予新疆维吾尔自治区且末县老兵治沙队集体和王琦等19名同志“最美退役军人”称号的决定

退役军人部发〔2023〕43号

各省、自治区、直辖市退役军人事务厅（局），新疆生产建设兵团退役军人事务局：

为深入学习贯彻习近平新时代中国特色社会主义思想和党的二十大精神，贯彻落实习近平文化思想和习近平总书记关于退役军人工作重要论述，充分发挥退役军人先进典型示范引领作用，持续推动广大退役军人思想政治素质不断提升、精神状态更加昂扬、优势作用有效发挥，经广泛发动、逐级推荐、严格遴选、社会公示，并征求中共中央宣传部、中央军委政治工作部意见，退役军人事务部决定授予新疆维吾尔自治区且末县老兵治沙队集体和王琦等19名同志“最美退役军人”称号（名单附后）。

希望荣获称号的先进集体和个人珍惜荣誉、发扬成绩，持续发挥表率作用，争取更大光荣。广大退役军人要以“最美退役军人”为榜样，坚定不移听党话，矢志不渝跟党走，模范践行社会主义核心价值观，自觉弘扬人民军队光荣传统和优良作风，踔厉奋发、勇毅前行，在中国式现代化新征程上展现退役军人风采，贡献退役军人力量。

各地退役军人事务部门要坚持以习近平新时代中国特色社会主义思想为指导，深入贯彻落实党的二十大精神和习近平总书记关于退役军人工作重要论述，创新宣传方式手段，讲好“最美退役军人”故事；组织开展慰问、疗养等活动，关怀礼遇“最美退役军人”；打造“最美”体系，持续挖掘选树退役军人先进典型；深刻把握新时代退役军人思想政治工作特点和规律，持续推动退役军人典型宣传工作走深走实，通过立精神支柱、树价值标杆，唱响自信自强、团结奋斗的时代主旋律，为全面建设社会主义现代化国家、全面推进中华民族伟大复兴提供强大精神力量。

附件：2023年度“最美退役军人”称号名单

2023年10月27日

附件

2023 年度“最美退役军人”称号名单

集体

新疆维吾尔自治区且末县老兵治沙队

个人

（按姓氏笔画排序）

王　琦	吉林省长春市军队离退休干部西安桥外休养所军休干部、省盲人协会主席
扎　塔（藏族）	西藏自治区日喀则市慈善协会副会长
叶海辉	浙江省玉环市坎门海都小学体育老师
刘山国	河北省同福集团股份有限公司党委书记、董事长
刘亚军	黑龙江省大兴安岭地区塔河林业局盘古林场管护员
安晓华（彝族）	云南省保山边境管理支队执法调查队队长
孙占海	航天五院总装与环境工程部特级技师
李　萌（女）	北京市东城区环卫中心时传祥所三八女子抽粪班班长
邹　凌	四川省汶川县映秀镇渔子溪村党支部书记、村委会主任
陈晓磐	河南省临颍县公安局党委委员兼驻村民警
尚晓东	中国科学院南海海洋研究所二级研究员、博士生导师
周功虎	湖北省秭归县三峡库区清漂队队长
夏昭炎	湖南科技大学退休教授
殷其龙	重庆市出租汽车有限责任公司第二分公司员工
辛红斌	国网山西省电力公司晋城供电公司高级技工

退役军人事务部　中央军委政治工作部　全国双拥工作领导小组办公室关于做好新年春节期间拥军优属拥政爱民工作的通知

国拥办电〔2023〕15号

各省、自治区、直辖市双拥工作领导小组办公室、退役军人事务厅（局），新疆生产建设兵团双拥工作领导小组办公室、退役军人事务局，军委联指中心、各战区政治工作部（办公室），各军兵种政治工作部，军委机关各部委、军委各直属机构、军委各直属单位政治工作部（局、办公室），武警部队政治工作部：

2024年新年春节即将来临。节日期间，各地各部队要坚持以习近平新时代中国特色社会主义思想为指导，深入贯彻习近平总书记关于双拥工作重要论述，大力弘扬拥军优属、拥政爱民光荣传统，巩固发展新时代军政军民团结，为巩固提高一体化国家战略体系和能力、推进强国强军汇聚强大力量。

一、大力营造双拥浓厚氛围。各地各部队要组织军民深入学习贯彻习近平新时代中国特色社会主义思想，学习贯彻习近平强军思想，深刻领悟“两个确立”的决定性意义，增强“四个意识”、坚定“四个自信”、做到“两个维护”。结合新一届全国双拥模范创建命名表彰活动，广泛运用军地主流媒体大力宣扬军爱民、民拥军的光荣传统，宣传各地各部队涌现出的双拥先进典型，在全社会营造关心国防、热爱国防、建设国防、保卫国防的浓厚氛围。要扎实做好致全国双拥模范和广大官兵、优抚对象慰问信发放工作，开展军地联谊、书画展览、文艺创演等富有地域特色、军民喜闻乐见的群众性文化活动，丰富节日双拥文化生活，密切军民鱼水情谊。

二、聚力服务部队备战打仗。各地要扎实推进支持部队练兵备战各项工作，通过召开军政座谈会、军地联席会、双拥工作领导小组全会和走访慰问驻军部队等形式，主动了解部队战备训练和建设改革中遇到的实际困难，想方设法帮助部队办实事解难题。发扬拥军支前优良传统，积极支持部队遂行战备值勤、冬季适应性训练、跨区机动等任务，跟进搞好通信、交通、粮油、水电等各项保障，形成部队练打仗、地方练支前的生动局面。广泛发动社会力量、集聚社会资源做好拥军工作，丰富拓展科技、教育、文化、法律等拥军活动内容形式，服务部队打赢能力提升。聚焦重点方向、任务部队和边海防一线，深入开展“聚焦一线、聚力解难”拥军优属专项活动和“情系边海防官兵”春节专项慰问活动，用心用情解决官兵急难愁盼，传递党和政府的关怀厚爱，激励军心士气。

三、助力保障改善民生福祉。各部队要自觉践行我军根本宗旨，以 4100 个定点帮扶村为重点，组织官兵走村入户了解帮扶成效，开展组织帮建、义务巡诊、助学兴教、移风易俗等活动，研究精准化支持产业、人才、文化、生态、组织“五个振兴”的措施办法。组织便民服务队到驻地周边村庄社区，配合搞好环境卫生整治、公共设施维护、节日氛围营造等工作。积极关爱驻地群众，主动看望慰问城乡低保对象、残疾人家庭、空巢老人和留守儿童等困难群体，努力为群众做好事、办实事、解难事，树牢子弟兵爱民为民良好形象。协助地方维护机场、车站、港口等春运秩序，做好低温雨雪冰冻等抢险救灾、应急救援各项准备，为欢度佳节创造良好环境。

四、倾力关心关爱优抚对象。各地要认真贯彻军人地位和权益保障法、退役军人保障法等法律法规，高标准抓好相关法规政策的宣传普及和督导落实，确保各项政策待遇落实到位。常态开展送立功喜报、挂光荣牌、贴新春楹联年画等活动，看望慰问在乡红军老战士、老复员军人、烈士遗属和因公牺牲、病故军人遗属，力所能及提供温心暖心的个性化服务，立起关爱功臣、崇尚奉献鲜明导向。

各地各部队组织开展活动，要严格落实安全保密、军地交往、改进作风和疫情防控等规定要求，做到俭朴节约、安全有序。

2023 年 12 月 13 日

云南省退役军人事务厅关于公布2023年退役军人职业技能培训承训机构黄页的通告

为进一步规范退役军人职业技能培训承训机构管理，丰富教育培训资源，提升退役军人职业技能和就业能力，促进退役军人就业创业，各州市退役军人事务局根据退役军人事务部办公厅《退役军人就业创业培训工作管理指南》（退役军人办发〔2020〕34号）和《云南省退役军人教育培训实施办法》（云政发〔2020〕32号）、《云南省退役军人教育培训承训机构考核评估办法》（云退役规〔2020〕2号）有关精神，经承训机构申报，各州、市退役军人事务局组织专家评审，向社会公开征求意见，最终确定248家单位为全省退役军人职业技能培训承训机构，现予以公布。

即日起，按规定可参加或享受有关教育培训的退役军人，可在黄页中自选承训机构、承训项目（专业），按程序申请报名，免费（免学杂费、住宿费、技能鉴定费）参加一次职业技能培训。具体事宜请向安置地县级退役军人事务局详细咨询。

2023年7月4日

云南省退役军人事务厅关于印发 2023 年政策文件制定清单的通知

云退役厅字〔2023〕9 号

各州、市退役军人事务局，各处（室）、各直属事业单位：

为继续推进退役军人政策制度体系建设工作，按照任务项目化、项目清单化、清单具体化的要求，明确主要成果、责任单位和完成时限，经厅主要领导同意，现将《云南省退役军人事务厅 2023 年政策文件制定清单》印发你们，请认真抓好落实。

各州、市退役军人事务局要牢固树立“上下一盘棋”的思想，认真对照政策文件制定清单，主动对接省退役军人厅有关处室，提前谋划本州、市抓配套、抓落实等工作。各处（室）、各直属事业单位要以解决全省退役军人工作中的突出矛盾和问题为导向，深入开展调查研究，广泛听取意见，严格按照清单中明确的时限，完成政策文件制定工作。政策文件属于行政规范性文件的，制定程序严格按照《云南省退役军人事务厅行政规范性文件管理实施办法》（云退役厅字〔2021〕2 号）执行；政策文件属于改革任务的，要按照《云南省退役军人事务厅全面深化改革工作规则》（云退役厅字〔2021〕1 号）做好备案报告、推进落实等工作。政策文件印发 3 个工作日内，将纸质文件和电子版送政策法规处备案。

2023 年 2 月 7 日

云南省退役军人事务厅 2023 年政策文件制定清单

序号	主要成果或文件名称	责任单位	完成时限	备注
1	云南省退役军人事务厅关于加强退役军人事务法治建设和法治文化建设的实施意见	政策法规处	2023 年 12 月底前	
2	云南省退役军人事务厅关于印发行政裁量权基准的通知	政策法规处	2023 年 12 月底前	
3	中共云南省委宣传部　云南省退役军人事务厅　云南省军区政治工作局关于印发云南省“最美退役军人”先进典型评选办法的通知	思想政治和权益维护处	2023 年 12 月底前	
4	云南省退役军人事务厅关于印发云南省退役军人信访服务工作办法的通知	思想政治和权益维护处	2023 年 12 月底前	
5	关于加强新时代转业军官安置工作的实施意见	移交安置处	上级出台 3 个月内	上级文件尚未印发
6	云南省退役军人事务厅关于印发云南省自主就业退役士兵适应性培训实施办法的通知	就业创业处	2023 年 9 月底前	
7	云南省退役军人事务厅　云南省教育厅　云南省人力资源和社会保障厅关于促进就业优秀退役军人到中小学任教的实施意见	就业创业处	2023 年 9 月底前	
8	云南省退役军人事务厅关于印发退役军人就业合作企业光荣榜退役军人创业光荣榜评选办法的通知	就业创业处	2023 年 12 月底前	
9	关于加强新时代退役军人就业创业工作的实施意见	就业创业处	2023 年 12 月底前	
10	云南省退役军人事务厅　云南省财政厅关于印发逐月领取退役金退役军人退役金和服务管理经费管理办法的通知	军休服务管理处	2023 年 11 月底前	
11	云南省退役军人事务厅　云南省财政厅　云南省人民政府国有资产监督管理委员会关于加强企业军转干部日常管理有关事项的通知	军休服务管理处	2023 年 11 月底前	
12	云南省退役军人事务厅　云南省发展和改革委员会　云南省民政厅　云南省财政厅　云南省住房和城乡建设厅　云南省卫生健康委员会关于进一步做好移交政府安置的军队离休退休干部养老服务工作的通知	军休服务管理处	2023 年 12 月底前	

续表

序号	主要成果或文件名称	责任单位	完成时限	备注
13	云南省退役军人事务厅关于进一步规范评调残工作有关事项的通知	拥军优抚处	2023 年 12 月底前	
14	云南省退役军人事务厅　云南省财政厅　云南省人力资源和社会保障厅　云南省总工会关于做好部队立功人员提高退休费待遇认定工作的通知	拥军优抚处	2023 年 12 月底前	
15	云南省退役军人事务厅等部门关于加强烈士纪念设施展陈讲解工作的实施意见	褒扬纪念处	2023 年 6 月底前	
16	中共云南省委组织部　云南省人力资源和社会保障厅　云南省退役军人事务厅　云南省军区政治工作局　云南省双拥工作领导小组办公室　关于进一步做好军人随军家属就业安置工作的实施办法	省双拥办	2023 年 12 月底前	
17	云南省教育厅　云南省军区政治工作局　云南省双拥工作领导小组办公室关于进一步加强军人子女教育优待工作的实施办法	省双拥办	2023 年 12 月底前	

云南省退役军人事务厅关于进一步规范退役军人事务部门评定残疾等级工作有关事项的通知

云退役发〔2023〕26号

各州、市退役军人事务局：

为深入学习贯彻习近平总书记关于退役军人工作重要论述，进一步规范和加强全省退役军人事务部门管理的评定残疾等级工作，切实保障好伤残人员合法权益，不断提升服务保障水平，现就有关事项明确如下。

一、充分认识评定残疾等级工作的重要性

评定残疾等级工作是一项涉及面广、专业性和政策性都很强的工作，是党和国家对伤残人员政治上的褒扬和物质上的关怀，做好这项工作对促进经济平稳健康发展和社会和谐稳定具有十分重要的意义。我省退役军人事务部门组建以来，认真贯彻落实《军人抚恤优待条例》《伤残抚恤管理办法》《云南省伤残抚恤管理办法实施细则》《云南省人民警察伤残评定工作规程（试行）》等规定，进一步规范评定残疾等级工作受理、审查、审核和审批程序，更好地履行工作职能，有效保障了伤残人员的合法权益。但工作中仍存在政策理解不透、申报材料不完善、审批时限超时、服务意识不强、基层审核把关不严、签收程序不规范等亟待解决的突出问题，影响了评残工作的严肃性和时效性，产生了不良的影响。各级退役军人事务部门要深入贯彻落实习近平总书记关于退役军人工作重要论述，充分认识评定残疾等级工作的重要性，自觉践行全心全意为人民服务的根本宗旨，按照国家的政策规定，严格依法行政，加强和改进工作作风，健全工作机制、提高办事效率，切实维护伤残人员的合法权益，推动评定残疾等级工作规范、高效、有序运行。

二、规范程序，提高办理评定残疾等级工作效率

（一）建立完善工作规范制度

1. 严格按照《军人抚恤优待条例》《伤残抚恤管理办法》《云南省伤残抚恤管理办法实施细则》《云南省人民警察伤残评定工作规程（试行）》等规定，评定残疾等级按个人申请、单位审查申报、县（市、区）退役军人事务局初审（评）、州（市）退役军人事务局审核、省退役军人事务厅审批程序进行，确保按时按质完成审核审批相关工作。

2. 申请人或单位要严格按照《云南省伤残抚恤管理办法实施细则》《云南省人民警察伤残评定工作规程（试行）》等规定，提交新办评定残疾等级、补办评定残疾等级、调整残疾等级所需材料，提交的材料须真实、完整、有效，并对所提交材料的真实性负责。

3. 各级退役军人事务部门要建立登记手续，对申请人或单位申报的材料应制作收件清单并签署日期。对退回的材料，予以评残的，应挂号邮寄或由申请人签收；不予评残的，应制作包含材料清单的送达回证，由申请人或其所在单位签收，申请人或其所在单位拒绝签收的，可依法采取留置送达、挂号邮寄送达、公告送达等方式及时完成送达程序，避免因材料签收、退回等环节不当给工作带来风险。

（二）建立完善限期办理制度

1. 严格按照《云南省伤残抚恤管理办法实施细则》第十五条、第十六条明确时限要求完成办理工作程序。

2. 申请人或单位申报材料不全或者材料不符合规定形式的，县（市、区）退役军人事务局应当在收到材料之日起 10 个工作日内一次性告知申请人或者单位补充材料，对不符合法定评残条件的，除《云南省伤残抚恤管理办法实施细则》第三条第（一）项人员以外，不得作出予以评残的决定上报州（市）退役军人事务局。州（市）退役军人事务局要严把审核关，对不符合法定评残条件的，除《云南省伤残抚恤管理办法实施细则》第三条第（一）项人员以外，不得作出予以评残的决定上报省退役军人事务厅。

（三）建立完善预审预判制度

1. 建立省、州（市）、县（市、区）三级退役军人事务部门线上预审预判制度。

2. 县（市、区）退役军人事务局收到县级医疗卫生专家小组出具的残疾等级医学鉴定意见后，拟定残疾等级和性质，填写《云南省残疾等级评定审批表》，第一时间将材料上报州（市）退役军人事务局审核审检无误后，州（市）退役军人事务局第一时间将材料上报省退役军人事务厅审核审检，材料齐全并符合法定形式、符合残疾等级评定条件的，逐级通知州（市）、县（市、区）退役军人事务部门按工作流程办理；材料不规范、符合残疾等级评定条件的，逐级通知州（市）、县（市、区）退役军人事务部门补正或更正相关材料，按工作流程办理；不符合残疾等级评定条件的，逐级通知州（市）、县（市、区）退役军人事务部门原由并按工作流程办理。

3. 州（市）、县（市、区）退役军人事务部门对评定残疾等级具体工作中存在的疑难问题，可以通过省、州（市）、县（市、区）三级退役军人事务部门共同电话会商或现场办公等形式集体研究后，客观公正地提出建议，由县(市、区）退役军人事务局按工作流程办理。

（四）建立完善联动制度机制

1. 省、州（市）、县（市、区）三级退役军人事务部门要加强与政法部门的信息互通、分析研判、协调联动工作机制，规范人民警察申请评定残疾等级材料整理工作，压实申请人所在单位审查责任，认真审核符合新办评残医学鉴定条件的申请人相关材料，同时出具对申请人负伤时间、地点、部位、原因及详细经过或残情变化情形的意见，推动人民警察伤残评定工作规范、高效、有序运行。

2. 省、州（市）、县（市、区）三级退役军人事务部门通过机制联动、信息联动、办理联动，共同承担评定残疾等级工作责任，规范文书填写格式和建立申报送达回执制度，及时研究疑难问题，统一评残政策适用尺度，确保做到依法行政。

3. 按人事编制管理原则，人民警察对申请评定残疾等级工作有异议的，可以及时向其所在单位政治部门提出申请，所在政治部门应第一时间向同级退役军人事务部门反映，共同商定解决措施，减少引发行政诉讼风险。

三、加强领导，推动责任落实

（一）完善工作机制。各级退役军人事务部门要充分认清评定残疾等级工作的重要性和严肃性，列入重要议事日程，健全完善评定残疾等级工作各项制度机制，确保各个环节运转有序、衔接流畅，在规定时限内完成规定事项，确保伤残抚恤政策精准落实，有效维护伤残人员合法权益。

（二）协同联动推进。各级退役军人事务部门要按照职能分工，认真履行工作职责。省退役军人事务厅负责按照有关规定研究制定评定残疾等级工作政策，对全省所属对象残疾性质认定及等级评定审批，指导各级退役军人事务部门的残疾性质认定及等级评定工作；州（市）退役军人事务局负责本辖区内的评残审核工作；县（市、区）退役军人事务局负责本辖区内的评残具体工作，公布有关评残程序和标准。

（三）强化业务培训。省、州（市）、县（市、区）三级退役军人事务部门要加强工作人员业务培训力度，重点解决政策不清、业务不熟的问题，确保准确应用相关法规政策，杜绝出现引用的法律依据不规范导致工作失误。

（四）加强监督管理。建立健全常态核查监督和通报机制，对办理时限处于临界的，实行预警机制，提醒完善材料，加快工作办理进度；对申报材料明显不符合伤残等级评定条件的，审核把关不严、矛盾上交的单位进行通报；对违法评定伤残等级，引发行政复议和诉讼、赴省或进京上访和网络舆情产生严重社会影响的，将严肃追究相关责任人及分管领导责任。

各地要结合实际，制定具体工作措施办法，明确责任分工，加强协调配合，确保评定残疾等级工作落实落地。

附件：评定残疾等级工作流程图（略）

2023 年 4 月 3 日

云南省退役军人事务厅关于进一步加强烈士陵园管理规范烈士祭扫活动的通知

云退役发〔2023〕31 号

各州、市退役军人事务局：

为深入贯彻落实习近平总书记关于烈士褒扬工作的重要论述和考察云南重要讲话精神，贯彻落实《中华人民共和国英雄烈士保护法》《烈士褒扬条例》《烈士纪念设施管理办法》《烈士公祭办法》等法律法规规章，进一步加强烈士陵园管理，规范烈士祭扫活动，确保烈士祭扫安全有序、文明和谐。现将有关事宜通知如下。

一、提高政治站位，切实把思想行动统一到党中央、国务院决策部署和省委、省政府工作要求上来

习近平总书记高度重视烈士褒扬工作，强调要加强对烈士陵园的规划、建设、修缮、管理维护，要求云南要稳妥做好工作，确保祭扫活动有序进行。省委退役军人事务工作领导小组第七次全体会议要求，加强烈士祭扫服务保障，紧盯烈士陵园等重点方向，红河、文山等重点地区和重要时间节点，组织好烈士祭扫工作，做好应急处置各项准备。遇有情况，有能力快速精准处置，严防蔓延、扩散造成大的社会影响。各地要以高度的政治自觉，把加强烈士陵园管理，规范烈士祭扫活动作为当前及今后一个时期的重要政治任务和重点工作，保持政治敏锐，居安思危，知危图安，以时时放心不下的责任感和紧迫感，抓紧抓实抓细各项工作任务落实，确保烈士祭扫稳妥有序。

二、加强规范管理，确保祭扫活动安全有序、文明和谐

烈士陵园是党和国家红色基因库，是缅怀烈士的重要场所，在陵园内开展祭扫纪念活动应当严格执行国家法律法规规定，遵守社会道德规范，确保陵园庄严肃穆，活动安全、规范、文明。

（一）建立巡检巡查制度。各烈士陵园应当向社会免费开放，工作人员应于每日开园前、开园期间、闭园后分别在园区和周边环境开展不少于 3 次的全覆盖、无死角巡检巡查，并建立巡检巡查登记制度，烈士陵园保护管理单位负责同志应当审核签字。

（二）建立预约审查制度。在烈士陵园组织开展祭扫纪念活动的，应当提前向县级退役军人事务部门或者烈士陵园保护管理单位进行预约，

预约内容包括活动时间、地点、参加人员单位或基本情况、人数规模、活动内容等，县级退役军人事务部门或者烈士陵园保护管理单位应当对活动内容等进行审查，合理安排场次。活动内容不符合国家法律法规规定，社会道德规范的，烈士陵园保护管理单位应当提出意见，劝其更正后方可同意其组织开展相关活动。

（三）建立活动管控制度。县级退役军人事务部门或者烈士陵园保护管理单位应当对审查同意开展的祭扫纪念活动进行全程管控，活动中更改原审定内容且不符合国家法律法规规定和社会道德规范的，应当及时劝阻。不听劝阻的，第一时间通知公安机关处置。未经审查同意的纪念活动，不得在烈士陵园内组织开展。未按有关规定申请、预约、报备的，不得以烈士纪念设施为背景进行网络直播、录播、航拍等。

（四）规范活动程序秩序。组织开展集体祭扫纪念活动，参照《烈士公祭办法》第十一条规定程序进行，也可按下列程序进行：

1. 主持人向烈士纪念碑（塔）行鞠躬礼，宣布活动开始；

2. 奏唱《中华人民共和国国歌》；

3. 向烈士默哀（不少于一分钟）；

4. 向烈士敬献花篮或者花圈，奏《献花曲》；

5. 整理缎带或者挽联；

6. 瞻仰烈士纪念碑（塔）等设施。

花篮的缎带或者花圈的挽联为红底黄字，上联书写烈士永垂不朽，下联书写敬献单位。

任何单位、机构和个人在烈士陵园内进行祭扫纪念活动，都应当遵守祭扫礼仪规范，并接受烈士纪念设施保护单位管理。工作人员要切实履行职责，全程指导活动规范有序进行，不得失管、失控。

（五）完善物防、技防措施。各地务必把开放式管理的烈士陵园转变为可控式管理。无大门、围墙、护栏等设施的及时完成建设，确保设施齐全有效、管理可控。联合相关部门及专业机构，对烈士陵园技术监控开展检查，调整、充实摄像头，完善监控系统，确保监控无死角、全覆盖、图像清晰，为记录工作、获取证据提供依据。

（六）落实请示报告制度。发现发生烈士陵园管理、祭扫纪念活动等方面负面舆情和影响社会安全稳定事件，退役军人事务部门要主动与政法、宣传、网信、公安等部门沟通协作，在当地党委、政府统一领导下及时稳妥应对处置，并在30分钟内电话报告、6小时内书面报告省退役军人厅。

三、其他要求

（一）各地要迅速组织开展烈士陵园管理制度机制建立落实情况自查工作，制度机制不完善或者不符合当前工作实际的，要进一步健全完善，确保各项制度机制切实可行、落实到位。必须严格落实陵园巡检巡查制度，责任到人，坚决防止陵园内发生影响社会安全稳定事件，甚至个人极端事件。开放式烈士陵园要迅速组织开展管理风险评估，制定管用有效措施，切实加强陵园安全管理。

（二）烈士陵园保护管理单位要落实烈士陵园管理第一责任，确保园区基础设施设备完好、无破损，环境肃穆整洁，活动规范有序。举行烈士安葬仪式、烈士陵园升挂国旗，应当严格按照国旗法有关规定执行。烈士墓等其他设施不插挂任何旗帜。烈士纪念碑、烈士墓前摆放的祭扫纪念物品应当每日清理，确保烈士纪念广场、烈士墓区肃穆干净整洁。县级退役军人事务部门和烈士陵园保护管理单位要在官网、官微，陵园入口公布陵园开园、闭园时间，预约电话等信息。

（三）各州、市退役军人局于4月24日12:00前将自查情况（一园一查，包括制度建立落实基本情况、存在的风险、整改情况、对策措施等）报送省退役军人厅。自通知下发之日起至5月5日，红河、文山州退役军人事务局于每日17:00前将辖区边境战区烈士陵园巡检巡查情况报送省退役军人厅。

2023年4月18日

云南省退役军人事务厅等 9 部门关于加强烈士纪念设施展陈讲解工作的实施意见

云退役发〔2023〕18 号

各州、市退役军人事务局、宣传部、党史研究室、财政局、文化和旅游局、文物局、档案局、地方志办，各军分区、昆明警备区：

为认真贯彻习近平总书记关于烈士褒扬工作重要指示精神，充分发挥烈士纪念设施弘扬英烈精神、传承红色基因、开展爱国主义教育的红色资源作用，根据《中共中央办公厅　国务院办公厅　中央军委办公厅印发〈关于加强新时代烈士褒扬工作的意见〉的通知》（中办发〔2022〕2 号）、《中共云南省委办公厅　云南省人民政府办公厅　云南省军区办公室印发〈关于加强新时代烈士褒扬工作的若干措施〉的通知》（云办发〔2022〕27 号）和《退役军人事务部关于加强烈士纪念设施展陈讲解工作的意见》（退役军人部发〔2022〕73 号）精神，结合工作实际，制定本实施意见。

一、工作目标

以习近平新时代中国特色社会主义思想为指导，深入学习贯彻党的二十大精神和习近平总书记考察云南重要讲话精神，准确把握党的历史发展的主题主线、主流本质，牢固树立正确历史观、党史观，深入挖掘英烈事迹和精神，创新展陈形式、优化展陈内容、加强队伍建设、提升讲解水平、强化宣教功能，着力打造主题突出、导向鲜明、内涵丰富的烈士纪念设施精品展陈，把烈士纪念设施建设成革命传统教育、爱国主义教育、青少年思想道德教育、国防教育的重要阵地和红色地标打卡地。

二、工作内容

（一）严格展陈讲解审查

1. 严把政治关、史实关。坚持唯物史观和正确党史观，烈士纪念设施展陈和讲解词内容要以党的三个历史决议和习近平总书记有关重要论述为基本遵循，把好导向、聚焦主题，实事求是、恰如其分、客观准确评价历史事件和人物，相关雕塑、图片、讲解词展示表达准确规范，展陈形式要服务于主题内容，坚持政治性、思想性、艺术性相统一，不可华而不实、贪大求洋。

2. 健全审查报批机制。健全完善烈士纪念设施展陈内容和讲解词研究审查制度，成立各级烈士纪念设施展陈内容和讲解词审查评审组，切实增强展陈讲解的准确性、完整性和权威性。展陈布展大纲、版式稿，讲解词以及展陈中使用党和国家领导同志照片、题词、签字（名）、讲话文章、指示批示等，按照烈士纪念设施分级保护要求和相关规定，严格履行审查报批程序。双语种展陈的，应同时对外文翻译进行审查。未经过审查、未按程序报批的，不得展陈讲解。

（二）优化展陈内容

3. 及时改陈布展。加强统筹规划，按照烈士纪念设施保护级别和布展年限，分步进行烈士纪念设施改陈布展。对长期未改陈布展、展陈内容及形式陈旧的烈士纪念设施，由州（市）退役军人事务部门统筹督促指导县级退役军人事务部门依规依程序及时改陈布展。在保持烈士纪念设施基本陈列相对稳定前提下，及时完善体现时代精神和新史料新成果的展陈内容，经审批可每 5 年进行一次局部改陈布展、每 10 年进行一次全面改陈布展。各州（市）每 5 年至少推出一个精品展陈。

4. 加强英烈精神研究。各级退役军人事务部门和烈士纪念设施保护管理单位要深化与党史、军史、档案、地方史志、高等院校、科研机构等部门、单位合作，结合设施纪念主题，整合乡土历史资源，充分挖掘、深入研究与设施紧密关联的历史事件、英烈人物事迹和精神，组织开展重要档案、史料、口述史等抢救保护工作，形成一批具有时代特征和影响力的研究成果，不断丰富展陈讲解的内容素材。

（三）创新展陈讲解形式

5. 强化现代科技支撑。传统与现代展陈方式相结合，恰当运用声光电、多媒体、数字化等现代技术手段，准确完整生动地传播展陈展览主题和内容，增强陈列展示的互动性和体验性。国家级、省级烈士纪念设施要发挥示范引领作用，对本地英烈事迹和重要事件进行集中展示，一地多处同级设施的可分主题进行深度展示。探索建设“云展馆”，推动各类烈士纪念设施进行“线下 + 线上”展陈，提升本地红色资源影响力和教育覆盖面。

6. 建立宣传讲解“云矩阵”。烈士纪念设施保护管理单位要设立网上公众号、短视频号等，加强策划宣传，及时更新内容，重要时间节点推出各类专题宣传。有条件的英烈讲解员要开设个人公众号，向网络播发的讲解视频应经县级相关部门审核。探索开展烈士纪念设施“慢直播”，烈士纪念设施到访“云打卡”等活动，推动导航软件、新闻门户软件将烈士纪念设施设为“地标”，扩大烈士纪念设施社会影响力，探索建立面向不同受众、依托线下场馆和网上展厅等不同平台的传播体系。

（四）加强展陈物品征集保管

7. 搜集整理烈士遗物。各级退役军人事务部门和烈士纪念设施保护管理单位要多举措加强烈士遗物、家书信件等物品的征集搜集整理工作，鼓励支持烈士遗属、亲友和社会各界捐赠烈士遗物和其他承载英烈精神的物品，丰富实物展示。

8. 加强物品登记保管。烈士纪念设施保护管理单位要建立档案库房，对征集搜集的展陈展品、资料应明确来源、出处，并逐一登记造册入库。对有文物价值的要按照有关规定及时认定为革命文物、妥善保管。

（五）强化人才支撑

9. 完善英烈讲解员队伍建设。各级退役军人事务部门要积极协调有关部门按照事业单位改革的整体部署，建立健全烈士纪念设施工作人员特别是英烈讲解员人事管理、职称评聘与薪酬待遇制度，畅通英烈讲解员职业发展通道。烈士纪念设施保护管理单位应配备专职英烈讲解员，关心讲解员职业成长，帮助其制定长期职业发展规划，完善待遇激励机制，提升讲解员职业荣誉感和吸引力。制定完善英烈讲解员上岗标准和工作规范，并向社会公示。英烈讲解员应当加强自身业务能力提升，创新讲解理念，讲解时应着装得体、举止大方、语言规范。

10. 充实英烈讲解工作力量。各级退役军人事务部门要统筹英烈讲解工作力量，探索采取专兼结合、政府购买服务、志愿服务等方式，吸纳教师、机关干部、退役军人、烈士遗属和青少年学生等群体参加英烈讲解、英烈事迹和精神研究。有条件的地区可采取与高等院校、研究机构、媒体单位等共建方式，设立英烈讲解研究志愿服务点、社会实践基地，形成专职人员能力提升，兼职人员有效补充，志愿服务蓬勃发展的生动格局。

11. 持续为人才队伍赋能。各级退役军人事务部门和烈士纪念设施保护管理单位应当建立英烈讲解员学习交流培训机制，不断完善培训课程体系，定期举行英烈讲解员培训和技能竞赛，促进英烈讲解员知识更新、能力提升。积极探索与高等院校、文博场馆等单位建立联合培养机制，支持英烈讲解员学习深造和参加专业技术职称评审。研究健全英烈讲解员驻点学习实训、轮岗交流等机制，培养一批“讲政治、业务精、问不倒”的讲解员，打造英烈讲解特色人才。

三、工作要求

（一）加强统筹协调。烈士纪念设施展陈讲解是用好红色资源、传承红色基因的重要平台载体，各地要提高政治站位，高度重视烈士纪念设施展陈讲解工作。各级退役军人事务部门要认真履行主体责任，依托烈士纪念设施保护管理单位、退役军人服务中心（站）等现有机构，不断加强烈士纪念设施展陈讲解工作力量。对展陈讲解中遇到的问题和困难要及时进行专题研究，统筹协调解决。

（二）加强部门联动。各级退役军人事务、宣传、党史研究、发展改革、财政、文化和旅游、文物、档案、地方史志、军队等部门（单位）要密切沟通合作，实现区域红色资源联动共享。烈士纪念设施保护管理单位要结合实际，积极参与红色文化专题展览、临展、巡展等，丰富展览形式，增强交流互动。

（三）加强安全管理。烈士纪念设施保护管理单位要建立安全内控制度和应急预案，健全革命文物、烈士遗物等物品的安全管理、展示修复等制度，制定展陈展品交接、包装、运输、布撤展等流程，相关军事装备、枪支器械等展品，要按照主管部门规定，做好“去功能化处理”等工作，确保安全、妥善保存。

附件：云南省省级烈士纪念设施展陈内容和讲解词审查评审组成员名单

2023 年 3 月 15 日

附件

云南省省级烈士纪念设施展陈内容和讲解词审查评审组成员名单

姓名	单位职务	联系电话
张　浚	省委宣传部宣教处二级调研员	13888181501
寸新元	省委党史研究室宣教处四级调研员	13888518218
李　博	省财政厅社保处干部	18788524852
彭　野	省博物馆馆员	18687009542
殷俊燕	省档案局利用服务处一级调研员	13708897381
彭利侯	省地方志办干部	13888368871
柯　穴	省军区政治工作局正营职干事	18187688170
付美翔	省退役军人事务厅褒扬纪念处副处长	15825253337

备注：成员因工作变动需要调整的，由其所在单位接任同志自行替补，报省退役军人事务厅备案即可，不再另行发文。

云南省退役军人事务厅　云南省军区政治工作局 云南省双拥工作领导小组办公室关于做好“八一”期间拥军优属拥政爱民工作的通知

云拥办电〔2023〕4号

各州、市双拥工作领导小组办公室、退役军人事务局：

中国人民解放军建军96周年即将来临。各地各部队要坚持以习近平新时代中国特色社会主义思想为指导，全面贯彻党的二十大精神，深入贯彻习近平总书记关于双拥工作的重要论述和考察云南重要讲话精神，扎实做好节日期间拥军优属、拥政爱民工作，巩固发展新时代军政军民团结，为巩固提高一体化国家战略体系和能力、推进强国强军汇聚强大力量。

一、强化宣传教育浓厚双拥社会氛围。军地各级要组织广大军民深入学习贯彻落实党的二十大精神和习近平强军思想，扎实开展纪念延安双拥运动80周年系列活动，结合主题教育深入学习贯彻习近平新时代中国特色社会主义思想，引导广大军民深刻领悟“两个确立”的决定性意义，增强“四个意识”、坚定“四个自信”、做到“两个维护”，坚定不移在思想上政治上行动上同以习近平同志为核心的党中央保持高度一致。综合运用各级各类媒体，大力宣传党的二十大提出的新思想新观点新论断，宣传习近平总书记领航新时代强国强军事业取得的辉煌成就，宣传全省第十一届双拥模范命名表彰大会精神，宣传双拥模范、“最美拥军人物”等先进典型，激励军民投身爱国拥军、爱民奉献火热实践。广泛开展读书演讲、书画展览、文艺创演、影视展播等形式多样的群众性双拥文化活动，密切军地交流，增进鱼水情谊。

二、聚焦拥军服务支持部队备战打仗。各地各部门要结合开展调查研究、节日军地走访等时机，主动了解部队在战备训练、建设改革中遇到的实际困难，研究制定解决问题的措施办法。全力服务部队遂行联演联训、科研试验等军事任务，及时做好交通、通信、粮油、水电等保障。倾斜关爱任务一线和驻高山等边远艰苦地区部队，深入开展“聚焦一线、聚力解难”、“情系边海防官兵”活动。全省“城连共建”和海军舰艇命名城市与舰艇部队要开展形式多样、内容丰富的共建活动，积极帮助解决急难愁盼问题，激励官兵心无旁骛投身练兵备战。广泛开展科技拥军、教育拥军、文化拥军、法律拥军等活动，推动院线电影进军营，大力发动拥军企业和社会组织为军人军属提供服务，进一步激励军心士气。

三、发挥部队优势多办利民惠民实事。驻

滇各部队要认真践行全心全意为人民服务的根本宗旨，在圆满完成军事任务的前提下，发挥自身优势，多办惠民生暖民心的好事实事。积极支援地方重点工程、生态文明建设，组织官兵参加乡村道路改造、环境卫生整治、农田水利整修等公益劳动，助力建设宜居宜业和美乡村。持续深化党建、教育、医疗、消费等特色帮扶，组织开展义务巡诊、助学兴教、集团采购、移风易俗等活动，支持全面推进乡村振兴。广泛开展“送温暖、献爱心”和学雷锋便民服务活动，积极为城乡低保对象、残疾人家庭、空巢老人和留守儿童等困难群体排忧解难，维护人民子弟兵良好形象。

四、落实拥军优抚政策浓厚社会尊崇。各地各部门要严格贯彻《军人地位和权益保障法》《退役军人保障法》等法律法规，认真落实军地互办实事“双清单”制度，集中解决一批家属随军就业、子女教育优待、退役军人安置等难题，提升军人军属荣誉感获得感。结合新一届全国双拥模范城（县）创建考评，加强拥军优属政策法规督导落实，依法维护军人军属合法权益。认真落实“军人依法优先”，在更多行业、更大范围推动军人享受公共服务优待。大力倡导和规范社会化拥军活动，积极发动社会力量关爱帮扶家庭困难的退役军人等优抚对象，搞好精神抚慰、心理援助等个性化服务。主动看望慰问老复员军人和烈属、牺牲病故军人家属，积极帮助排忧解难，送上党和政府的关怀温暖。

节日期间，各地各部队开展活动，要严格落实改进作风要求和交往规范，做到安全顺利、俭朴节约、务实高效。

2023 年 7 月 24 日

云南省财政厅　云南省退役军人事务厅关于进一步加强退役军人事务相关对下专项资金使用管理的通知

云财社〔2023〕45 号

各州（市）财政局、退役军人事务局，镇雄县、宣威市、腾冲市财政局：

为深入贯彻落实党的二十大精神和习近平总书记关于退役军人工作论述，进一步推动退役军人管理政策落实，规范财经秩序，提高资金使用绩效，加强退役军人事务相关对下专项资金管理，切实维护退役军人及优抚对象的合法权益，现就有关事项通知如下：

一、加强预算支出管理

（一）加快预算下达。各州（市）退役军人事务局要切实履行预算执行主体责任，加强预算执行组织保障，强化内部统筹协调，将资金分配、支出责任落实到具体分管领导、经办人员，积极构建齐抓共督的预算执行工作机制。各州（市）财政部门要主动配合，在收到上级资金文件 30 日内分解下达和拨付资金，并跟踪资金使用情况，针对执行存在问题，提出建议并督促解决，按规定应由地方安排的资金，必须及时足额安排到位，确保预算尽快执行；不得挤占、挪用和无故滞留资金。

（二）严控结余结转规模。各州（市）退役军人事务局要严控结余结转资金规模，定期对专项资金进行清理，项目执行完毕的结余资金要按规定及时交回；跨年度实施项目，要按规定及时办理资金结转手续。各州（市）财政局要建立健全预算编制与结余结转资金管理相衔接的约束机制，对结转资金常年居高不下、执行不力的相应减少预算安排。

二、严格资金使用范围

各州（市）退役军人事务局要严格按照《预算法》《会计法》等法律法规要求，加强财务自律，严格规范日常核算、支出管理和预算调剂行为；严格按照相关资金管理办法规定的范围列支费用，严禁超范围使用资金、白条入账和现金结算行为；坚决防止资金使用管理中的各种违规违法和不讲效益的“突击花钱”行为。

三、提高资金使用效率

（一）做好支付前期准备。各州（市）退役

军人事务局应根据工作实际，加强与上级部门的对接联系，做好预算执行前的项目储备、评审和政府采购等工作，加大重点项目推进力度，并根据预算安排和项目实施进度等，认真编制分月用款计划，及时办理资金支付手续。各州（市）财政局要积极配合同级退役军人事务局做好资金拨付前期准备，动态跟踪项目建设，督促尽快形成实物工作量，确保支出进度不低于序时进度。

（二）加快资金执行进度。各州（市）退役军人事务局要强化责任意识，全力推进项目实施，原则上中央和省级当年度下达的专项资金当年要细化到具体项目，按规定及时拨付项目资金，于每月 16 日前将资金执行情况上报省退役军人事务厅。如预算项目须跨年实施的，应在资金分配和实施方案中明确实施时限。对执行进度慢、年底结余大的项目，要采取有效措施，加强部门和内部业务协调配合，确保工作衔接顺畅、运转高效。

（三）加强预算执行分析。各州（市）退役军人事务局要建立本单位预算执行分析制度，研究分析预算执行中存在的问题，资金规模较大的项目要重点分析，同时加强对下级单位的指导。各州（市）财政局要及时掌握预算执行动态，深入分析预算执行中反映出的各类问题，特别要加强对预算收支执行、结转结余和暂付暂存款的分析，采取有效举措加快执行进度。

四、强化绩效管理工作

（一）建立健全全过程预算绩效管理机制。各州（市）退役军人事务局要落实预算绩效管理主体责任，将所有对下专项资金纳入预算绩效管理，建立完善事前绩效评估、绩效目标管理、绩效运行监控、绩效评价和结果应用的全过程预算绩效管理链条。

（二）加强专项资金绩效目标管理。各州（市）退役军人事务局要科学制定绩效目标，将其作为预算编制和资金分配的重要依据，按要求做好绩效目标信息公开，接受社会公众监督。

（三）及时开展专项资金绩效运行监控和绩效评价工作。各州（市）退役军人事务局要按要求组织实施绩效运行监控、绩效自评和重点评价等工作，同时配合做好上级部门要求的绩效评价工作。结合项目数量和资金规模，抽选重点地区和项目开展实地调研，积极推进中期绩效评价，并加强对绩效评价过程和结果的监督，客观公正地评价绩效目标的实现程度，于每年 1 月 20 日前编制上一年度绩效报告报省退役军人事务厅。

（四）加强对专项资金绩效管理结果的应用。各州（市）退役军人事务局要会同财政部门及时对绩效运行监控和绩效评价中发现问题进行整改，将绩效运行监控和绩效评估、评价结果作为完善政策、预算安排和资金分配的参考因素，并根据绩效管理结果改进项目实施和资金使用管理质效。

五、加大信息公开力度

遵循“公开是原则，不公开是例外”原则，各州（市）退役军人事务局和财政局要建立专项资金信息公开制度，推行专项资金信息全链条公开，切实保障社会公众的知情权、参与权、表达权和监督权。同时，规范公开方式，畅通公开渠道，丰富公开载体，使公众能够方便、完整地获取资金公开信息。要加强外部反映评估和舆情引导，建立应答机制，及时解疑释惑，避免公众误解。

六、强化资金监督检查

按照“谁主管、谁负责”的原则，各州（市）退役军人事务局要建立健全主要领导负总责、分管领导亲自抓、业务部门具体管的工作机制，把专项资金监管工作纳入单位年度工作绩效和责任制考核。财政部门要配合主管部门主动加强资金运行跟踪检查，建立健全各项资金监管政策机制，进一步严格财经纪律，确保各项资金使用安全规范高效。

2023 年 3 月 31 日

云南省退役军人事务厅　云南省司法厅
关于进一步做好退役军人法律援助工作的通知

云退役发〔2023〕53 号

各州(市)退役军人事务局、司法局：

根据《退役军人事务部司法部关于印发〈关于加强退役军人法律援助工作的意见〉的通知》(退役军人部发〔2021〕73 号)、《云南省司法厅云南省退役军人事务厅关于加强新时期退役军人公共法律服务工作的通知》(云司通〔2019〕134 号)等文件要求，为进一步做好退役军人法律援助工作，现将有关事项通知如下：

一、深入认识退役军人法律援助工作的重大意义

做好新时代退役军人法律援助服务工作，是深入贯彻落实习近平总书记关于退役军人工作重要论述的有力举措，是加强退役军人服务保障体系建设的重要内容，对加强国防和军队建设、推动经济社会发展、维护社会大局稳定具有重要意义。退役军人工作政策性强，敏感度高，服务好广大退役军人，解决好退役军人实际困难和具体诉求，充分依靠法律是最重要、最有效、最理性的方式。加强退役军人法律援助工作，为退役军人提供必要法律帮助，能够有效引导退役军人合法、理性反映问题、表达诉求，能够帮助退役军人通过法律方式解决问题、增强法治理念，能够树立法律权威，增强退役军人尊法学法守法用法的自觉性和主动性，能够让广大退役军人感受到党和政府的关心关爱，激发强大爱国热情。各级退役军人事务部门和司法行政部门要切实增强对退役军人法律援助工作重要意义的认识，合力推进退役军人法律援助工作。

二、全面建立工作协作机制

各级退役军人事务部门、司法行政部门建立健全退役军人法律援助工作协作机制，加强沟通协调，密切协作配合，实现信息共享。退役军人事务部门要积极协助退役军人办理法律援助申请，及时向法律援助机构转交符合条件的法律援助申请材料。司法行政部门要监督管理本行政区域的法律援助工作，法律援助机构要将符合条件的退役军人作为重点援助对象，优先受理、优先审查、优先指派法律援助人员。退役军人事务部门与司法行政部门需相互核实、调阅相关信息的，双方应积极配合，相互提供支持帮助。

三、全覆盖设置法律援助服务窗口站点

各级退役军人事务部门在退役军人服务中心(站)挂牌设置法律咨询窗口，做到全覆盖，为退役军人提供法律咨询、转交法律援助申请等服务。各级退役军人事务部门会同同级司法行政部门，在省、州、县三级退役军人服务中心挂牌设立“退役军人法律援助工作站”或“退役军人公共法律服务工作站”，做到全覆盖；可在乡(镇、街道)和村(社区)退役军人服务站挂牌设立“退役军人法律援助联络点”。各级法律援助服务窗口、站点接受司法行政部门的业务指导、接受退役军人事务部门的管理。省级窗口、工作站每月安排两个工作日的专业人员值班服务，州、县两级窗口、工作站每周至少安排一个工作日的专业人员值班服务，乡、村两级窗口、联络点做好初审、转交法律援助申请等日常服务工作。省、州、县窗口、工作站值班人员可以由退役军人事务部门通过政府购买法律服务、志愿服务等方式解决。

四、不断拓宽法律援助覆盖范围

在《法律援助法》规定的法律援助事项范围基础上，具有下列情形之一的退役军人可以申请法律援助：因见义勇为行为主张相关民事权益的，因英雄烈士的姓名、肖像、名誉、荣誉受到侵犯的，因遭受家庭暴力、虐待、遗弃主张权利的，法律、法规、规章规定的其他法律援助事项。

在《法律援助法》和《云南省司法厅云南省退役军人事务厅关于加强新时期退役军人公共法律服务工作的通知》(云司通〔2019〕134号)规定的免予审查经济困难条件范围基础上，残疾军人、烈士遗属、因公牺牲军人遗属、病故军人遗属等优抚对象，免予审查经济困难条件。

五、加强数据统计和信息报送工作

各级退役军人事务部门要加强法律援助数据统计和信息报送工作，各州（市）退役军人事务局每年11月底前分析汇总本地区各级推进法律援助工作的情况（包括与司法行政部门建立制度化、规范化的工作协作机制情况，法律援助服务窗口、站点挂牌建设情况，人员派驻及值班情况，接受法律咨询、提供法律援助情况，1–2个典型案例等），形成年度报告，同时填写《退役军人法律援助工作年度统计表》(附件)，一并报送省退役军人厅，抄送同级司法行政部门备案。重要信息和典型案例及时报告。

附件：退役军人法律援助工作年度统计表

2023年6月9日

附件

退役军人法律援助工作年度统计表

填报单位：（盖章）　　填报日期：　　联系人：

序号	统计项目	工作落实情况	备注
1	窗口建设情况	本州（市）四级退役军人服务中心（站）共设立（）个法律咨询窗口，其中州市级（）个，县级（）个，乡级（）个，村级（）个	
2	服务站建设情况	本州（市）在州、县两级退役军人服务中心设立（）个法律援助工作站（公共法律服务工作站），其中州级（）个，县级（）个	
3	联络点建设情况	本州（市）在乡（镇、街道）和村（社区）两级退役军人服务站设立（）个法律援助联络点，其中乡级（）个，村级（）个	
4	与司法行政部门建立制度化、规范化工作衔接机制情况	是否与同级司法行政部门共同印发文件或达成协议，是否协同司法行政部门，是否派驻值班律师或法律服务人员	
5	政府购买法律服务情况	各级是否通过政府购买提供法律援助服务，工作开展情况如何	
6	退役军人法律援助志愿服务团队组建情况	是否组建，若组建，工作开展情况如何	
7	值班服务落实情况	本州（市）每周安排（）人值班（）天，全年值班（）天。 本州市所辖县（市、区）合计每周安排（）人值班，全年合计值班（）天	
8	法律咨询窗口工作开展情况	法律咨询数量（）人次，其中州级（）人次，县级（）人次，乡级（）人次，村级（）人次。 案件转交数量（）件。 咨询、转交援助案件主要类型：	
9	法律援助工作站（公共法律服务工作站）、法律援助联络点案件办理情况	受理案件数量（）件。 转交案件数量（）件。 办结案件数量（）件。 免于审查经济困难条件的案件数量（）件。 为退役军人挽回或避免经济损失（）元。 咨询、受理援助案件主要类型：	
10	普法宣传情况（方式、次数）	州级情况： 县级情况： 乡级情况： 村级情况：	

云南省退役军人事务厅　云南省教育厅 云南省人力资源和社会保障厅 关于促进优秀退役军人到中小学任教的实施意见

云退役发〔2023〕28号

各州、市退役军人事务局、教育体育局、人力资源和社会保障局：

为深入学习贯彻党的二十大精神，贯彻落实习近平总书记关于教育和退役军人工作重要论述，加强全省中小学教师队伍建设，落实立德树人根本任务，根据《退役军人事务部　教育部　人力资源社会保障部关于促进优秀退役军人到中小学任教的意见》（退役军人部发〔2022〕46号）精神，结合我省实际，提出如下实施意见。

一、深刻认识重要意义

（一）优秀退役军人是充实中小学教师队伍的重要力量。退役军人政治信念坚定、使命责任强烈、作风素养过硬，在传承红色基因、为党和人民培养可靠接班人方面具有独特优势。部分优秀退役军人学历水平高、适应基层工作能力强，在部队练就了“会讲、会做、会教、会做思想工作”的基本功，具备担任中小学教师的潜质，是充实我省中小学教师队伍的重要力量。

（二）促进优秀退役军人到中小学任教是推动新时代教育事业发展的重要举措。青少年是祖国的未来，民族的希望。在基础教育阶段，加强思想品德培养，加强国防教育，引导价值观养成格外重要。吸收优秀退役军人担任中小学教师，有利于推动落实立德树人根本任务，助力改善我省中小学教师队伍学科结构和性别比例，不断提升优化育人环境、促进青少年全面发展。

（三）促进优秀退役军人到中小学任教是做好新时代退役军人工作的重要途径。发挥好退役军人人才优势，促进优秀退役军人到中小学任教，提高中小学教师队伍素质，既是推动新时代云南教育事业发展的重要举措，也是拓宽退役军人就业渠道，实现退役军人高质量就业，做好新时代退役军人工作的重要途径。

二、加强退役军人教师人才培养

（一）扩大师范专业教育机会。支持有条件的省、州（市）属高校优化招生结构，积极扩大我省师范类学科“退役大学生士兵”专项硕士研究生招生计划、专升本招生计划。

（二）支持高校应征入伍士兵退役复学后转师范专业。支持入伍前已被开设有师范类、体育类专业普通高等学校录取并保留入学资格或者保留学籍的退役士兵复学后优先转入本校师范类、体育类专业学习。转专业的退役士兵需符合转专业条件，学校同意并履行相关程序，其中，有意愿转入体育类专业学习的退役士兵，需提供体育类相应专业统考成绩合格证明。退役士兵在读期间可免修公共体育、军事技能和军事理论等课程，直接获得相应课程学分，允许适当延长修业年限，并提供专业补习等帮助。

（三）支持在校非公费师范生退役军人转公费师范生。通过高考进入省内有培养公费师范生的师范类高校，属于非师范专业的优秀学生，在学习期间参军并退役复学后，按照在校期间公费师范生管理的具体办法，在入学 2 年内由本人提出申请，经培养学校、定向就业县级教育行政部门联合考核合格并同意的，按照 “退一进一 ”的原则，可在学校核定的计划内转为公费师范生，由定向就业县级教育行政部门和培养学校与其签订协议，纳入公费师范生进行培养，享受公费师范生同等权利。转为公费师范生的退役军人毕业后，由定向就业县级教育行政部门接收并按规定履约任教。

（四）鼓励退役军人参加师范类学历提升教育。退役军人参加全国普通高考、成人高考、研究生考试，符合条件的可享受加分照顾，同等条件下优先录取。自主就业的退役士兵参加全国普通高考，可在其统考成绩总分的基础上增加 10 分投档；在服役期间荣立二等功以上或被战区（原大军区）以上单位授予荣誉称号的退役军人，参加全国普通高考的，在其统考成绩总分的基础上增加 20 分投档；退出部队现役的考生参加全国普通高考达到有关高校投档要求的，在与其他考生同等条件下优先录取。自主就业的退役士兵参加成人高校高起专、高起本层次考试（凭当地有关部门颁发的《自谋职业证》），在其统考成绩基础上增加 10 分投档；高校学生应征入伍服现役退役，达到报考条件后，3 年内参加全国硕士研究生招生考试的考生，初试总分加 10 分，同等条件下优先录取；纳入“退役大学生士兵”专项计划招录的，不再享受退役大学生士兵初试加分政策。符合成人高考专升本报考条件的 3 类退役军人（自主就业退役士兵、自主择业军转干部、复员干部），可申请免试就读省内成人高校专升本。在部队荣立二等功以上，符合全国硕士研究生招生考试报考条件的，可申请免初试攻读硕士研究生。在读师范专业退役大学生士兵按规定享受学生资助政策。鼓励自主就业退役士兵自学考取中小学教师资格证书。

（五）实施退役军人教育教学能力专项培训行动。各地可结合实际依托本地师范类、体育类高等院校开设退役军人学院或退役军人师范教育、体育专业专修班。对云南省内接收安置的 35 周岁以下，且具有大专及以上学历的自主就业退役士兵，有意投身教育事业的，经过考试选拔、择优录取后，委托符合条件的省内普通高等院校进行培训，帮助其掌握教育教学能力，参加教师公开招聘。结合退役军人特点，着重培训思想政治、国防教育、体育等任教专业能力。

三、畅通退役军人任教发展通道

（一）实施专岗招聘。各州（市）、县（市、区）教育和人力资源社会保障部门加强统筹，每年在公开招聘中小学教师时，可提供部分岗位，招聘符合条件的退役军人，可将招聘计划纳入各地定向招聘退役士兵计划中统筹。

（二）支持校园安置就业。中小学行政、工勤空岗优先接收安置政府安排工作的退役军官和退役士兵，并适当增加学校接收安置指标数。将获得相应专业教师资格的退役军人纳入中小学兼职教师选聘范围。鼓励退役军人经培训认证后参加学校选聘，担任军训教官、驻校教官。鼓励为学校提供安保服务的相关企业聘用更多退役军人，并兑现有关吸纳退役军人就业的优惠政策。

（三）享受同等政策待遇。“特岗教师”“三支一扶”“西部志愿者”等基层服务项目招聘教师，符合条件的退役军人均可报名参加，支持鼓励符合条件的退役军人毕业生优先到中小学任教，享受国家相关政策待遇。

（四）适当放宽条件。综合考虑服役年限等因素对退役军人相应放宽年龄限制，并在教师招聘公告中予以明确。退役军人在服役前 1 年内取得中小学教师资格考试合格证明的凭入伍通知书、退役证书等相关材料，教师资格考试合格证明有效期可延长 2 年。

四、支持退役军人教师职业发展

（一）注重作用发挥。中小学校要遵循教师成长规律，加强退役军人教师的专业培训和跟踪培养，配备优秀骨干教师传帮带。要发挥好退役军人教师优势，在爱国主义、集体主义、中国特色社会主义教育，在理想、道德、纪律、法治、国防和民族团结教育中提供施展才能的舞台空间，巩固学校思想文化阵地，加强国家安全教育。

（二）落实待遇保障。退役军人教师的服役年限按照国家有关规定计算养老保险缴费年限。在绩效工资分配、职称评定、岗位晋级考核中，综合考虑退役军人教师的教学业绩、教书育人实效以及对学校的贡献作用，全面客观评价，体现激励导向。

（三）做好宣传激励。深入挖掘退役军人教师先进事迹，选树 “兵教师”先进典型，对贡献特别突出且符合条件的优先推荐 “优秀教师”“优秀教育工作者”“模范退役军人”评选表彰，优先推荐为 “最美退役军人”选树活动候选对象。

五、落实组织保障措施

（一）加强组织领导。各地要在本级党委退役军人事务工作领导小组、教育工作领导小组领导下，建立健全促进优秀退役军人到中小学任教工作机制，高位推动落实。各级退役军人事务、教育、人力资源社会保障部门要建立定期会商机制，统筹做好优秀退役军人到中小学任教的选拔、培养、聘用、发展等各个环节工作，相互配合支持，形成工作合力，及时妥善研究解决工作中遇到的新情况新问题。

（二）明确部门职责。各级退役军人事务部门负责政策宣传、思想发动、退役军人身份审核等工作，引导退役军人结合自身实际积极参加中小学教师招聘。各级教育部门负责指导师范院校制订退役军人培养计划，督促师范院校落实各项倾斜政策；负责指导中小学校制订退役军人招聘计划，督促中小学校落实各项倾斜政策。各级人力资源社会保障部门负责退役军人教师招聘计划备案、聘用手续办理、专业技术职称评聘等工作。

（三）加强经费保障。各级退役军人事务部门要将教育教学能力专项培训纳入退役军人教育培训补助项目范围，合理统筹使用经费，提高资金使用效率。教育部门要保障师范专业退役军人学生资助等相关经费。

（四）强化督导问效。省级退役军人事务、教育、人力资源社会保障部门定期组织联合督查检查，将是否落实倾斜政策、建立长效工作机制、形成人才培养体系作为检查内容。检查结果作为评价履行教育、退役军人工作职责和对学校实施绩效奖励、评优评先等方面的重要参考依据。

2023 年 4 月 11 日

云南省退役军人事务厅　云南省财政厅关于进一步规范烈士纪念设施建设修缮项目申报评审的通知

云退役发〔2023〕24号

各州、市退役军人事务局，财政局：

《云南省退役军人事务厅云　南省财政厅关于规范烈士纪念设施建设修缮项目申报评审的通知》(云退役发〔2021〕57号)实施以来，各地增强了项目意识，烈士纪念设施建设修缮从项目申报、储备、评审、验收等过程得到加强和规范。为进一步加强烈士纪念设施保护管理，拓宽项目申报评审渠道，加大补助资金使用效益，现将有关事宜通知如下。

一、项目申报范围

符合《关于规范烈士纪念设施建设修缮项目申报评审的通知》项目申报范围、并纳入省级烈士纪念设施建设修缮项目库管理的县级以上(含县级)烈士纪念设施。

二、项目评审验收

(一)采取垫支、自筹等渠道筹集资金，开展烈士纪念设施建设修缮，并已完成建设任务的，县级退役军人事务部门可以逐级向省退役军人厅提出书面评审申请，同时应提供竣工验收报告和项目结算报告。

(二)省退役军人厅明确的省级评审小组(第三方机构)负责开展建设修缮项目评审和验收工作。并根据项目申报情况，核实竣工验收报告和项目结算报告，开展实地评审验收，出具评审意见。

三、资金安排下达

根据评审意见，一次性下达补助资金。补助资金应于下达当年年内支付完毕，年内未支付或部分支付的，将收回相应资金。不得以任何形式挤占、挪用、截留补助资金。

2023年3月29日

云南省退役军人事务厅关于印发《干部职工教育培训工作管理规定》的通知

云退役厅字〔2023〕20 号

各处（室）、各直属事业单位：

《云南省退役军人事务厅干部职工教育培训工作管理规定》已经厅党组 2023 年第 12 次会议审议通过，现印发你们，请结合实际，认真贯彻执行。

2023 年 5 月 30 日

云南省退役军人事务厅干部职工教育培训工作管理规定

第一章 总 则

第一条 为进一步加强干部教育培训管理，推进干部教育培训工作科学化、制度化、规范化，培养高素质干部职工队伍，根据《干部教育培训工作条例》《云南省公务员培训实施办法（试行）》《事业单位人员培训规定》和省委组织部《关于加强干部教育培训管理的意见》等规定，结合工作实际，制定本规定。

第二条 干部教育培训必须把学习贯彻习近平新时代中国特色社会主义思想作为主课必修课，把党性教育作为重要内容，把提高综合业务能力作为重大任务，加强思想淬炼、政治历练、实践锻炼、专业训练，体现不同类别、不同层级、不同岗位干部能力素质需要，着力增强时代性、针对性、有效性。

第三条 干部教育培训坚持以马克思列宁主义、毛泽东思想、邓小平理论、“三个代表”重要思想、科学发展观、习近平新时代中国特色社会主义思想为指导，认真贯彻新时代党的组织路线，坚持下列原则：

（一）党管干部；

（二）政治统领，服务大局；

（三）以德为先，从严管理；

（四）突出重点，注重实效；

（五）分类分级，精准科学；

（六）联系实际，改革创新。

第四条 厅党组履行干部教育培训工作领导责任，贯彻执行党的干部教育培训方针政策，把干部教育培训工作纳入厅党组整体工作部署和党的建设总体安排，定期研究推进干部教育培训工作。

厅机关党委（人事处）履行干部教育培训主管责任，统筹谋划全厅干部教育培训工作。

第二章 培训对象

第五条 培训对象为云南省退役军人事务厅全体公务员、直属事业单位工作人员。云南省退役军人事务厅根据事业发展和工作岗位需要安排干部职工参加相应的培训。

担任县处级以上领导职务的公务员每 5 年应当参加党校（行政学院）、干部学院以及经公务员主管部门或厅机关认可的其他培训机构累计 3 个月或者 550 学时以上的培训。提拔担任领导职务的干部，确因特殊情况在提任前未达到培训要求的，应当在提任后 1 年内完成培训。

其他干部职工参加培训的时间一般每年累计不少于 12 天或者 90 学时，脱产培训、网络培训、在职自学以及云南省退役军人事务厅组织的形势教育、专题讲座等培训的时间均可以计算为培训学时。

第六条　干部职工按规定参加组织选派的脱产培训期间，其工资和各项福利待遇与在岗人员相同，一般不承担单位日常工作、出国（境）考察等任务。因特殊情况确需请假的，必须严格履行手续。

干部职工个人参加社会化培训，费用一律由本人承担，不得由财政经费和单位经费报销，不得接受任何机构和他人的资助或者变相资助。

第三章　培训内容及要求

第七条　突出政治素质，把深入学习贯彻习近平新时代中国特色社会主义思想作为干部培训的重中之重，持续加强党的理论和路线方针政策、理想信念教育，强化党史、习近平总书记考察云南重要讲话精神、省党代会精神学习，引导干部职工牢固树立 “四个意识”、自觉坚定“四个自信”、忠诚拥护“两个确立”、坚决做到“两个维护”，自觉在思想上政治上行动上同以习近平同志为核心的党中央保持高度一致。

第八条　围绕中心，服务大局。培养干部职工专业能力、专业精神，提高制度执行力和治理能力。深入学习贯彻习近平总书记对退役军人工作的重要论述和考察云南重要讲话精神，根据岗位特点和工作要求，有针对性地开展履行岗位职责所必备的能力素质、知识体系培训和廉政警示、职业道德教育，引导干部职工强化宗旨意识，发扬斗争精神，勇于担当作为，不断提高用习近平新时代中国特色社会主义思想指导分析和解决问题、适应新时代中国特色社会主义发展要求的能力。

第九条　提高干部职工综合素质，加快知识更新、优化知识结构、拓宽眼界视野，广泛开展宪法法律、党内法规、总体国家安全观培训；有针对性地开展履行岗位职责必备知识和各种新知识新技能的业务知识类培训。

第四章　培训类型

第十条　云南省退役军人事务厅干部培训主要分为各级组织部门调训、党务培训、业务培训和干部在线学习等。

第十一条　各级组织部门调训主要是各级组织部门组织的公务员初任培训、任职培训、专题业务培训和在职培训等。机关党委（人事处）按照上级下达的调训计划，做好学员选调工作，确保干部职工按时参训。全体干部职工应当服从组织调训，牢固树立学员意识，严格遵守学习培训和廉洁自律各项规定，专心听讲、用心思考，完成规定的培训任务，树立良好形象。违反培训有关规定和纪律的，视情节轻重，给予批评教育、责令检查、诫勉、组织调整或者组织处理、处分。弄虚作假获取培训经历、学历或者学位的，按照有关规定严肃处理。

第十二条　党务培训包括省直机关工委组织的调训，云南省退役军人事务厅组织的党支部书记和党务工作者培训、“万名党员进党校”培训等。全体干部职工应按要求参加省直机关工委、厅机关组织的各类党务培训。组织开展党务培训应以创建学习型机关、学习型党组织、模范机关为载体，以各党支部为主阵地，加强干部党性教育及思想武装，引导党员干部进一步学懂弄通做实习近平新时代中国特色社会主义思想，把学党史和悟思想、强党性有机结合，不断提高干部职工政治判断力、政治领悟力、政治执行力。

第十三条　业务培训包括参加有关行业管理部门组织的培训、各处室（单位）邀请专家授课等。全体干部职工应根据岗位需要积极参加业务培训，加强对移交安置、就业创业、军休服务管理、拥军优抚、褒扬纪念、规划财务等方面的业务知识和退役军人工作领域政策法规学习，着力提高退役军人服务管理的系统性、科学化水平。

第十四条　干部在线学习为线上网络培训，每年度按照省委组织部下发的学习通知确定学习内容，已登记学习账号的人员一律参与学习，修满规定学分后获得本年度干部在线学习结业证书。

第五章　培训保障

第十五条　教育培训所需经费列入云南省退役军人事务厅年度财政预算。具体程序如下：

（一）根据省委组织部和退役军人事务部年度教育培训计划和实际工作需要，各处（室）、各直属事业单位于年度预算编制期间拟定下一年度教育培训计划及经费预算方案，经分管厅领导审核同意后，送机关党委（人事处）汇总。

（二）机关党委（人事处）审核各单位年度教育培训计划后，拟制全厅年度教育培训计划，提请厅党组审定。

（三）各处（室）、各直属事业单位根据厅党组审定的年度教育培训计划，制定具体组织实施方案，送规划财务处、机关党委（人事处）审核会签，由分管厅领导审核同意后组织实施。

（四）教育培训结束后，承办处室（单位）须撰写培训工作总结，并将厅领导审批同意的培训方案、培训通知、参训人员名单和培训工作总结报机关党委（人事处）备案。

第十六条　培训经费应专款专用，厉行节约，勤俭办学，提高经费使用效益。

第六章　培训纪律

第十七条　坚持教育在先、警示在先、预防在先，把纪律和规矩挺在前面，凡选调参加培训的干部，由机关党委（人事处）负责开展学前纪律提醒，在学员报到前向其发放纪律提醒函，所在处室（单位）主要负责人对其进行训前纪律提醒谈话。

第十八条　培训期间，承办处室（单位）要切实扛起学员管理主体责任，从严从紧，敢抓敢管，严抓严管，不折不扣将《干部教育培训学员管理规定》落到实处。所有培训班一律选派班主任或组织员全程跟班，建立干部教育培训档案，如实记载学员在培训期间考勤、课堂表现、考试考核、遵规守纪等情况，发现学员违反纪律规定和学员管理规范的，及时向机关党委（人事处）和所在处室（单位）报告并严肃处理，决不允许姑息迁就、隐瞒不报、降格处理。

第十九条　各承办培训的处室（单位）要弘扬理论联系实际的马克思主义学风，倡导崇尚学习的风气，突出问题导向，鼓励教师与学员之间、学员相互之间研讨交流，做到学思用贯通、知信行统一。参训人员要牢固树立学员意识，严格遵守学习培训和廉洁自律各项规定，专心听讲、用心思考，完成规定的培训任务，树立良好形象。要着力整治不良学风，开展常态化学风督查，对违规违纪学员及时给予约谈提醒、通报批评、责令退学等处理；涉嫌违纪违法的，按规定依纪依法处理，保持干部培训的学习之风、朴素之风、清朗之风。

第七章　结果运用

第二十条　干部职工接受教育培训情况作为干部职工年度考核的内容和任职、晋升的重要依据。

第二十一条　干部职工教育培训实行登记管理。各处（室）每年年末向机关党委（人事处）报送本年度干部参加培训情况。机关党委（人事处）按干管权限建立完善干部教育培训档案，如实记载干部参训情况和考核结果。参加脱产培训情况应当记入公务员年度考核登记表，参加 2 个月以上的脱产培训情况应当记入干部任免审批表。各直属事业单位负责做好本单位工作人员培训情况登记管理工作。

第八章　附　则

第二十二条　本办法由机关党委（人事处）负责解释。

第二十三条　本办法自印发之日起施行，《云南省退役军人事务厅干部职工教育培训工作管理规定》（云退役厅字〔2021〕18 号）同时废止。

附件：1. 干部教育培训管理责任清单

2. 学员“十必须十严禁”

附件 1

干部教育管理责任清单

一、厅党组责任

1. 履行干部教育培训工作领导责任，贯彻执行党的干部教育培训方针政策，把干部教育培训工作纳入党组整体工作部署和党的建设总体安排，定期研究推进干部教育培训工作。

2. 把干部教育培训经费纳入财政预算，加大干部教育培训经费投入。

3. 坚持和完善党组理论学习中心组学习制度，保证每个季度不少于 1 次集体学习研讨。

4. 把干部教育培训工作纳入基层党建述职和领导班子考核内容进行考核，对贯彻落实党的干部教育方针政策、重大任务等情况进行监督检查，发现问题及时整改，工作不到位的，追究有关人员责任。

二、机关党委（人事处）责任

1. 履行干部教育培训主管责任，组织制定干部教育培训 5 年规划、年度工作要点和调训计划，统筹谋划好本单位干部教育培训工作。

2. 负责做好干部调训，加强与干部教育培训机构、干部所在处室（单位）的协商会商，精准调训干部，提高干部参训率。

3. 落实党的干部教育培训方针政策，督促做好学员管理，协调解决干部教育培训中具体问题，完成好干部教育培训主要任务和重点工作。

4. 建立健全干部教育培训管理制度机制，推进干部教育培训工作科学化、制度化、规范化。

5. 负责开展学前纪律提醒，在学员报到前向其发放纪律提醒函。

6. 建立完善干部教育培训档案，如实记载干部参训情况和考核结果。

三、培训主办处室（单位）责任

1. 严格贯彻执行党的干部教育培训方针政策和法律法规，坚持功能定位，突出工作重点，高质量完成好培训任务。

2. 配合承办培训机构做好培训工作，认真履行学员管理主体责任，细化学员管理具体措施，加强学员党性教育、学习管理、组织管理和生活管理，切实做好学员培训期间管理服务工作。

3. 做好学风纪律教育，组织学员认真学习学员管理规定，收看干部教育警示教育片，加强党章党规党纪教育，将学风纪律教育贯穿干部教育培训全过程。

4. 建立学员学籍档案，全程观察、记载学员在校学习生活各方面的情况，对学员的出勤情况、学习情况和党性锻炼情况进行综合评估，并将评估结果及时反馈厅机关党委（人事处）。

5. 做好在干部教育培训中发生的重大教学事故、人员伤亡、违规违纪违法、培训网络舆情等重大事项报告工作，并协调和配合有关部门积极稳妥做好处置。

四、学员所在处室（单位）责任

1. 按照上级下达的调训计划，做好学员选调工作，确保干部按时参训。

2. 对参训学员进行训前纪律提醒谈话。

3. 跟踪了解学员参训情况，掌握学员思想动态、学习状态，督促学员遵守好各项纪律规定。

4. 做好干部日常教育和管理监督，引导干部知敬畏、有戒惧、守底线，严于律己，作出表率。

5. 加强与干部教育培训机构的沟通，及时配合处理选派干部在培训期间的有关情况。

附件 2

学员“十必须十严禁”

一、必须吃在食堂，严禁外出用餐

二、必须住在宿舍，严禁校外留宿

三、必须厉行节约，严禁铺张浪费

四、必须整洁得体，严禁邋遢粗俗

五、必须按时上课，严禁迟到早退

六、必须专心听课，严禁交头接耳

七、必须爱护公物，严禁损坏公物

八、必须公道正派，严禁拉帮结派

九、必须保守秘密，严禁失密泄密

十、必须廉洁自律，严禁目无法纪

云南省退役军人事务厅　云南省财政厅关于印发《云南省自主就业退役士兵适应性培训实施办法（暂行）》的通知

云退役发〔2023〕23 号

各州、市退役军人事务局、财政局：

现将《云南省自主就业退役士兵适应性培训实施办法（暂行）》印发你们，请结合实际认真贯彻执行。

2023 年 3 月 28 日

云南省自主就业退役士兵适应性培训实施办法（暂行）

为深入贯彻落实退役军人事务部、财政部等7部门《关于全面做好退役士兵教育培训工作的指导意见》（退役军人部发〔2021〕53号）及省退役军人厅、省财政厅等8部门《关于全面做好退役士兵教育培训工作的实施意见》（云退役发〔2022〕67号）“普遍推行适应性培训、全员开展职业技能培训”要求，切实抓好全省自主就业退役士兵（以下简称“退役士兵”）适应性培训，规范培训内容和组织程序，促进退役士兵尽快完成身份和职业转变，更好发挥自身作用，结合实际，制定本实施办法。

一、指导思想

深入学习贯彻党的二十大精神，以习近平新时代中国特色社会主义思想为指导，坚决贯彻落实习近平总书记关于退役军人工作重要论述，围绕推进退役士兵由军事人力资源向经济社会发展重要力量转化的目标，广泛开展“即退即训、全员覆盖”退役士兵适应性培训，帮助退役士兵尽快适应身份和职业转变，全面把握经济社会发展形势，积极发挥人才资源作用，提升就业质量，促进创业创新，助推经济社会发展。

二、培训目标

通过开展形式多样、载体多元、全员覆盖、精准高效的退役士兵适应性培训，积极传递各级党委、政府的关心关爱，帮助退役士兵尽快掌握政策、拓展视野、调适心理、启迪思维、优化观念，及时帮助退役士兵衔接好就业指导和职业推荐、学历提升和技能培训、创业培训和政策扶持，努力帮助退役士兵尽快融入社会发展，发挥自身特长，实现高质量就业和成功创业。

三、培训对象和承训机构

（一）培训对象

符合条件当年退役的自主就业退役士兵（含国家综合性消防救援队伍自主就业退出消防员、复学毕业的自主就业退役士兵，下同）。

（二）承训机构

为切实提升自主就业退役士兵适应性培训质量，需委托第三方专业机构开展培训的，要严格按照政府采购法律法规等规定，选定优质承训机构承担培训任务。

四、组织方式

（一）退役士兵适应性培训，实行即退即训、全员覆盖，原则上在返乡报到后1个月内由安置地组织实施。各级退役军人事务部门要综合考虑年度培训人数、培训项目、培训成本等因素，采取线上、线下相结合的方式进行，总培训时长不少于80学时。

（二）针对士兵退役方式转为一年多次的现实情况，要改进适应性培训组织方式，顺应退役士兵要求，不断提升培训质量。省级退役军人事务部门依托骨干培训机构，重点开展示范性培训。鼓励有条件的州（市）退役军人事务部门积极打破县（市、区）级区域界线，加大统筹力度，进一步整合优质资源和培训资金，结合实际积极组织退役士兵开展全员培训。安置地人民政府应当根据退役军人就业需求组织其免费参加职业教育、技能培训，经考试考核合格的，发给相应的学历证书、职业资格证书或者职业技能等级证书并推荐就业。

五、培训内容

（一）做好迎训衔接，突出营造良好氛围。各级退役军人事务部门要将退役士兵迎接仪式作为适应性培训的一项重要内容，会同相关部门，按照庄严、隆重、简朴的原则举办“戎耀云岭”系列退伍欢迎暨适应性培训开班仪式。要结合当地实际，精心设计环节项目，突出各级党委、政府对退役军人的关心关爱，着力营造“让军人成为全社会尊崇的职业，让退役军人成为全社会尊重的人”的浓厚氛围。

（二）精心安排课程，助力退役士兵转型。要把政治学习和红色教育贯穿适应性培训全过程，突出思想政治教育、红色主题教育和国家安全教育，让退役士兵坚定在党领导下与新时代新要求同心、同向、同行的信念。要把学习宣传党的二十大精神作为培训的重要内容，结合地方经济社会发展，开设国情、省情及地方经济社会发展情况介绍，就业创业形势分析和政策解读，职业能力测评和职业生涯设计，心理调适，就业创业先进典型经验介绍，优秀企业、基层单位参观等课程，帮助退役士兵全面了解经济社会发展形势及面临的机遇和挑战，客观准确认知自我，树立为新时代建功立业的决心和信心。

（三）突出高质量就业创业导向。要将就业创业服务作为适应性培训重点，安排专题讲座，帮助退役士兵掌握当前就业创业形势和各项政策，更好地完成就业前心理预期调整，引导退役士兵根据自身情况做好职业规划，选择就业创业培训项目。充分发挥各级退役军人事务工作领导小组、就业工作领导小组各成员单位作用，积极调动各类企事业单位、产业园区、龙头企业主动招聘退役军人的积极性，大力宣传先进典型和做法。通过组织参观考察、就业见习、交流座谈等多种形式，与用人单位联合开展适应性培训，突出就业创业导向。

（四）开展就业创业个性化精准服务。各级退役军人事务部门要充分发挥基层退役军人服务中心（站）作用，明确退役军人就业创业服务职责和内容。在退役军人返乡报到时，及时提供热情周到的各项服务，登记采集退役军人基础信息，建立个人档案，明确服务承诺事项和具体联系人。通过问卷调查、职业能力测评等方式，了解每位退役军人的专业特长，精准掌握就业创业需求。各级退役军人事务部门在精心组织退役士兵适应性培训的同时，要汇总制定培训需求清单、求职需求清单、岗位供给清单，及时组织引导退役士兵在完成适应性培训后，根据自身需求及时参加政府提供的学历提升、技能培训、就业招聘、创业培训等退役军人就业创业服务。要建立健全基层人员结对服务工作责任制和相应考核机制，完善困难人员就业兜底帮扶办法，提高工作信息化水平，确保每一名退役士兵都能得到高质量、高效率的适应性培训、职业规划、技能培训、职业介绍等就业创业“一站式”、“全链路”服务，确保完成年度退役军人新增就业数、服务满意度等各项工作目标。

六、经费保障

退役军人事务部门开展退役士兵适应性培训所需经费，参照机关培训费相关规定，由同级财政部门根据工作实际统筹退役军人教育培训经费和年度部门预算予以保障。任何机构和个人不得向参训退役士兵个人收取培训费用。

七、工作要求

（一）加强组织领导。各级退役军人事务部门要以提升培训质量，全面促进退役军人高质量就业创业为导向，在总结经验、查找不足的基础上，进一步加强领导、优化资源、合理统筹，改进培训组织方式，切实以抓好适应性培训为龙头，打造就业创业全过程服务保障链路，推动退役军人就业创业工作创新发展。

（二）注重宣传引导。各级退役军人事务部门要采取多种形式，广泛宣传各项优惠政策，积极动员和引导符合条件的退役士兵按时报名、全员参训。大力宣传各地开展适应性培训、提升培训成效的经验和做法，营造全社会关心支持退役士兵就业创业的良好环境。

（三）形成部门合力。各级退役军人事务部门要加强沟通协作，形成整体合力，充分发挥政府部门、社会组织、用人单位、承训机构各自职能作用，打造培训质量高、服务优、特色足、成效好的退役士兵适应性培训模式。

（四）提升信息化水平。各级退役军人事务部门要进一步加强基层服务窗口就业创业服务能力建设，全面提升信息化工作能力，采取有效措施，切实提升退役军人基础数据采集、更新的准确度和时效性。要充分运用信息化手段加强培训资金管理，提升服务水平和资金使用绩效。

（五）加强监督检查。各级退役军人事务部门要建立培训资金管理、绩效评估、服务满意度测评等内部监督管理制度，主动接受纪检、审计、新闻媒体和群众监督。各州（市）年度工作方案和工作总结应及时报送省退役军人厅。

关于印发云南省中长期社会工作专业人才发展规划（2022—2030 年）任务分工方案的通知

云民发〔2023〕81 号

各州（市）民政局，党委政法委，发展改革委、教育体育局、民族宗教委（局）、公安局、司法局、财政局、商务局、人力资源社会保障局、文化和旅游局、卫生健康委、退役军人局、应急局、乡村振兴局、信访局、税务局，总工会、团委、妇联、残联：

为确保《云南省中长期社会工作专业人才发展规划（2022—2030 年）》重点任务和重点计划顺利实施，制定如下分工方案。

一、总体要求

以习近平新时代中国特色社会主义思想为指导，深入贯彻党的二十大精神，全面贯彻习近平总书记关于做好新时代人才工作的重要思想和考察云南重要讲话精神，深入落实省第十一次党代会以及省委人才工作会议精神，以扩大人才供给、优化人才结构、加大人才使用、提升服务成效为重点，努力打造一支政治强、自律严、专业精、服务好、情怀深的社会工作专业人才队伍，为推进边疆民族地区治理体系和治理能力现代化，巩固夯实全面建成小康社会成果，努力建设我国民族团结进步示范区、生态文明建设排头兵、面向南亚东南亚辐射中心提供有力的人才支撑。

二、规划目标

——人才队伍规模不断壮大。到 2025 年，社会工作专业人才总量达到 14.24 万人，其中持有社会工作者职业水平证书人数达到 2.4 万人。到 2030 年，社会工作专业人才总量达到 20.64 万人，其中持有社会工作者职业水平证书人数达到 3.9 万人。

——人才队伍结构不断优化。围绕经济社会发展对社会工作专业人才的需求，优化社会工作专业人才区域结构、领域结构、专业结构、能力结构，形成合理的初、中、高级人才梯次结构，实现社会工作服务在各区域、各领域的全覆盖，基本满足人民日益增长的美好生活需要。

——人才能力素质不断提升。社会工作专业人才职业道德水平不断提高，专业价值伦理不断强化，专业理论与知识不断丰富，专业方法与技术不断完善，专业实务能力不断增强，综合素质大幅度提升。

——人才服务效能不断增强。社会工作专业

人才在基层治理体系和治理能力现代化建设中的作用充分发挥，在保障改善民生、提供专业社会服务、创新社会治理和推动国家重点任务等方面的专业作用得到进一步彰显。

——人才发展环境不断改善。社会工作专业人才发展体制机制更加健全、发展环境更加优化、资金投入更加多元；社会工作专业人才规模、结构、质量、效能与全省经济社会发展相适应、相协调，社会工作专业人才发展指标达到全国平均水平，位居西部省份前列。

规划主要指标

指标	单位	2022 年基数	2025 年目标	2030 年目标	属性
社会工作专业人才总量	万人	8.45	14.24	20.64	约束性
持证社会工作专业人才总量	万人	1.35	2.4	3.9	预期性
社会工作督导人才总量	人	—	160	320	预期性
社会工作专业人才占全省人口比例	‰	1.8	3	4.5	约束性
社会工作服务机构总量	个	393	450	600	预期性
乡镇（街道）标准化社工站总量	个	50	150	300	预期性

三、主要任务

（一）优化人才布局

1. 拓宽社会工作专业人才服务领域。畅通和规范社会工作专业人才参与乡村振兴、基层社会治理等领域的途径，聚焦社会福利、社会救助、慈善事业、社区建设、婚姻家庭、精神卫生、助残服务、教育辅导、就业援助、职工帮扶、犯罪预防、禁毒戒毒、矫治帮教、退役军人事务、应急管理、公共卫生安全等重点领域，推进社会工作全面发展。（省委政法委、省教育厅、省公安厅、省民政厅、省司法厅、省财政厅、省人力资源社会保障厅、省文化和旅游厅、省卫生健康委、省退役军人厅、省应急厅、省乡村振兴局、省信访局、省总工会、团省委、省妇联、省残联按照职责分工抓好本系统工作落实）

2. 加强社会工作专业人才岗位开发。推动落实《关于加强社会工作专业岗位开发与人才激励保障的实施意见》，在党政机关、企事业单位、人民团体、城乡社区、社会组织中，开发社会工作岗位。支持引导社会组织开发社会工作岗位，使用社会工作专业人才开展专业服务。鼓励乡镇（街道）党群服务中心、乡镇（街道）综治中心（网格化服务管理中心）、乡镇（街道）社会事务办、社区事务、卫生健康、文化服务、劳动就业和社会保障服务、农业服务、人民调解、应急救援、群团组织等基层公共服务平台开发社会工作岗位，配备社会工作专业人才，提供社会工作专业服务。推动社会工作和公益慈善、志愿服务融合发展，大力开发公益领域社会工作岗位。（省委政法委、省教育厅、省公安厅、省民政厅、省司法厅、省财政厅、省人力资源社会保障厅、省文化和旅游厅、省卫生健康委、省退役军人厅、省应急厅、省乡村振兴局、省信访局、省总工会、团省委、省妇联、省残联按照职责分工抓好本系统工作落实）

3. 加大社会工作服务载体培育力度。加强乡镇（街道）社会工作服务站建设，搭建基层社会工作服务平台，提升城乡社区服务和治理能力。积极培育孵化县域以下社会工作服务机构，特别是加大对服务基层群众为主要任务的社会工作服务机构的扶持力度，促进社会工作服务机构规范发展。（省民政厅负责抓好本系统工作落实）

4. 激发社会工作专业人才创新活力。发挥社会工作专业人才人文关怀和专业指导作用，鼓励社会工作专业人才在社会心理服务体系建设、乡村振兴、疫情防控和基层社会治理等方面发挥专业引领作用。支持社会工作专业人才依托社会工作服务机构等开展特色服务和品牌建设，开发设计满足社会个性化和多样化需求的社会工作服务产品。完善以社区为平台、社会组织为载体、社会工作者为支撑、社区志愿者为辅助、社会慈善资源为补充的 “五社”联动机制，促进基层治理体系和治理能力现代化建设。（省委政法委、省民政厅、省卫生健康委、省乡村振兴局按照职责分工抓好本系统工作落实）

（二）加强人才培养

1. 加强社会工作专业体系建设。在全省大力发展社会工作应用型本科教育，优质发展社会工作专业硕士教育，探索设立社会工作专业博士学位，促进社会工作学历（学位）教育与社会工作职业水平评价相衔接。完善高校社会工作专业人才培养模式，加大实践教学和实习基地建设力度。加强社会工作专业师资队伍建设，实施“教学名师”培养工程，打造一支专兼职结合、理论与实务水平较高的“双师型”队伍。建立实务经验丰富的社会工作专业人才到高校担任校外导师制度，畅通和规范高校教师参与社会工作实践途径。推动高校与地方合作建立社会工作研究平台，促进社会工作理论与实务相结合。（省教育厅、省民政厅按照职责分工抓好本系统工作落实）

2. 加强社会工作专业人才继续教育。推进社会工作专业人才继续教育，制定社会工作者继续教育实施方案，明确社会工作专业人才继续教育具体要求，建立健全社会工作继续教育学分管理制度。鼓励社会工作从业人员参加社会工作专业学历（学位）教育。支持鼓励社会工作专业人才持续参加专业培训、岗位培训，及时掌握最新专业知识和技能，不断提升社会工作专业人才服务能力和水平。（省教育厅、省民政厅按照职责分工抓好本系统工作落实）

3. 加强社会工作专业人才梯队建设。推进社会工作专业人才梯队建设，建立分级培养机制和分类培训体系，通过培训、实训、考核相结合培养造就一批实务人才、管理人才、督导人才、教育与研究高层次人才，积极发挥人才引领作用，推动各领域社会工作专业人才梯队建设。（省民政厅、省教育厅按照职责分工抓好本系统工作落实）

（三）完善制度体系

1. 加强制度建设。进一步完善党委领导下“组织部门牵头抓总，民政部门具体负责，其他部门密切协同、社会力量广泛参与”的工作格局。鼓励各级党委要把社会工作专业人才队伍建设列为人才队伍建设的重点任务和考核指标。进一步加大政策创新力度，围绕社会工作发展的重点领域和社会工作专业人才队伍建设的关键环节，推动出台相关政策，为社会工作专业人才队伍建设提供保障。（省委政法委、省发展改革委、省教育厅、省民族宗教委、省公安厅、省民政厅、省司法厅、省财政厅、省人力资源社会保障厅、省文化和旅游厅、省卫生健康委、省退役军人厅、省应急厅、省乡村振兴局、省信访局、省总工会、团省委、省妇联、省残联按照职责分工抓好本系统工作落实）

2. 建立健全职业评价体系。优化社会工作者职业水平评价体系，建立社会工作专业评审委员会，完善高级社会工作师评审机制，进一步拓展社会工作专业人才职业发展空间。完善社会工作专业人才考核评价制度，科学设置综合素质、业绩、能力、敬业等方面的指标作为社会工作专业人才绩效核定、续聘解聘、奖惩晋升、推优评先的重要依据。鼓励社会工作岗位从业人员参加全国社会工作者职业水平评价考试，取得社会工作者职业水平证书，推进各领域社会工作专业人才高质量、精细化发展。（省民政厅、省人力资源社会保障厅按照职责分工抓好本系统工作落实）

3. 加强人才激励。相关部门和单位要重视做好社会工作专业人才的激励工作，对于表现优异的社会工作专业人才，在晋升、嘉奖、培训等方面给予优先。吸纳政治素质好、业务水平高的社会工作人才依法参政议政，积极向党组织推荐政治过硬、素质优良、业务精湛、工作表现突出的社会工作专业人才作为党员培养发展对象，推荐符合条件的优秀社会工作专业人才进入基层群团组织领导班子，积极推动社会工作专业人才优秀代表成为党代表、人大代表、政协委员。支持符合条件的优秀社会工作专业人才积极申报“兴滇英才支持计划”，大力推荐政治坚定、业绩突出、能力卓著、群众认可的社会工作专业人才参加“兴滇人才奖”、各级劳模、优秀共产党员、先进工作者等各类评选表彰活动。加大宣传力度，提升社会工作专业人才的职业地位和社会认同。（省民政厅、省总工会、团省委、省妇联按照职责分工抓好本系统工作落实）

四、主要举措

（一）社会工作实务人才能力提升计划

适应乡村振兴战略和“三个战略定位”对社会工作实务人才的需要，重点对一线社会工作从业人员开展专业知识培训。到2025年，通过进修、实习、短训、函授、网络、自学考试等形式，对现有社会工作从业人员进行专业教育和培训，使其掌握社会工作专业理念、理论、知识、方法和技巧，熟悉相关法规政策，具备岗位所需的专业能力。到2030年，实现所有一线在岗社会工作从业人员系统接受良好的专业教育和培训。（省民政厅、省教育厅、省人力资源社会保障厅按照职责分工抓好本系统工作落实）

（二）社会工作管理人才素质提升计划

着眼于提高社会工作管理水平和社会公共服务能力，到2030年，培养不少于300名具备社会工作专业理念、熟悉社会工作发展规律、能够统筹推进社会工作专业人才队伍建设的行政管理和行业管理人才；培养不少于600名具有强烈社会责任感，掌握社会组织管理知识，拥有丰富管理经验，能够有效整合资源、协调关系、凝聚队伍的社会工作服务机构管理人才；培养不少于320名具有扎实理论知识基础、丰富实务经验且能够指导解决重大复杂专业问题、引导推动社会工作服务人才成长发展的社会工作专业督导人才。（省民政厅、省人力资源社会保障厅按照职责分工抓好本系统工作落实）

（三）高层次社会工作专业人才培养计划

适应社会工作发展需要，着眼于培养高层次、领军型社会工作专业人才，将社会工作教育与研究人才培养纳入“兴滇英才支持计划”。统筹社会工作学科研究布局和资源，推动社会工作重点学科研究基地建设。到2030年，建立2个高校社会工作专业博士点、10个高校社会工作专业重点实验室。加快推进社会工作专业硕士学位教育发展，培养1500名社会工作专业硕士，50名“双师型”社会工作专业教师。实施“教学名师”培养工程，遴选教学和科研水平居全国前列的优秀社会工作专业教师进行重点培养，力争到2030年，培养5名以上社会工作专业教学名师。（省民政厅、省教育厅按照职责分工抓好本系统工作落实）

（四）社会工作服务机构培育计划

适应乡镇（街道）社工站建设需求，加强县（市、区）领域社会工作服务机构和社会工作指导中心建设。大力整合现有资源，统筹省、州（市）、县（市、区）资金，支持社会工作服务机构和社会工作指导中心建设，优化社会工作服务机构登记注册，对公益服务性社会组织符合规定条件的，依法落实相关税收优惠政策。重点扶持和发展为老年人、妇女、儿童、青少年、残疾人、低保对象、受灾群众、失业人员、社区矫正对象、刑满释放人员、危重病人等特殊群体提供服务的社会工作服务机构和具备承接有关社会治理项目功能的社会工作服务机构。到2025年在16个州（市）建立社会工作服务督导中心，在129个县（市、区）建立社会工作服务指导中心。到2030年，力争培育和发展600家以上社会工作服务机构。（省委政法委、省民政厅、省卫生健康委、省应急厅、省总工会、团省委、省妇联、省税务局按照职责分工抓好本系统工作落实）

（五）社会工作专业人才助力乡村振兴计划

以全省乡镇（街道）社工站建设为契机，大力开展专业培训和督导，加大各级财政资金、民政专项资金、公益慈善资金支持力度，加快推进乡镇（街道）社工站规范化建设，充分发挥社会工作专业人才在参与巩固脱贫攻坚成果、助力乡村振兴、创新社会治理、繁荣乡村文化、优化公共服务供给等方面的积极作用。到2030年，实现全省城乡社区社会工作服务全覆盖，每个城乡社区实现1至3名以上社会工作专业人才，提升乡镇（街道）公共服务和参与基层社会治理水平。（省民政厅、省财政厅、省乡村振兴局按照职责分工抓好本系统工作落实）

（六）社会工作服务标准化计划

适应全省社会工作服务全覆盖需求，大力开展社会工作服务标准化建设。制定云南省社会工作服务相关领域地方标准，指导社会工作服务机构标准化建设。到2025年，建立150个以上省级标准化社工站；到2030年，建立300个以上省级标准化社工站，提升全省城乡社区社会工作服务水平。（省民政厅负责抓好本系统工作落实）

（七）社会工作专业人才“走出去”计划

适应云南辐射南亚东南亚战略定位需求，与南亚东南亚知名科研院校及社会工作服务机构在社会工作专业人才培训与社会工作教育研究等方面开展深入交流与合作，每年遴选一批优秀社会工作人才到南亚东南亚政府机构、社会组织和大型跨国公司进行社会工作交流培训与合作研究。鼓励社会工作专业人才参加南亚东南亚知名高校、科研院所等研修培训或参加国际学术交流会议，推动我省社会工作专业人才国际化。推动社会工作专业人才 “走出去”计划，到2030年，建立25个以上标准化专业化边境社工站，发挥社会工作专业人才辐射南亚东南亚专业作用。（省商务厅、省民政厅、省教育厅按照职责分工抓好本系统工作落实）

（八）边疆民族地区社会工作本土化研究计划

适应边疆地区各族人民群众多样化服务需求，围绕推动边疆民族地区社会工作人才队伍建设和各族人民群众服务专业化、本土化，深入开展边疆民族地区社会工作理论与实务研究，形成符合边疆地区实际、满足各族人民群众需要的社会工作理论体系和实务模式，为边疆民族地区社会工作制度创新、服务创新提供理论支撑。到2030年，开展不少于5个边疆民族地区社会工作人才队伍建设、专业服务实践等领域研究。（省民政厅、省教育厅按照职责分工抓好本系统工作落实）

（九）社会工作服务项目品牌化计划

适应国家级乡村振兴重点帮扶县和农村社会工作发展需要，科学统筹项目资金，强化监督管理，持续实施“十四五”期间社会工作服务机构“牵手计划”、年度“三区”社会工作专业人才支持计划、“云岭社工守望初心行动”和福利彩票公益金社会公益事业项目等一批优质高效的社会工作服务项目，探索开展一批符合我省经济社会发展需求、契合社情民意、具有民族特色社会工作服务项目，为广大社会工作人才展示本领、服务社会提供更加广阔的平台。采取形象展示、品牌传播、品牌维护等方式，打造20个以上具有云南特色社会工作服务项目品牌。（省民政厅、省财政厅、省乡村振兴局按照职责分工抓好本系统工作落实）

五、保障措施

（一）加强组织领导。各级政府、各有关部门要根据职责分工，结合实际细化制定实施方案，明确各项任务的推进计划、时间节点、责任单位和阶段目标，落实任务项目化、项目清单化、清单具体化要求，确保主要指标和主要任务如期完成。

（二）加强保障力度。各级政府、各有关部门要加大规划实施人员、资金、服务等方面的保障力度。加大各级财政资金投入力度，确保重大项目按时完成。

（三）加强宣传倡导。各级政府、各有关部门要积极宣传中央和省委关于社会工作专业人才工作方针、政策，宣传社会工作专业人才队伍建设的重要意义、目标任务、重大举措，总结社会工作专业人才队伍建设的典型经验做法和成效，为社会工作专业人才队伍建设和规划的实施营造良好社会氛围。

（四）加强考核评估。各级政府、各有关部门要将社会工作专业人才队伍建设纳入经济社会发展综合评价和绩效考核体系，加强规划实施动态监测，适时开展规划实施情况、实施效果评估。

2023 年 6 月 27 日

关于印发云南省基本公共服务提升三年行动（2023—2025年）的通知

云发改社会〔2023〕657号

各州（市）人民政府：

经省人民政府同意，现将《云南省基本公共服务提升三年行动（2023—2025年）》印发给你们，请结合实际认真贯彻落实。

2023年6月26日

云南省基本公共服务提升三年行动（2023—2025 年）

一、基本情况

党的十八大以来，特别是打响脱贫攻坚战以来，在省委、省政府的坚强领导下，我省基本公共服务发展基础不断夯实，解决了一些长期想解决而没能解决的问题和难题，服务能力、服务质量和均等化水平不断提升，但后发展和欠发达的省情没有得到根本改变，基本公共服务设施总量不足、服务质量不高，供需结构性矛盾明显，不平衡不充分的发展问题突出，仍难以完全适应人民日益增长的美好生活需要。

——幼有所育。持续保障孤儿和事实无人抚养儿童基本生活，政府管理儿童事业的责任逐步强化。但县、乡妇幼保健服务能力水平偏低，0—3 岁托育服务设施发展滞后，少数的州（市）婴儿、5 岁以下儿童死亡率长期居高不下。

——学有所教。实现学前教育“一县一示范、一乡一公办”全覆盖，129 个县（市、区）义务教育实现了基本均衡发展，高中阶段毛入学率达到 90.98%，2019 年起实施高中补短板工程，高中学位净增加 21.6 万个，3 所职业院校纳入国家“双高计划”。但学前教育公办园占比仅为 45.06%、供给严重不足；基础教育办学水平城乡、区域差异较大，义务教育优质均衡 4 个方面 32 项指标县级综合达标率总体偏低，普通高中“县中困境”突出，教研能力与硬件提升不同步。高职教育服务产业发展的能力不强，产教融合程度低。特殊教育保障水平不高，17 个人口超过 20 万的县还未建有特殊教育学校。

——劳有所得。实施农村劳动力转移、离校未就业高校毕业生就业帮扶、“贷免扶补”创业担保贷款等就业服务、援助措施，失业、工伤保险参保人数逐年增长，但劳动保障监察和劳动争议调解仲裁能力有待加强。

——病有所医。122 所县级公立综合医院和 92 所县级公立中医医院达到国家基本标准，三甲医院实现 16 个州（市）全覆盖，全省每千人医疗卫生机构床位数达到 7.03 张，超过全国平均水平 0.33 张。但高水平医院、高水平学科和高水平医技人员严重缺乏，且主要集中在滇中地区。紧密型县域医共体发展不平衡，部分医共体紧密程度不高，双向转诊不畅通。乡村医疗卫生机构服务能力还存在短板，病床使用率不足 50%，全科医生缺乏，“基层首诊”功能发挥不充分、应急能力薄弱。疾病预防控制能力不足，慢性病、传染病和职业病防治还有差距。

——老有所养。全省建设养老机构 1168 个，社区养老服务设施 11 732 个，护理型养老床位占比51.34%，建成医养结合机构151个，医养结合床位4.2万张。基本养老保险法定人员参保率达到90%，企业退休人员基本养老金逐年提高。但整体来看，全省养老服务设施存在明显短板，区域发展和城乡发展不平衡，社区养老服务发展不充分。全省711万60岁以上老年人有400万左右患有慢性病，老年人健康状况不容乐观。

——住有所居。累计改造城镇棚户区110.47万套，建成和在建公租房91.19万套，分配87.89万套，近300万住房困难群众住进公租房。实施约360万户农村危房改造和农房抗震改造，切实保障农村低收入人群住房安全。但城镇棚户区改造仍存在资金需求大、融资难、征迁困难多等问题。农村自建房以村民自建为主，建设质量普遍不高，抗震标准低。

——弱有所扶。提高困难群众救助保障标准，对262.45万城乡低保对象、12.9万特困人员开展基本生活救助工作，实施临时救助72.35万人次，2022年较上年增加支出3.3亿元，困难群众基本生活得到保障。州、县、乡、村四级公共法律服务中心（站）及法律援助申请全覆盖。困难残疾人生活补贴和重度残疾人护理补贴全面落实，困难残疾人康复辅助器具配置服务不断完善。但低收入群体动态监测需进一步加强，基本生活救助标准调整机制有待完善，农村地区公共法律服务水平有待提高。残疾人福利水平、公益性康复设施覆盖面仍有较大提升空间。

——优军服务保障。不折不扣落实优抚对象就业优惠扶持政策，协调统筹安置计划岗位，提供退役军人专场招聘活动服务，高质量完成转业军官和退役士兵安置工作。开通绿色就医通道，有效保障残疾退役军人外出就医需求。但退役军人安置渠道、安置方式还不够多样，就业创业优抚措施还有待加强，老年、残疾和未满16周岁的烈士遗属等特殊群体集中供养能力相对较弱，部分优抚医院、光荣院、军供站、烈士纪念设施设备陈旧老化、年久失修。

——文体服务保障。公共文化供给能力不断提升，公共文化设施网络体系不断完善，公共文化服务体系逐步完善，实现了省、州、县、乡、村五级公共文化服务设施网络全覆盖。全省广播、电视节目综合人口覆盖率分别达到99.60%、99.63%。公共体育设施保障能力不断增强，边境25个县和少数民族地区有条件的自然村实现体育设施全覆盖。但总体存在重硬件轻软件、重建设轻管理，优质可及的公共文体产品供给不足、服务水平不高等共性问题。城市文体设施供给总量不足、面对公众开放率不高、可及程度低，乡村公共文体服务设施标准化水平不高，个别文体活动场所存在被挪用、挤占等情况，文体服务供给与群众需求还存在一定差距。

二、总体要求

（一）指导思想

坚持以习近平新时代中国特色社会主义思想为指导，全面贯彻党的二十大精神，深入贯彻习近平总书记考察云南重要讲话精神和重要指示批示精神，立足新发展阶段，完整、准确、全面贯彻新发展理念，服务和融入新发展格局，坚持以人民为中心的发展思想，以推动高质量发展为主题，以满足人民日益增长的美好生活需要为根本目的，坚持补短板、固底板、扬优势，深入群众、深入基层，采取更多惠民生、暖民心举措，着力解决人民群众急难愁盼问题，扩大服务供给和提升服务水平，健全统筹城乡、公平可及、服务便利、运行高效、保障有力的基本公共服务体系，增强均衡性和可及性，织密织牢基本民生保障网，切实提高人民群众获得感、幸福感、安全感和满意度。

（二）基本原则

——政府主导，社会参与。坚持政府主导、市场配置、社会参与，进一步发挥政府在促进基本公共服务均等化、保障人民群众基本公共服务权益等方面的主导引领作用，在准确把握公众需求及基本公共服务公益性的基础上，引导并培育社会力量参与公共文体服务供给，形成政府、社会、个人协同发力、共建共享的公共服务发展新局面。

——方便群众，服务发展。坚持以人民群众需要为导向，以更加方便群众、更加贴近群众为目标，合理引导社会预期，加大公共设施服务能力，提升基本公共服务效率和水平，努力增进民生福祉。深刻把握发展阶段和特点，鼓励引导各地因地制宜推动政策落地落实，以基本公共服务均等化推动服务经济社会发展大局。

——补齐短板，强化弱项。坚持问题导向、目标导向和结果导向，瞄准基本公共服务薄弱地区、薄弱领域、薄弱环节，集中力量补短板、强弱项，促进基本公共服务资源向基层延伸、向农村覆盖、向偏远地区和生活困难群众倾斜，加快建立区域、城乡合理、均衡的基本公共服务体系。

——创新引领，提升能力。坚持在基本公共服务中贯彻新发展理念，更加重视创新和人才工作，发挥人才、科技和信息化的引领支撑作用，推动服务模式、品类、问效创新，深化质量变革和效率变革，提升服务能力和水平，推动基本公共服务从重达标向重质效转变，实现基本公共服务高质量发展。

——公平共享，弹性包容。突出基本公共服务公共性、公益性、公平性，坚定不移推进公平共享，传递好党和政府爱民之情、惠民之政、利民之举，坚持尽力而为、量力而行，充分考量经济社会发展阶段和水平，适度提升、科学留白，切实增进更多民生福祉，维护社会公平正义，激励人民群众以更高的热情投入到经济社会发展事业中，以更高的幸福感共同享有创新型中心城市的发展成果。

（三）总体目标

到 2025 年，基本公共服务设施更加完善，提质扩容取得新进展，均等化水平迈上新台阶，供给侧结构性矛盾得到有效缓解，服务资源配置和供给体系逐步与经济社会发展水平相适应、与人民群众需求相契合，普惠可及、优质均衡的基本公共服务体制机制基本建立。城市基本公共服务实现高质量发展，总体水平迈入西南省份前列，社会力量参与城市基本公共服务保障的积极性更高，服务内容日益丰富，补充作用得到有效发挥。乡村基本公共服务发展取得长足进步，与县域内城市差异性进一步消减，教育、医疗等基本公共服务政府保障能力明显增强，服务设施完备度、享受服务便利度、人居环境舒适度显著提高，“农村基本具备现代生活条件”的目标基本实现。逐步建立起权责清晰、财力协调、区域均衡、标准合理、保障有力的基本公共服务体系和保障机制。

服务设施更加完善。各级政府、部门支出责任进一步压实，基本公共服务设施建设投入力度持续加大，设施布局更加优化，设施配套日趋合理，一批医疗、教育等领域重点项目建设取得明显成效，县域内基本建成功能完善、保障有力、覆盖均衡的基本公共服务设施配套。

服务供给趋于均衡。分散化服务载体、开放化服务形式、集成化服务关系的基本公共服务资源配置结构基本形成，基本公共服务资源进一步向基层延伸、向农村覆盖、向边远地区和生活困难群众倾斜，城乡之间、区域之间、群体之间基本公共服务差距明显缩小。

保障能力显著增强。基本公共服务体系建设更加完备，承载力和支撑性更强、韧性更足。县域内整体保障能力和抗风险能力明显提高，医疗等应急保障能力显著增强，民生保障网进一步织牢，政府保障基本、社会多元参与、全民共建共享的立体化、组合式的保障功能持续发挥积极作用。

水平效益不断提升。基本公共服务质量和水平不断攀升，均衡性、可及性显著提高，基本公共服务的社会效益充分发挥，与经济效益、生态效益联动性更强，发展成果更多更公平惠及全省人民，民生福祉水平达到实施乡村振兴战略和推进共同富裕新要求，群众满意度持续提升。

创新升级成效明显。医疗、教育等重点领域改革创新扎实推进，一些区域在基本公共服务产品创新、管理创新、模式创新等方面取得积极成效，区域医疗中心建设运营、“医共体”建设等取得突破性进展，教育帮扶机制不断优化，教育数字化蓬勃发展，新技术手段在基本公共服务领域得到广泛推广，信息化、数字化运用水平不断提高。

三、重点任务

（一）幼有所育

1. 提升方向。儿童保健设施建设达标率进一步提升，优生优育服务水平明显提高，儿童享有更加均等可及的健康服务、普惠优越的福利保障。婴儿、5 岁以下儿童死亡率持续降低，儿童健康水平提升至全国平均水平以上。托育服务、儿童福利、救助等设施供给不断加强。

2. 三年目标。到 2025 年，每千名儿童拥有儿科执业（助理）医生达到 1.0 名，每千人口拥有 3 岁以下婴幼儿托位数 4.5 个。适龄儿童免疫规划疫苗接种率以乡（镇、街道）为单位保持在 90% 以上。5 岁以下儿童贫血患病率和生长迟缓率分别控制在 10% 和 5% 以下。优化出生缺陷综合防治项目，完善出生缺陷监测网络。扩大全省产前筛查覆盖面，开展新生儿重大出生缺陷疾病救助。婴儿、5 岁以下儿童死亡率下降到 4‰、6‰，覆盖城乡的 3 岁以下婴幼儿照护服务能力进一步提升。儿童福利、救助等设施高效运转。

3. 重点任务。

（1）加大标准化儿童保健设施建设力度。完善省、州（市）、县（市、区）、乡镇（街道）和村（社区）五级妇幼健康服务网络，推进云南省妇幼保健院（云南省妇女儿童医院）建设项目，打造服务全省、辐射南亚东南亚的妇女儿童诊疗中心。到 2025 年，全省 50% 州（市）级妇幼保健院、70% 县级妇幼保健院分别达到国家三级和二级甲等妇幼保健院要求。建立不少于 8 个省级儿童早期发展教育示范基地。儿科执业（助理）医师数及儿科床位数能够满足本地儿童健康服务需求。开展全国婴幼儿照护服务示范城市创建活动，鼓励通过公建民营、民办公助等多种方式向社会提供普惠婴幼儿照护服务，鼓励社会力量兴办托育服务机构。（责任单位：省卫生健康委牵头，省发展改革委配合；各州、市人民政府）

（2）提高妇幼保健服务能力水平。建立涵盖婚前、孕前、孕期、出生后各阶段的出生缺陷防治体系，产前筛查率达到 80%，新生儿遗传代谢疾病筛查率达到 98%。深入实施危重新生儿筛查与评估、高危新生儿专案管理、危急重症救治、新生儿死亡评估等制度，新生儿访视率保持在 90% 以上。规范、保障免疫规划疫苗供应，全面统计适龄儿童已接种、未接种人数，确保应接尽接。开展儿童视力检查、口腔保健、生长发育及心理行为评估和健康指导，加强儿童重点疾病防治。（责任单位：省卫生健康委，各州、市人民政府）

（3）加强特殊儿童福利救助。落实孤儿、事实无人抚养儿童、艾滋病病毒感染儿童基本生活保障政策，持续实施孤儿、事实无人抚养儿童助医助学项目。将更多符合条件的儿童保护和服务事项纳入政府购买服务指导性目录。完善困境儿童分类保障政策，畅通亲属抚养、机构养育和依法收养孤儿安置渠道。规范收养登记工作，加强收养评估。推动儿童福利机构达到定点康复机构标准，打造集养育、治疗、康复、教育、社会工作于一体的区域性儿童福利机构。（责任单位：省民政厅牵头，省卫生健康委配合；各州、市人民政府）

（二）学有所教

1. 提升方向。学前教育公办园在园幼儿占比不断扩大、普惠性不断提高；县域义务教育优质均衡和城乡一体化发展迈上新台阶；高中阶段教育更加普及，教育教学质量明显提升；职业教育服务产业发展的能力逐步增强；特殊教育受益面进一步扩大；县域内各教育阶段的教师结构更加优化、配置更加合理，教育强省建设取得新进展。

2. 三年目标。到 2025 年，全省学前三年毛入园率达到 94%，普惠性幼儿园覆盖率达到 90%，公办园在园幼儿占比力争达到 50%，幼儿“入园难”“入园贵”等问题得到有效解决；九年义务教育巩固率达到 97% 以上，确保 20%、争取 30% 的县（市、区）实现义务教育优质均衡发展目标；高中阶段教育毛入学率达到 93%，基本解决“大班额”问题；重点支持好现有国家级“双高”学校，推动 3 所高职院校进入新一轮国家级“双高”院校建设，继续实施省级“双优”“双高”学校建设计划，职教本科学校实现零的突破；适龄残疾儿童义务教育入学率达到 97% 以上；培育 30 000 名各级各类教师人才，推进“省管校用”提质扩面，职业院校专任教师中“双师型”教师占比达到 60%。

3. 重点任务。

（1）推动基础教育优质均衡发展。一是扩大普惠性幼儿园学位供给。充分考虑人口变化和城镇化发展，以县为单位完善普惠性学前教育资源布局规划，加强城镇新增人口、流动人口集中地区和乡村幼儿园建设；支持一批小区配套公办幼儿园或普惠性民办幼儿园，鼓励政府机关、企事业单位、街道等整合资源新增一批普惠性幼儿园；规范普惠性民办幼儿园收费。二是扩大县域义务教育优质资源覆盖面。加快实施义务教育薄弱环节改善与能力提升项目，不断改善义务教育学校办学条件；通过一校多区、委托管理、合作办学等方式，支持建设一批具有引领性、示范性的基础教育集团，提升城乡优质教育资源供给能力；科学规划开展乡镇、农村学校布局调整，严防“一刀切”，统筹兼顾质量提升和偏远地区学生上学的便利保障；推动城市教学质量较好学校带动农村学校一体化发展，整体提升农村学校办学水平；采取提高课堂教学质量、加强作业管控、升级课后服务等方式持续落实好“双减”工作；保障外来务工人员随迁子女公平接受义务教育。支持具备条件的滇中州（市）、县（市、区）率先实现义务教育优质均衡发展。三是提高普通高中办学质量和水平。鼓励各地学习借鉴先进经验，支持名校合理扩大办学规模，支持一般学校与名校合作举办多种体制的普通高中；激励各地加快县域高中改革与发展，提升县域高中教学质量和升学率，着力破解“县中困境”。（责任单位：省教育厅牵头，省发展改革委、省住房城乡建设厅、省机关事务局按职能配合；各州、市人民政府）

（2）提高职业教育服务产业发展的能力。优化职业教育类型定位，科学合理调配招生指标、稳定招生规模，结合我省产业强省建设进一步优化专业设置，着力构建特色型、实践型、服务型教学体系；鼓励职业学校特色发展，实施“一校一特”，中职学校建好特色专业，高职学校围绕产业链建好特色专业群；加快推进中职学校“双优”建设和高职专科院校“双高”及专业群建设，支持符合条件的高职（专科）院校升格为职业本科学校；深化职普融通、校企合作，加大产教融合型企业培育力度，激发职业教育办学活力，依托学校优势特色专业，打造一批产业学院和示范性职教集团。（责任单位：省教育厅牵头，省发展改革委、省人力资源社会保障厅按职能配合；各州、市人民政府）

（3）提升特殊教育保障能力。推进特殊教育学校标准化建设，支持人口超过20万没有特殊教育学校的县（市、区）新建特殊教育学校，20万人口以下的县（市、区），可在相对集中的九年一贯制学校或寄宿制学校设立特教班，支持残疾儿童较多且现有学位不足的特殊教育学校进行新建或改扩建，推动特殊教育向学前和高中两端延伸，鼓励有条件的州（市）建立从幼儿园到高中全学段衔接的十五年一贯制特殊教育学校；加强职业教育和劳动技能培训，深化特殊教育与普通教育、职业教育以及医疗康复、信息技术等的全面融合。（责任单位：省教育厅牵头，省发展改革委、省民政厅、省残联按职能配合；各州、市人民政府）

（4）进一步加强教师队伍建设。加大中小学体育、艺术、科学、劳动、信息科技等紧缺学科教师补充力度。推进中小学教师“县管校聘”。优化“国家、省、州（市）、县（市、区）、校”五级培训体系。（责任单位：省教育厅牵头，省人力资源社会保障厅配合；各州、市人民政府）

（三）劳有所得

1. 提升方向。就业规模持续扩大，就业质量稳步提升。就业技能培训方式进一步优化，结构性就业矛盾明显缓解、失业风险有效控制。劳动争议调解仲裁能力进一步加强，劳动关系更加和谐稳定。社会保险制度更加完善，最低工资标准执行到位，农民工工资支付保障机制不断健全，保障能力不断提高。

2. 三年目标。到 2025 年，每年城镇新增就业人数不低于 50 万，城镇就业占比大于 50%，城镇调查失业率控制在 5.5% 以下，高校毕业生、农民工、退役军人、脱贫人口、残疾人群体等重点群体就业形势总体稳定，第三产业从业人员占比逐步扩大，就业结构持续优化。公共就业服务均等化、标准化、专业化水平明显提高，统筹城乡、可持续的失业、工伤保险制度更加健全。

3. 重点任务。

（1）促进高质量充分就业。积极引导高校毕业生转变就业观念，支持高校毕业生参加实习实训、就业见习，提升高校毕业生岗前适应能力。为城镇青年创造多样化就业机会，对长期失业青年开展实践引导、分类指导和跟踪帮扶。推进农村劳动力转移就业，广泛开展区域间、省际间劳务协作，有序组织农村劳动力外出务工，同时依托好以工代赈工程，优先吸纳当地群众就业。统筹好重点群体就业，健全脱贫人口、农村低收入人口、残疾人群体等特殊群体就业帮扶长效机制。（责任单位：省人力资源社会保障厅牵头，省发展改革委、省教育厅、省农业农村厅、省乡村振兴局、省残联按职能配合；各州、市人民政府）

（2）提升劳动者技能素质。大力实施“技能云南行动”，开展多层次技能培训，重点加强高校毕业生、城镇青年、退役军人、农业转移就业劳动者、脱贫人口、失业人员、残疾人等技能培训，有效缓解结构性就业矛盾。突出高技能人才培训、急需紧缺人才培训、转岗转业培训、储备技能培训、通用职业素质培训，着力解决岗位适应性问题。积极发展养老、托育、家政等生活服务业从业人员技能培训，广泛开展新业态新商业模式从业人员技能培训。实施职业技能培训共建共享行动，构建以公共实训基地、职业院校（含技工院校）、职业技能培训机构和行业企业为主的多元培训载体。（责任单位：省人力资源社会保障厅牵头，省农业农村厅、省商务厅、省退役军人厅、省乡村振兴局、省残联按职能配合；各州、市人民政府）

（3）提高社会保险抗风险能力。落实企业职工基本养老保险全国统筹制度，优化城乡居民基本养老保险制度机制，积极引导城乡居民选择更高档次缴费，推进机关事业单位养老保险制度平稳运行，积极发展企业（职业）年金和个人养老金，健全多层次、多支柱养老保险体系。完善失业保险制度，推进失业保险省级统筹，提高基金抗风险能力和使用效率，视国家政策推进阶段性降低失业保险费率和稳岗返还政策。完善工伤保险制度，深入推进工伤保险预防、补偿、康复“三位一体”制度体系建设，持续扩大工伤保险覆盖范围，健全社会保险基金安全监管体系。（责任单位：省人力资源社会保障厅，各州、市人民政府）

（4）提高社会保障服务水平。推进经办管理服务标准化、专业化、信息化建设，加快完善全省统一并衔接全国的社会保险公共服务平台，推动经办服务跨地区、跨部门、跨层级精准高效协同。发挥基层社区优势和作用，延伸社保服务，更加便利群众。持续推进“减证便民”，切实抓好公共服务事项清单、办事指南的落实落地和动态调整。加强对最低工资实施的监督与违反规定的处罚，健全农民工工资支付保障机制，开展执法专项行动，依法维护农民工劳动报酬权益。构建更加和谐稳定的劳动关系，加强企业和职工协调劳动关系、政府调整劳动关系和社会组织参与协调劳动关系的能力建设，妥善处理经济结构调整过程中劳动关系问题。（责任单位：省人力资源社会保障厅牵头，省民政厅、省司法厅按职能配合；各州、市人民政府）

（四）病有所医

1. 提升方向。“三医联动”协同性不断增强；优质医疗资源向州（市）延伸，辐射带动作用更加明显；紧密型县域医共体建设深入推进，紧密程度不断提高；全科医师队伍建设不断加强，乡村等基层医疗卫生机构服务能力、卫生应急和紧急医疗救治能力逐步提升；疾病预防控制体系不断完善，公共卫生服务能力不断增强；医疗保障覆盖面进一步扩大，保障水平持续提升。

2. 三年目标。到 2025 年，国家心血管病区域医疗中心升级项目、国家呼吸区域医疗中心项目、国家肿瘤区域医疗中心项目建成投运，8—10 个专科排名进入西南地区前列，呼吸、肿瘤、心血管疑难重症在省域内可得到有效诊治；力争纳入“百县工程”的县医院 80% 达到三级医院医疗服务能力水平，50% 的县级公立中医医院达到国家医疗服务能力推荐标准，县域内就诊率保持在 90% 以上；90% 以上的乡镇卫生院（社区卫生服务中心）服务能力达到国家基本标准，农村群众心脑血管、神经、创伤等疾病致死致残率降低；重大传染病、地方病、职业病得到有效控制；医保待遇水平稳步提高，医疗服务价格调整更加灵敏。

3. 重点任务。

（1）促进公立医院提质增效。加快国家心血管病、呼吸、肿瘤区域医疗中心建设，稳步推动滇东北、曲靖、滇南、滇西 4 个省级区域医疗中心建设项目建成投运；支持省妇幼保健院新院、省民族医医院、省癌症中心建设，积极稳妥解决省第三人民医院危房问题；在省级和州（市）三级医院建设 235 个省级临床重点专科，支持州（市）级及以上中医（民族医）医院建设 20 个中医临床重点学科；开展云南省“百县工程”建设项目，实施县级医院 300 个薄弱专科建设；实施县级公立中医医院综合服务能力提升行动，争取 50 所县级公立中医医院达到国家县级公立中医医院医疗服务能力推荐标准。加强医学领军人才、高端人才、骨干人才和紧缺人才招引和奖励扶持力度。开展优质医疗资源“省管县用”对口帮扶，推进医疗卫生人才下沉服务。（责任单位：省卫生健康委牵头，省发展改革委、省教育厅、省人力资源社会保障厅、省自然资源厅、省住房城乡建设厅、省医保局按职能配合；各州、市人民政府）

（2）提高基层防病治病和健康管理能力。全面推进紧密型县域医共体建设，组建县域医疗资源共享“五大中心”和县域医共体高质量管理“五大中心”；实施重点中心乡镇卫生院提质和基层心脑血管救治站拓面建设，重点加强慢性病、中医、康复、口腔、儿科等科室建设，提升基层首诊服务能力；实施 300 家基层中医馆服务能力提升达标建设，力争 20% 的乡镇卫生院（社区卫生服务中心）中医馆“服务能力提升”建设达到国家标准。（责任单位：省卫生健康委牵头，省医保局配合；各州、市人民政府）

（3）提升公共卫生干预能力。强化对重点传染病的预防和控制力度，进一步提高疫苗接种率。鼓励有条件的地区开展适龄女性人乳头瘤病毒（HPV）疫苗免费接种试点；实施妇女“两癌”筛查提质拓面，力争 35 ~ 64 岁妇女宫颈癌筛查覆盖率达到 50% 以上。以麻风病、血吸虫病等为重点消除一批疾病，力争全省 129 个县（市、区）全部达到消除麻风病危害标准，分阶段全部实现血吸虫病消除目标；以丙肝、肺结核为重点控制一批疾病，推进丙肝主动检测、规范治疗，新报告丙肝患者抗病毒治疗率达 80%，符合治疗条件的慢性丙肝患者抗病毒治疗率达 60%；重点人群结核病筛查率达到 80%，规范管理率和成功治疗率均达到 90%。进一步强化卫生应急队伍建设，提升突发公共卫生事件预防控制和突发事件紧急医学救援能力和水平。（责任单位：省卫生健康委牵头，省医保局配合；各州、市人民政府）

（4）提升医疗保障服务水平。适度提高居民医疗保险人均财政补助标准，进一步拓宽基本医疗保险和大病保险覆盖面，适度提高报销比例；开展医保经办管理服务规范化建设专项行动，做好“减证便民”工作，增强医疗保障经办管理服务水平；实施医保经办线上线下融合办理，优化完善线上办理平台，打造“智能 + 人工”办理模式，实现即时受理、远程处理、跨域办理“三理”服务目标；深入推进医保、医疗、医药“三医联动”协同发展和治理，打通医保、医疗、医药信息壁垒，优化医疗服务项目内涵及除外内容设置。实行医疗服务价格动态调整，支持医疗机构开展的新技术、新项目进入医保，持续减轻群众就医负担。（责任单位：省医保局牵头，省卫生健康委、省市场监管局按职能配合；各州、市人民政府）

（五）老有所养

1. 提升方向。养老服务供给有效扩大，养老机构照护能力大幅提升，更多老年人享有方便普惠的养老服务，老年人社会保障体系更加健全；医养结合机构服务质量持续改进；基本建成居家社区机构相协调、医养康养相结合的养老服务网络，老年人养老照护水平显著增强。

2. 三年目标。到 2025 年，每个县（市、区）建成 1 个县级失能照护服务机构和以失能特困人员专业照护为主的县级特困人员供养服务机构，全省 60% 以上的乡镇（街道）建有 1 个具有综合服务功能的区域性养老服务中心。有集中供养意愿的特困人员集中供养率达到 100%。主要中心城市基本建成“15 分钟”居家养老服务圈，城市社区日间照料机构覆盖率达到 90% 以上。全省养老机构护理型床位占比达到 55%，全省二级以上综合医院设立老年医学科比例达到 70%。基本养老保险参保率达到 95%。

3. 重点任务。

（1）建设方便可及的养老服务设施。推动养老机构提升护理型床位设置比例和康复护理水平，增强护理型床位匹配供给。鼓励利用闲置办公用房、学校等资源，通过改建、扩建、置换等方式，建设区域性养老服务中心。严格配建标准，对新建小区按标准配套建设养老设施，与住宅片区同步规划、同步设计、同步验收、同步交付。实施失能、残疾、高龄困难老年人家庭的居家适老化改造，通过政府补贴、以奖代补等方式，到2025年完成2.5万户改造。推动以社区为平台、社会组织为载体、社会工作者为支撑的居家社区养老服务“三社联动”，16个州（市）政府所在地社区日间照料机构覆盖率达到90%。（责任单位：省民政厅牵头，省住房城乡建设厅配合；各州、市人民政府）

（2）强化老年人社会救助和社会福利保障。完善省、州（市）、县（市、区）三级基本养老服务清单，落实高龄津贴发放要求，鼓励有条件的地区提高补贴标准。探索高龄津贴、护理补贴、服务补贴等老年人福利补贴优化整合，加强与残疾人两项补贴等社会救助政策的有效衔接。对有意愿的城乡特困失能老年人实行在县级集中照护。鼓励商业保险机构开发提供包括医疗、康复、照护等多领域的综合性健康保险产品和服务。（责任单位：省民政厅牵头，省残联、云南银保监局按职能配合；各州、市人民政府）

（3）提升老年人健康保障能力。构建“预防、治疗、照护” 三位一体的老年健康服务模式，力争建设1个省级老年医疗中心，依托有条件的机构筹建1个老年中医医疗健康中心。通过新建、改扩建、转型发展等方式，加强州（市）老年医院、二级以上综合医院老年医学科建设，建设一批老年健康示范机构（科室），开展省级安宁疗护试点工作。健全医疗卫生机构与养老服务机构合作机制，支持养老机构内部设置诊所、卫生所(室)、医务室、护理站，开展医疗服务。开展医养结合试点示范建设，100家医养结合优质服务单位和150所基层医养结合示范机构建设达标。鼓励保险机构发展各类老年人商业保险产品。（责任单位：省卫生健康委牵头，省民政厅、云南银保监局按职能配合；各州、市人民政府）

（六）住有所居

1. 提升方向。城市存量的棚户区居住条件得到改善；农村群众住房更加安全稳固，农房抗震能力逐步提高。

2. 三年目标。指导督促各地完成申报的城镇棚户区改造年度计划任务，房屋质量差、使用功能和基础设施配套不健全、脏乱差的区域逐步减少。争取国家持续支持农村危房改造和地震高烈度设防地区农房抗震改造。

3. 重点任务。

（1）稳步推进城镇棚户区改造。用好棚户区改造政策，通过争取国家补助资金、新增地方政府专项债券资金、银行贷款以及引入社会资本等方式，拓宽融资渠道，重点对老城区内脏乱差的城镇棚户区实施改造。（责任单位：省住房城乡建设厅牵头，省自然资源厅配合；各州、市人民政府）

（2）加强农村危房动态监测和改造管理。通过“政府救助平台”农村危房改造服务事项，对各级住房城乡建设业务办理情况进行实时监管，同步落实乡镇村组日常巡查发现动态新增危房，对符合农村危房改造和农房抗震改造政策的农户房屋及时实施改造。进一步落实《云南省人民政府办公厅关于全面加强农村宅基地建房管理的通知》要求，加强农房建设管理，引导农村有序建房。推动《云南省农村宅基地建房工作指引（试行）》和《云南省农村宅基地建房负面清单（试行）》落地见效，鼓励有条件的地区推广绿色建材应用和新型建造方式，改善农户住房条件和居住环境。（责任单位：省住房城乡建设厅牵头，省农业农村厅、省自然资源厅按职能配合；各州、市人民政府）

（七）弱有所扶

1. 提升方向。基本民生保障从“补缺型”向适度普惠型转变，更加有效覆盖特殊困难群体。社会服务从以资金物质为主，不断迈向物质服务和精神关怀相结合。实现法律援助“应援尽援、应援优援”。残疾人服务保障能力进一步提升，重度残疾人得到更好照护。无障碍社会环境持续优化，残疾人生产生活便利度不断提高。

2. 三年目标。到 2025 年，合理提高城乡低保标准，农村低保标准基本达到城市低保标准的 75%。特困人员基本生活标准不低于城市最低生活保障标准的 1.3 倍。全面提升云南省公共法律服务供给能力和服务水平。残疾人两项补贴覆盖率达到 100%。全省有需求的持证残疾人和残疾儿童接受基本康复服务的比例达到 85% 以上、有辅助器具需求的持证残疾人和残疾儿童辅助器具适配率达到 85% 以上。

3. 重点任务。

（1）落细落实各项救助保障政策。加强动态监测，及时将符合条件的人口纳入低保。对因病因疫因灾等导致收入下降、基本生活出现困难、未纳入低保范围的城乡居民，符合条件的及时实施临时救助，实现应保尽保和应救尽救。健全完善低收入人口认定、监测和综合救助帮扶政策措施。完善基本生活救助标准调整机制，参考人均消费支出、人均可支配收入和最低工资变动等情况，合理调整省级、州（市）级最低生活保障和特困人员救助供养指导标准。（责任单位：省民政厅，各州、市人民政府）

（2）提升农村地区公共法律服务供给能力。深化“一村一法律顾问制度”，为基层组织、农村群众处理涉法事务提供优质便捷的法律服务。通过合并执业区域、设立分支（派出）机构、结对帮扶、培育法律服务机构、培育农村学法用法示范户等措施，积极解决基层公证、律师、司法鉴定等法律服务资源不均问题。鼓励律师事务所为农村落后地区提供法律援助、法律咨询、普法、培训、调解等公益性法律服务；鼓励公证、司法鉴定等法律服务主动向农村延伸，司法鉴定、公证机构为符合法律援助条件的当事人，采取减收、免收司法鉴定费用、公证费用的方式提供鉴定、公证援助服务。（责任单位：省司法厅牵头，省农业农村厅配合；各州、市人民政府）

（3）强化残疾人福利保障。逐步推进困难残疾人生活补贴覆盖到低收入残疾人及其他困难残疾人，重度残疾人护理补贴覆盖到非重度智力、精神残疾人或其他残疾人。探索出台基本型康复辅助器具补贴和目录清单政策，逐步扩大为困难残障群体开展手术治疗和康复辅助器具配置的覆盖面。大力实施城镇公共服务设施无障碍改造。鼓励有条件的地方将基本治疗性康复辅助器具未纳入项目报销部分纳入基本医疗保险支付范围，支持商业保险公司创新产品设计。支持利用康复辅助器具为重度残疾人和失能老年人提供康复治疗、康复训练、康复护理、康复辅助器具配置、托养照料服务。（责任单位：省残联牵头，省民政厅、省医保局按职能配合；各州、市人民政府）

（八）优军服务保障

1. 提升方向。全省抚恤优待服务保障能力明显提升。退役军人高质量就业创业措施更加完善，就业质量和就业创业能力明显提高。优抚事业单位服务保障作用更加凸显。全社会拥军爱军优军的氛围更加浓厚。

2. 三年目标。到 2025 年，鼓励、支持条件成熟的州（市）设立退役军人关爱基金会，进一步增强保障困难退役军人基本生活的能力。对老年、残疾和未满 16 周岁的烈士遗属等有集中供养意愿并符合相关条件的群体全部落实集中供养，落实稳岗政策，地方实施退役军人技能培训实现全覆盖，就业率达到 90% 以上。启动 1 所区域性优抚医院新建或改扩建。

3. 重点任务。

（1）提高优待抚恤服务能力。建立优抚对象信息核查长效机制，做好各类优抚对象基础信息数据核查。健全基本优待目录清单，合理动态提高抚恤补助标准，提高老年、残疾和未满 16 周岁的烈士遗属的集中供养率。提升优抚医院医疗和护理水平，解决军队伤病残军人移交地方医疗需求，改善优抚医院设施和设备条件。加强光荣院建设和改造，推动服务设施达标，增加护理型床位和设施设备，提高服务保障水平。（责任单位：省退役军人厅牵头，省卫生健康委配合；各州、市人民政府）

（2）强化退役军人就业安置服务。畅通安置渠道，提高安置质量，实现人岗相适、人事相宜、人尽其才。充分考虑退役军人德才条件以及在军队的职务等级、贡献、专长等因素，合理安排工作岗位。加快退役军人就业创业园地等基础能力建设，加强退役军人技能培训，创造条件促进退役军人多渠道就业。对有创业意愿的退役军人采取创业培训、项目孵化、创业担保贷款、创业补贴等方式加以引导、鼓励和扶持，加强奖补力度，落实相关优惠政策。（责任单位：省退役军人厅牵头，省人力资源社会保障厅、云南银保监局按职能配合；各州、市人民政府）

（九）文体服务保障

1. 提升方向。基本公共文体服务的覆盖面不断扩大，优质文体产品和服务更加丰富。城市公共文体服务设施进一步增多、开放度进一步提高，乡村公共文体服务设施的使用率进一步提升、作用进一步发挥。优秀文化活化利用的水平大幅提升，人民群众文化自信进一步增强。加快数字赋能，推动电影公共服务平台升级。广播电视公共设施、节目供给、基层服务水平明显提升。人民群众健身意识和素养进一步提高，全民健身成为新风尚。

2. 三年目标。到 2025 年，县级以上公共图书馆和文化馆达到国家三级以上标准，村（社区）公共文化软硬件条件达到国家标准，全面完成省、州（市）、县（市、区）三级广播电视节目无线数字化覆盖，实现 20 户以上自然村应急广播主动发布终端全覆盖，达到国家标准。升级电影公共服务监管平台。全省红色文化传承基地不少于 10 个，非物质文化遗产传习场所不低于 16 个。全民健身公共服务设施更加贴近群众，人均体育场地面积达到 2.6 平方米，经常参加体育锻炼人口比例达到 38.5%，主要群众体育工作指标达到或超过国家平均水平。

3. 重点任务。

（1）优化文体设施供给。鼓励在城市商圈、住宅小区、文化园区、公园景区等，坚持正确导向、规模适度、业态多元、特色鲜明的原则，打造一批融合图书借阅、艺术展览、文化沙龙、非遗传承等的“城市书房”“文化驿站”等新型文化业态。加快省、州（市）级应急广播平台建设，推动应急广播终端向自然村覆盖。加快实施省内广播电视节目无线数字化覆盖工程，扩大信号覆盖面和接收端应用。加快实施智慧广电固边工程，促进边境地区广播电视公共服务提质增效。依托城市综合公园、社区公园、专类公园（如体育公园）、沿河带状公园和开放绿地等城市绿地空间，建设一批公共便民体育设施。充分整合资源，采取盘活存量、调整置换、集中利用等多种方式，提升基层综合性文化服务设施，设置集宣传文化、党员教育、科学普及、普法教育、体育健身等功能于一体的综合性公共文体设施和场所。（责任单位：省文化和旅游厅、省体育局牵头，省住房城乡建设厅、省广电局按职能配合；各州、市人民政府）

（2）加大文体产品创新力度。提升公共图书馆、文化馆、电影院拓展阵地服务功能，面向不同群体，开展体验式、互动式公共阅读、观影和艺术普及活动；利用地铁、公交、景区、商业中心等打造图书角、交流吧，丰富创意文化集市、市民音乐角、群众大舞台等文化产品；统筹旧厂房、旧街区、名人故居等公共闲置空间可用资源，在符合文物保护法律规定和完整保留历史遗存的前提下，因地制宜建设文博艺术空间、跨界文化空间、文化礼堂、文化广场、乡村戏台、非遗传习所、书吧、咖啡吧、茶吧，传统文化演艺场所等公共文化创意空间，推动城乡优秀传统文化活化利用和创新发展。持续开展全民阅读、“书香九进”活动，持续打造“文化进万家”“戏曲进乡村”“大家乐”“文化大篷车·千乡万里行”“村晚”“优秀电影展映”等群众喜闻乐见的文化活动。实施《构筑中华民族共有精神家园实施“枝繁干壮工程”三年行动计划（2022—2024年）》，实施云南省广播电视和网络视听文艺精品创作三年行动计划，推动《大山里的女校》《盛唐南诏》等电视剧、纪录片创作播出，策划推出一批短剧、短视频、微电影、微纪录片、网络直播等主题宣传融媒产品，促进公益广告提质增效。传习和发展民族体育，重点打造陀螺、射弩、秋千等少数民族传统体育运动，推动民族传统体育创新发展。在全民健身日、“发展体育运动，增强人民体质”毛泽东同志题词纪念日、新年、丰收节等重要时间节点、节假日、农闲等时段，广泛开展全民健身主题活动。持续开展社区运动会、奔跑彩云南、县域足球赛、大众篮球争霸赛等群众喜闻乐见，有地域性、特色性的全民健身活动。（责任单位：省文化和旅游厅、省体育局牵头，省民族宗教委、省广电局按职能配合；各州、市人民政府）

（3）提高公共文体服务质量和水平。继续实施公共图书馆（室）、文化馆（站）、博物馆（非文物建筑及遗址类）、美术馆、农家书屋等免费开放，公共体育场馆免费或低收费开放，加强错时开放、延时开放，鼓励开展夜间服务、节假日服务、双休日服务以及24小时自助服务等。升级电影公共服务，完善电影发行放映机制，丰富文化产品供给。面向不同文体社群，提供形式多样的个性化、差异化服务。围绕老年人、妇女、儿童、残疾人等的公共文体服务需求，加大公共文体设施改造提升力度。加强基层广电公共服务网络标准化建设和运行，基本实现用户故障发生24小时内恢复收视。省、州（市）级电视台逐步增加有字幕或手语的节目数量。引导社会资本参与文体项目建设和服务，鼓励利用多种方式，推动社会力量参与公共文体设施运营、活动项目打造、服务资源配送等。鼓励文体爱好者、非遗传承人、大中专院校学生、离退休文体工作者成为文体工作志愿者，提高公共文体服务的社会参与度。（责任单位：省文化和旅游厅、省体育局牵头，省民政厅、省广电局、省残联按职能配合；各州、市人民政府）

四、保障措施

（一）坚持党的领导。全面贯彻落实习近平新时代中国特色社会主义思想和党的二十大精神，坚持党的集中统一领导，忠诚拥护“两个确立”，增强“四个意识”、坚定“四个自信”、做到 “两个维护”，把党的领导贯穿于基本公共服务高质量发展的各阶段、各领域、各环节，把党的政治优势、组织优势转化为基本公共服务提升、扎实推进共同富裕的强大动力。

（二）强化组织保障。健全省级跨部门协调推进工作机制，由省发展改革委牵头，各行业主管部门和各州（市）共同参与，形成工作合力。各行业主管部门和各州（市）要对标本三年行动进一步深入分析本领域、本地区基本公共服务存在的短板和弱项，以推进作风革命、效能革命为抓手，用好项目工作法、一线工作法、典型引路法，制定有针对性的年度目标任务和措施，明确完成时限，压实各方主体责任，推动重点任务落地见效。

（三）加强项目实施。围绕三年行动既定的目标任务，坚持任务项目化、项目清单化、清单具体化原则，各行业主管部门和各州（市）要加强项目谋划和建设力度，坚持基本公共服务优先发展、数字化赋能发展，在资源要素配置上予以优先保障。各地要加强财政预算与项目的衔接，分阶段、分年度做好项目立项审批、资金筹措、项目实施、竣工验收、投入运营等工作，确保项目早日服务人民群众。

（四）加大资金保障。各行业主管部门、财政部门和各州（市）要合理统筹安排各级各类基本公共服务专项资金，优化支出结构，压缩一般性支出，积极保障各项基本公共服务重点领域支出，加快提升基本公共服务薄弱环节、短板领域的服务能力和服务功能。充分发挥财政资金对基本公共服务的支持力度和引导作用，吸纳更多的社会资本参与，形成政府、社会、个人多元化投入基本公共服务领域建设发展的新机制。

（五）加强人才培养。引导高校和职业院校加强学科专业设置，扩大基本公共服务领域专业人才和管理人才的培养规模。实施教育、卫生、文体、养老、助残等领域的人才培养计划。鼓励人才在区域、机构间横向合理流动，引导基本公共服务人才向革命老区、民族地区、农村地区等资源薄弱地区纵向流动，在薪酬待遇、晋升机制等方面给予倾斜。

（六）动态监测评估。健全省级基本公共服务体系建设监测机制。加强对基本公共服务标准、提升情况的跟踪分析，开展动态监测、中期评估和总结评估，及时发现新情况，解决新问题。全面加强绩效考核与督导评估，探索建立第三方评估机制，对各地基本公共服务的绩效、水平和质量进行评价，考评结果纳入地方综合考评范围。

（七）营造良好氛围。各行业主管部门和各州（市）要广泛宣传基本公共服务提升三年行动的重大意义和主要内容，充分利用网络、报刊等媒体，多渠道宣传我省基本公共服务发展过程中取得的工作成效和典型经验，加强舆论引导，建立政府主导与社会参与的良性宣传互动机制，推动政务公开和政府信息公开，拓展公众参与渠道，进一步形成全社会共建共享基本公共服务的浓厚氛围。

中共云南省委组织部等 5 部门印发《关于进一步做好军人随军家属就业安置工作实施办法》的通知

政〔2023〕631 号

各州、市党委组织部、人力资源社会保障局、退役军人事务局、双拥工作领导小组办公室，军分区（警备区）政治工作处：

现将《关于进一步做好军人随军家属就业安置工作实施办法》印发你们，请结合实际抓好贯彻落实。

2023 年 10 月 12 日

关于进一步做好军人随军家属就业安置工作实施办法

为全面贯彻落实习主席“让军人成为全社会尊崇的职业”的重要指示要求，鼓励驻滇部队官兵扎根边疆、建功军营，根据《中华人民共和国军人地位和权益保障法》、《军人随军家属就业安置办法》及中央组织部等5部门印发《关于进一步做好军人随军家属就业安置工作的通知》，结合云南省实际，制定本实施办法。

一、完善机制，加大组织安置力度

（一）加强组织领导。省双拥工作领导小组承担省随军家属就业安置工作协调领导小组职责，负责全省随军家属就业安置工作。领导小组下设办公室在省退役军人事务厅，主任由省退役军人事务厅厅长兼任，副主任由省军区政治工作局、省人力资源社会保障厅、省退役军人事务厅和省国资委各1位副职领导兼任，办公室负责领导小组日常工作。各州（市）结合实际成立随军家属就业安置工作协调领导小组。

（二）拓展安置形式。随军家属就业安置主要包括转任、交流、面向随军家属公开招聘、面向社会就业等方式。

转任交流安置。军人家属随军前在机关或者事业单位工作的，由安置地人民政府及其主管部门根据国家有关政策规定，安置到相应的工作单位。其中，随军前是公务员（含参照公务员法管理的人员，下同）的，采取转任等方式，在规定的编制限额和职数内，结合当地和随军家属本人实际情况，由组织部门负责安置到机关（含参照公务员法管理的单位，下同）相应岗位；随军前是事业单位工作人员的，按照属地管理的原则采取交流方式，在规定的编制限额和设置的岗位数内，由当地人力资源社会保障部门负责安置到事业单位相应岗位；经个人和接收单位双向选择，也可以按规定安置到其他单位适宜岗位。

面向随军家属公开招聘。鼓励地方政府、部队和国有企业组织面向随军家属公开招聘。其中，招聘到事业单位的对随军家属不设常住户口条件限制，同等条件下优先聘用；安置到国有企业的，由企业根据用工程序组织招聘。安置到军队文职人员岗位的，可根据工作需要和编制岗位情况，按照专业类别拿出一定数量的岗位实施定向招考。

面向社会就业。安置地人民政府应鼓励随军家属面向社会就业创业，积极提供就业指导和就业培训，对符合规定条件的，给予公益性岗位安置。随军家属自主创业按规定享受相关优惠政策。对招用随军家属超过一定数量的按照规定落实税收优惠等政策。

有关单位招录招聘随军家属，应当结合实

际，适当放宽年龄、学历等条件限制。

（三）聚焦安置重点。烈士遗属、因公牺牲军人遗属和获得二等战功以上功勋荣誉表彰军人的随军家属需要就业安置的，根据本人意愿，由安置地人民政府及其主管部门结合实际，采取一事一议方式予以安置，符合机关、群团组织、事业单位、国有企业等单位基本用人条件的，应当优先安排适当岗位，确保稳定高质量就业。

驻滇部队上校以上，从事飞行、舰艇或者涉核等艰苦工作、受到副战区级以上单位表彰、荣立二等功（三等战功）以上、驻艰苦边远二类以上地区或者六级以上残疾军人的随军家属，以及其他需要特殊照顾对象的随军家属，是安置的重点，按照属地管理的原则优先考虑。

驻迪庆州部队，随军前户籍所在地为云南省的现役军人家属，可向随军前户籍所在地县级人民武装部申请，纳入当地驻军随军家属就业安置计划统筹安排。

二、多措并举，拓宽就业安置渠道

（四）量化安置指标。军地各级各部门要坚决贯彻落实党中央、国务院、中央军委和省委、省政府有关拥军优属政策，拿出编制岗位、切实关心关爱。

党政机关和企事业单位。转任、交流随军家属是安置的重点，要按照“先急后缓、贡献优先、双向选择”原则，每年拿出一定数额岗位，进行妥善安置。随军未就业家属是安置的难点，各地每年要拿出一定数额事业单位招聘计划，面向随军家属公开招聘。省属企业在新招录职工时，应当根据企业实际用工需求和岗位任职资格要求，结合随军家属专业特长、学历经历等情况，按照当年新招录职工 5% 的比例择优聘用随军家属。

驻滇部队单位。驻滇部队文职人员公开招考，每年按照专业类别拿出 5% 左右数量岗位定向招考随军家属。实行社会化保障的部队和营区，应当充分挖掘内部潜力，依托营区服务网点等渠道，最大限度促进随军家属市场化就业，缓解就业安置压力。

中央垂管单位。中央和地方实行垂直管理或者双重领导并以上级领导为主的单位，应当支持和落实当地人民政府安置随军家属任务，有空缺编制岗位需选调人员时，应当优先安排随军前在本系统工作的随军家属。

（五）加强就业扶持。各地退役军人事务部门和双拥部门应当牵头做好随军家属招聘、就业创业扶持等工作。各州（市）根据随军家属数量，每年组织集中招聘不少于 1 次。

（六）提供就业援助。各地应当为符合就业困难人员条件的随军家属提供就业援助，通过各项就业扶持政策、提供就业岗位信息、组织技能培训等有针对性的就业服务，对通过就业服务仍无法实现市场化就业的，积极开发各类公益性岗位托底安置。

三、落实优待，搞好就业创业扶持

（七）落实奖补免政策。各级要认真落实国家关于随军家属就业创业政策优待，为随军家属面向社会就业创业提供支持。

自主就业创业税收减免。为安置随军家属就业新开办的企业，自领取税务登记证之日起，其提供的应税服务3年内免征增值税（享受税收优惠政策的企业，随军家属须占企业总人数的60%〈含〉以上，并有军级〈含〉以上单位政治工作部门和保障部门出具的证明）；从事个体经营的随军家属，自办理税务登记事项之日起，其提供的应税服务3年内免征增值税（随军家属须提供师级以上单位政治工作部门出具的可以表明其身份的证明），每一名随军家属按上述规定，可享受一次免税政策。

未就业期间补助。随军家属未就业期间，按规定享受部队和地方相应未就业生活补助和养老、医疗保险补贴等待遇。健全完善随军未就业期间生活补助费定期增长机制，结合省内财力状况和当地居民生活水平，适当增加随军未就业期间生活补助费。

四、军地合力，强化工作责任落实

（八）明确职责分工。在党委、政府领导下，各级党政机关和驻滇部队按照职责分工，军地合力抓好随军家属安置工作。

党政机关职责。省委组织部、省人力资源社会保障厅按照各自职责分工，主要做好进入省直机关及直属、所属事业单位随军家属选调安置招聘工作；省国资委主要做好进入省属企业的招聘工作，并协调省属企业提供编制岗位；州（市）党委组织部主要做好随军前是公务员的随军家属转任安置工作；人力资源社会保障部门主要做好随军前是事业单位家属的交流安置和随军前无工作家属的公开招聘，协助做好随军家属就业促进、养老、失业、工伤保险等；州（市）退役军人事务局、国资委主要协调做好随军家属面向市属企业及社会招聘、就业创业扶持等工作。

驻军单位职责。军队各级应当加强沟通协调，配合地方抓好工作落实。其中，省军区政治工作局主要做好安置到省直机关及所属事业单位的随军家属需求汇总报审；军分区（警备区）政治工作处主要做好所在地随军家属就业安置需求汇总报审，会同有关部门做好方案拟制、督导落实、考核评比等工作；驻滇部队独立旅以上单位主要做好随军家属安置资格初审、跟进协调服务，教育引导广大官兵及家属树立正确就业观，确定合理就业预期。

（九）规范办理流程。每年3月31日前，由驻滇部队各军（独立旅）级单位政治工作部门将随军家属情况分类统计、审核汇总。其中，拟由省直单位接收安置的随军家属名单报省军区政治工作局；拟由各州（市）、县（市、区）安置或招聘的随军家属名单报驻地军分区（警备区）政治工作处。6月底前，各州（市）、县（市、区）根据年度安置需求，通过纳入党委议军会、召开专题会议、相关部门协商等形式，研究形成随军家属年度安置岗位计划；拟由省直部门安置的，由省军区政治工作局、省双拥办会同有关部门研究提出安置计划。

其他未就业随军家属需申请就业安置和就业培训的，由本人填报申请表，部队旅级以上单位政治工作部门审核汇总，每年3月31日前，报县级人民武装部审定后，送驻地县（市、区）人力资源社会保障和退役军人事务部门统筹安排。

（十）强化责任落实。各级党委、政府是落实随军家属就业安置政策的责任主体，要加大对随军家属就业安置工作的组织领导。各军分区（警备区）、各州（市）双拥办要牵头制订工作计划、定期分析形势、细化责任分工、加大工作推进力度，原则上当年批准安置的随军家属，当年安置到位，确有困难的次年底前必须安置到位。省军区政治工作局、省双拥办会同有关部门加大督导落实、考核评比等工作，及时统计汇总随军家属就业安置任务落实情况。要强化安置结果运用，随军家属安置情况纳入全省党管武装考评和双拥模范城（县）创建评比重要指标，次年省委议军会上进行书面通报。

各州（市）要结合当地实际，细化优化随军家属就业安置政策，并将政策文件及时抄送驻地团以上驻军政治工作部门，切实有效解决军人后顾之忧。各州（市）正在实行的随军家属安置方面好的政策和做法要继续巩固优化。

本《实施办法》自印发之日起施行。

云南省退役军人事务厅关于规范退役军人工作行政裁量权基准制定和管理工作的实施意见

云退役发〔2023〕85 号

各州、市、县、区退役军人事务局，厅机关各处（室）、直属事业单位：

为深入贯彻落实党的二十大报告关于“健全行政裁量基准”精神，认真落实《退役军人事务部关于规范退役军人工作行政裁量权基准制定和管理工作的意见》（退役军人部发〔2023〕15 号）、《云南省人民政府办公厅关于进一步规范行政裁量权基准制定和管理工作的实施意见》（云政办发〔2023〕11 号）等文件要求，规范行使退役军人工作行政裁量权，更好维护退役军人和其他优抚对象合法权益，现提出如下实施意见。

一、总体要求

坚持以习近平新时代中国特色社会主义思想为指导，深入学习贯彻党的二十大精神，全面贯彻落实习近平法治思想和习近平总书记关于退役军人工作重要论述，牢固树立执法为民理念，建立健全退役军人工作行政裁量权基准制度，规范行使行政裁量权，完善执法程序，强化执法监督，推动严格规范公正文明执法，提高依法行政水平，到 2023 年底前，全省退役军人工作行政裁量权基准制度普遍建立，基本实现行政裁量标准制度化、行为规范化、管理科学化，确保退役军人事务部门在具体行政执法过程中有细化量化的执法尺度，退役军人工作行政处罚、行政确认、行政给付等执法行为得到有效规范，行政执法质量和效能不断提升，服务对象满意度进一步提高，在法治轨道上推动退役军人工作高质量发展。

二、规范行政裁量权基准制定职责权限程序

（一）认真履行行政裁量权基准制定职责。省退役军人事务厅依照法律、法规、规章，统一制定省、州（市）、县（市、区）三级的退役军人工作行政裁量权基准。州（市）退役军人事务部门可以依照本级地方性法规和政府规章设定的行政执法事项的裁量权基准。州（市）、县（市、区）退役军人事务部门可以在法定职权范围内，结合本地经济社会发展状况，对上级退役军人事务部门制定的行政裁量权基准适用的种类、条件、幅度、办理程序、办理时限等予以合理细化量化。

（二）严格规范行政裁量权基准制定权限。

对同一行政执法事项，上级退役军人事务部门已经制定行政裁量权基准的，下级退役军人事务部门原则上应直接适用；下级退役军人事务部门需要结合本地实际依法细化量化的，不能超出上级退役军人事务部门划定的阶次或者幅度。下级退役军人事务部门制定的行政裁量权基准，与上级退役军人事务部门制定的行政裁量权基准在要素、格式等方面要保持一致。没有法律、法规、规章依据，不得增加行政相对人的义务或者减损行政相对人的权益。

（三）规范行政裁量权基准制定程序。制定行政裁量权基准按照省、州（市）、县（市、区）逐级顺序开展。退役军人事务部门以行政规范性文件形式制定行政裁量权基准，要认真落实《云南省行政规范性文件制定和备案办法》《云南省退役军人事务厅行政规范性文件管理实施办法》等有关规定，严格执行评估论证、公开征求意见、合法性审核、集体审议决定、公开发布和备案等程序，确保制定程序规范、裁量权基准科学合理。

三、准确规定行政裁量权基准内容

（一）推动行政处罚裁量适当。制定行政处罚裁量权基准，应当根据《中华人民共和国行政处罚法》明确不予处罚、从轻处罚、减轻处罚、从重处罚等情节，防止过罚不相适应、重责轻罚、轻责重罚。行政处罚裁量权基准应当包括违法行为、法定依据、裁量阶次、适用条件和具体标准等内容，对退役军人工作法律、法规、规章中有关行政处罚的原则性规定，要根据违法行为的事实、性质、情节和社会危害程度等细化量化。对拒绝或者无故拖延执行退役军人安置任务，接收安置退役士兵的单位未依法签订劳动合同、聘用合同以及违法与残疾退役士兵解除劳动关系或者人事关系，负有军人优待义务的单位不履行优待义务，负有烈士遗属优待义务的单位不履行优待义务，以及弄虚作假骗取优抚待遇等行为，要依法合理细化具体情节和处罚标准，涉及罚款的，要在最高额与最低额之间划分阶次，尽量压缩裁量空间。要坚持处罚和教育相结合，充分发挥行政处罚教育引导行政相对人自觉遵纪守法的作用。

（二）规范行政确认、行政给付和其他行政职权。认真落实《中华人民共和国退役军人保障法》、《中华人民共和国英雄烈士保护法》、《退役士兵安置条例》、《军人抚恤优待条例》、《烈士褒扬条例》等法律、法规、规章和政策规定，对烈士评定、伤残等级评定以及发放烈士褒扬金、抚恤金、补助金、护理费等行政确认和行政给付事项，要明确办理的责任部门、资格条件、所需材料、办理程序、办理时限等，确保及时规范落实退役军人和其他优抚对象相关待遇，对发放数额为原则性规定的，可以结合本地实际，根据不同情形量化金额幅度。对弄虚作假骗取安置待遇，有损纪念英雄烈士环境和氛围活动的行为，违反烈士纪念设施保护规定的行为等依法作出取消待遇、责令改正等其他行政职权，要明确事项名称、设定依据、责任部门等内容，推动相关法律法规和政策措施落实落地。

四、加强行政裁量权基准管理

（一）规范行政裁量权基准适用。在行使行

政裁量权时，应当合法、及时、客观、全面收集相关证据，准确认定裁量情节，合理适用裁量权基准。行政执法人员在履行“谁执法谁普法”普法责任制时，要准确援引说理。在作出行政执法决定前，要告知行政相对人有关行政执法行为的依据、内容、事实、理由，有行政裁量权基准的，要在行政执法决定书中对行政裁量权基准的适用情况予以明确。调整适用有关行政裁量权基准的，要将调整批准材料作为执法案卷的重要部分归档保存，并向行政相对人说明情况。下级退役军人事务部门制定的行政裁量权基准，与上级退役军人事务部门制定的行政裁量权基准冲突的，应适用上级退役军人事务部门制定的行政裁量权基准。不得对裁量权基准作出前后不一致的解释，事实认定和法律政策适用要保持统一。

（二）及时动态调整。加强对行政裁量权基准的管理，发现行政裁量权基准存在明显不当、显失公平，与经济社会发展状况不相适应，所依据的法律、法规、规章及上级退役军人事务部门制定的行政裁量权基准作出修改等情况，制定部门要依法依规及时进行调整。适用上级退役军人事务部门制定的行政裁量权基准可能出现明显不当、显失公平，或者行政裁量权基准适用的客观情况发生变化的，报请该基准制定部门批准后，可以调整适用。对调整适用的行政裁量权基准，制定部门要及时修改。

（三）加强监督检查。通过行政执法情况检查、行政执法案卷评查、行政执法投诉举报处理等方式，加强对退役军人工作行政裁量权基准制度执行情况的监督检查。行政裁量权基准制定后，要按行政规范性文件备案制度报送备案，主动接受备案机关监督。畅通行政执法投诉举报处理渠道，及时收集意见建议，回应群众关切。

五、有关工作要求

（一）加强组织领导。各级退役军人事务部门要重视行政裁量权基准制定和管理工作，加强领导，明确分工，压实责任，切实将行政裁量权基准制定和管理作为退役军人工作法治建设的重要内容，加强考核督察。退役军人事务部门法治工作机构要充分发挥组织协调、统筹推进、指导督促作用，及时总结推广典型经验，研究解决重难点问题。

（二）强化宣传培训。要通过官网官微、报刊杂志、广播电视等多种形式进行广泛宣传，使广大退役军人和其他优抚对象充分了解建立健全退役军人工作行政裁量权基准的重要性，积极参与监督、主动支持配合行政执法活动。要会同司法行政部门加强行政执法人员培训，提高运用行政裁量权基准解决执法问题的能力。

（三）高效推进基准制定。省退役军人事务厅统一制定的省、州（市）、县（市、区）三级行政裁量权基准于 2023 年 9 月底前基本制定完成并公布；州（市）级退役军人事务部门依照本级地方性法规和政府规章设定的行政执法事项制定的行政裁量权基准于 2023 年 10 月底前基本制定完成并公布；州（市）、县（市、区）退役军人事务部门对上级退役军人事务部门制定的行政裁量权基准进行细化量化的，于 2023 年 11 月底前基本完成并公布。

2023 年 9 月 26 日

云南省退役军人事务厅关于印发云南省退役军人事务系统行政裁量权基准的通知

云退役规〔2023〕1号

各州、市、县、区退役军人事务局，厅机关各处（室）、直属事业单位：

《云南省退役军人事务系统行政裁量权基准》已经省退役军人事务厅第9次厅长办公会议审议通过，现印发给你们，请遵照执行。

2023年9月26日

云南省退役军人事务系统行政裁量权基准

一、行政处罚裁量权基准

序号	事项名称	行使层级	违法行为	法定依据	违法情节	裁量标准
1	对违反退役军人安置规定的单位的处罚	省州县	1. 接收安置退役军人（不含退役士兵）的单位拒绝或者无故拖延执行退役军人安置任务	《中华人民共和国退役军人保障法》第七十七条　违反本法规定，拒绝或者无故拖延执行退役军人安置任务的，由安置地人民政府退役军人工作主管部门责令限期改正；逾期不改正的，予以通报批评。对该单位主要负责人和直接责任人员，由有关部门依法给予处分。	拒绝或无故拖延执行退役军人（不含退役士兵）安置任务，经责令限期改正，在限期内改正的。	【不予处罚】采取包容审慎监管措施，责令接收单位限期改正。
					拒绝或无故拖延执行退役军人（不含退役士兵）安置任务，经责令限期改正，逾期不改正的。	【一般处罚】对接收单位通报批评。

续表

序号	事项名称	行使层级	违法行为	法定依据	违法情节	裁量标准
1	对违反退役军人安置规定的单位的处罚	省州县	2. 接收安置退役士兵的单位拒绝或者无故拖延执行人民政府下达的安排退役士兵工作任务	1.《退役士兵安置条例》第五十条第一款第一项 接收安置退役士兵的单位违反本条例的规定，有下列情形之一的，由当地人民政府退役士兵安置工作主管部门责令限期改正；逾期不改的，对国家机关、社会团体、事业单位主要负责人和直接责任人员依法给予处分，对企业按照涉及退役士兵人数乘以当地上年度城镇职工平均工资10倍的金额处以罚款，并对接收单位及其主要负责人予以通报批评： （一）拒绝或者无故拖延执行人民政府下达的安排退役士兵工作任务的。 2.《云南省退役士兵安置规定》第十八条 接收安置退役士兵的单位有拒绝或者无故拖延执行县级以上人民政府批准下达的安排退役士兵工作任务等违法行为的，依照《退役士兵安置条例》的有关规定追究法律责任。	拒绝或无故拖延执行人民政府下达的安排退役士兵工作任务，经责令限期改正，在限期内改正的。	【不予处罚】采取包容审慎监管措施，责令接收单位限期改正。
					拒绝或无故拖延执行人民政府下达的安排退役士兵工作任务，经责令限期改正，限期届满后，30日内改正的。	【减轻处罚】对接收单位通报批评。
					拒绝或无故拖延执行人民政府下达的安排退役士兵工作任务，经责令限期改正，限期届满后，30日内仍未改正的。	【一般处罚】对接收单位通报批评，接收单位是企业的按照涉及退役士兵人数乘以当地上年度城镇职工平均工资10倍的金额处以罚款。
			3. 接收安置退役士兵的单位未依法与退役士兵签订劳动合同、聘用合同	《退役士兵安置条例》第五十条第一款第二项 接收安置退役士兵的单位违反本条例的规定，有下列情形之一的，由当地人民政府退役士兵安置工作主管部门责令限期改正；逾期不改的，对国家机关、社会团体、事业单位主要负责人和直接责任人员依法给予处分，对企业按照涉及退役士兵人数乘以当地上年度城镇职工平均工资10倍的金额处以罚款，并对接收单位及其主要负责人予以通报批评： （二）未依法与退役士兵签订劳动合同、聘用合同的。	未依法与退役士兵签订劳动合同、聘用合同，经责令限期改正，在限期内改正的。	【不予处罚】采取包容审慎监管措施，责令接收单位限期改正。
					未依法与退役士兵签订劳动合同、聘用合同，经责令限期改正，限期届满后，30日内改正的。	【减轻处罚】对接收单位通报批评。
					未依法与退役士兵签订劳动合同、聘用合同，经责令限期改正，限期届满后，30日内仍未改正的。	【一般处罚】对接收单位通报批评，接收单位是企业的按照涉及退役士兵人数乘以当地上年度城镇职工平均工资10倍的金额处以罚款。

续表

序号	事项名称	行使层级	违法行为	法定依据	违法情节	裁量标准
1	对违反退役军人安置规定的单位的处罚	省州县	4. 接收安置退役士兵的单位与残疾退役士兵解除劳动关系或者人事关系	《退役士兵安置条例》第五十条第一款第三项　接收安置退役士兵的单位违反本条例的规定，有下列情形之一的，由当地人民政府退役士兵安置工作主管部门责令限期改正；逾期不改的，对国家机关、社会团体、事业单位主要负责人和直接责任人员依法给予处分，对企业按照涉及退役士兵人数乘以当地上年度城镇职工平均工资10倍的金额处以罚款，并对接收单位及其主要负责人予以通报批评： （三）与残疾退役士兵解除劳动关系或者人事关系的。	接收安置退役士兵的单位与残疾退役士兵解除劳动关系或者人事关系，经责令限期改正，在限期内改正的。	【不予处罚】采取包容审慎监管措施，责令接收单位限期改正。
					接收安置退役士兵的单位与残疾退役士兵解除劳动关系或者人事关系，经责令限期改正，限期届满后，30日内改正的。	【减轻处罚】对接收单位通报批评。
					接收安置退役士兵的单位与残疾退役士兵解除劳动关系或者人事关系，限期届满后，30日内仍未改正的。	【一般处罚】对接收单位通报批评，接收单位是企业的按照涉及退役士兵人数乘以当地上年度城镇职工平均工资10倍的金额处以罚款。

续表

序号	事项名称	行使层级	违法行为	法定依据	违法情节	裁量标准
2	对不履行优待义务的单位的处罚	县	负有军人优待义务的单位不履行优待义务的	1.《军人抚恤优待条例》第四十八条　负有军人优待义务的单位不履行优待义务的，由县级人民政府退役军人事务部门责令限期履行义务；逾期仍未履行的，处以 2000 元以上 1 万元以下罚款。对直接负责的主管人员和其他直接责任人员依法给予行政处分、纪律处分。因不履行优待义务使抚恤优待对象受到损失的，应当依法承担赔偿责任。 2.《云南省军人抚恤优待规定》第二十一条　对违反本规定的行为，依照《条例》和有关法律、法规追究法律责任。	立案后至指定的陈述、申辩期间履行，没有造成危害后果的；初次违法，危害后果轻微，在立案之前履行，或者在立案后至指定的陈述、申辩期间履行的；或者当事人有证据足以证明没主观过错等情形。	【不予处罚】采取包容审慎监管措施，责令限期履行义务。
					积极配合查处违法行为，认错认罚的，且主动消除违法行为危害后果的；或有其他法定减轻情节的。	【减轻处罚】处 2000 元以下（不含 2000 元）的罚款。
					配合查处违法行为，认错认罚的，且主动减轻违法行为危害后果的；受他人胁迫或者诱骗实施违法行为；主动供述退役军人事务部门尚未掌握的违法行为；配合退役军人事务部门查处违法行为有立功表现；或有其他法定从轻情节的。	【从轻处罚】处 2000 元以上 4400 元以下的罚款。
					负有军人优待义务的单位不履行优待义务，逾期仍未履行的。	【一般处罚】处 4400 元以上（不含 4400 元）7600 元以下（不含 7600 元）的罚款。

续表

序号	事项名称	行使层级	违法行为	法定依据	违法情节	裁量标准
2	对不履行优待义务的单位的处罚	县	负有军人优待义务的单位不履行优待义务的		因违法受到行政处罚后一年内再次实施同种违法行为的；主观故意且违法行为持续时间较长，妨碍、逃避、抗拒检查或者销毁、伪造证据，危害社会稳定、社会影响恶劣，引发群体性信访、重大舆情事件。	【从重处罚】处 7600 元以上 1 万元以下的罚款。
3	对非法获取抚恤优待待遇的抚恤优待对象的处罚	县	非法获取抚恤优待待遇的	1.《军人抚恤优待条例》第四十九条　抚恤优待对象有下列行为之一的，由县级人民政府退役军人事务部门给予警告，限期退回非法所得；情节严重的，停止其享受的抚恤、优待；构成犯罪的，依法追究刑事责任： （一）冒领抚恤金、优待金、补助金的； （二）虚报病情骗取医药费的； （三）出具假证明，伪造证件、印章骗取抚恤金、优待金、补助金的。 2.《伤残抚恤管理办法》第二十七条　有下列行为之一的，由县级人民政府退役军人事务部门给予警告，停止其享受的抚恤、优待，追回非法所得；构成犯罪的，依法追究刑事责任： （一）伪造残情的； （二）冒领抚恤金的； （三）骗取医药费等费用的； （四）出具假证明，伪造证件、印章骗取抚恤金和相关待遇的。	违法当事人为不满十四岁的未成年人或者不能辨认和控制自己行为的精神病人、智力残疾人的；立案后配合查处违法行为，认错认罚的，且主动减轻违法行为危害后果的；受他人胁迫或者诱骗实施违法行为；主动供述退役军人事务部门尚未掌握的违法行为；配合退役军人事务部门查处违法行为有立功表现；或有其他法定从轻情节的。	【不予处罚】责令限期退回非法所得。
					在规定时间内未退回非法所得。	【一般处罚】警告，限期退回非法所得。
					因违法受到行政处罚后一年内再次实施同种违法行为的；以暴力、威胁以及提供虚假陈述、伪造、隐匿、销毁证据材料等方式抗拒、阻碍执法的。	【从重处罚】停止其享受的抚恤、优待。

续表

序号	事项名称	行使层级	违法行为	法定依据	违法情节	裁量标准
4	对不履行烈士遗属优待义务的单位的处罚	县	负有烈士遗属优待义务的单位不履行优待义务的	《烈士褒扬条例》第三十八条　负有烈士遗属优待义务的单位不履行优待义务的，由县级人民政府退役军人事务部门责令限期改正；逾期不改正的，处2000元以上1万元以下的罚款；属于国有或者国有控股企业、财政拨款的事业单位的，对直接负责的主管人员和其他直接责任人员依法给予处分。	立案后至指定的陈述、申辩期间履行，没有造成危害后果的；初次违法，危害后果轻微，在立案之前履行，或者在立案后至指定的陈述、申辩期间履行的；或者当事人有证据足以证明没主观过错等情形。	【不予处罚】采取包容审慎监管措施，责令限期改正。
					积极配合查处违法行为，认错认罚，且主动消除违法行为危害后果的；或有其他法定减轻情节的。	【减轻处罚】处2000元以下（不含2000元）的罚款。
					配合查处违法行为，认错认罚的，主动减轻违法行为危害后果的，受他人胁迫或者诱骗实施违法行为，主动供述退役军人事务部门尚未掌握的违法行为，配合退役军人事务部门查处违法行为有立功表现；或有其他法定从轻情节的。	【从轻处罚】处2000元以上4400元以下的罚款。
					有烈士遗属优待义务的单位不履行优待义务，逾期不改正的。	【一般处罚】处4400元以上（不含4400元）7600元以下（不含7600元）的罚款。

续表

序号	事项名称	行使层级	违法行为	法定依据	违法情节	裁量标准
4	对不履行烈士遗属优待义务的单位的处罚	县	负有烈士遗属优待义务的单位不履行优待义务的		因违法受到行政处罚后一年内再次实施同种违法行为的；主观故意且违法行为持续时间较长，妨碍、逃避、抗拒检查或者销毁、伪造证据，危害社会稳定、社会影响恶劣，引发群体性信访、重大舆情事件。	【从重处罚】处 7600 元以上 1 万元以下的罚款。

注：除特别注明外，本基准所称“以下”、“以上”均含本数。

二、行政确认裁量权基准

序号	事项名称	行使层级	资格条件 / 设定依据	申请材料	办理程序
1	烈士评定	省州县	《烈士褒扬条例》第八条 公民牺牲符合下列情形之一的，评定为烈士： （一）在依法查处违法犯罪行为、执行国家安全工作任务、执行反恐怖任务和处置突发事件中牺牲的； （二）抢险救灾或者其他为了抢救、保护国家财产、集体财产、公民生命财产牺牲的； （三）在执行外交任务或者国家派遣的对外援助、维持国际和平任务中牺牲的； （四）在执行武器装备科研试验任务中牺牲的； （五）其他牺牲情节特别突出，堪为楷模的。 现役军人牺牲，预备役人员、民兵、民工以及其他人员因参战、参加军事演习和军事训练、执行军事勤务牺牲应当评定烈士的，依照《军人抚恤优待条例》的有关规定评定。 第九条 申报烈士的，由死者生前所在工作单位、死者遗属或者事件发生地的组织、公民向死者生前工作单位所在地、死者遗属户口所在地或者事件发生地的县级人民政府退役军人事务部门提供有关死者牺牲情节的材料，由收到材料的县级人民政府退役军人事务部门调查核实后提出评定烈士的报告，报本级人民政府审核。	1. 申请人（或单位）书面申请； 2. 事件经过（牺牲人员牺牲情节的描述）； 3. 入院抢救的病历资料； 4. 死亡证明； 5. 牺牲人员生前主要事迹； 6. 牺牲人员家庭成员情况； 7. 牺牲人员如是被犯罪分子杀害牺牲的，应有公安部门破案材料和结论、犯罪分子的口供笔录，法院判决结果及与案情有关的材料【不需申请人（或单位）提供，由各级退役军人事务部门采取信息共享、实地调查等方式核实】； 8. 其他当事人或目击者证明材料【不需申请人（或单位）提供，由各级退役军人事务部门采取信息共享、实地调查等方式核实】； 9. 县级退役军人事务部门对牺牲人员有关情况的调查报告； 10. 县级退役军人事务部门对牺牲人员申报烈士的审核意见； 11. 县级人民政府的请示； 12. 州（市）级退役军人事务部门的审核意见； 13. 州（市）人民政府的请示； 14.《烈士评定申报表》； 15. 追认烈士的需提供权威历史材料记载（必要时请相关部门核实），县级人民政府对历史事件出具的证明。 上述第 7 至第 15 项材料不需申请人提供。	1. 申请人（或单位）向县级退役军人事务部门提出书面申请。 2. 县级退役军人事务部门对申请人（或单位）提交的申请和其他相关材料进行初审，对提交的材料和牺牲情节等情形进行调查核实。对材料不齐全、情形描述不清楚、文字表述不规范的，应提出具体意见一次性告知申请人（或单位）。 3. 县级退役军人事务部门调查核实后，符合烈士评定条件的，撰写调查报告（须对牺牲人员基本情况、牺牲情形进行详细的描述说明）并提出审核意见，填写《烈士评定申报表》，连同相关材料一并上报州（市）级退役军人事务部门和县级人民政府。不符合烈士评定条件的，应明确告知申请人，并认真做好政策解释工作，将申报材料复印后存档备查。 4. 县级人民政府审核后，符合条件的，由县级人民政府上报州（市）级人民政府，并附全部申报材料。 5. 州（市）级退役军人事务部门根据同级人民政府的转办意见，对烈士评定材料进行复查，符合条件的提出审核意见，连同全部申报材料报省退役军人事务厅和州（市）级人民政府。不符合烈士评定条件的，通知县级退役军人事务部门告知申请人，并向其解释有关政策。

续表

序号	事项名称	行使层级	资格条件 / 设定依据	申请材料	办理程序
1	烈士评定	省州县	属于本条例第八条第一款第一项、第二项规定情形的，由县级人民政府提出评定烈士的报告并逐级上报至省、自治区、直辖市人民政府审查评定。评定为烈士的，由省、自治区、直辖市人民政府送国务院退役军人事务部门备案。 属于本条例第八条第一款第三项、第四项规定情形的，由国务院有关部门提出评定烈士的报告，送国务院退役军人事务部门审查评定。 属于本条例第八条第一款第五项规定情形的，由县级人民政府提出评定烈士的报告并逐级上报至省、自治区、直辖市人民政府，由省、自治区、直辖市人民政府审查后送国务院退役军人事务部门审查评定。		6. 州（市）级人民政府审核后，符合条件的，由州（市）级人民政府上报省人民政府，并附全部申报材料。 7. 省退役军人事务厅根据省人民政府的转办意见，对烈士评定材料进行审核，符合条件的，向省人民政府提出评定烈士审核意见，由省人民政府评定。 8. 省人民政府评定后，省退役军人事务厅负责向退役军人事务部呈报烈士备案材料。

续表

序号	事项名称	行使层级	资格条件 / 设定依据	申请材料	办理程序	办理时限
2	伤残等级评定	省州县	1.《军人抚恤优抚条例》第二十四条第一款　因战、因公、因病致残性质的认定和残疾等级的评定权限是： （一）义务兵和初级士官的残疾，由军队军级以上单位卫生部门认定和评定； （二）现役军官、文职干部和中级以上士官的残疾，由军队军区级以上单位卫生部门认定和评定； （三）退出现役的军人和移交政府安置的军队离休、退休干部需要认定残疾性质和评定残疾等级的，由省级人民政府退役军人事务部门认定和评定。 2.《伤残抚恤管理办法》第二条 本办法适用于符合下列情况的中国公民： （一）在服役期间因战因公致残退出现役的军人，在服役期间因病评定了残疾等级退出现役的残疾军人； （二）因战因公负伤时为行政编制的人民警察； （三）因参战、参加军事演习、军事训练和执行军事勤务致残的预备役人员、民兵、民工以及其他人员；	一、申请新办评定残疾等级的提供以下材料： （一）个人书面申请（精神病患者由其利害关系人帮助申请）。内容包括：本人目前的身份和单位，因战因公负伤时的身份和单位，负伤原因、时间、地点、部位，详细经过及现遗留残疾情况。申请须由本人或利害关系人逐页亲笔签名； （二）身份证、户口簿原件及复印件（原件由县级退役军人事务部门初审后退还本人）【户口簿可通过告知承诺制提交承诺书】； （三）致残经过证明： 1. 属于执行公务负伤致残的，需提供所在单位、相关职能部门出具的执行公务证明，同时还需提供2人以上直接见证人的证明材料原件【见证人证明材料不需申请人提供，由各级退役军人事务部门采取信息共享、实地调查等方式核实】； 2. 属于交通事故负伤致残的应当提供公安交警部门出具的《道路交通事故责任认定书》原件及复印件、调解协议书、民事判决书等；	按《伤残抚恤管理办法》、《云南省伤残抚恤管理办法实施细则》（云退役规〔2021〕2号）、《云南省退役军人事务厅等9部门关于印发云南省人民警察伤残评定工作规程（试行）的通知》（云退役发〔2022〕43号）、《云南省退役军人事务厅关于进一步规范退役军人事务部门评定残疾等级工作有关事项的通知》（云退役发〔2023〕26号）执行。 1. 有单位的，申请人向所在单位提出书面申请，由申请人所在单位向属地县级退役军人事务部门出具申请文书。没有单位的，申请人可直接向户籍所在地县级退役军人事务部门提出书面申请。 2. 县级退役军人事务部门对报送的有关材料进行核对，认为申请人符合因战因公负伤条件的，在报经州（市）级退役军人事务部门审核同意后，填写《残疾等级评定审批表》，签发《受理通知书》；材料不全或者材料不符合法定形式的应告知当事人补充材料，对于不符合受理条件的一次性告知理由。	1. 县级退役军人事务部门对报送的有关材料进行核对，对材料不全或者材料不符合法定形式的应当告知申请人补充材料。县级退役军人事务部门经审查认为申请人符合因战因公负伤条件的，在报经州（市）级退役军人事务部门审核同意后，应当填写《残疾等级评定审批表》，并在受理之日起20个工作日内，签发《受理通知书》，通知本人到设区的市级人民政府以上退役军人事务部门指定的医疗卫生机构，对属于因战因公导致的残疾情况进行鉴定，由医疗卫生专家小组根据《军人残疾等级评定标准》，出具残疾等级医学鉴定意见。县级退役军人事务部门依据医疗卫生专家小组出具的残疾等级医学鉴定意见对申请人拟定残疾等级，在《残疾等级评定审批表》上签署意见，加盖印章，连同其他申请材料，于收到医疗卫生专家小组签署意见之日起20个工作日内，一并报送州（市）级退役军人事务部门。

续表

序号	事项名称	行使层级	资格条件 / 设定依据	申请材料	办理程序	办理时限
2	伤残等级评定	省州县	（四）为维护社会治安同违法犯罪分子进行斗争致残的人员； （五）为抢救和保护国家财产、人民生命财产致残的人员； （六）法律、行政法规规定应当由退役军人事务部门负责伤残抚恤的其他人员。 前款所列第（三）、第（四）、第（五）项人员根据《工伤保险条例》应当认定视同工伤的，不再办理因战、因公伤残抚恤。 第三条　本办法第二条所列人员符合《军人抚恤优待条例》及有关政策中因战因公致残规定的，可以认定因战因公致残；个人对导致伤残的事件和行为负有过错责任的，以及其他不符合因战因公致残情形的，不得认定为因战因公致残。	3. 属于医疗事故致残的应当提供相关机构出具的医疗事故鉴定结论； 4. 属于职业病致残的应当提供职业病鉴定机构出具的诊断结论； 5. 因参战、参加军事演习、军事训练和执行军事勤务致残的预备役人员、民兵、民工以及其他人员，须由组织训练、演习等任务的团级以上部队或者县级以上人民武装部门出具详细证明材料； 6. 为维护社会治安同犯罪分子进行斗争致残的人员，须有县级以上政法委或者公安机关等相关部门出具的，说明其身份及负伤时间、地点、部位、详细经过的证明材料或者表彰决定，以及公安机关对犯罪嫌疑人所作的讯问笔录、人民法院的判决书等【讯问笔录不需申请人提供，由各级退役军人事务部门采取信息共享、实地调查等方式核实】；	3. 县级退役军人事务部门经审查认为符合条件的，由退役军人事务部门指定的医疗卫生机构出具残疾等级医学鉴定意见，县级退役军人事务部门根据医疗卫生专家小组出具的残疾等级医学鉴定意见对申请人拟定残疾等级，在《残疾评定审批表》上签署意见，加盖印章，连同材料报送州（市）级退役军人事务部门；州（市）级退役军人事务部门经审查认为不符合条件的，属于《伤残抚恤管理办法》第二条第一款第（一）项人员，根据《军人抚恤优待条例》相关规定上报省退役军人事务厅审批；属于第二条第一款第（一）项以外的人员，填写《残疾等级评定结果告知书》，连同申请人提供的材料，逐级退还申请人或者其所在单位。认为符合条件的在《残疾等级评定审批表》上签署意见，加盖印章报省退役军人事务厅，省退役军人事务厅对报送材料初审后报省级医疗专家小组鉴定，医疗专家小组鉴定结束后审核并拟定评定意见。	2. 州（市）级退役军人事务部门对报送的材料审查后，在《残疾等级评定审批表》上签署意见，并加盖印章。对符合条件的，于收到材料之日起 20 个工作日内，将上述材料报送省退役军人事务厅。 3. 省退役军人事务厅对报送的材料初审后，认为符合条件的，逐级通知县级退役军人事务部门对申请人的评残情况进行公示。公示应当在申请人工作单位所在地或者居住地进行，时间不少于 7 个工作日。县级退役军人事务部门应当对公示中反馈的意见进行核实并签署意见，逐级上报省退役军人事务厅，对调整等级的应当将本人持有的伤残人员证一并上报。省退役军人事务厅应当对公示的意见进行审核，在《残疾等级评定审批表》上签署审批意见，加盖印章。对符合条件的，办理伤残人员证（调整等级的，在证件变更栏处填写新等级），于公示结束之日起 60 个工作日内逐级发给申请人或者其所在单位。

续表

序号	事项名称	行使层级	资格条件 / 设定依据	申请材料	办理程序	办理时限
2	伤残等级评定	省州县		7. 为抢救和保护国家财产、人民生命财产、参加处置突发事件致残的人员，须有县级以上人民政府相关部门出具的证明材料或者表彰决定，以及申请人所在单位或申请人负伤所在地乡镇人民政府、街道办事处等部门出具的有关申请人负伤时间、地点、部位、详细经过的证明等； （四）医疗诊断证明（包括加盖出具单位相关印章的门诊病历原件、住院病历复印件及相关检查报告、出院小结等）； （五）因战因公负伤时为行政编制的人民警察，还应当提供负伤时的授衔命令和行政编制（公务员）证明【行政编制（公务员）证明不需申请人提供，由各级退役军人事务部门采取信息共享、实地调查等方式核实】； （六）单位审查意见（有工作单位的，申请人所在单位审查评定残疾等级申请后，出具书面意见并加盖单位公章。人民警察需提供县级以上所在单位政治部门出具的履行公职、	4. 逐级通知县级退役军人事务部门对申请人的评残情况进行公示，省退役军人事务厅对公示的意见进行审核，在《残疾等级评定审批表》上签署审批意见，加盖印章；对符合条件的，由省退役军人事务厅办理伤残人员证，逐级将伤残证发给申请人。对不符合条件的，填写《残疾等级评定结果告知书》连同申请人提供的材料，逐级退还申请人。	对不符合条件的，填写《残疾等级评定结果告知书》，连同申请人提供的材料，于收到材料之日或者公示结束之日起 60 个工作日内逐级退还申请人或者其所在单位。

续表

序号	事项名称	行使层级	资格条件 / 设定依据	申请材料	办理程序	办理时限
2	伤残等级评定	省州县		执行公务由于意外事件造成的负伤经过、负伤部位和负伤性质的审查意见。无工作单位的，由县级退役军人事务部门出具评定残疾等级书面意见，并加盖单位公章）； （七）申请人近期 2 寸免冠白底彩色照片 4 张（在职人民警察着警服）。 二、申请补办评定残疾等级的提供以下材料： （一）个人书面申请（精神病患者由其利害关系人帮助申请）。内容包括：入伍时间、退役时间以及负伤原因、时间、地点、部位、详细经过、部队未评残原因等。申请须由本人或利害关系人逐页亲笔签名； （二）退役证件（退役军人登记表）或者移交政府安置的相关证明原件及复印件（原件由县级退役军人事务部门初审后退还本人）【可通过告知承诺制提交承诺书】； （三）身份证、户口簿原件及复印件（原件由县级退役军人事务部门初审后退还本人）； （四）因战因公致残档案记载或者原始医疗证明原件、复印件		

续表

序号	事项名称	行使层级	资格条件 / 设定依据	申请材料	办理程序	办理时限
2	伤残等级评定	省州县		（档案记载是指本人档案中所在部队作出的涉及本人负伤原始情况、治疗情况及善后处理情况等确切书面记载，其中：因职业病致残的还需提供所在部队作出直接从事与该职业病相关的工作经历记载。因医疗事故致残的还需提供军队后勤卫生机关出具医疗事故鉴定结论。原始医疗证明是指因战因公负伤时所在部队体系医院出具的能说明致残原因、残疾情况的门诊病历、病情诊断书、相关检查报告、出院小结等原件，或者加盖出具单位病历档案复印专用章的完整住院病历复印件）； （五）近6个月内在二级甲等以上医院的原伤残部位就诊病历及医院检查报告、诊断结论等（包括加盖出具单位相关印章的门诊病历原件及原伤残部位相关检查报告）； （六）单位审查意见（有工作单位的，申请人所在单位审查残疾等级评定申请后，出具书面意见并加盖单位公章。无工作单位的，由县级退役军人事务部门出具评定残疾等级书面意见，并加盖单位公章）；		

续表

序号	事项名称	行使层级	资格条件 / 设定依据	申请材料	办理程序	办理时限
2	伤残等级评定	省州县		（七）申请人近期 2 寸免冠白底彩色照片 4 张。 三、申请调整残疾等级的提供以下材料： （一）个人书面申请（精神病患者由其利害关系人帮助申请）。内容包括：本人目前的身份和单位，因战因公负伤时的身份和单位，负伤原因、时间、地点、部位及当前残疾情况变化等。申请须由本人或利害关系人逐页亲笔签名； （二）身份证、户口簿原件及复印件（原件由县级退役军人事务部门初审后退还本人）【户口簿可通过告知承诺制提交承诺书】； （三）残疾证原件及复印件； （四）原批准残疾等级审批档案材料原件及复印件（由县级退役军人事务部门提供）； （五）近 6 个月内在二级甲等以上医院的就诊病历及医院检查报告、诊断结论等原件。入院治疗的还需提供住院病历复印件； （六）申请人近期 2 寸免冠白底彩色照片 4 张。		

续表

序号	事项名称	行使层级	资格条件 / 设定依据	申请材料	办理程序	办理时限
3	伤残抚恤关系接收、转移办理	省州县	1.《军人抚恤优待条例》第二十四条第三款　残疾军人由认定残疾性质和评定残疾等级的机关发给《中华人民共和国残疾军人证》。 2.《伤残抚恤管理办法》第二十条　残疾军人退役或者向政府移交，必须自军队办理了退役手续或者移交手续后60日内，向户籍迁入地的县级人民政府退役军人事务部门申请转入抚恤关系。退役军人事务部门必须进行审查、登记、备案。审查的材料有:《户口登记簿》、《残疾军人证》、军队相关部门监制的《军人残疾等级评定表》、《换领〈中华人民共和国残疾军人证〉申报审批表》、退役证件或者移交政府安置的相关证明。 县级人民政府退役军人事务部门应当对残疾军人残疾情况及有关材料进行审查，必要时可以复查鉴定残疾情况。认为符合条件的，将《残疾军人证》及有关材料逐级报送省级人民政府退役军人事务部门。省级人民政府退役军人事务部门审查无误的，在《残疾军人证》	一、残疾军人退役或者向政府移交的提供以下材料： 1. 书面申请，须由申请人逐页亲笔签名（精神病患者由其利害关系人代签）； 2. 身份证、户口簿原件及复印件（原件由县级退役军人事务部门审核后退还本人）【户口簿可通过告知承诺制提交承诺书】； 3.《残疾军人证》原件及复印件【可通过告知承诺制提交承诺书】； 4. 军队相关部门监制的《军人残疾等级评定表》《换领〈中华人民共和国残疾军人证〉申报审批表》原件和复印件； 5. 退役证件或者移交政府安置的证明复印件； 6. 一级至四级残疾义务兵和初级军士（士官）、五级至六级精神病残疾义务兵和初级军士（士官），还应提供省退役军人事务厅下达的移交安置计划和名单复印件； 7. 需要换证的提交近期2寸免冠白底彩色照片2张。	一、残疾军人退役或者向政府移交的： 1. 残疾军人退役或者向政府移交，必须自军队办理了退役手续或者移交手续后60日内，向户籍迁入地的县级人民政府退役军人事务部门申请转入抚恤关系。 2. 县级退役军人事务部门对报送的有关材料进行核对，符合受理条件的签发受理通知书；材料不全或者材料不符合法定形式的应告知当事人补充材料，对于不符合受理条件的一次性告知理由。 3. 县退役军人事务部门对残疾军人残疾情况及有关材料进行审查，必要时可以复查鉴定残疾情况，将《残疾军人证》及有关材料逐级报送省退役军人事务厅。 4. 省退役军人事务厅审查无误的，在《残疾军人证》变更栏内填写新的户籍地、重新编号，并加盖印章，将《残疾军人证》逐级通过县退役军人事务部门发还申请人。军人残疾等级评定材料记载的残疾情况与残疾等级明显不符的，	各级退役军人事务部门应当在20个工作日内完成本级需要办理的事项。残疾军人退役或向政府移交的，如复查、鉴定残疾情况的可以适当延长工作日。

续表

序号	事项名称	行使层级	资格条件 / 设定依据	申请材料	办理程序	办理时限
3	伤残抚恤关系接收、转移办理	省州县	变更栏内填写新的户籍地、重新编号，并加盖印章，将《残疾军人证》逐级通过县级人民政府退役军人事务部门发还申请人。各级退役军人事务部门应当在 20 个工作日内完成本级需要办理的事项。如复查、鉴定残疾情况的可以适当延长工作日。 《军人残疾等级评定表》或者《换领〈中华人民共和国残疾军人证〉申报审批表》记载的残疾情况与残疾等级明显不符的，县级退役军人事务部门应当暂缓登记，逐级上报省级人民政府退役军人事务部门通知原审批机关更正，或者按复查鉴定的残疾情况重新评定残疾等级。伪造、变造《残疾军人证》和评残材料的，县级人民政府退役军人事务部门收回《残疾军人证》不予登记，并移交当地公安机关处理。	二、伤残人员跨省迁移户籍的提供以下材料： 1.《云南省伤残人员关系转移证明（跨省）》； 2.《云南省伤残抚恤关系跨省转移审批表》； 3.《云南省残疾等级评定审批表》或《军人残疾等级评定表》； 4. 伤残档案； 5. 迁入地户口簿复印件； 6. 伤残证件。 三、伤残人员在省内迁移户籍的提供以下材料： 1.《云南省伤残人员关系转移证明（省内）》； 2. 伤残档案； 3. 迁入地户口簿复印件； 4. 伤残证件。	省退役军人事务厅通知原审批机关更正，或逐级通知本人到指定的医疗卫生机构复查鉴定，复查鉴定的残疾情况与军人残疾等级评定材料记载的残疾情况明显不符的，按复查鉴定的残疾情况重新评定残疾等级。伪造、变更《残疾军人证》的，退役军事务部门收回《残疾军人证》不予登记，并移交当地公安机关处理。 二、伤残人员跨省迁移户籍的： 1. 本省迁出地的县级退役军人事务部门根据伤残人员申请及其伤残证件和迁入地户口簿，应当先与迁入地县级退役军人事务部门沟通，再填写《云南省伤残人员关系转移证明（跨省）》（一式四份）、《云南省伤残抚恤关系跨省转移审批表》，签署意见并加盖公章，连同《云南省残疾等级评定审批表》或《军人残疾等级评定表》等材料逐级上报省退役军人事务厅。待省退役军人事务厅审批同意后，将伤残档案、迁入地户口簿复印件以及《云南省伤残人员关系转移证明（跨省）》	

续表

序号	事项名称	行使层级	资格条件 / 设定依据	申请材料	办理程序	办理时限
3	伤残抚恤关系接收、转移办理	省州县	第二十一条　伤残人员跨省迁移户籍时，应同步转移伤残抚恤关系，迁出地的县级人民政府退役军人事务部门根据伤残人员申请及其伤残证件和迁入地户口簿，将伤残档案、迁入地户口簿复印件以及《伤残人员关系转移证明》，发送迁入地县级人民政府退役军人事务部门，并同时将此信息逐级上报本省级人民政府退役军人事务部门。 迁入地县级人民政府退役军人事务部门在收到上述材料和申请人提供的伤残证件后，逐级上报省级人民政府退役军人事务部门。省级人民政府退役军人事务部门在向迁出地省级人民政府退役军人事务部门核实无误后，在伤残证件变更栏内填写新的户籍地、重新编号，并加盖印章，逐级通过县级人民政府退役军人事务部门发还申请人。各级退役军人事务部门应当在20个工作日内完成本级需要办理的事项。 迁出地退役军人事务部门邮寄伤残档案时，应当将伤残证件及其军队或者地方相关的评残审批表或者换证表复印备查。		邮寄到迁入地县级退役军人事务部门，同时在全国优抚信息管理系统注销其伤残人员信息。县级退役军人事务部门邮寄伤残档案时，应当将伤残证件及其军队或地方相关的评残审批表或者换证表复印备查。 2. 本省迁入地县级退役军人事务部门在收到省外上述材料和申请人提供的伤残证件后，对有关材料进行审查。材料齐全的，在全国优抚信息管理系统录入其伤残人员信息，在《伤残人员关系转移证明》签署意见，并加盖单位公章，填写《云南省伤残抚恤关系跨省转移审批表》连同相关材料逐级上报省退役军人事务厅。审查发现材料不全或不符合迁移条件的，退还原迁出地退役军人事务部门补充材料。 3. 州（市）级退役军人事务部门应当对县级退役军人事务部门报送材料复核。符合条件的，签署意见并加盖单位公章，连同审查材料报送省退役军人事务厅。不符合上报条件的，退回县级退役军人事务部门补充材料。	

续表

序号	事项名称	行使层级	资格条件 / 设定依据	申请材料	办理程序	办理时限
3	伤残抚恤关系接收、转移办理	省州县			4. 省退役军人事务厅对州（市）级退役军人事务部门报送材料核实无误后，对于转出伤残抚恤关系的，在《云南省伤残人员关系转移证明(跨省)》和《云南省伤残抚恤关系跨省转移审批表》上签署意见，加盖公章，并将材料逐级退还县级退役军人事务部门。对于转入抚恤关系的，在《伤残人员关系转移证明》和《云南省伤残抚恤关系跨省转移审批表》上签署意见并加盖公章，并在伤残证件变更栏内填写新的户籍地、重新编号，加盖印章，将材料逐级退还县级退役军人事务部门并建立伤残人员档案，将变更后的伤残证件逐级退还申请人。 三、伤残人员在省内迁移户籍的： 1. 迁出地县级退役军人事务部门根据伤残人员申请，认真整理申请人伤残档案，填写《云南省伤残人员关系转移证明（省内）》签署意见并加盖单位公章，连同户口簿复印件及伤残档案材料上报州（市）级退役军人事务部门。州（市）级退役军人事务部门对报送材料进行复核，符合条件的，在《云南省	

续表

序号	事项名称	行使层级	资格条件 / 设定依据	申请材料	办理程序	办理时限
3	伤残抚恤关系接收、转移办理	省州县			伤残人员关系转移证明（省内）》签署意见并加盖单位公章，连同审查材料退还迁出地县级退役军人事务部门。迁出地再将伤残档案、迁入地户口簿复印件以及《云南省伤残人员关系转移证明（省内）》发送到迁入地县级退役军人事务部门。县级退役军人事务部门邮寄伤残档案时，应当将伤残证件及其军队或地方相关的评残审批表，或者换证表复印存档备查。 2. 迁入地县级退役军人事务部门在收到上述材料和申请人提供的伤残证件后，对有关材料进行审查，符合迁移条件的，在《云南省伤残人员关系转移证明（省内）》上签署意见并加盖单位公章，连同相关材料上报州（市）级退役军人事务部门。州（市）级退役军人事务部门复核后，在《云南省伤残人员关系转移证明（省内）》上签署意见并加盖单位公章，连同相关材料上报省退役军人事务厅。	

续表

序号	事项名称	行使层级	资格条件 / 设定依据	申请材料	办理程序	办理时限
3	伤残抚恤关系接收、转移办理	省州县			3. 省退役军人事务厅审核同意后，在《云南省伤残人员关系转移证明（省内）》上签署意见并加盖单位公章，在伤残证件变更栏内填写新的户籍地，并加盖印章，随后逐级通过县级退役军人事务部门将变更后的伤残证件退还申请人。	
4	对退出现役残疾军人集中供养的确定及抚恤优待对象收治和集中供养的确定	省州县	1.《军人抚恤优待条例》第二十九条　退出现役的一级至四级残疾军人，由国家供养终身；其中，对需要长年医疗或者独身一人不便分散安置的，经省级人民政府退役军人事务部门批准，可以集中供养。 第四十五条　国家兴办优抚医院、光荣院，治疗或者集中供养孤老和生活不能自理的抚恤优待对象。 各类社会福利机构应当优先接收抚恤优待对象。 2.《优抚医院管理办法》第九条　优抚医院根据主管部门下达的任务，收治下列优抚对象：	一、一级至四级残疾军人的集中供养： 由部队与省退役军人事务厅直接对接，按照中央下达的集中供养人员名单落实供养情况。 二、《优抚医院管理办法》和《光荣院管理办法》规定的其他抚恤优待对象的收治和集中供养： 1. 书面申请； 2. 身份证或者居民户口簿原件及复印件（原件审核后退还本人）； 3. 退役军人证（退役军人登记表）； 4. 残疾军人证。	一、一级至四级残疾军人的集中供养： 由部队与省退役军人事务厅直接对接，按照中央下达的集中供养人员名单审核，由安置地接收安置落实供养。 二、申请优抚医院收治： 由本人（精神病患者由其利害关系人）提出申请，或者由村（社区）退役军人服务站代为提出申请，经县级退役军人事务部门审核，由优抚医院根据主管部门下达的任务和计划安排入院。 省退役军人事务厅可以指定优抚医院收治符合条件的优抚对象。 在院优抚对象基本治愈或者病情稳定，符合出院条件的，由优抚医院办理出院手续。	一、一级至四级残疾军人的集中供养、抚恤优待对象申请优抚医院收治的：没有法定办理时限。 二、抚恤优待对象申请光荣院集中供养的：退役军人服务站应当在10个工作日内将申请材料报光荣院，光荣院初审后及时报其主管部门审核批准。

续表

序号	事项名称	行使层级	资格条件 / 设定依据	申请材料	办理程序	办理时限
4	对退出现役残疾军人集中供养的确定及抚恤优待对象收治和集中供养的确定	省州县	（一）需要常年医疗或者独身一人不便分散供养的一级至四级残疾退役军人； （二）在服役期间患严重慢性病的残疾退役军人和带病回乡退役军人； （三）在服役期间患精神疾病，需要住院治疗的退役军人； （四）短期疗养的优抚对象； （五）主管部门安排收治的其他人员。 优抚医院应当在完成主管部门下达的收治任务的基础上，为其他优抚对象提供优先或者优惠服务。 第十五条　优抚医院应当规范入院、出院程序。 属于第九条规定收治范围的优抚对象，可以由本人（精神病患者由其利害关系人）提出申请，或者由村（社区）退役军人服务站代为提出申请，经县级人民政府退役军人工作主管部门审核，由优抚医院根据主管部门下达的任务和计划安排入院。省级人民政府退役军人工作主管部门可以指定优抚医院收治符合条件的优抚对象。		三、申请光荣院集中供养： 由本人向户籍地村（社区）退役军人服务站提出申请，或者由其居民委员会（村民委员会）向乡镇（街道）退役军人服务站代为提出申请。退役军人服务站应当在10个工作日内将申请材料报光荣院，光荣院初审后及时报其主管部门审核批准。光荣院根据其主管部门下达的计划和任务安排集中供养、优惠服务对象入院，并根据实际情况接收优待服务对象。	

续表

序号	事项名称	行使层级	资格条件 / 设定依据	申请材料	办理程序	办理时限
4	对退出现役残疾军人集中供养的确定及抚恤优待对象收治和集中供养的确定	省州县	在院优抚对象基本治愈或者病情稳定，符合出院条件的，由优抚医院办理出院手续。 在院优抚对象病故的，优抚医院应当及时报告主管部门，并协助优抚对象常住户口所在地退役军人工作主管部门妥善办理丧葬事宜。 3.《光荣院管理办法》第七条 老年、残疾或者未满16周岁的烈士遗属、因公牺牲军人遗属、病故军人遗属和进入老年的残疾军人、复员军人、退伍军人，无法定赡养人、扶养人、抚养人或者法定赡养人、扶养人、抚养人无赡养、扶养、抚养能力且享受国家定期抚恤补助待遇的为集中供养对象，可以申请享受光荣院集中供养待遇。 光荣院在保障好集中供养对象的前提下，可利用空余床位为其他老年且无法定赡养人、扶养人或者法定赡养人、扶养人无赡养、扶养能力的抚恤优待对象提供优惠服务。			

续表

序号	事项名称	行使层级	资格条件 / 设定依据	申请材料	办理程序	办理时限
4	对退出现役残疾军人集中供养的确定及抚恤优待对象收治和集中供养的确定	省州县	有条件的光荣院在满足上述对象集中供养、优惠服务的需求外，可面向其他抚恤优待对象开展优待服务。 第八条 申请享受光荣院集中供养、优惠服务，应当由本人向户籍地村（社区）退役军人服务站提出申请，或者由其居民委员会(村民委员会)向乡镇(街道）退役军人服务站代为提出申请。 退役军人服务站应当在 10 个工作日内将申请材料报光荣院，光荣院初审后及时报其主管部门审核批准。 光荣院根据其主管部门下达的计划和任务安排集中供养、优惠服务对象入院，并根据实际情况接收优待服务对象。			

续表

序号	事项名称	行使层级	资格条件 / 设定依据	申请材料	办理程序
5	在乡复员军人定期定量补助的认定	县	《军人抚恤优待条例》第四十四条　复员军人生活困难的，按照规定的条件，由当地人民政府退役军人事务部门给予定期定量补助，逐步改善其生活条件。 第五十三条　本条例所称的复员军人，是指在 1954 年 10 月 31 日之前入伍、后经批准从部队复员的人员；带病回乡退伍军人，是指在服现役期间患病，尚未达到评定残疾等级条件并有军队医院证明，从部队退伍的人员。	1. 本人书面申请（需本人签字按手印）； 2. 身份证、户口簿原件及复印件（原件由县级退役军人事务部门审核后退还本人）； 3. 复员证原件及复印件或档案中入伍(退伍)登记表。	1. 向户籍所在地村级退役军人服务站提出申请并填写有关登记审核表，初审后上报乡级退役军人服务站。 2. 乡级退役军人服务站认真核实其身份，并做好登记工作；对符合条件的签署意见后，将有关材料上报县级退役军人事务部门审核；不符合条件的书面通知本人并说明理由。 3. 县级退役军人事务部门对上报的材料逐一审定是否符合条件，不符合条件的书面通知本人并说明理由；符合条件的按程序审批通过后，将相关信息录入全国优抚信息管理系统，按程序审核通过后，每月发放定期定量生活补助。

三、行政给付裁量权基准

序号	事项名称	行使层级	资格条件 / 设定依据	申请材料	办理程序
1	烈士褒扬金的给付	县	1.《烈士褒扬条例》第十四条　国家建立烈士褒扬金制度。烈士褒扬金标准为烈士牺牲时上一年度全国城镇居民人均可支配收入的 30 倍。战时，参战牺牲的烈士褒扬金标准可以适当提高。 烈士褒扬金由领取烈士证书的烈士遗属户口所在地县级人民政府退役军人事务部门发给烈士的父母或者抚养人、配偶、子女；没有父母或者抚养人、配偶、子女的，发给烈士未满 18 周岁的兄弟姐妹和已满 18 周岁但无生活来源且由烈士生前供养的兄弟姐妹。 2.《军人抚恤优待条例》第十二条　现役军人死亡被批准为烈士的，依照《烈士褒扬条例》的规定发给烈士遗属烈士褒扬金。	退役军人事务部备案烈士评定事项后，按规定列入中央财政预算，标准为烈士牺牲时上一年度全国城镇居民人均可支配收入的 30 倍，逐级下达，由县级退役军人事务部门发放： 1. 身份证、户口簿原件及复印件（原件由县级退役军人事务部门审核后退还本人）； 2. 遗属指定由谁作为代表领取褒扬金的协议； 3. 领取人的银行卡复印件。	省级财政部门在收到中央下达的烈士褒扬金后，由省退役军人事务厅提出资金分配方案，逐级下达到县级财政部门，由县级退役军人事务部门及时足额兑付。

续表

序号	事项名称	行使层级	资格条件 / 设定依据	申请材料	办理程序
2	烈士遗属、因公牺牲军人遗属、病故军人遗属一次性抚恤金或补助的给付	县	1.《烈士褒扬条例》第十五条　烈士遗属除享受本条例第十四条规定的烈士褒扬金外，属于《军人抚恤优待条例》以及相关规定适用范围的，还享受因公牺牲一次性抚恤金；属于《工伤保险条例》以及相关规定适用范围的，还享受一次性工亡补助金以及相当于烈士本人 40 个月工资的烈士遗属特别补助金。 不属于前款规定范围的烈士遗属，由县级人民政府退役军人事务部门发给一次性抚恤金，标准为烈士牺牲时上一年度全国城镇居民人均可支配收入的 20 倍加 40 个月的中国人民解放军排职少尉军官工资。 2.《军人抚恤优待条例》第十三条　现役军人死亡，根据其死亡性质和死亡时的月工资标准，由县级人民政府退役军人事务部门发给其遗属一次性抚恤金，标准是：烈士和因公牺牲的，为上一年度全国城镇居民人均可支配收入的 20 倍加本人 40 个月的工资；病故的，为上一年度全国城镇居民人均可支配收入的 2 倍加本人 40 个月的工资。月工资或者津贴低于排职少尉军官工资标准的，按照排职少尉军官工资标准计算。 获得荣誉称号或者立功的烈士、因公牺牲军人、病故军人，其遗属在应当享受的一次性抚恤金的基础上，由县级人民政府退役军人事务部门按照下列比例增发一次性抚恤金： （一）获得中央军事委员会授予荣誉称号的，增发 35%； （二）获得军队军区级单位授予荣誉称号的，增发 30%； （三）立一等功的，增发 25%； （四）立二等功的，增发 15%； （五）立三等功的，增发 5%。 多次获得荣誉称号或者立功的烈士、因公牺牲军人、病故军人，其遗属由县级人民政府退役军人事务部门按照其中最高等级奖励的增发比例，增发一次性抚恤金。 第十五条　一次性抚恤金发给烈士、因公牺牲军人、病故军人的父母（抚养人）、配偶、子女；没有父母（抚养人）、配偶、子女的，发给未满 18 周岁的兄弟姐妹和已满 18 周岁但无生活费来源且由该军人生前供养的兄弟姐妹。 第二十八条　退出现役的因战、因公致残的残疾军人因旧伤复发死亡的，由县级人民政府退役军人事务部门按照因公牺牲军人的抚恤金标准发给其遗属一次性抚恤金，其遗属享受因公牺牲军人遗属抚恤待遇。 退出现役的因战、因公、因病致残的残疾军人因病死亡的，对其遗属增发 12 个月的残疾抚恤金，作为丧葬补助费；其中，因战、因公致残的一级至四级残疾军人因病死亡的，其遗属享受病故军人遗属抚恤待遇。	1. 书面申请（需签字按手印）； 2. 身份证、户口簿原件及复印件（原件由县级退役军人事务部门审核后退还本人）； 3. 烈士、因公牺牲军人、病故军人证明书； 4. 与烈士、因公牺牲军人、病故军人关系证明； 5. 工资证明； 6. 有立功受奖的，提供相关证明； 7. 遗属指定由谁作为代表领取抚恤金的协议； 8. 领取抚恤金或补助人的银行卡复印件。	县级退役军人事务部门依据烈士、因公牺牲军人、病故军人证明书等相关材料，将烈士、因公牺牲军人、病故军人一次性抚恤金纳入本级财政预算，资金下达后及时兑付。

续表

序号	事项名称	行使层级	资格条件 / 设定依据	申请材料	办理程序
3	烈士遗属、因公牺牲军人遗属、病故军人遗属定期抚恤金或补助的给付	县	1.《烈士褒扬条例》第十六条　符合下列条件之一的烈士遗属，享受定期抚恤金： （一）烈士的父母或者抚养人、配偶无劳动能力、无生活来源，或者收入水平低于当地居民的平均生活水平的； （二）烈士的子女未满 18 周岁，或者已满 18 周岁但因残疾或者正在上学而无生活来源的； （三）由烈士生前供养的兄弟姐妹未满 18 周岁，或者已满 18 周岁但因正在上学而无生活来源的。 符合前款规定条件享受定期抚恤金的烈士遗属，由其户口所在地的县级人民政府退役军人事务部门发给定期抚恤金领取证，凭证领取定期抚恤金。 第十七条　烈士生前的配偶再婚后继续赡养烈士父母，继续抚养烈士未满 18 周岁或者已满 18 周岁但无劳动能力、无生活来源且由烈士生前供养的兄弟姐妹的，由其户口所在地的县级人民政府退役军人事务部门参照烈士遗属定期抚恤金的标准给予补助。 第十八条　定期抚恤金标准参照全国城乡居民家庭人均收入水平确定。定期抚恤金的标准及其调整办法，由国务院退役军人事务部门会同国务院财政部门规定。 烈士遗属享受定期抚恤金后仍达不到当地居民的平均生活水平的，由县级人民政府予以补助。 2.《军人抚恤优待条例》第十六条　对符合下列条件之一的烈士遗属、因公牺牲军人遗属、病故军人遗属，发给定期抚恤金： （一）父母（抚养人）、配偶无劳动能力、无生活费来源，或者收入水平低于当地居民平均生活水平的； （二）子女未满 18 周岁或者已满 18 周岁但因上学或者残疾无生活费来源的；	1. 书面申请（需签字按手印）； 2. 身份证、户口簿原件及复印件（原件由县级退役军人事务部门审核后退还本人）； 3. 烈士、因公牺牲军人、病故军人证明书； 4. 与烈士、因公牺牲军人、病故军人关系证明； 5. 领取抚恤金或补助人的银行卡复印件。	1. 申请人向县级退役军人事务部门提出书面申请。 2. 县级退役军人事务部门对申报材料进行审查，不符合政策条件的做好政策解释工作，符合申报条件的填“三属”定期抚恤审批表，签署意见后，连同申报材料逐级报省退役军人事务厅备案，同时将相关信息录入全国优抚信息管理系统，按程序审核通过后发放。

续表

序号	事项名称	行使层级	资格条件 / 设定依据	申请材料	办理程序
3	烈士遗属、因公牺牲军人遗属、病故军人遗属定期抚恤金或补助的给付	县	（三）兄弟姐妹未满 18 周岁或者已满 18 周岁但因上学无生活费来源且由该军人生前供养的。 对符合享受定期抚恤金条件的遗属，由县级人民政府退役军人事务部门发给《定期抚恤金领取证》。 第二十八条　退出现役的因战、因公致残的残疾军人因旧伤复发死亡的，由县级人民政府退役军人事务部门按照因公牺牲军人的抚恤金标准发给其遗属一次性抚恤金，其遗属享受因公牺牲军人遗属抚恤待遇。 退出现役的因战、因公、因病致残的残疾军人因病死亡的，对其遗属增发 12 个月的残疾抚恤金，作为丧葬补助费；其中，因战、因公致残的一级至四级残疾军人因病死亡的，其遗属享受病故军人遗属抚恤待遇。 3.《云南省军人抚恤优待规定》第八条　依照《条例》第十五条规定享受定期抚恤金的烈士、因公牺牲军人、病故军人的配偶再婚后继续赡养烈士、因公牺牲军人、病故军人的父母（抚养人）的，由其户籍所在地的县级退役军人事务部门继续发给定期抚恤金。 第九条　未享受定期抚恤金的烈士、因公牺牲军人、病故军人的父母（抚养人）、配偶虽有收入，但其收入水平低于当地平均生活水平的，依照《条例》第十五条规定发给定期抚恤金。		

续表

序号	事项名称	行使层级	资格条件 / 设定依据	申请材料	办理程序
4	享受定期抚恤金的烈士遗属、因公牺牲军人遗属、病故军人遗属丧葬补助费的给付	县	1.《烈士褒扬条例》第二十条　烈士遗属不再符合本条例规定的享受定期抚恤金条件的，应当注销其定期抚恤金领取证，停发定期抚恤金。 享受定期抚恤金的烈士遗属死亡的，增发 6 个月其原享受的定期抚恤金作为丧葬补助费，同时注销其定期抚恤金领取证，停发定期抚恤金。 2.《军人抚恤优待条例》第十九条　享受定期抚恤金的烈士遗属、因公牺牲军人遗属、病故军人遗属死亡的，增发 6 个月其原享受的定期抚恤金，作为丧葬补助费，同时注销其领取定期抚恤金的证件。	1. 书面申请（需签字按手印）； 2. 家属身份证、户口簿原件及复印件（原件由县级退役军人事务部门审核后退还本人）； 3. 死亡证明； 4. 定期抚恤金领取证； 5. 家属指定由谁作为代表领取丧葬补助费的协议； 6. 领取丧葬补助费人的银行卡复印件。	1. 向户籍所在地村级退役军人服务站提出申请并填写有关登记审核表，初审后上报乡级退役军人服务站。 2. 乡级退役军人服务站认真核实其身份，并做好登记工作；对符合条件的签署意见后，将有关材料上报县级退役军人事务部门；不符合条件的书面通知本人并说明理由。 3. 县级退役军人事务部门对上报的材料逐一审定是否符合条件，不符合条件的书面通知本人并说明理由；符合条件的按程序审批通过后，于次月一次增发 6 个月其原享受的定期抚恤金作为丧葬补助费，同时注销其定期抚恤金领取证。
5	部分烈士（含错杀后被平反人员）子女认定及生活补助给付	县	1. 民政部、财政部《关于给部分烈士子女发放定期生活补助的通知》（民发〔2012〕27 号）根据中央领导同志有关批示精神，经研究决定，从 2011 年 7 月 1 日起，给部分烈士子女（含建国前错杀后被平反人员的子女，下同）发放定期生活补助。现将有关问题通知如下： 一、部分烈士子女是指居住在农村和城镇无工作单位、18 周岁之前没有享受过定期抚恤金待遇且年满 60 周岁的烈士子女。	1. 书面申请（需签字按手印）； 2. 身份证、户口簿原件及复印件（原件由县级退役军人事务部门审核后退还本人）； 3. 烈士证明书或由县级以上组织部门出具的平反批复； 4. 本人与烈士或错杀被平反人员直系亲属关系的证明材料复印件； 5. 根据实际情况提供失业证明或个人承诺书（证明无劳动能力、无工作单位、无生活费来源），个人承诺书（证明本人在 18 周岁以前就属于烈士子女并未享受过定期抚恤金的待遇），	1. 向户籍所在地村级退役军人服务站提出申请并填写有关登记审核表，初审后上报乡级退役军人服务站。 2. 乡级退役军人服务站认真核实其身份，并做好登记工作；对符合条件的签署意见后，将有关材料上报县级退役军人事务部门；不符合条件的书面通知本人并说明理由。 3. 县级退役军人事务部门对上报的材料逐一审定是否符合条件，不符合条件的书面通知本人并说明理由；符合条件的按程序审批通过后，将相关信息录入全国优抚信息管理系统，按程序

续表

序号	事项名称	行使层级	资格条件 / 设定依据	申请材料	办理程序
5	部分烈士（含错杀后被平反人员）子女认定及生活补助给付	县	2. 民政部办公厅、财政部办公厅《关于落实给部分烈士子女发放定期生活补助政策的实施意见》（民办发〔2012〕3号）根据民政部、财政部《关于给部分烈士子女发放定期生活补助的通知》（民发〔2012〕27号，以下简称《通知》）规定，自2011年7月1日起，给部分烈士子女（含建国前错杀后被平反人员的子女，下同）每人每月发放130元的定期生活补助。为确保政策顺利贯彻落实，现提出如下实施意见。 一、适用对象的界定：政策实施对象的人员范围为，居住在农村和城镇无工作单位、18周岁以前没有享受过定期抚恤金待遇且年满60周岁的烈士子女和建国前错杀后被平反人员（以下简称错杀被平反人员）子女。”	人力资源和社会保障部门出具的未享受职工、城乡居民养老保险待遇证明； 6. 领取补助人的银行卡复印件。	审核通过后，每月发放定期定量生活补助。
6	退出现役的残疾军人病故丧葬补助费的给付	县	《军人抚恤优待条例》第二十八条第二款　退出现役的因战、因公、因病致残的残疾军人因病死亡的，对其遗属增发12个月的残疾抚恤金，作为丧葬补助费；其中，因战、因公致残的一级至四级残疾军人因病死亡的，其遗属享受病故军人遗属抚恤待遇。	1. 书面申请（需签字按手印）； 2. 遗属身份证、户口簿原件及复印件（原件由县级退役军人事务部门审核后退还本人）； 3. 残疾军人证； 4. 死亡证明； 5. 遗属指定由谁作为代表领取丧葬补助费的协议； 6. 领取丧葬补助费人的银行卡复印件。	1. 申请人向县级退役军人事务部门提出书面申请。 2. 县级退役军人事务部门核实审批后，于次月一次增发12个月其原享受的定期抚恤金作为丧葬补助费，同时注销其定期抚恤金领取证。

续表

序号	事项名称	行使层级	资格条件 / 设定依据	申请材料	办理程序
7	退出现役的残疾军人残疾抚恤金的给付	县	1.《中华人民共和国退役军人保障法》第五十六条　残疾退役军人依法享受抚恤。 残疾退役军人按照残疾等级享受残疾抚恤金，标准由国务院退役军人工作主管部门会同国务院财政部门综合考虑国家经济社会发展水平、消费物价水平、全国城镇单位就业人员工资水平、国家财力情况等因素确定。残疾抚恤金由县级人民政府退役军人工作主管部门发放。 2.《军人抚恤优待条例》第二十六条　退出现役的残疾军人，按照残疾等级享受残疾抚恤金。残疾抚恤金由县级人民政府退役军人事务部门发给。 因工作需要继续服现役的残疾军人，经军队军级以上单位批准，由所在部队按照规定发给残疾抚恤金。 第二十七条　残疾军人的抚恤金标准应当参照全国职工平均工资水平确定。残疾抚恤金的标准以及一级至十级残疾军人享受残疾抚恤金的具体办法，由国务院退役军人事务部门会同国务院财政部门规定。 县级以上地方人民政府对依靠残疾抚恤金生活仍有困难的残疾军人，可以增发残疾抚恤金或者采取其他方式予以补助，保障其生活不低于当地的平均生活水平。 3.《伤残抚恤管理办法》第二十三条　伤残人员从被批准残疾等级评定后的下一个月起，由户籍地县级人民政府退役军人事务部门按照规定予以抚恤。伤残人员抚恤关系转移的，其当年的抚恤金由部队或者迁出地的退役军人事务部门负责发给，从下一年起由迁入地退役军人事务部门按当地标准发给。由于申请人原因造成抚恤金断发的，不再补发。	申请人办理伤残抚恤关系接收、转移办理行政确认事项时，已提供材料的，无需重复提供。	申请人办理完成伤残抚恤关系接收、转移办理行政确认事项后，由县级退役军人事务部门录入全国优抚信息管理系统，从次年1月起发放伤残抚恤金。

续表

序号	事项名称	行使层级	资格条件 / 设定依据	申请材料	办理程序
7	退出现役的残疾军人残疾抚恤金的给付	县	第二十四条　在境内异地（指非户籍地）居住的伤残人员或者前往我国香港特别行政区、澳门特别行政区、台湾地区定居或者其他国家和地区定居的伤残人员，经向其户籍地（或者原户籍地）县级人民政府退役军人事务部门申请并办理相关手续后，其伤残抚恤金可以委托他人代领，也可以委托其户籍地（或者原户籍地）县级人民政府退役军人事务部门存入其指定的金融机构账户，所需费用由本人负担。 第二十五条　伤残人员本人（或者其家属）每年应当与其户籍地（或者原户籍地）的县级人民政府退役军人事务部门联系一次，通过见面、人脸识别等方式确认伤残人员领取待遇资格。当年未联系和确认的，县级人民政府退役军人事务部门应当经过公告或者通知本人或者其家属及时联系、确认；经过公告或者通知本人或者其家属后 60 日内仍未联系、确认的，从下一个月起停发伤残抚恤金和相关待遇。 伤残人员（或者其家属）与其户籍地（或者原户籍地）退役军人事务部门重新确认伤残人员领取待遇资格后，从下一个月起恢复发放伤残抚恤金和享受相关待遇，停发的抚恤金不予补发。		
8	伤残人员抚恤待遇发放	县	《伤残抚恤管理办法》第二十三条　伤残人员从被批准残疾等级评定后的下一个月起，由户籍地县级人民政府退役军人事务部门按照规定予以抚恤。伤残人员抚恤关系转移的，其当年的抚恤金由部队或者迁出地的退役军人事务部门负责发给，从下一年起由迁入地退役军人事务部门按当地标准发给。由于申请人原因造成抚恤金断发的，不再补发。 第二十四条　在境内异地（指非户籍地）居住的伤残人员或者前往我国香港特别行政区、澳门特别行政区、台湾地区定居或者其他国家和地区定居的伤残人员，经向其户籍地（或者原户籍地）县级人民政府退役军人事务部门申请并办理相关手续	申请人办理伤残等级评定行政确认事项时，已提供材料的，无须重复提供。	申请人办理完成伤残等级评定行政确认事项后，由县级退役军人事务部门录入全国优抚信息管理系统，从被批准残疾等级评定后的下一个月起发放。

续表

序号	事项名称	行使层级	资格条件 / 设定依据	申请材料	办理程序
8	伤残人员抚恤待遇发放	县	后，其伤残抚恤金可以委托他人代领，也可以委托其户籍地（或者原户籍地）县级人民政府退役军人事务部门存入其指定的金融机构账户，所需费用由本人负担。 第二十五条　伤残人员本人（或者其家属）每年应当与其户籍地（或者原户籍地）的县级人民政府退役军人事务部门联系一次，通过见面、人脸识别等方式确认伤残人员领取待遇资格。当年未联系和确认的，县级人民政府退役军人事务部门应当经过公告或者通知本人或者其家属及时联系、确认；经过公告或者通知本人或者其家属后 60 日内仍未联系、确认的，从下一个月起停发伤残抚恤金和相关待遇。 伤残人员（或者其家属）与其户籍地（或者原户籍地）退役军人事务部门重新确认伤残人员领取待遇资格后，从下一个月起恢复发放伤残抚恤金和享受相关待遇，停发的抚恤金不予补发。		

续表

序号	事项名称	行使层级	资格条件 / 设定依据	申请材料	办理程序
9	退出现役残疾军人配制假肢、代步三轮车给付	省州县	1.《军人抚恤优待条例》第三十一条　残疾军人需要配制假肢、代步三轮车等辅助器械，正在服现役的，由军队军级以上单位负责解决；退出现役的，由省级人民政府退役军人事务部门负责解决。 2.《云南省军人抚恤优待规定》第十条第一款　退出现役的残疾军人需要配制假肢、代步三轮车等辅助器械的，由省退役军人事务部门负责解决，所需经费由省财政安排。	1. 书面申请（需签字按手印）； 2. 身份证、户口簿原件及复印件（原件由县级退役军人事务部门审核后退还本人）； 3. 残疾军人证； 4. 退役证件； 5. 需配制假肢等辅助器械名称型号。	1. 申请人向县级退役军人事务部门提出书面申请。 2. 县级退役军人事务部门对残疾军人残疾情况及有关材料进行审核，符合配制假肢等辅助器械的，统计后报州（市）级退役军人事务部门。 3. 州（市）级退役军人事务部门对配制假肢等辅助器械需求情况进行审核，符合配制假肢等辅助器械相关规定的，统计后报省退役军人事务厅。 4. 省退役军人事务厅根据配制假肢等辅助器械需求及年度工作计划，制订假肢等辅助器械配制计划，下发各州（市）级退役军人事务部门，并按程序开展采购工作。 5. 根据下达配制计划，为残疾军人进行残疾辅具配制，所需费用由省级统一支付。

续表

序号	事项名称	行使层级	资格条件 / 设定依据	申请材料	办理程序
10	优抚对象医疗保障	县	1.《军人抚恤优待条例》第三十四条　国家对一级至六级残疾军人的医疗费用按照规定予以保障，由所在医疗保险统筹地区社会保险经办机构单独列账管理。具体办法由国务院退役军人事务部门会同国务院人力资源社会保障部门、财政部门规定。 七级至十级残疾军人旧伤复发的医疗费用，已经参加工伤保险的，由工伤保险基金支付，未参加工伤保险，有工作的由工作单位解决，没有工作的由当地县级以上地方人民政府负责解决；七级至十级残疾军人旧伤复发以外的医疗费用，未参加医疗保险且本人支付有困难的，由当地县级以上地方人民政府酌情给予补助。 残疾军人、复员军人、带病回乡退伍军人以及因公牺牲军人遗属、病故军人遗属享受医疗优惠待遇。具体办法由省、自治区、直辖市人民政府规定。 中央财政对抚恤优待对象人数较多的困难地区给予适当补助，用于帮助解决抚恤优待对象的医疗费用困难问题。 2.《退役军人事务部等6部门关于印发〈残疾退役军人医疗保障办法〉的通知》(退役军人部发〔2022〕3号)第二条　本办法适用于服现役期间因战、因公、因病致残被评定残疾等级和退役后补评或者重新评定残疾等级的残疾退役军人。 3.《退役军人事务部等4部门关于印发〈优抚对象医疗保障办法〉的通知》(退役军人部发〔2022〕49号)第二条　本办法适用于享受国家定期抚恤补助的在乡复员军人、参战退役军人、参试退役军人、带病回乡退役军人、烈士遗属、因公牺牲军人遗属、病故军人遗属。以上人员在本办法中简称优抚对象。 4.《云南省军人抚恤优待规定》第十七条　县级以上人民政府及财政、退役军人事务、医疗保障、卫生健康等部门应当按照国家规定，对一级至六级残疾军人的医疗费用予以保障。一级至六级残疾军人按照规定享受基本医疗保险待遇和残疾军人医疗补助待遇，超出两项待遇规定的部分，由县级以上财政给予解决。 七级至十级残疾军人旧伤复发的医疗费用，已经参加工伤保险的，由工伤保险基金支付；未参加工伤保险，有工作的由工作单位解决，没有工作和所在单位无力支付的，由县级以上人民政府从抚恤优待对象医疗补助资金中解决。七级至十级残疾军人旧伤复发以外的医疗费用，享受城乡基本医疗保障制度规定的待遇，个人医疗费用负担较重且支付有困难的，经县级以上退役军人事务部门审核后报县级以上人民政府酌情给予补助。	1. 书面申请（需签字按手印）； 2. 身份证、户口簿原件及复印件（原件由县级退役军人事务部门审核后退还本人）； 3. 抚恤补助领取证复印件； 4. 云南省医疗住院收费票据和医疗费用结算单原件； 5. 本人银行卡或社会保障卡复印件。	1. 申请人向乡级退役军人服务站提出书面申请。 2. 乡级退役军人服务站进行初审，不符合补助政策规定条件的做好政策解释工作，符合补助政策规定条件的登记造册，统一报县级退役军人事务部门。 3. 县级退役军人事务部门进行审核，不符合补助政策规定条件的退回乡级做好政策解释工作，符合补助政策规定条件的审批后登记造册，向县级财政部门申报支付指标。 4. 县级财政部门审核后，下达发放指标，推送给代发金融机构。 5. 代发金融机构按照名册、标准及时将补助汇入对象银行账户。 注：符合“一站式”费用结算的，按“一站式”费用结算程序办理。

续表

序号	事项名称	行使层级	资格条件 / 设定依据	申请材料	办理程序
10	优抚对象医疗保障	县	5.《云南省退役军人事务厅　云南省财政厅　云南省卫生健康委员会　云南省医疗保障局关于印发云南省优抚对象医疗补助“一站式”费用结算办法（试行）的通知》（云退役发〔2023〕8号）第三条　本办法适用对象为持有云南省户口并按规定享受国家定期抚恤补助的下列优抚对象（以下称优抚对象）:（一）残疾退役军人;（二）在乡复员军人;（三）带病回乡退役军人;（四）在农村和城镇无工作单位且生活困难的参战参试退役军人（以下简称“两参”人）员;（五）烈士遗属、因公牺牲军人遗属、病故军 6. 人遗属（以下简称“三属”）。		
11	一级至四级分散供养残疾士兵购（建）房补助	县	1.《退役士兵安置条例》第四十二条　被评定为一级至四级残疾等级的义务兵和初级士官退出现役的，由国家供养终身。 国家供养的残疾退役士兵，其生活、住房、医疗等保障，按照国家有关规定执行。 国家供养分为集中供养和分散供养。 分散供养的残疾退役士兵购（建）房所需经费的标准，按照安置地县（市）经济适用住房平均价格和60平方米的建筑面积确定；没有经济适用住房的地区按照普通商品住房价格确定。购（建）房所需经费由中央财政专项安排，不足部分由地方财政解决。购（建）房屋产权归分散供养的残疾退役士兵所有。分散供养的残疾退役士兵自行解决住房的，按照上述标准将购（建）房费用发给本人。 2.《伤病残士兵退役交接安置工作规程（试行）》（民办发〔2012〕24号）分散供养的，购（建）房经费标准按照安置地县（市）经济适用住房价格（没有经济适用住房的按照普通商品房价格）和60平方米建筑面积确定。购（建）房所需经费由中央财政专项安排，不足部分由地方财政解决。购（建）房屋产权归分散供养的残疾退役士兵所有。分散供养的残疾退役士兵自行解决住房的，按照上述标准将购（建）房费用发给本人。	1. 个人档案； 2. 退出现役行政介绍信； 3. 监护人身份证、户口簿原件及复印件（原件由县级退役军人事务部门审核后退还本人）； 4. 退役证件； 5. 残疾军人证； 6. 病历资料； 7. 领取补助人的银行卡复印件。	1. 根据退役军人事务部、中央军委政治部下达的年度计划，省退役军人事务厅向各州（市）下发年度计划移交一级至四级残疾等级的退役义务兵和初级士官通知，部队向县级退役军人事务部门移交被评定为一级至四级残疾等级的退役义务兵和初级士官。 2. 县级退役军人事务部门根据部队移交材料进行受理。符合规定形式，或者申请人按照本单位的要求提交全部补正申请材料的，予以受理；申请材料不齐全或者不符合规定形式的，一次性告知申请人需要补正的全部内容。

续表

序号	事项名称	行使层级	资格条件 / 设定依据	申请材料	办理程序
11	一级至四级分散供养残疾士兵购（建）房补助	县			3. 县级退役军人事务部门审核部队移交的资料。根据规定条件和程序，对申请材料的实质内容进行审查，出具审查意见。 4. 由县级退役军人事务部门、部队、一级至四级分散供养残疾退役士兵家属三方签订《残疾士兵移交安置协议》。 5. 由县级退役军人事务部门按照规定落实购建房补助。
12	义务兵家庭优待金给付	县	1.《中华人民共和国兵役法》第五十条第一款　国家建立义务兵家庭优待金制度。义务兵家庭优待金标准由地方人民政府制定，中央财政给予定额补助。具体补助办法由国务院退役军人工作主管部门、财政部门会同中央军事委员会机关有关部门制定。 2.《军人抚恤优待条例》第三十三条第一款　义务兵服现役期间，其家庭由当地人民政府发给优待金或者给予其他优待，优待标准不低于当地平均生活水平。 3.《云南省军人抚恤优待规定》第十三条　义务兵服现役期间，其家庭由县级人民政府发给优待金或者给予其他优待。优待金应当纳入县级财政预算，优待标准不低于当地的平均生活水平。 4.《云南省义务兵家属优待规定》第十四条　义务兵服役期间，其家属享受义务兵家属优待金。义务兵家属优待金按照财政拨款和社会统筹的方式筹集，具体筹集办法由市、县人民政府根据实际情况制定。 义务兵家属优待金标准和管理办法由省退役军人事务、财政部门拟定，报省人民政府批准后实施。 义务兵家属优待金由退役军人事务部门统一管理，专款专用。接受同级财政、物价、审计部门和上级退役军人事务部门的监督。 5.《云南省拥军优属规定》第十七条　义务兵在服役期间，其家属依照国家和省的规定享受义务兵家属优待金和其他优待。	人民武装部门提供的本辖区义务兵服役情况领取人姓名、身份证号、银行卡等信息。	1. 县级人民武装部门将本年度征集兵员花名册报上级主管部门，同时将花名册及义务兵家庭优待金领取人银行卡信息采集表抄送县级退役军人事务部门。 2. 县级退役军人事务部门根据上年度全省城镇居民人均可支配收入的 30% 确定义务兵家庭优待金标准。制订义务兵家庭优待金发放计划，向本级财政申报发放指标。 3. 县级财政部门审核后，下达发放指标，推送给代发金融机构及时足额将优待金汇入对象银行账户。

续表

序号	事项名称	行使层级	资格条件 / 设定依据	申请材料	办理程序
13	自主择业军转干部去世后一次性抚恤金和丧葬费补助给付	省州县	《国务院军队转业干部安置工作小组　中共中央组织部　中央机构编制委员会办公室　人事部　教育部　财政部　劳动和社会保障部　建设部　中国人民银行　国家税务总局 国家工商行政管理总局　总政治部　总后勤部印发〈关于自主择业的军队转业干部安置管理若干问题的意见〉的通知》（国转联〔2001〕8 号）　九、自主择业的军队干部去世后，一次发给抚恤金和丧葬费补助，所需经费由中央财政支付。抚恤金标准：被批准为革命烈士的，为本人生前 40 个月的退役金；因公死亡的，为本人生前 20 个月的退役金；病故的，为本人生前 10 个月的退役金。丧葬补助费标准为本人生前12个月的退役金。	1. 由亲属提供医院出具的死亡证明（因病死亡提供）； 2. 死亡后追授革命烈士的，提供追授革命烈士相关材料（因公死亡后追授革命烈士的提供）； 3. 公安机关侦查破案或主管部门认定作出结论后，由亲属或公安机关、主管部门出具死亡证明（或事故处理、案件侦破结果材料）（因故死亡提供）； 4. 民政部门出具的火化证明。	1. 死亡的自主择业军转干部家属向县级退役军人事务部门提交申请。 2. 县级退役军人事务部门初审，填写《云南省自主择业军转干部抚恤金、丧葬费审批表》，与相关材料一并报州（市）级退役军人事务部门。 3. 州（市）级退役军人事务部门进行复审，报省退役军人事务厅。 4. 省退役军人事务厅对《云南省自主择业军转干部抚恤金、丧葬费审批表》和死亡材料进行终审，出具审批意见。 5. 州（市）级退役军人事务部门发放抚恤金和丧葬费。

四、其他行政职权裁量权基准

序号	事项名称	行使层级	资格条件 / 设定依据	申请材料	办理程序
1	对自主就业的退役士兵给予一次性经济补助	省州县	1.《退役士兵安置条例》第十九条第一款　对自主就业的退役士兵，由部队发给一次性退役金，一次性退役金由中央财政专项安排；地方人民政府可以根据当地实际情况给予经济补助，经济补助标准及发放办法由省、自治区、直辖市人民政府规定。 第二十条第四款　多次获得荣誉称号或者立功的退役士兵，由部队按照其中最高等级奖励的增发比例，增发一次性退役金。 第二十九条第三款　符合安排工作条件的退役士兵，退役时自愿选择自主就业的，依照本条例第三章第一节的规定办理。 2.《云南省退役士兵安置规定》第八条　对自主就业的退役士兵，除部队发给一次性退役金外，再由安置地退役军人事务部门发给一次性经济补助。 自主就业退役士兵一次性经济补助标准由省退役军人事务、财政等部门拟定，报省人民政府批准后执行，并根据经济社会发展情况适时调整。 第九条　自主就业退役士兵获得荣誉称号或者立功的，由安置地退役军人事务部门按照下列比例增发一次性经济补助： （一）获得中央军事委员会、军队大军区级单位授予荣誉称号，或者荣获一等功的，增发 15%； （二）荣获二等功的，增发 10%； （三）荣获三等功的，增发 5%。 多次获得荣誉称号或者立功的退役士兵，按照其中最高等级奖励的增发比例，增发一次性经济补助。 第十条　退役士兵符合法定条件到普通高等学校入学或者复学的，视为自主就业，除部队发给一次性退役金外，再由安置地退役军人事务部门发给一次性经济补助。	1. 部队出具的行政介绍信原件； 2. 退役证书复印件； 3. 身份证复印件； 4. 本人及父母户口本复印件； 5. 近期 1 寸免冠照片（白底）2 张； 6. 立功受奖证章、证书（三等功及以上）复印件； 7. 退役士兵个人档案（由所在部队按照国家档案管理的有关规定，在士兵退役时将其档案及时移交安置地县级以上人民政府退役士兵安置工作主管部门）； 8. 本人银行卡复印件。	1. 退役 30 日内，到入伍或户籍所在地退役士兵安置工作主管部门报到。 2. 持退役证书、行政介绍信、公民身份证，到安置主管部门开具接收落户介绍信，申领自主就业退役士兵一次性经济补助。 3. 县级退役军人事务部门依据退役士兵档案材料记录核定自主就业退役士兵一次性经济补助领取资格和发放金额，填写《自主就业退役士兵地方一次性经济补助发放审批表》并经退役士兵本人签字后，汇总向州（市）级退役军人事务部门上报汇总名单数据。 4. 州（市）级退役军人事务部门复核后，向省退役军人事务厅上报。 5. 省退役军人事务厅汇总审核后，报省财政厅，下达省级资金。 6. 省级资金下达后，州（市）级财政部门及时按标准配套州（市）级资金后，将省、州（市）两级配套资金拨付县级财政部门。 7. 县级财政部门收到资金后，及时按标准配套县级资金，由县级退役军人事务部门将一次性经济补助发放至自主就业退役士兵账户。

续表

序号	事项名称	行使层级	资格条件 / 设定依据	申请材料	办理程序
2	对待安排工作的退役士兵发给生活补助费	县	1.《退役士兵安置条例》第三十五条第二款　退役士兵待安排工作期间，安置地人民政府应当按照不低于当地最低生活水平的标准，按月发给生活补助费。 2.《关于进一步加强由政府安排工作退役士兵就业安置工作的意见》（退役军人部发〔2018〕27号）　2018年8月1日后退出现役符合政府安排工作条件的退役士兵，在待安排工作期间，安置地人民政府应当按照上年度最低工资标准逐月发放生活补助。	由县级退役军人事务部门根据接收安置名单发放。	1. 县级退役军人事务部门根据接收安置名单和退役士兵档案，核算待安排工作期间生活补助。 2. 逐级向省退役军人事务厅报送资金申请，由财政部门审核后逐级配套资金下达。 3. 资金下达后，发放待安排工作期间生活补助。
3	发放退出现役的分散安置的一级至四级残疾军人护理费	县	《军人抚恤优待条例》第三十条　对分散安置的一级至四级残疾军人发给护理费，护理费的标准为： （一）因战、因公一级和二级残疾的，为当地职工月平均工资的50%； （二）因战、因公三级和四级残疾的，为当地职工月平均工资的40%； （三）因病一级至四级残疾的，为当地职工月平均工资的30%。 退出现役的残疾军人的护理费，由县级以上地方人民政府退役军人事务部门发给；未退出现役的残疾军人的护理费，经军队军级以上单位批准，由所在部队发给。	由县级退役军人事务部门根据接收安置名单发放。	1. 县级退役军人事务部门根据接收安置名单和退役士兵档案，核算待安排工作期间生活补助，上报全国优抚信息管理系统。 2. 县级退役军人事务部门制订发放计划，报县级财政部门审核下达资金。 3. 资金下达后，发放待安排工作期间生活补助。

续表

序号	事项名称	行使层级	资格条件 / 设定依据	申请材料	办理程序
4	发放农村籍退役士兵老年生活补助	县	1.《关于给部分农村籍退役士兵发放老年生活补助的通知》(民发〔2011〕110号)经国务院批准，从2011年8月1日起，给部分农村籍退役士兵发放老年生活补助。 2.《民政部办公厅关于落实给部分农村籍退役士兵发放老年生活补助政策措施的通知》(民办发〔2011〕11号) 自2011年8月1日起，对部分农村籍退役士兵按每服一年义务兵役(不满一年的按一年计算)、每人每月发给10元老年生活补助。政策实施对象的人员范围为，1954年11月1日试行义务兵役制后至《退役士兵安置条例》实施前入伍，年龄在60周岁以上(含60周岁)、未享受到国家定期抚恤补助的农村籍退役士兵。农村籍退役士兵的界定为，退役时落户农村户籍目前仍为农村户籍、退役时落户农村户籍后转为非农户籍的人员。上述人员中不包括已享受退休金或城镇职工养老保险金待遇的人员。	1. 本人书面申请(需本人签字按手印)； 2. 身份证、户口簿原件及复印件(原件由县级退役军人事务部门审核后退还本人)； 3. 申请人近期2寸免冠白底彩色照片2张； 4. 退役证件或退伍登记表复印件(需注明“此件与原件相符”并加盖档案保管单位公章)； 5. 未享受城镇企业职工基本养老保险和城乡居民养老保险待遇证明(由参保地人力资源和社会保障部门出具，需加盖证明出具单位公章)。	1. 向户籍所在地村级退役军人服务站提出申请并填写《60周岁以上农村籍退役士兵信息采集表》等有关登记审核表，初审后上报乡级退役军人服务站。 2. 乡级退役军人服务站认真核实其身份，并做好登记工作；对符合条件的，将有关材料上报县级退役军人事务部门审核；不符合条件的书面通知本人并说明理由。 3. 县级退役军人事务部门对上报的材料逐一审定是否符合条件。对符合条件的，通知申请人所在村级退役军人服务站进行张榜公示，对公示期间及以后有异议的，县级退役军人事务部门组织专人调查核实，经查实不符合条件的，应书面通知本人并说明理由，调查核实过程中有疑义的，应逐级请示，确保认定工作稳妥顺利进行。经公示没有异议的，将相关信息录入全国优抚信息管理系统，按程序审核通过后，发放定期定量补助金。

续表

序号	事项名称	行使层级	资格条件 / 设定依据	申请材料	办理程序	办理时限
5	退役士兵易地安置	省州县	《退役士兵安置条例》第十一条　退役士兵有下列情形之一的，可以易地安置： （一）服现役期间父母户口所在地变更的，可以在父母现户口所在地安置； （二）符合军队有关现役士兵结婚规定且结婚满 2 年的，可以在配偶或者配偶父母户口所在地安置； （三）因其他特殊情况，由部队师（旅）级单位出具证明，经省级以上人民政府退役士兵安置工作主管部门批准易地安置的。 易地安置的退役士兵享受与安置地退役士兵同等安置待遇。 第十二条　退役士兵有下列情形之一的，根据本人申请，可以由省级以上人民政府退役士兵安置工作主管部门按照有利于退役士兵生活的原则确定其安置地： （一）因战致残的； （二）服现役期间平时荣获二等功以上奖励或者战时荣获三等功以上奖励的； （三）是烈士子女的； （四）父母双亡的。	一、随配偶易地安置的提供以下材料： 1. 结婚证原件； 2. 配偶居民身份证复印件； 3. 户口簿原件（集体户的开具户籍证明）； 4. 个人档案。 二、随父母易地安置的提供以下材料： 1. 父母居民身份证复印件； 2. 户口簿原件（集体户的开具户籍证明）； 3. 个人档案。 三、随配偶父母易地安置的提供以下材料： 1. 配偶父母居民身份证复印件； 2. 户口簿原件（集体户的开具户籍证明）； 3. 结婚证原件； 4. 配偶与其父母的关系证明【采取事前告知加当事人书面承诺方式核实】； 5. 个人档案。 注：按云政发〔2018〕23 号文件要求，不再索要工作单位证明。	1. 本人向部队提出申请。 2. 部队有关部门审核。 3. 省级以上退役军人事务部门批准。 4. 安置地省级、州（市）级、县级人民政府退役军人事务部门安置工作。	安置地人民政府应当在接收退役士兵的 6 个月内，完成本年度安排退役士兵工作的任务。

续表

序号	事项名称	行使层级	设定依据	责任事项
6	监督检查退役军人保障相关法律法规和政策措施落实情况	省州县	《中华人民共和国退役军人保障法》第七十一条　县级以上人民政府退役军人工作主管部门应当依法指导、督促有关部门和单位做好退役安置、教育培训、就业创业、抚恤优待、褒扬激励、拥军优属等工作，监督检查退役军人保障相关法律法规和政策措施落实情况，推进解决退役军人保障工作中存在的问题。	省、州（市）、县三级退役军人事务部门根据职责权限，按以下职责范围开展工作： 职责： 1. 监督检查与退役军人工作有关的部门是否切实履行了规定的退役军人保障工作职责，是否制定了配套的实施办法或保障标准。 2. 监督检查有关单位是否履行了法定的退役军人保障义务。 范围： 1. 监督检查专门规定退役军人保障的法律法规规章的落实情况。 2. 监督检查法律法规规章部分涉及退役军人保障有关条款的落实情况。 3. 监督检查各级人民政府及其有关部门制定的涉及退役军人保障的政策措施的落实情况。
7	依法追究弄虚作假骗取安置待遇的退役军人的法律责任	省州县	1.《中华人民共和国退役军人保障法》第七十八条　退役军人弄虚作假骗取退役相关待遇的，由县级以上地方人民政府退役军人工作主管部门取消相关待遇，追缴非法所得，并由其所在单位或者有关部门依法给予处分。 2.《退役士兵安置条例》第五十一条　退役士兵弄虚作假骗取安置待遇的，由安置地人民政府退役士兵安置工作主管部门取消相关安置待遇。	省、州（市）、县三级退役军人事务部门根据职责权限，按以下程序开展工作： 1. 审查：对相关行为进行初审，确认违法情形； 2. 调查取证：展开调查和取证，填写相应材料，并请被调查人签名； 3. 告知并听取意见：向当事人告知作出处理决定的事实、理由、依据及其所享有的权利，允许当事人的陈述和辩解； 4. 作出处理决定：由承办人员提出处理意见，报领导审批后作出决定。

续表

序号	事项名称	行使层级	设定依据	责任事项
8	依法处理在英雄烈士纪念设施保护范围内从事有损纪念英雄烈士环境和氛围活动的行为	省州县	1.《中华人民共和国英雄烈士保护法》第二十七条第一款　在英雄烈士纪念设施保护范围内从事有损纪念英雄烈士环境和氛围的活动的，纪念设施保护单位应当及时劝阻；不听劝阻的，由县级以上地方人民政府负责英雄烈士保护工作的部门、文物主管部门按照职责规定给予批评教育，责令改正；构成违反治安管理行为的，由公安机关依法给予治安管理处罚。 2.《烈士纪念设施保护管理办法》第三十三条　在烈士纪念设施保护范围内从事有损纪念英烈环境和氛围活动的，烈士纪念设施保护单位和管理单位应当及时劝阻；不听劝阻的，由县级以上人民政府退役军人工作主管部门会同有关部门按照职责规定给予批评教育，责令改正。	省、州（市）、县三级退役军人事务部门根据职责权限，按以下程序开展工作： 1. 审查：对相关行为进行初审，确认违法情形； 2. 调查取证：展开调查和取证，填写相应材料，并请被调查人签名； 3. 告知并听取意见：向当事人告知作出处理决定的事实、理由、依据及其所享有的权利，允许当事人的陈述和辩解； 4. 作出处理决定：由承办人员提出处理意见，报领导审批后作出决定。
9	依法处理违反英雄烈士纪念设施保护规定的行为	省州县	1.《中华人民共和国英雄烈士保护法》第二十八条　侵占、破坏、污损英雄烈士纪念设施的，由县级以上人民政府负责英雄烈士保护工作的部门责令改正；造成损失的，依法承担民事责任；被侵占、破坏、污损的纪念设施属于文物保护单位的，依照《中华人民共和国文物保护法》的规定处罚；构成违反治安管理行为的，由公安机关依法给予治安管理处罚；构成犯罪的，依法追究刑事责任。 2.《烈士褒扬条例》第三十七条　未经批准迁移烈士纪念设施，非法侵占烈士纪念设施保护范围内的土地、设施，破坏、污损烈士纪念设施，或者在烈士纪念设施保护范围内为烈士以外的其他人修建纪念设施、安放骨灰、埋葬遗体的，由烈士纪念设施保护单位的上级主管部门责令改正，恢复原状、原貌；造成损失的，依法承担赔偿责任；构成犯罪的，依法追究刑事责任。	省、州（市）、县三级退役军人事务部门根据职责权限，按以下程序开展工作： 1. 审查：对相关行为进行初审，确认违法情形； 2. 调查取证：展开调查和取证，填写相应材料，并请被调查人签名； 3. 告知并听取意见：向当事人告知作出处理决定的事实、理由、依据及其所享有的权利，允许当事人的陈述和申辩； 4. 作出处理决定：由承办人员提出处理意见，报领导审批后作出决定。

续表

序号	事项名称	行使层级	设定依据	责任事项
9	依法处理违反英雄烈士纪念设施保护规定的行为	省州县	3.《烈士纪念设施保护管理办法》第三十四条　非法侵占烈士纪念设施保护范围内的土地、设施，破坏、污损烈士纪念设施，或者在烈士纪念设施保护范围内为不符合安葬条件的人员修建纪念设施、安葬或安放骨灰或者遗体的，由所在地县级以上人民政府退役军人工作主管部门责令改正，恢复原状、原貌；造成损失的，依法承担民事责任。	
10	依法处理冒领、骗取烈士褒扬金、抚恤金的行为	省州县	《烈士褒扬条例》第三十九条　冒领烈士褒扬金、抚恤金，出具假证明或者伪造证件、印章骗取烈士褒扬金或者抚恤金的，由退役军人事务部门责令退回非法所得；构成犯罪的，依法追究刑事责任。	省、州（市）、县三级退役军人事务部门根据职责权限，按以下程序开展工作： 1. 审查：对相关行为进行初审，确认违法情形； 2. 调查取证：展开调查和取证，填写相应材料，并请被调查人签名； 3. 告知并听取意见：向当事人告知作出处理决定的事实、理由、依据及其所享有的权利，允许当事人的陈述和申辩； 4. 作出处理决定：由承办人员提出处理意见，报领导审批后作出决定。
11	依法处理侵占、破坏光荣院财物的行为	省州县	《光荣院管理办法》第三十一条　光荣院的土地、房屋、设施、设备和其他财产依法归光荣院管理和使用，任何单位和个人不得侵占。 侵占、破坏光荣院财物的，由当地人民政府退役军人事务部门责令限期改正，并恢复原状；造成损失的，依法承担赔偿责任。	省、州（市）、县三级退役军人事务部门根据职责权限，按以下程序开展工作： 1. 审查：对相关行为进行初审，确认违法情形； 2. 调查取证：展开调查和取证，填写相应材料，并请被调查人签名； 3. 告知并听取意见：向当事人告知作出处理决定的事实、理由、依据及其所享有的权利，允许当事人的陈述和辩解； 4. 作出处理决定：由承办人员提出处理意见，报领导审批后作出决定。

续表

序号	事项名称	行使层级	设定依据	责任事项
12	依法处理侵占、破坏优抚医院财产的行为	省州县	《优抚医院管理办法》第二十九条　优抚医院的土地、房屋、设施、设备和其他财产归优抚医院管理和使用，任何单位和个人不得侵占。 侵占、破坏优抚医院财产的，由当地人民政府退役军人工作主管部门责令限期改正；造成损失的，依法承担赔偿责任。	省、州（市）、县三级退役军人事务部门根据职责权限，按以下程序开展工作： 1. 审查：对相关行为进行初审，确认违法情形； 2. 调查取证：展开调查和取证，填写相应材料，并请被调查人签名； 3. 告知并听取意见：向当事人告知作出处理决定的事实、理由、依据及其所享有的权利，允许当事人的陈述和申辩； 4. 作出处理决定：由承办人员提出处理意见，报领导审批后作出决定。

中共云南省委宣传部　云南省退役军人事务厅云南省军区政治工作局关于印发云南省“最美退役军人”学习宣传活动先进典型评选办法（试行）的通知

云退役发〔2023〕81号

各州、市党委宣传部，各州、市退役军人事务局，驻滇部队独立旅级以上单位政治工作部（局、处）：

现将《云南省“最美退役军人”学习宣传活动先进典型评选办法（试行）》印发给你们，请遵照执行。

2023年9月6日

云南省“最美退役军人”学习宣传活动先进典型评选办法（试行）

第一章 总 则

第一条 为深入贯彻习近平总书记关于退役军人工作重要论述，充分发挥先进典型示范带动作用，进一步推动形成尊崇军人职业、尊重退役军人的良好氛围，激励广大退役军人不忘初心、永葆本色，积极投身新时代中国特色社会主义建设，规范云南省“最美退役军人”学习宣传活动先进典型评选工作，制定本办法。

第二条 云南省“最美退役军人”学习宣传活动先进典型评选工作，由中共云南省委宣传部、云南省退役军人事务厅、云南省军区政治工作局联合开展。云南省退役军人事务厅具体组织实施，每两年组织一次。

第三条 评选坚持以下原则：

（一）体现政治性、先进性、代表性和时代性；

（二）公开、公平、公正；

（三）注重工作实绩、事迹突出、品行良好、群众公认；

（四）面向经济社会发展各行业，面向基层一线。

第二章 推荐对象和条件

第四条 云南省“最美退役军人”推荐对象主要从获得州（市）级以上表彰奖励多、级别高的优秀退役军人中产生；也可从平凡岗位作出一流业绩、示范带动作用突出，以及在社会治理、生态文明建设、民族团结示范、弘扬先进文化、强边固防、就业创业、志愿服务、抢险救灾、处置突发事件或执行重大专项任务等工作中表现出色、事迹感人、群众认可的优秀退役军人中产生。

第五条 云南省“最美退役军人”推荐对象，必须坚决拥护中国共产党领导，带头学习贯彻习近平新时代中国特色社会主义思想，自觉践行社会主义核心价值观，传承人民军队优良传统，退役后接续奋斗、勇于担当、甘于奉献，在经济社会建设各行业各领域取得优异成绩、作出重大贡献。根据形势任务发展需要，由中共云南省委宣传部、云南省退役军人事务厅、云南省军区政治工作局结合年度宣传主题，联合印发开展云南省“最美退役军人”学习宣传活动的通知，明确具体推荐类型、条件、标准、要求等。

第六条 下列人员一般不作为推荐对象：

（一）已经获得“共和国勋章”、“七一勋章”、

“八一勋章”和国家荣誉称号的；

（二）曾经被评为云南省“最美退役军人”的；

（三）其他不适宜推荐的情形。

第三章　评选程序

第七条　深入挖掘典型。坚持群众路线，拓宽渠道、创新方式，广泛动员退役军人和干部群众踊跃参与，主动深入一线收集先进典型线索，切实在更大范围、更宽领域、更深层次把实绩突出、事迹感人、品德良好、群众公认、示范带动作用显著的先进典型挖掘出来、宣传出去。

第八条　逐级择优推荐。采取自下而上、逐级把关、好中选优的方式组织推荐工作，拟推荐对象为公务员、事业单位人员的应按管理权限书面征求组织人事、纪检监察、公安部门意见；拟推荐对象为企业负责人的应征求企业所属地公安、生态环境、税务、市场监管、社会征信等部门意见；其他拟推荐对象征求公安等部门意见。对拟推荐对象进行资格初审后，由地方党委宣传部门、退役军人事务部门联合提出推荐对象名单，确保把政治过硬、事迹突出、群众公认、无违纪违法的优秀退役军人推荐上来。

第九条　认真组织遴选。注重事迹为先，统筹兼顾行业领域、地域分布、事迹类型、年龄性别等因素以及典型宣传特点规律，组织开展遴选。云南省退役军人事务厅思想政治和权益维护处对推荐对象资格进行复审，集体研究并按照1:2的比例提出初选名单；相关处（室）、直属单位负责同志和媒体专家组成评审小组，进行投票评选，按照1:1.5的比例提出候选对象入围名单。

第十条　部门联合会商。中共云南省委宣传部、云南省退役军人事务厅、云南省军区政治工作局对候选对象入围名单进行联合会商、认真研究、充分酝酿，按照1:1的比例拟定候选对象建议名单。

第十一条　提请会议审议。将部门联合会商拟定的候选对象建议名单提交云南省退役军人事务厅厅长办公会研究审议，形成公示名单。

第十二条　面向社会公示。在云南省退役军人事务厅官网官微进行为期5个工作日的社会公示。公示期间接到反映问题并调查属实的取消资格。

第十三条　集中发布事迹。中共云南省委宣传部、云南省退役军人事务厅、云南省军区政治工作局会签并联合印发授予云南省“最美退役军人”称号的决定。举行云南省“最美退役军人”发布仪式，并通过云南广播电视台等主流媒体宣传报道。

第四章　学习宣传和教育管理

第十四条　通过在传统媒体和新兴媒体设置专题专栏、制作公益广告、推出系列融媒体产品等形式，立体化、全方位、多层次宣传云南省“最美退役军人”的典型事迹和高尚品质，掀起云南省“最美退役军人”学习宣传热潮，营造见贤思齐、争当先进的浓厚社会氛围。

第十五条　重视礼遇关怀云南省“最美退役军人”，经常关心了解云南省“最美退役军人”的思想、工作和生活等情况，组织开展走访慰问、邀请出席全省各地重大庆典纪念活动；对存在实际困难的给予生活照顾或重点帮扶，切实让先进典型得荣誉、享关爱、受尊重。

第十六条　结合实际开展形式多样的“最美退役军人”学习实践活动，打造“最美退役军人”工作室、小分队等品牌，组织优秀退役军人典型进企业、进校园、进机关、进军营、进乡村、进社区，开展事迹巡回宣讲报告会、座谈会、故事会、学习交流等，充分发挥先进典型的示范带动作用，持续增强“最美退役军人”先进典型传播力、影响力。

第十七条　实行动态培养，建立长效管理机制，持续关注云南省“最美退役军人”先进典型成长，推荐单位负责云南省“最美退役军人”跟进培养和关心关爱等工作。获评云南省“最美退役军人”中的优秀代表，作为全国“最美退役军人”候选人推荐上报。

第十八条　云南省“最美退役军人”称号获得者有违法、违纪或不当行为造成恶劣影响的，以及其他不宜保留称号的，撤销其称号，面向社会公布。撤销云南省“最美退役军人”称号，通常由原推荐单位提出书面报告，逐级上报，按程序审核批准后撤销称号；特殊情况下，也可由称号授予单位核实后直接予以撤销。

第五章　附　则

第十九条　本办法由云南省退役军人事务厅商中共云南省委宣传部、云南省军区政治工作局共同负责解释。

第二十条　本办法自印发之日起施行。

云南省退役军人工作大事记

云南省退役军人工作大事记

一月

2023年1月13日，省军区党委十二届十三次全体（扩大）会议会前，省委书记王宁走访省军区机关，看望慰问官兵，与大家亲切交流，向广大驻滇部队官兵送上新春祝福。

2023年1月18日，副省长纳云德代表省委、省政府走访慰问部分驻滇部队，对他们为云南经济社会发展、边疆和谐稳定作出的重要贡献表示感谢，并致以节日问候和新春祝福。

2023年1月，省退役军人事务厅成立了省荣军优抚医院改革发展指挥部和全省优抚医院改革发展领导小组。

二月

2023年2月2日，省退役军人事务厅与省财政厅、省卫生健康委、省医保局联合印发《云南省优抚对象医疗补助"一站式"费用结算办法（试行）》，建设全省优抚对象医疗补助"一站式"费用结算信息平台，实现"让数据多跑路，优抚对象少跑腿"目标。

2023年2月6日，省退役军人事务厅召开进一步规范人民警察伤残评定工作协调会，邀请省公安厅、省国家安全厅、省司法厅、省高级人民法院、省人民检察院、云南出入境边防检查总站、国家移民局常备力量第二总队、昆明铁路公安局具体负责人民警察伤残评定工作的同志参会，讨论研究《云南省退役军人事务厅关于进一步规范评定残疾等级工作有关事项（征求意见稿）》，共同探讨加强全省评定残疾等级工作的具体措施。

2023年2月起，云南省精心组织、周密部署，扎实有效开展烈士祭扫服务保障工作，2月17日至4月30日，全省烈士陵园共接待祭扫人员344 275人次，实现了烈士祭扫安全有序、文明和谐的目标。

三月

2023年3月23日，首次打通部省数据下行交换通道，收部级下发数据交换频率每天2次，共计约588万条。

四月

2023年4月3日，省退役军人事务厅印发《云南省退役军人事务厅关于进一步规范退役军人事务部门评定残疾等级工作有关事项的通知》，进一步规范了全省退役军人事务部门管理的残疾等级评定工作。

2023年4月11日，省委退役军人事务工作领导小组召开第七次全体会议。省委书记、领导小组组长王宁主持会议并讲话，省长、领导小组第一副组长王予波出席。会议听取全省退役军人工作情况汇报，对2022年以来的工作成效予以充分肯定；审议2023年工作要点，安排部署下一步工作。省军区政委郑仲全少将、副省长纳云德出席会议。领导小组成员单位及相关部门负责同志参加。

2023年4月19日至21日，在普洱市举办全省退役军人事务系统优抚业务能力提升班，进一步提升全省优抚工作人员业务能力和政策水平。

2023年4月25日上午，云南省召开全省双拥办主任会议暨创建全国双拥模范城（县）推进会。

五月

2023年5月15日，云南省2023年度转业军官欢迎仪式、适应性培训开班仪式在昆明市举行。

2023年5月16日，在全国率先印发关于加强退役军人事务法治建设的实施意见。

2023年5月20日，完成《云南省“十四五”退役军人服务和保障规划中期评估》。

2023年5月26日至30日，全国双拥工作领导小组调研组来滇调研指导云南全国双拥模范城（县）创建工作。

六月

2023年6月1日，完成云南省“十四五”规划194项重大工程实施情况中期评估。

2023年6月6日，老挝乌多姆赛省孟赛、纳莫中国烈士陵园修缮保护工程竣工及开园移交仪式在孟赛中国烈士陵园隆重举行，中老各界代表共100余人参加仪式。

2023年6月8日，王建华等10名同志被授予云南省“最美拥军人物”称号。

2023年6月26日，第一期“云南退役军人一体化服务平台”使用培训班在大理开班。第二期、第三期、第四期分别在普洱市、曲靖市、昆明市举办。

七月

2023年7月22日，中央宣传部、退役军人事务部、中央军委政治工作部、全国双拥办联合发布2023年“最美拥军人物”先进事迹。云南省陆良县阎芳桥社区党委书记、居民委员会主任赵春良等10名个人被授予2023年“最美拥军人物”称号。

2023年7月30日，省委宣传部、省退役军人事务厅、省双拥办组织军地慰问团，赴滇东北驻训部队，开展“踔厉奋进新时代·军民共筑强军梦”——云南省庆祝中国人民解放军建军96周年暨纪念延安双拥运动80周年慰问驻训部队文艺演出活动。

2023年7月31日，云南省庆祝中国人民解放军建军96周年暨纪念延安双拥运动80周年座谈会在昆明市举行。省委书记、省双拥工作领导小组组长王宁主持会议并讲话。省长、领导小组副组长王予波，省政协主席刘晓凯出席。

八月

2023年8月23日，省退役军人事务厅与省发展改革委、省交通运输厅、省文化和旅游厅联合印发《关于退役军人和其他优抚对象持优待证享受有关优待的通知》，规定云南省行政区域内实行政府定价或政府指导价管理的公共文化设施及游览参观点，对优待证持证人提供免首道门票优待，鼓励实行市场调节价的游览参观点参照通知规定对优待证持证人提供相关优待。

九月

2023年9月26日，印发关于规范退役军人工作行政裁量权基准制定和管理工作的实施意见。

2023年9月30日上午，省委、省政府和昆明市委、市政府在昆明抗战胜利纪念堂隆重举行2023年烈士纪念日向人民英雄敬献花篮仪式。省委书记、省人大常委会主任王宁，省委副书记、省长王予波，省委副书记石玉钢，省政协主席刘晓凯等出席活动，与各界代表一起向云南人民英雄纪念碑敬献花篮，深切缅怀先烈丰功伟绩，激励全省各族人民团结奋进新征程。

2023年9月30日，省政府在昆明抗战胜利纪念堂举行《烈士光荣证》颁授仪式，向蔡晓东、陈仕德、李美玉、李应德、李新文、李云强等6名烈士的遗属颁授《烈士光荣证》，深切缅怀和褒扬为国家安全、人民幸福英勇牺牲的英雄烈士。

十月

2023年10月8日，省委退役军人事务工作领导小组办公室召开2023年退役军人事务综合督查培训会议，深入学习贯彻习近平总书记关于退役军人工作重要论述，传达学习中央和省委有关文件精神，研究部署2023年退役军人事务综合督查有关事项。

2023年10月至年末，省退役军人事务厅配合国家审计署驻昆明特派办对云南省优抚安置资金及政策落实情况进行审计。

十一月

2023年11月21日至25日，全省退役军人事务系统数字素养能力提升培训班在昆明市举办。

2023年11月22日，省委宣传部、省双拥办、省军区政治工作局、省妇联组织开展了“最美军嫂”学习宣传活动。经广泛发动、层层推荐、严格遴选、社会公示，决定授予韦功云等10名同志云南省2023年“最美军嫂”称号。

2023年11月24日下午，中共云南省委宣传部、云南省退役军人事务厅、云南省军区政治工作局联合举办的2023年云南省“最美退役军人”发布仪式在云南广播电视台一号演播厅举行。王彬等25名先进个人被授予2023年云南省“最美退役军人”称号，其中安晓华同志被授予2023年全国“最美退役军人”称号。

十二月

2023年12月12日，配合退役军人事务部在昆明市举办全国退役军人事务统计工作培训班。

2023 年 12 月 12 日至 15 日，全省退役军人事务系统新媒体平台信息员培训班在昆明市举办。

2023 年 12 月 20 日，云南省“老兵永远跟党走”暨“最美退役军人”宣讲活动在曲靖师范学院举行。

2023 年 12 月 29 日，省退役军人培训中心协助承办的云南省“最美退役军人志愿服务”发布仪式在云南广播电视台举行。

附录

云南省退役军人事务厅机构和人员情况

厅领导

吉宏龙佳　肖　海　张永明　唐贵聪　陈　颉

厅一级巡视员

郭　华

秘书处

王文跃　邓后义　朱晓聪

厅办公室

舒德忠　卜志刚　张　健　缪　丹　姜振宇　田　钰　胡艳波

政策法规处

闫生念　刘荣忠　王　都　王　帅

思想政治和权益维护处

李　坤　李　兰　邓宏兴　罗绍峰　孟金峰　李文学

规划财务处

谭晓勇　胡　涛　张世文　钱怀龙　毛纾冰

移交安置处

龙　松　张孝强　秦志民　赵应林　张渝彬

就业创业处

杨家勇　张　苏　郝伟红　金星华　赵德栋　谭　灏

军休服务管理处

母其胜　王绍波　赵一旖　沈　靖

拥军优抚处

陈　静　刘惠萍　马　岩　毛　翔　李　跃

褒扬纪念处

李　黎　付美翔　封光昶　农布江初

机关党委（人事处）

王昌平　倪文杰　汤金陶　岳　若　肖　权　陈辉芳
袁　媛　苏　琳　贺明超

云南省荣誉军人康复医院

田　骁　董红武　秦亚明　袁　强　杨志勤

云南省军队离退休人员服务中心

何其新　赵争光　苏　雁

云南省退役军人服务中心

施绍宏　周　舟　杨智萍

云南省军供站

邝云亮

云南省退役军人培训中心

杨卫东　李俊杰